# Geschichtsbuch
# Oberstufe

W0355288

# Handbuch für den Unterricht
# Band 1

## *Materialerläuterungen und Tafelbilder*

Erarbeitet von
Dr. Gerald Glauitz, Dr. Hans-Georg Hofacker, Dr. Dirk Hoffmann,
Sylvia Hoffmann-Mosolf, Dr. Wolfgang Jäger, Kerstin Meyer, Dr. Christoph Prignitz,
Dr. Dietmar von Reeken, Prof. Norbert Zwölfer

Cornelsen

Geschichtsbuch
Oberstufe

# Handbuch für den Unterricht
# Band 1

*Materialerläuterungen*
*und Tafelbilder*

Redaktion:
Dr. Christine Keitz, Dagmar Poensgen

Grafik:
Gerd Sadzinski, Berlin

Karten: Carlos Borrell, Berlin

Cornelsen online http://www.cornelsen.de

1. Auflage
Druck 4 3 2 1 Jahr 03 02 01 2000

© 2000 Cornelsen Verlag, Berlin
Das Werk und seine Teile sind urheberrechtlich geschützt.
Jede Verwertung in anderen als den gesetzlich zugelassenen Fällen
bedarf deshalb der vorherigen schriftlichen Einwilligung des Verlages.

Druck: Druckhaus Langenscheidt, Berlin

ISBN 3-464-64304-2

Bestellnummer 643042

Gedruckt auf Recyclingpapier, hergestellt aus 100 % Altpapier.

# Inhaltsverzeichnis

# Das *Handbuch für den Unterricht – Band 1* zum *Geschichtsbuch Oberstufe*

Liebe Kolleginnen und Kollegen,

Das *Handbuch für den Unterricht – Band 1* ist ein kompaktes Begleitbuch, das zu allen Text- und Bildmaterialien des *Geschichtsbuchs Oberstufe – Schülerband 1* Erläuterungen bereitstellt: biografische Informationen zu den Verfasser/innen der Text- und Bildmaterialien, Hintergrundinformationen zur Entstehung der Quellen sowie Interpretationsanregungen. Im Gegensatz zu den Handreichungen aus der Reihe der *Kursplaner* – in denen Sie für die Vorbereitung eines Semesterkurses detaillierte Unterrichtsverläufe mit didaktischen Kommentaren und Problemstellungen, Lösungshilfen, weiterführenden Unterrichtsanregungen und Kopiervorlagen finden (siehe unten) – ist das *Handbuch* die „klassische" Hilfe für den Unterrichtsalltag.

**Texte und Tafelbilder**

Die Aneinanderreihung der Lösungshilfen im *Handbuch* folgt der Anordnung der Kapitel und Kapitelelemente im Schülerband: Auftaktseiten, Grundinformation, Darstellung, Basismaterialien, thematische Arbeitsteile, Essay.
Neben Erläuterungen in Textform finden Sie auch Tafelbilder, die schwierige Sachverhalte übersichtlich aufbereiten und die Sie als Kopiervorlagen in den Unterricht einbringen können.

**Zusatzmaterialien**

Aufgenommen haben wir in dieses *Handbuch* auch einzelne Zusatzmaterialien, die einen erläuternden Charakter haben. Auch diese Zusatzmaterialien sind jeweils auf einer Din-A-4-Seite abgedruckt und können als Kopiervorlagen genutzt werden.

**Literaturhinweise**

Im Anhang dieses *Handbuchs* finden Sie ausführliche Literaturhinweise. Sie folgen den Kapiteln des Schülerbuchs und sind in allgemeine Überblicksdarstellungen und Schwerpunktthemen untergliedert. Darüber hinaus haben wir uns bemüht, zu jedem Kapitel eine Auswahl von Titeln zu geschlechterhistorischen Aspekten aufzunehmen.

**Lehrerhandreichungen zum Schülerband 1 aus der Reihe *Kursplaner***

Für ausführliche Semesterplanungen mit dem *Geschichtsbuch Oberstufe – Schülerband 1* weisen wir auf unsere Reihe *Kursplaner* hin. Bislang erschienen:

| | |
|---|---|
| Kursplaner „Die antike Welt" | Best.-Nr. 643670 |
| Kursplaner „Frühe Neuzeit" | Best.-Nr. 643646 |
| Kursplaner „Revolutionen" | Best.-Nr. 643689 |
| Kursplaner „Industriekapitalismus" | Best.-Nr. 643662 |
| Kursplaner „Nationalstaat" | Best.-Nr. 643654 |

*Cornelsen Verlag, Redaktion*

Notizen

# Auftaktkapitel „Wozu Geschichte?“

Am Anfang des Schülerbandes steht eine allgemeine, an markanten Quellen demonstrierte Einführung, welche die Spannbreite unterschiedlicher Definitionen von Historie und politischen sowie gesellschaftlichen Anforderungen an die Geschichte bzw. die Geschichtswissenschaft deutlich macht.

**M 1–2, 8 f.**
**Die Historiker Michael Stürmer und Jürgen Kocka**

Während der konservative Historiker Stürmer (M 1) die Aufgabe der Geschichtsvermittlung vor allem im Bereich der Identitätsbildung und -vermittlung im Sinne eines einigenden Bandes zwischen den Generationen und von Patriotismus sieht, spricht sich der Sozialhistoriker Kocka (M 2) dagegen aus – u. a. mit dem Hinweis darauf, dass eine Beschäftigung mit Geschichte gerade das Trennende, die Pluralität und die Zweifel hervorhebe. Wichtig ist auch Kockas Einschätzung, dass geschichtliche Identitätsbildung oft auch über Mythen, Stilisierung und Verfälschung der Historie vollzogen werde. Seinem rationalistisch-aufklärerischen Konzept, das den Emotionen im geschichtlichen Aneignungsprozess ihre Rolle zuweist, geht es jedoch um deren Überwindung: Emotionen sollen gedanklich verarbeitet und ‚eingeholt‘ werden, dabei soll Gesellschaften und Individuen Orientierung in Gegenwart und Zukunft vermittelt werden.

**M 3–4, 9**
**Der Philosoph Friedrich Nietzsche und der Dichter und Historiker Friedrich Schiller**

Auch in Friedrich Nietzsches (M 4) Dreiteilung der Historie in monumentalische, antiquarische und kritische Betrachtung und in Friedrich Schillers (M 3) Deutung der Geschichte als „ganze moralische Welt“ stecken die Elemente der Sinngebung, Identitätsbildung von Individuum und Gesellschaft und der Handlungsanleitung in Gegenwart und Zukunft durch Geschichte. Wichtig ist bei Schillers Argumentation noch, dass in ihr das aufklärerische Ideal der allseitigen Menschheitsbildung und die geschichtsphilosophisch optimistische Sicht eines linearen, aufsteigenden Geschichtsverlaufs zum Besseren zum Tragen kommen – gegen die sich Nietzsche in der gleichen Schrift, an anderer Stelle, wendet.

In Material 8 wird der für historische Erinnerungskultur zentrale Aspekt der Magie runder Zahlen und Jubiläen deutlich, die für die gesellschaftliche Öffentlichkeit häufig wichtiger sind als strukturgeschichtliche Betrachtungsweisen von mittlerer und langer Dauer. Deutlich werden soll dabei, dass ein adäquates Verständnis komplexer historischer Vorgänge nicht durch die (wie im Fall der beiden hier genannten Quellen) oft zufällige Fixierung auf ein bestimmtes Datum möglich ist.

**M 5–7, 9 f.**
**Der Schriftsteller Siegfried Lenz, der Ägyptologe Jan Assmann und der Literaturprofessor Claudio Magris**

Die hier vorgestellte Pluralität möglicher Auffassungen demonstriert gleichermaßen, dass Geschichte nicht etwas natürlich Gegebenes, Objektives ist, sondern immer von Betrachtungshorizont und -perspektive des Beobachters abhängt. Diese Einsicht unterstreichen der Schriftsteller Lenz (M 5), der Ägyptologe Assman (M 6) und der Literaturprofessor Magris (M 7). Deutlich werden soll dabei, dass Geschichte erst durch einen bewussten rückblickenden Vorgang des Erinnerns entsteht, der Ereignisse in Zusammenhänge einordnet, ihnen damit erst ihre Rolle und Bedeutung zuweist. So gesehen handelt es sich bei Geschichte um eine retrospektive (Re-)Konstruktion, die Ereignisse nach bestimmten Kriterien der Rationalität in einen kausalen Zusammenhang stellt.

**M 8–9, 11**
**Der Historiker Dietrich Kurze und die Anzeige des Verbandes Deutscher Verkehrsunternehmen sowie der Deutschen Bahnen**

Während in Material 8 eine Instrumentalisierung von Geschichte (durch die Reduktion auf fixe Daten zu runden Jubiläen) kritisiert wird, handelt es sich bei Material 9 um eine kommerzielle Verwendung von Historie, bei der mit dem wirklichen (oder vorgeblichen?) Schutz von Denkmälern gegen Abgase für den Vorteil von Bahnen und Bussen und damit für schwarze Zahlen bei öffentlichen Verkehrsbetrieben geworben wird.

**Notizen**

# Kapitel 1: Die antike Welt

## Auftaktseiten, Grundinformation, Darstellung

### M, 12
### Auftaktseitenbild Der Raub der Europa, 1. Jahrhundert n. Chr.

Ein zentrales Ziel bei der Beschäftigung mit der Antike besteht darin, die Schülerinnen und Schüler mit dem frappierend Fremden zu konfrontieren. Die Auseinandersetzung mit anderen, fremden Welten soll zum besseren Verständnis der eigenen Gegenwart beitragen und gleichzeitig das Bewusstsein für die Relativität und Historizität politischer Ordnungsvorstellungen und Herrschaftsformen schärfen.
Die Einsicht, dass die Antike eine fremde Welt war, die sich dem heutigen Betrachter nicht einfach und unmittelbar, sondern nur durch die Kenntnis der konkreten historischen Rahmenbedingungen sowie durch die kritische Quellenanalyse erschließt, kann bei der Betrachtung des Auftaktseitenbildes gefördert werden. Die Wandmalerei aus dem Pompeji des 1. Jahrhunderts n. Chr. soll eine Verbindung zwischen unserem heutigen Europa und der antiken Welt herstellen. Diese Beziehung lässt sich auf zweifache Weise aufzeigen: Es ist erstens möglich, Europa in seiner geografischen Lage zu untersuchen. Neben Asien und Libyen (= Afrika) war Europa einer der drei in der Antike bekannten Erdteile und bezeichnete bereits seit dem 5. Jahrhundert v. Chr. (so bei Herodot) die Gebiete nördlich des Mittelmeeres, die auch heute im Wesentlichen Europa begrenzen. Zweitens ist „Europa“ der Name einer Königstochter aus der griechischen Sagenwelt, der Tochter eines phönikischen Königs, und als solche ist sie auf dem Fresko dargestellt. Der Sage nach hatte der Göttervater Zeus sich in einen zahmen Stier verwandelt und die Europa über das Meer nach Kreta entführt, wo er mehrere Kinder mit ihr zeugte. Dieses Thema aus der griechischen Mythologie war auch in der römischen Literatur und Bildkunst weiterhin präsent. Das Wandbild aus Pompeji stellt die Situation unmittelbar vor dem Raub der Europa dar: Europa erhebt sich auf den Stier, der sie sogleich entführen wird; eine Begleiterin streichelt den Stier und zwei weitere betrachten die Situation aus der Distanz. Da sich die auf dem Fresko dargestellte Szene nur mithilfe der Sage über die Europa entschlüsseln lässt, ist es notwendig, zunächst diese Sage vorzustellen. Erst danach kann das Bild genauer beschrieben und sein Inhalt erfasst werden. Diese Vorgehensweise – zunächst die Analyse der Sage und dann die Bildbeschreibung – sensibilisiert die Schülerinnen und Schüler für den kritischen Umgang mit Quellen aus fremden Epochen und bietet daher einen geeigneten Einstieg in den Quellenarbeitsteil. Es sollte deutlich werden, dass viele Quellen nur durch den Vergleich mit anderen Materialien und Dokumenten interpretiert werden können.

### M, 15
### Karte Das antike Griechenland

Die Karte dient zum einen zur geografischen Orientierung beim Bearbeiten des Darstellungstextes. Um diese Orientierungsfunktion zu verstärken kann es sinnvoll sein, sie durch die Schülerinnen und Schüler vor der Textbearbeitung interpretieren zu lassen. Es kommt dabei darauf an, dass sie sowohl die Landschaft Attikas (Gebirgszüge im Norden bis hinunter zur attischen Halbinsel, schmale Küstenstreifen) als auch die Lage Athens erfassen. Zum anderen sollte bei der Karteninterpretation deutlich werden, dass das antike Griechenland kein moderner Einheits- und Territorialstaat war, sondern aus verschiedenen Stadt-Staaten bestand.

### M, 16
### Karte Das Römische Reich vom 1. bis 3. Jahrhundert n. Chr.

Die Karte vermittelt einen Überblick über die geografische Ausdehnung des Imperium Romanum von der Zeit des Augustus bis zum 3. Jahrhundert n. Chr. Sie lässt sich beim Vergleich des Römischen Reiches mit der Europäischen Union einsetzen, um den Schülerinnen und Schülern die Unterschiede in der räumlichen Ausdehnung zu veranschaulichen. Als Vergleichskarte bietet sich die Karte auf S. 247 im Bd. 2 des Schülerbuches an, die die Zusammenschlüsse in Europa nach dem Zweiten Weltkrieg aufzeigt.

### M, 17
### Grafiken
### Die Verfassung der attischen Demokratie; Die politische Ordnung der Römischen Republik

*Methodisch-didaktischer Hinweis:* Die Abschnitte über die Funktionsweise der attischen Demokratie lassen sich am ehesten dadurch erschließen, dass man mit den Schülerinnen und Schülern in einer ersten Reflexionsphase die erarbeiteten Gemeinsamkeiten und Unterschiede zwischen moderner und antiker Demokratie kurz ins Gedächtnis zurückruft. Der Vergleich zwischen beiden Herrschaftsformen sollte in einem zweiten Arbeitsschritt vertieft und dabei auf die Frage zugespitzt werden, wie Freiheit und Gleichheit in beiden Systemen verwirklicht werden bzw. wurden. Es bietet sich an, zunächst erneut von der Gegenwart auszugehen und in einem Unterrichtsgespräch zu erörtern, was für die Schülerinnen und Schüler heute zum Begriff der Demokratie unverzichtbar dazugehört und in welchen Bereichen ihrer Ansicht nach Defizite in modernen westlichen Demokratien vorhanden sind. Sodann sollte der Blick auf das antike Griechenland gerichtet und danach gefragt werden, wie die Athener Freiheit und Gleichheit (Isonomie), die beiden Grundprinzipien ihrer Demokratie, realisiert haben. Damit die Beschäftigung mit der Antike aber nicht abstrakt bleibt, sondern unter Bezugnahme auf die konkreten Ausformungen demokratischer Strukturen und Verfahrensweisen geschieht, erscheint es sinnvoll, die attische

Demokratie anhand des Schaubildes (M, 17), der Karten (M, 15, 21) und der Darstellung (D, 18–23) zu erarbeiten.

**Zu den Aufgaben 1 und 2, 17:**
Im politischen Bereich sollten folgende Unterschiede herausgearbeitet werden: Griechenland war eine Demokratie, alle Entscheidungen gingen von der Volksversammlung aus; dagegen war Rom eine Aristokratie, das politische Zentrum bildete der Senat. Auf gesellschaftlichem Gebiet waren in Athen die Vollbürger die tonangebende Schicht, während in Rom der Adel vorherrschend blieb. Das wirtschaftliche Ideal der Athener war die Autarkie, während der zunehmende Wohlstand der Römer auf der Abhängigkeit bzw. der Ausbeutung der eroberten Völker beruhte. Im kulturellen Bereich betonten die Römer Autorität und Tradition, die Griechen schätzten dagegen die gedankliche Innovation sowie Freiheit und Gleichheit.

### M, 21
### Karte Der Delisch-Attische Seebund 478–431 v. Chr.

Die Karte dient zur geografischen Orientierung beim Bearbeiten der Herrschaft der Griechen nach außen. Sie verdeutlicht nicht nur den Herrschaftsbereich der attischen Demokratie, sondern auch die unterschiedlichen Abhängigkeiten der beherrschten Völker von den Griechen.

### M, 24
### Die Entstehung und Entwicklung der Römischen Republik

*Methodisch-didaktischer Hinweis:* Bei der Analyse der Primärquellen kann allzu leicht der Eindruck entstehen, dass die politischen Organisationsformen der Griechen und Römer allein das Ergebnis intensiver philosophischer Reflexion gewesen bzw. – überspitzt ausgedrückt – den Köpfen bedeutender Denker entsprungen seien. Das gilt besonders für staatsphilosophische Texte wie die Abhandlungen von Cicero oder Polybios (M 6, 7, S. 40f.). Damit sich solche einseitigen Vorstellungen nicht in den Köpfen der Schülerinnen und Schüler festsetzen oder verfestigen, sollten auch die konkreten politisch-gesellschaftlichen Konstellationen mit bedacht werden, die in Athen zur Demokratie und in Rom zur Republik führten. Das Bewusstsein der Schülerinnen und Schüler für die historische Bedingtheit von Herrschafts- und Regierungsformen lässt sich am ehesten dadurch schärfen, dass man die Entstehungsbedingungen und Entwicklungsmöglichkeiten politischer Systeme reflektiert.
Zum besseren Verständnis dafür, dass sowohl die attische Demokratie als auch die Römische Republik das Ergebnis konkreter und sehr komplizierter gesamtgesellschaftlicher Prozesse, Handlungen und Entscheidungen waren, kann die Analyse der Entstehungsgeschichte und nicht zuletzt auch des Scheiterns dieser Staaten beitragen.
Anhand des Abschnittes über die Entstehung der attischen Demokratie (Kasten Schülerband, S. 19) lässt sich herausarbeiten, dass die Athener die Demokratie nicht erfanden um sich einen uralten Menschheitstraum planmäßig und zielgerichtet zu erfüllen. Vielmehr bewirkten bestimmte soziale und politische Herausforderungen, dass sie eine Staatsform entwickelten, die ohne von außen oder oben kommenden Zwang ein geordnetes Zusammenleben freier Bürger gewährleistete. Im archaischen Griechenland gab es keine starke Autorität, die die Macht besaß, für Ordnung und Frieden innerhalb der Gemeinschaft zu sorgen und diese nach außen zu schützen. Es existierte, von wenigen Ausnahmen abgesehen, kein starkes Königtum, aber auch kein herrschender Stand, der diese Aufgabe hätte erfüllen können. Die charakteristische griechische Lösung dieser Probleme war die Demokratie.
Auch die sehr knapp gefasste Skizze über die Entstehung und Entwicklung der Römischen Republik (Kasten Schülerband, S. 24) zeigt auf, dass Macht und Herrschaft bei den Römern aus den innergesellschaftlichen und außenpolitischen Existenzbedingungen und Konflikten resultierten. Der Abschnitt konzentriert sich erstens auf die Phase der Königszeit und der Etruskerherrschaft und nennt die zentralen politisch-sozialen Ursachen für die Durchsetzung des republikanischen Systems. Zweitens wird die Bedeutung der Ständekämpfe für die Herausbildung von Republik und Aristokratie genannt. Drittens werden die Gründe für die Entstehung des römischen Weltreiches und die Folgen der römischen Eroberungen für innere Struktur und das Scheitern Roms beleuchtet.

### M, 25
### Römische Beamte und ihre Aufgaben um 150 v. Chr.

Das Schaubild zur politischen Ordnung der Römischen Republik (M, 17), das durch die Übersicht über die römischen Beamten (M, 25) ergänzt wird, legt den Akzent auf die wichtigsten römischen Ämter und deren Aufgaben und Funktionen. Mit ihrer Hilfe sollen die Schülerinnen und Schüler eine genauere Vorstellung von den Tätigkeitsbereichen der römischen Amtsträger gewinnen. Diese Reduktion der politischen Ordnung Roms besitzt den Vorteil, dass von vornherein nicht der falsche Eindruck erweckt wird, dass Rom eine für alle Zeiten festgeschriebene Form seiner Herrschafts- und Regierungsform besessen habe.
Das Schaubild auf Seite 17 verdeutlicht, dass der Senat das Zentrum der Römischen Republik war und Einfluss auf alle Entscheidungen bzw. Entscheidungsebenen nahm. Mit der Zusammenstellung der römischen Beamten und ihrer Aufgaben sollen die Schülerinnen und Schüler eine genauere Vorstellung von den politischen Tätigkeitsbereichen im antiken Rom bekommen. Dass es hier grobe Unterschiede gab, kann z. B. das Amt der Zensoren vermitteln. Ihre Aufgaben lagen auf moralischem und finanziellem Gebiet, d. h., der Bereich des Privaten war kein vom Staat losgelöster Bereich. Konsuln waren Oberbefehlshaber und zugleich Staatschefs. Die Prätoren als Vertreter der Konsuln hatten zusätzlich die Gerichtsbarkeit unter sich. An diesem Amt kann sichtbar gemacht werden, dass es keine Gewaltenteilung gab. Das Amt der Volkstribunen erklärt sich aus der Geschichte der Ständekämpfe: Als Anwälte der Plebejer konnten sie Amtshandlungen aufschieben lassen. Die Ädilen waren Ordnungshüter

in verschiedenen Bereichen, nahmen also teilweise Funktionen wie die heutigen Verwaltungen wahr, wobei das Finanzwesen allerdings besonderen Beamten, den Quästoren, übertragen wurde.
Weder im Schaubild noch in der Übersicht ist das Amt der Diktatoren aufgenommen, weil die Diktatur ein Sonderamt war. In Notzeiten ernannte auf Vorschlag des Senats ein Konsul den Diktator. Dieser wurde dann von 24 Liktoren begleitet und besaß ungeteilte Autorität, die anderen Magistrate blieben im Amt, waren jedoch dem Diktator untergeordnet. Seine Aufgaben waren fest umrissen. In frührepublikanischer Zeit war seine Amtszeit auf sechs Monate beschränkt; meist dankten die Diktatoren nach Erfüllung ihres Auftrages ab. Die späteren Diktatoren (Sulla, Caesar) unterschieden sich wesentlich von diesem republikanischen Amt.

### M, 29
### Das Römische Reich damals und die Europäische Einigung heute

*Tafelbild S. 11* ▼

*Didaktisch-methodischer Hinweis:* Der Vergleich zwischen dem Römischen Reich und der Europäischen Einigung bietet die Möglichkeit einen sicherlich gewagten, aber anregenden und ergiebigen Bezug zur Gegenwart herzustellen. Er kann am Beginn der Unterrichtseinheit stehen, wenn man von der Gegenwart her eine Brücke zurück zum Imperium Romanum schlagen will. Aber auch am Ende der sechsten Unterrichtseinheit lässt sich der Vergleich sinnvoll einsetzen zur vertiefenden Bilanzierung der Strukturelemente des Römischen Reiches.
Der strukturgeschichtlich orientierte Vergleich zwischen dem Imperium Romanum und der Europäischen Union ist erstens dazu geeignet, die Schülerinnen und Schüler für die Beschäftigung mit dem Verhältnis von Zentralisation und Dezentralisation als prägnanten Strukturmerkmalen großer Ordnungshierarchien zu sensibilisieren. Die vergleichende Perspektive bietet zweitens die Chance, die Beziehungen zwischen regionalen, nationalen und übernationalen Identitäten zu problematisieren. Die Erarbeitung der grundlegenden Unterschiede zwischen Europäischer Gemeinschaft und Römischem Reich lässt sich drittens zum Ausgangspunkt für eine Diskussion über die Leistungen und Grenzen historischer Vergleiche und Analogien machen.
Der Text reflektiert die Unterschiede zwischen dem Imperium Romanum und der Europäischen Union auf drei Ebenen: Er zeigt erstens auf, dass die EU nicht die Länder des byzantinisch-orthodoxen Christentums einschließt, während die römische Herrschaft auch diese Gebiete betraf. Zweitens wird herausgearbeitet, dass Rom sein Weltreich mit geringem Aufwand regierte und verwaltete. Dagegen besitzt die EU eine ausgesprochen große Bürokratie sowie die unterschiedlichsten Institutionen zur Regelung ihrer Angelegenheiten. Auf politischem Gebiet ist außerdem herauszustellen, dass das römische Imperium unterworfene Völker beherrschte. Die europäische Integration vollzog sich hingegen zwischen selbstständigen und gleichberechtigten Nationalstaaten. Drittens zeichneten sich die wirtschaftlichen Beziehungen im Reich der Römer zwar durch regen Handelsaustausch aus, aber einen gemeinsamen Markt wie in der EU gab es damals nicht.

### M, 30
### Arles in Südfrankreich

Die Abbildung verdeutlicht, dass die Städte in den Provinzen während der römischen Herrschaft zur Kaiserzeit eine Blütezeit erlebten. Sie wurden großzügig mit öffentlichen Bauten, hier Amphitheater und Theater, ausgestattet.

### M, 33
### Abbildung Die Gruppe der Tetrarchen

Bei der Betrachtung dieser Reliefs kann der Aspekt des Rangunterschieds im Vordergrund stehen: Dargestellt ist Diokletian mit seinen drei Mitkaisern, einem ranggleichen Augustus und zwei rangniedrigeren Caesares. Die beiden Augusti stehen offenbar im Vorder-, die beiden Caesares im Hintergrund. Als Zeichen ihrer Macht tragen alle vier ein Schwert. Die Zusammengehörigkeit von Kaiser und Mitkaiser kommt dadurch zum Ausdruck, dass jeweils einer aus den beiden Kaiserpaaren dem anderen den rechten Arm auf die Schulter legt. Außerdem sind die vier Kaiser in einem Block zusammengefasst. Das einzige Unterscheidungsmerkmal zwischen Kaisern und Mitkaisern ist der Bart, der Alter und Autorität und damit Über- bzw. Unterordnung symbolisieren soll. Die paarweise Anordnung stellt die Rangordnung in der Tetrarchie heraus. Jedoch soll wahrscheinlich der Eindruck erweckt werden, dass die Tetrarchie trotz der Rangunterschiede eine Einheit bildet.

### M, 35
### Abbildung Apotheose des Antonius und der Faustina

Die Abbildung veranschaulicht die Apotheose (= Entrückung, Vergottung, Vergöttlichung) von Kaiser Antonius Pius (138–161 n. Chr.) und seiner Gattin Faustina. Das Kaiserpaar wird von einem Jüngling mit weit ausgebreiteten Flügeln zum Himmel getragen. Die kaiserliche Macht wird durch das Zepter und die Adler symbolisiert. Dass der Kaiser ungeachtet seines Gottesgnadentums aber nach wie vor in der römischen Tradition stand, verdeutlicht die Darstellung der Wölfin mit Romulus und Remus auf dem Rundschild der mit Waffen und Kriegsornat umgebenen Roma im rechten unteren Bereich dieser Abbildung.

### M, 36
### Abbildung des Silbermedaillons von Kaiser Konstantin aus dem Jahre 315 n. Chr.

Die Silbermünze Konstantins wurde 315 in Ticinum zur Erinnerung an den Sieg über den Gegenkaiser Maxentius im Jahre 312 n. Chr. geprägt. Sie trägt die Aufschrift „IMP(erator) CONSTANTINUS P(ius) F(elix) AUG(ustus)“; die Epitheta „pius“ (=fromm) und „felix“ (=glücklich) gehörten seit dem 2. Jahrhundert zur offiziellen Kaisertitulatur. Mit der rechten Hand hält Konstantin ein Pferd am Zügel, in der linken trägt er ein Schild, auf dem die römische Wölfin mit den Zwillingen Romulus und Remus abgebildet ist. Das verdeutlicht, dass der Kaiser an der altrömischen Gründungslegende festhielt und sich in die Tradition der römischen Kaiser stellte. Hinter dem Schild erkennt man ein Zepter mit Querstange und Globus. Der Helm ist mit Rosetten verziert, die vorderste Rosette zeigt das Christogramm. Es ist das Zeichen, das die Christen anfänglich als Geheimzeichen benutzten und das jetzt als kaiserliches Emblem neue Bedeutung erhielt. Insgesamt zeigt die Münze das Festhalten an der römischen Tradition und gleichzeitig den Beginn einer neuen Epoche an.

**Notizen**

| Tafelbild zu M, 29 | Unterschiede zwischen der EU und dem Römischen Reich |
|---|---|

| | Rom | EU |
|---|---|---|
| **Räumliche Ausdehnung** | West-und Osteuropa | Länder des byzantinisch-orthodoxen Christentums fehlen |
| **Politische Organisation** | Herrschaft über unterworfene Nationen<br>Geringer Verwaltungsaufwand | Zusammenschluss selbstständiger und gleichberechtigter Nationen<br>Hoher Verwaltungsaufwand<br>Zahlreiche politische Institutionen |
| **Wirtschaftlicher Austausch** | Reger Handel ohne einheitlichen Wirtschaftsraum | Gemeinsamer Markt |

© 2000 Cornelsen Verlag, Berlin. Alle Rechte vorbehalten

## Basismaterialien

### M 1, 38
### Der griechische Philosoph Aristoteles schreibt über den Sinn des Staates

*Aristoteles,* 384–322 v. Chr.; griechischer Philosoph und Naturforscher; Schüler Platons; gründete in Athen eine eigene Schule, eine berühmte Bibliothek und ein Museum der Naturkunde; Erzieher des späteren Makedonenkönigs Alexanders des Großen; beschäftigte sich mit Philosophie, Politik, Kunst, Literatur und Naturwissenschaften; Grundsatz seines Denkens war die Erkenntnis, der Mensch sei ein von Natur aus auf Gemeinschaft angewiesenes Wesen, ein zoon politikon; als beste Staatsform befürwortete er eine auf eine breite Schicht gegründete Aristokratie als Mitte zwischen Monarchie und Demokratie.

**Zu den Aufgaben 1–3, 38:**
Bei der Bearbeitung der Fragen können folgende zentrale Aussagen herausgearbeitet und diskutiert werden:
- Der Staat hat einen über das bloße Zusammenleben und Wirtschaften einer Gemeinschaft hinausgehenden Zweck: Er soll alle Bürger in gleicher Weise zum sittlich Guten und richtigen Handeln führen.
- Politik und Ethik sind so untrennbar miteinander verbunden. Der Einzelne muss sein Denken und Handeln stets auf die sittliche Polisgemeinschaft ausrichten und findet den Sinn seines Lebens nur in Bezug auf den Staat (Mensch = zoon politikon). Da es außerhalb der Polisgemeinschaft keine Formen ethischer Bindung bzw. tugendhaften Verhaltens gibt, darf der Mensch nicht ‚am Staat vorbeileben'.
- Der Bürger hat keine Rechte als Individuum, sondern nur in Bezug auf den Staat; der Staat vereinnahmt den Bürger und trennt nicht zwischen privatem und öffentlichem Leben.
- Nicht alle Polisbürger dienen auf gleiche Weise dem sittlichen Zweck des Staates. Daher haben nicht alle die gleichen Rechte. Die moderne, vom Naturrecht abgeleitete Auffassung, dass alle Menschen gleich geboren seien, ist dem antiken Staat fremd.

Im Unterrichtsgespräch ist zu beachten, dass die Polis einen geografisch überschaubaren Raum darstellt, in dem politische Willensbildung durch direkte Auseinandersetzung mit anderen Bürgern relativ leicht organisiert werden konnte. Das ist im modernen Flächenstaat fast nur noch auf der Ebene der kleineren kommunalen Einheiten möglich (Ausnahme Schweiz). Eine wichtige Frage, die auf jeden Fall thematisiert werden sollte, ist die nach der Gefahr einer von der Mehrheit bestimmten Willensbildung, deren Ergebnis Minderheiten fast schutzlos folgen müssen.

### M 2, 38
### Der griechische Philosoph Aristoteles (384–322 v. Chr.) erklärt den Begriff „Polisbürger"

Dieser Quellentext des Aristoteles ist in enger Beziehung mit dem vorangegangenen Text M1, 38 zu lesen. Nach Auffassung des griechischen Philosophen zeichnete sich der Polisbürger durch seine Partizipationsfähigkeit bei der politischen Willensbildung und bei der Festsetzung dessen aus, was als Recht gelten sollte. Die Polis beruhte also auf dem Grundgedanken der Autarkie, die eine unabdingbare Voraussetzung der Freiheit und Selbstständigkeit (Autonomie) sei. Polis-Bürger konnte danach nur derjenige sein, der sowohl väterlicher- als auch mütterlicherseits von Athenern abstammte. Fremde, Sklaven, Handwerker (und Frauen) blieben ausgeschlossen, weil ihre auf Erwerb ausgerichtete Lebensführung nicht die gebotene Zeit zulasse um sich mit den politischen und richterlichen Belangen hinreichend zu befassen.

### M 3, 38 f.
### Der griechische Philosoph Sokrates (470–399 v. Chr.) in einem Dialog über die Lasten der reichen Bürger

*Sokrates* hinterließ nichts Schriftliches; aus den Schriften Platons ist bekannt, dass er auf den Straßen, in Werkstätten und Villen Athens seine Zeitgenossen in philosophische Gespräche verwickelte; überzeugt von der Lehr- und Lernbarkeit der Tugenden, versuchte er die Grenzen des Wissens und den Wahrheitsgehalt von Wertbegriffen herauszuarbeiten und seine Umwelt zu Selbstkritik und tugendhaftem Leben anzuregen; seine Kritik an anderen philosophischen Überzeugungen und besonders an der in seinen Augen religiösen Erstarrung seiner Zeit trug ihm die Verurteilung zum Tode durch den Giftbecher ein; Sokrates beeinflusste sehr stark die Philosophie Platons.
In dem vorliegenden Dialog sprechen Sokrates und Kritobulos über die Folgen der athenischen Demokratie für diejenigen Bürger, die reich waren und/oder eine besondere Stellung im öffentlichen Ansehen anstrebten. Daher vertieft die Quelle einen wichtigen Aspekt des Abschnittes über die Bedingungen und Kosten des demokratischen Systems.
Hintergrund dieser Quelle ist die Tatsache, dass in Athen wohlhabende Bürger dazu verpflichtet werden konnten, aufwendige und wichtige Ausgaben der Polis mitzufinanzieren. Hierzu gehörten z. B. der Kauf von Schiffsausrüstungen oder die Durchführung von kostspieligen Festspielen (etwa Theateraufführungen). Allerdings konnten solche Bürger als Schiffskapitäne oder als Chorführer öffentlich in besonderer Weise in Erscheinung treten und öffentliche Reputation erwerben. Das galt vor allem für diejenigen, die freiwillig mehr leisteten, als ihnen die Polis vorgeschrieben oder von ihnen erwartet hatte. Das Volk honorierte derartige Leistungen durch besondere Ehrenbeschlüsse mit Kranzverleihungen oder durch andere öffentliche Auszeichnungen.
In der perikleischen Zeit waren die besitzenden Schichten zu den beschriebenen Leistungen für die Polis verpflichtet. Diese Form einer Vermögensabgabe gehörte zu den staatsbürgerlichen Pflichten der reichen Bürger wie der Ruderdienst in der Flotte für die Besitzlosen. Die Abgaben der Reichen wurden durch eine genaue Auflistung des Vermögens ermittelt und die Leistungen verbucht. Bei zu stark erscheinenden Belastungen konnte man seine Vermögensverhältnisse überprüfen lassen.

Eine Absicht des Volkes, die Besitzverhältnisse durch dieses System grundlegend umzuschichten, lässt sich nicht nachweisen.

**Zu Aufgabe 1, 39 links:**
Anhand des Quellentextes (M 12, 38) lässt sich erstens aufzeigen, dass die griechische Staatsbezeichnung Polis nicht mit modernen Staatsvorstellungen vergleichbar ist. Moderne Staatsnamen sind in der Regel geografische Bezeichnungen mit oder ohne Einbeziehung der Staatsform: z. B. Bundesrepublik Deutschland, Vereinigte Staaten von Amerika, Schweizerische Eidgenossenschaft. Die griechischen Staatsnamen waren dagegen rein personeller Art: Der „Staat der Athener", die Polis, bezog sich auf die Gesamtheit ihrer Bürger. Das waren nicht alle Angehörigen dieses Volkes oder die ständigen Bewohner eines Staatsgebietes, sondern immer nur ein mehr oder weniger großer Teil von ihnen.
Aristoteles definierte die Polis als eine Gemeinschaft der Bürger, die groß genug war um ihren Angehörigen alles Notwendige innerhalb der Gemeinschaft bieten zu können. Das Kriterium der „Größe" bezog sich nicht nur auf einen Lebensraum, der die für das Zusammenleben notwendigen wirtschaftlichen Existenzgrundlagen sicherte, sondern auch auf eine genügende Anzahl von Bürgern und Einwohnern um die wichtigsten ökonomischen oder kulturellen Bedürfnisse zu befriedigen. Diese Gemeinschaft sollte nach seiner Auffassung autark sein, d. h., sie musste sich selbst genügen bzw. durfte nicht auf fremde Hilfe angewiesen sein. Zu groß sollte die Gemeinschaft aber auch nicht sein, da sonst die gemeinsame Regelung der alle betreffenden Angelegenheiten nicht mehr möglich schien. Im günstigsten Fall sollten sich die Bürger noch untereinander kennen. Nicht zuletzt deswegen schränkte Aristoteles den Kreis der Vollbürger, die das Recht zum Richten und Regieren besaßen, auf diejenigen ein, deren Vater und Mutter Athener waren. Fremde und Handwerker sowie Sklaven wurden ausgegrenzt.
Zweitens ist es sinnvoll, den Bürgerbegriff des Aristoteles vom modernen Bürgerbegriff abzugrenzen. Zur Kontrastierung sollten nicht die Bürger im Mittelalter und in der frühen Neuzeit herangezogen werden. Zu dieser Gruppe gehörten vor allem die freien und vollberechtigten Stadtbewohner, im Wesentlichen die städtischen Kaufleute und Handwerker. Auch der im 19. Jahrhundert gebräuchliche soziale Bürgerbegriff kann vernachlässigt werden, der die Angehörigen einer durch Besitz, Bildung und spezifische Einstellungen gekennzeichneten Schicht meinte, die sich von Adel, Klerus, Bauern und den Unterschichten (einschließlich der Arbeiter) unterschieden. Für das politische Selbstverständnis der modernen Demokratie ist vielmehr der Begriff des „Staatsbürgers" prägend geworden. Staatsbürger meint dabei alle Einwohner eines Staates ungeachtet ihrer sozialen Stellung, soweit sie gleiche „bürgerliche" Rechte und Pflichten haben (vor Gericht, in Wahlen, in der öffentlichen Meinung). Dieses Bürgerverständnis wurde vom Naturrecht begründet und setzte sich seit der Amerikanischen und der Französischen Revolution durch. In welcher Weise sich die Staatsbürger in der modernen Demokratie für die Gemeinschaft engagieren, bleibt ihnen selbst überlassen. Dennoch kennt auch die repräsentative Demokratie das Ideal des allseits politisch engagierten Bürgers, der Ämter und Aufgaben für die Allgemeinheit wahrnimmt und sich für die Belange der Freiheit einsetzt.

TAFELANSCHRIEB

**zu Aufgabe 1, 39 links**

***Moderne Staatsbezeichnungen***
*geografisch*
*Staatsform*
*Beispiel:*
*Bundesrepublik Deutschland*

***Attische Staatsbezeichnung***
*personal*
*Beispiel:*
*Staat der Athener*

***Antike Polis***
*Gemeinschaft der Vollbürger*
*Autarkie*
*Beschränkung der Bürgerzahl*

**Zu Aufgabe 2, 39 links:**
Mit Hilfe dieser Quelle (M 3, 38 f.) kann *erstens* herausgearbeitet werden, dass die attische Demokratie ihren Bürgern – exemplarisch wird hier Kritobulos genannt – nicht nur Gleichheit und Freiheit gewährleistete, sondern auch bestimmte Pflichten auferlegte. Der Staat verlangte von den reichen Bürgern die Finanzierung oder Bereitstellung von Dingen, die für die Gemeinschaft notwendig waren. Auch die Übernahme öffentlicher Ämter konnte von ihnen erbeten werden. Als Gegenleistung gewährte die Gemeinschaft ihnen hohes öffentliches Ansehen.
*Zweitens* ist die Kritik des Sokrates zu würdigen, der es nicht für erstrebenswert hielt, Reichtümer zu erwerben. Der Philosoph nennt drei Belastungen der Reichen, die er als unerträglich bezeichnete: zunächst die Verpflichtung, zur Aufrechter-

TAFELANSCHRIEB

**zu Aufgabe 2, 39 links**

***Pflichten der reichen Bürger***
*Übernahme öffentlicher Ämter*
*Finanzielle Unterstützung der Allgemeinheit*
*Abgabe von Dingen oder Leistungen für das Gemeinwohl*

***Gefahren für reiche Bürger***
*Reichtum führt zu Opportunismus,*
*zu große materielle Belastung*
*Denunziation und Bestrafung*

haltung oder Steigerung des öffentlichen Ansehens ständig Kontaktpflege zu betreiben und anderen gefällig zu sein; sodann die materiellen Opfer für die Allgemeinheit; und schließlich die Gefahr, dass man allzu leicht in den Verdacht gerate, zu wenig für das Gemeinwesen zu leisten, was zu empfindlichen Strafen führen könne.

**M 4, 39**
**Thukydides (um 460–396 v. Chr.) gibt eine Rede des Perikles aus der Zeit nach dem Peloponnesischen Krieg (431–404 v. Chr.) wieder**

*Tafelbild S. 15* ▼

*Thukydides:* Sohn einer vermögenden athenischen Familie; während des Peloponnesischen Krieges einer der zehn Strategen der Stadt Athen; Verurteilung zur Verbannung nach einem militärischen Misserfolg; im Exil Niederschrift einer Geschichte des Peloponnesischen Krieges.
Perikles: um 500–429 v. Chr.; athenischer Staatsmann; stammte aus einer adeligen, aber traditionell demokratisch orientierten Familie; arbeitete schon in jungen Jahren mit demokratischen Politikern zusammen und trieb die Demokratisierung Athens und die Entmachtung des Adels voran; führte die Besoldung für politische Mandatsträger und Beamte ein, damit auch die kleinen Leute ihre staatsbürgerlichen Pflichten erfüllen konnten; er führte während des Peloponnesischen Krieges die Kasse des Delisch-Attischen Seebundes nach Athen, die benutzt wurde, um den Athenern Arbeit und Verdienst zu sichern; nach dem Krieg bis zu seinem Tod lenkte er den athenischen Staat; sein Einfluss beruhte auf dem Amt eines Strategen, vor allem aber auf seiner Beredsamkeit und seinem hohen Ansehen.
Zur Einordnung der Quelle: Im Herbst 431 v. Chr. hielten die Athener zum ersten Mal während des Peloponnesischen Krieges eine Feier zu Ehren der Gefallenen ab. Auf ihr hat Perikles eine Rede gehalten, die Thukydides als große Selbstdarstellung der athenischen Demokratie und als das Vermächtnis des Staatsmannes Perikles darstellte.
Inhalt und Absicht: Perikles ging es darum, die Vorbildlichkeit der attischen Demokratie hervorzuheben und die Polis Athens in ihrer Einzigartigkeit von den übrigen Poleis in Griechenland abzuheben. Er verteidigte damit Athen und die demokratische Ordnung offensiv nach außen und innen gegen potenzielle Kritiker und Gegner.
Perikles fasste die zentralen Elemente zusammen, die das Leben der Bürger im öffentlichen und privaten Bereich ausmachen, um die Einheit von Politik und Moral in Athen zu würdigen. Er betonte die Einzigartigkeit Athens (Vorbild für andere Poleis), weil dessen Staatsform auf den Grundsätzen der Mehrheitsentscheidung in der Volksversammlung, der Gleichheit vor dem Gesetz und des öffentlichen Ansehens beruhe. Dabei ist entscheidend, dass öffentliche Reputation nicht durch die Befriedigung privater Eigeninteressen, sondern allein durch Leistungen erworben werden konnte, die auf die Polis bezogen waren. Damit entwarf Perikles ein Idealbild von der attischen Demokratie. Das erklärt sich aus der Redesituation, ging es ihm doch darum, den Hinterbliebenen der Gefallenen tröstende Worte zu spenden.
Mit seinen Ausführungen über die Armut hob Perikles propagandistisch die Vorzüge der attischen Demokratie vor einer Timokratie hervor, um so den inneren Zusammenhalt der Bürger untereinander zu stärken. Allerdings verschwieg er dabei, dass mittellose Bürger in Wirklichkeit kaum bedeutsamen politischen Einfluss und öffentliches Ansehen in Athen erlangen konnten. Umso stärker strich Perikles die Bedeutung der Demokratie als Schule zur Entfaltung politischer Tugenden heraus. Feindlicher Diskurs und Diskussion wurden von ihm nicht als eine Entscheidungsschwäche der Demokratie bewertet (ein bis heute existierendes Vorurteil gegenüber Demokratien), sondern als Vorzug dieser Staatsordnung anerkannt, weil dadurch die politische Tat vom reinen Entscheidungsakt zum reflektierenden Handeln erhoben werde. Aus dieser Einheit von Denken und Tun ergab sich für Perikles der Begriff der Persönlichkeit.
Bei der Bearbeitung dieser Quelle ist darauf zu achten, dass Perikles weniger die Wirklichkeit als vielmehr in propagandistischer Absicht (Anlass der Rede) ein Idealbild der attischen Demokratie entwarf. Der Text beschreibt das Selbstverständnis der Demokratie und darf nicht als Aussage über die Realität interpretiert werden.

**Zu den Aufgaben 1–3, 39 rechts:**
Anhand dieser Quelle (M 4, 39) kann man das antike Selbstverständnis der demokratischen Herrschaftsordnung in Athen herausarbeiten. Dieses wird dadurch charakterisiert, dass der ganze Demos oder dessen Mehrheit den politischen Willensprozess bestimmt und politisch handelt. Dadurch sollten Gleichheit im Sinne der Isonomia und politische Freiheit für alle Bürger gewährleistet werden. Die Verpflichtung zur öffentlichen Teilhabe an politischen Entscheidungen und Handlungen weisen den Polisbürger aus. Athen verstand sich als eine direkte Demokratie, in der der Gedanke der Repräsentation keinen Raum hatte. Die Frage, wer Bürger sei und im Gemeinwesen mitbestimmend tätig sein dürfe, wurde zum zentralen Problem der politischen Auseinandersetzung in der attischen Demokratie.
Perikles entwarf in seiner Rede ein Bürgerideal, das sich durch folgende Merkmale auszeichnet:
- Der Bürger engagiert sich vorbehalt- und selbstlos für die Allgemeinheit,
- Toleranz für den persönlichen Lebensstil der Mitbürger,
- Anerkennung von Recht und Moral,
- der Bürger versucht seinen Lebensstandard durch Arbeit zu verbessern,
- jeder Bürger wird allein nach seinem Eintreten für die öffentlichen Angelegenheiten beurteilt, unabhängig von seinem Reichtum.

Zu den Vorzügen der Demokratie zählte Perikles:
- Die Mehrheit, nicht die Minderheit entscheidet über das Schicksal des Gemeinwesens (= Volksherrschaft),
- alle Bürger sind vor dem Gesetz gleich,

| Tafelbild zu M 4, 39 | Athenischer Staat unter Perikles (um 450 v. Chr.) |
|---|---|

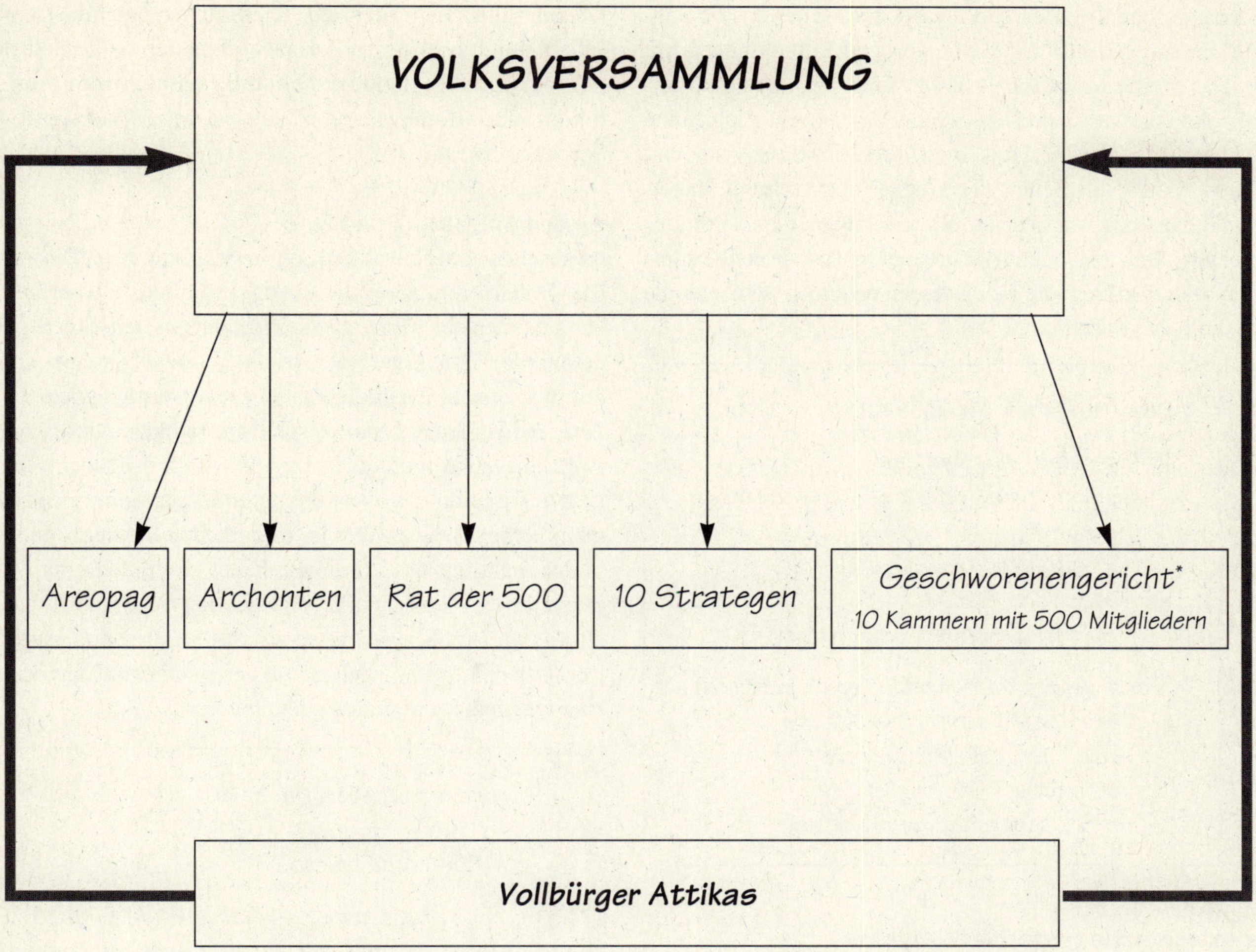


* Besoldung um allen Bürgern den Zugang zu ermöglichen

© 2000 Cornelsen Verlag, Berlin. Alle Rechte vorbehalten

– jeder Bürger wird allein nach seinen Verdiensten für die Allgemeinheit und seiner persönlichen Tüchtigkeit beurteilt
– Freiheit in der persönlichen Lebensgestaltung

Die Rede des Perikles muss vor dem Hintergrund der Kriegssituation gesehen werden. Der Peloponnesische Krieg brachte für die Athener große Belastungen und Entbehrungen mit sich. Das propagandistische Lob der Einzigartigkeit und Vorbildlichkeit der attischen Demokratie diente dazu, nach außen die Überlegenheit der Polis der Athener aufzuzeigen und dadurch Kritik von Seiten der Gegner abzuwehren. Hauptadressat der Rede war aber die Bevölkerung Athens. Perikles wollte vor allem den inneren Zusammenhalt sowie den Kampfwillen bzw. die durch die Kriegsleiden bedrohte Widerstandskraft der Athener stärken.

TAFELANSCHRIEB

**zu den Aufgaben 1 u. 2, 39 rechts**

***Bürgerideal des Perikles***

*Engagement für die Allgemeinheit*
*Toleranz*
*Achtung von Gesetz und Moral*
*Arbeit und Fleiß*
*Gleichbehandlung von Arm und Reich*

***Vorzüge der Demokratie (nach Perikles)***

*Herrschaft der Mehrheit*
*Gleichheit vor dem Gesetz*
*Respekt vor Tüchtigkeit*
*Freiheit in der Lebensführung*

### M 5, 39 f.
### Der griechische Historiker Polybios schildert die Bestattungsfeierlichkeit in Rom

*Polybios:* 200–120 v. Chr.; 170/69 v. Chr. Reiterführer des Archaischen Bundes; nach Niederlage gegen die Römer wurde er als Geisel nach Rom entführt; kam dort mit dem jüngeren Scipio und seinem Kreis zusammen; verfasste eine umfassende Weltgeschichte, die die Epoche von 264 bis 144 v. Chr. behandelte.

Die Quelle eignet sich besonders für die Analyse der Rolle der Aristokratie im politischen Willensbildungsprozess. Dabei sollte herausgearbeitet werden:

– dass in Rom nur derjenige Ansehen genoss, der für die res publica Verdienste erworben hatte; das Streben nach öffentlichen Ämtern und das Herausstellen der eigenen Person führte nicht zu Misstrauen von Seiten anderer;
– dass nur durch öffentliche Anerkennung die „dignitas" einer Person bestimmt wurde und dies auf die gesamte Familie ausstrahlte;
– dass der Ehrgeiz der römischen Aristokratie auf die Öffentlichkeit und den Staat ausgerichtet war und dass das öffentliche Beschwören der mos maiorum (Lebensweise der Vorfahren) eine normative Kraft verlieh;
– dass Ruhm sich allein auf Taten und Leistungen bezog, die durch die Unterordnung unter die Gemeinschaft erbracht wurden.

Für das Leben in der res publica war das öffentliche Wertebewusstsein von prägender Kraft und legitimierte den Führungsanspruch derer, die im Dienst ihres Amtes Taten vollbrachten. In der Römischen Republik gewährten also Verdienste für die Gemeinschaft auctoritas; die Unterordnung unter die Gemeinschaft stand in höherem Ansehen als individuelle Selbstentfaltung. Überdies stärkte das öffentliche Beschwören von Tradition und Altbewährtem den Gemeinschaftsgeist der Senatsaristokratie.

**Zu den Aufgaben 1 und 2, 40:**
Abgesehen vom Triumphzug eines siegreichen Feldherren war das Trauerzeremoniell die einzige Möglichkeit, bei der das Heraustreten einer Einzelpersönlichkeit aus dem Staate geduldet wurde. Herauszuarbeiten ist die Tatsache, dass bei Trauerfeiern verdiente Persönlichkeiten geehrt werden konnten. Die Aufgabe des Trauerrituals bestand aber nicht nur darin, bei den Angehörigen Mitgefühl zu erzeugen, sondern auch in der Pflege der Tradition, der Darstellung und Verankerung der allgemein verbindlichen Werte im öffentlichen Bewusstsein sowie in der Stärkung des Zusammenhaltes der Gesellschaft. Aufgrund dieser gesellschaftlichen Funktion des Trauerzeremoniells lassen sich Rückschlüsse auf die Normen und Werte der Römischen Republik ziehen, die bereits in den Anmerkungen zum Quellentext M 5 aufgezählt wurden.

TAFELANSCHRIEB

**zu den Aufgaben 1 u. 2, 40**

***Römische Werte***

*Unterordnung unter Gemeinschaft*
*Leistung und Taten für res publica*
*Achtung der Tradition*

### M 6, 40 f.
### Polybios über die römische Verfassung

TAFELANSCHRIEB

**zu M 6, 40 f.**
*Die Verfassungsinterpretation des Polybios*

***Die Mischverfassung Roms***

| | |
|---|---|
| *Monarchisches Element* | *Konsuln* |
| *Aristokratisches Element* | *Senat* |
| *Demokratisches Element* | *Volksversammlung* |

### M 7, 41 f.
### Cicero vergleicht die Volksversammlungen in Athen und Rom

*Cicero:* 106–43 v. Chr.; römischer Politiker; stammte aus dem Ritterstand, war ein glänzender Redner und machte als Anwalt und Politiker schnell Karriere; 66 wurde er Prätor, oberster Justizbeamter, 63 Konsul; er versuchte die Römische Republik zu retten; allerdings gelang es ihm nicht, die Wahl Caesars zum Konsul zu verhindern, der nach Alleinherrschaft zu streben schien; in den Jahren 58 und 57 lebte er im Exil, schloss dann mit Caesar Frieden, hielt sich aber von der Politik fern; in diesen Jahren entstand ein großer Teil seiner Schriften, durch die er heute noch als einer der bedeutendsten römischen Schriftsteller gilt; seine wichtigsten Bücher waren „Über den Redner“ (55), „Über den Staat“ (54–51) und „Über die Gesetze“ (erst nach seinem Tode veröffentlicht); seit 51 übernahm er wieder öffentliche Ämter.

Didaktisch-methodischer Hinweis: Beide Quellentexte eignen sich für den Vergleich zwischen der attischen Demokratie und der Römischen Republik. Der besondere Reiz dieser Texte besteht in ihren unterschiedlichen Perspektiven: Der Römer Cicero betrachtet die attische Demokratie und der Grieche Polybios die römische Verfassung.

Die Schülerinnen und Schüler sollten erkennen, dass für Cicero die traditionsbildende Kraft der mos maiorum der entscheidende Maßstab war, weil er darin die Macht und die politische Handlungsfähigkeit der Republik garantiert sah. Aus dieser Sicht resultierte die schroffe Zurückweisung des Gedankens der Gleichheit derjenigen, die am politischen Entscheidungsprozess beteiligt waren. Deutlich wird das an der Formulierung vom ungegliederten Volk, dem man keine Macht zuweisen dürfe. Gegliedert hieß für Cicero entindividualisiert, und das bedeutete für ihn Unterordnung unter hierarchische Strukturen, Anerkennung des Führungsanspruches der Aristokratie und ihrer auctoritas. Mit dem Argument, dass Autorität und Hierarchie gewahrt werden müssten, begründete er seine Ablehnung von Volksversammlungen als Ort der politischen Diskussion und Entscheidungsfindung. Seine strikte Ablehnung demokratischer Willensbildung unterstrich er mit dem Hinweis, dass der Machtverfall Athens das notwendige Ergebnis der ungezügelten Freiheit in der attischen Volksversammlung gewesen sei.

Ausgehend von der Kritik Ciceros an der attischen Demokratie kann man die Interpretation von Polybios in den Blick nehmen. Dabei wird deutlich, dass seine These von der gemischten Verfassung der Römischen Republik auf einem grundlegenden Irrtum beruhte, der nur aus der Perspektive des Griechen erklärbar ist. Entgegen der Überzeugung des Polybios verstand sich Rom immer als Aristokratie. Denn die Funktion der Volksversammlung bestand nicht darin, ein Forum für die Demokratie zu sein; vielmehr diente die Volksversammlung dazu, die politischen Eliten durch Wahl zu Amtsträgern (Magistraten) zu legitimieren.

**Zu den Aufgaben 1–3, 41 zu M 6:**

Nach Polybios verband die römische Verfassung im Unterschied zu anderen Völkern verschiedene Elemente, und diese Mischung machte in seinen Augen die Stärke Roms aus. Kennzeichnend für das römische Staatswesen sei die Verbindung von Aristokratie, Königtum und Demokratie gewesen: Das monarchische Element repräsentierten die Konsuln, das aristokratische der Senat und die Volksversammlungen das demokratische. Polybios lobte das Zusammenspiel dieser Institutionen bzw. Prinzipien. Der Zwang zur Austarierung der unterschiedlichen Kräfte und Interessen war aus seiner Sicht der Hauptgrund für die Stabilität und Macht der Römischen Republik. Die These von der römischen Mischverfassung beruhte jedoch auf einer grundlegenden Fehleinschätzung: Polybios verkannte, dass der Senat das entscheidende politische Gremium war. Die Volksversammlung besaß nicht die Möglichkeit der Machtkontrolle. Dass Polybios das römisch-republikanische System missverstand, lag vor allem daran, dass er seine Erfahrungen in Griechenland in die römischen Verhältnisse hineinprojizierte. Das führte besonders zu einer Überbewertung der Volksversammlung, die anders als in Athen nicht das Zentrum staatlich-politischen Denkens und Handels war.

**Zu den Aufgaben 1–3, 42:**

An den sehr weisen und moralisch unangreifbaren früheren Römern lobte Cicero vor allem, dass sie etwas so Wichtiges wie die Führung der Staatsangelegenheiten nicht den schwankenden Entscheidungen und Launen einer urteilslosen Menge überlassen, sondern in die Hände derjenigen gelegt hatten, die nach Herkunft, persönlichem Rang, Charakter, Wissen und Erfahrung eine vernünftige Politik gewährleisteten. Politische Entscheidungen seien stets von oben nach unten durchgesetzt, die Macht der Volksversammlungen systematisch beschnitten oder sogar untergraben worden. Cicero kannte die attische Demokratie mit ihrer rechtlichen Gleichstellung der Vollbürger. Eine derartige Gleichstellung von Hohen und Niedrigen, Armen und Reichen war für den Römer Cicero jedoch nicht vorstellbar. Die politische Ordnung der Athener war für ihn keine vernünftige Ordnung, da sie leichtfertig die Staatsgeschäfte der Willkür der Menge überlassen habe. Als Beweis dafür, dass die attische Demokratie kein leistungsfähiges politisches System gewesen sei, führte Cicero die Tatsache an, dass es die Griechen nicht verstanden hatten, ihren Staat vor Eroberung und Unterwerfung zu schützen.

**Zu Aufgabe 4, 42:**

Bei der Beantwortung dieser Frage kann durchaus die unterschiedliche Beurteilung der Volksversammlung durch Polybios und Cicero in den Vordergrund gestellt werden. Dabei ist vor allem herauszuarbeiten, dass der Grieche Polybios ein positives Verhältnis zur Demokratie besaß und aufgrund dieser Einstellung die Volksversammlung als ein wesentliches und sinnvolles Element einer Staatsverfassung betrachtete. Geblendet durch diese Überzeugung überschätzte er die Bedeutung der eigentlich machtlosen römischen Volksversammlung. Cicero hingegen verachtete die Demokratie. Dem Volk wollte er keine Mitspracherechte bei politischen Entscheidungen einräumen, da dies notwendig zu Anarchie und politischem Niedergang führe. Mit diesem Vorurteil analysierte er die attische Demokratie. Die Tatsache, dass Rom die griechischen Staaten habe unterwerfen können, diente ihm dabei als Beweis für die Unterlegenheit der demokratischen bzw. für die Überlegenheit der aristokratischen Verfassung.

**Zu Aufgabe 5, 42:**
Zur Beantwortung dieser Frage empfiehlt es sich, einen Text hinzuzuziehen, der einige wichtige Argumente gegen die Verstärkung des direktdemokratischen Elementes in der Demokratie der Bundesrepublik Deutschland zusammenfasst.

*Zusatzmaterial S. 20* ▼

Die Thesen der beiden Politikwissenschaftler Waldemar Besson und Gotthard Jasper bieten diese Möglichkeit. Es müsste herausgearbeitet werden, dass, ungeachtet einer gemeinsamen Skepsis gegenüber der direkten Demokratie, die Unterschiede zwischen beiden Quellentexten überwiegen. Erstens wird die Demokratie gegensätzlich bewertet: Cicero lehnte die Demokratie grundsätzlich ab, während Besson/Jasper Anhänger des demokratischen Systems sind. Allerdings bevorzugen die beiden Politikwissenschaftler die repräsentative Demokratie, in der gewählte Abgeordnete die politischen Entscheidungen treffen. Ihr Plädoyer für die parlamentarische Demokratie beruht auf der Überzeugung, dass in modernen großen Flächenstaaten der Umfang und die Komplexität der Probleme ein direktes Mitwirken der Bevölkerung erschwere. Außerdem weichen die Argumente gegen eine direkte Mitsprache des Volkes voneinander ab: Für Cicero führte die Beteiligung des Volkes an politischen Entscheidungen notwendig zu ungezügelter Freiheit, Willkür und Leichtsinn und damit zum Nieder- oder sogar Untergang von Staaten. In den Augen von Besson und Jasper dagegen sind direkte Formen der Demokratie durchaus möglich und sinnvoll, wenn die Bevölkerung im überschaubaren Rahmen einer Stadt oder eines Kantons über ganz konkrete Probleme mitbestimmt. Aber in modernen Großstaaten sei eine solche direkte Beteiligung am politischen Entscheidungsprozess nicht mehr durchführbar. Vielen Bürgern fehle bei den meisten zur Debatte stehenden Fragen die notwendige Sachkompetenz, außerdem seien die für demokratische Verfahren typischen Kompromisse zwischen verschiedenen Positionen und Interessen nur in kleinen Expertengremien zu erreichen. Vor allem aber könne die Bevölkerung in modernen großen Flächenstaaten in den meisten Fällen nur mit einen einfachen Ja oder Nein zu politischen Fragen Stellung nehmen. Das sei der Kompliziertheit der Probleme in modernen Gesellschaften nicht angemessen und fördere überdies den Einfluss demagogischer Persönlichkeiten.

## M 8, 42 f.
## Aurelius Victor über Kaiser Diokletian

Der Quellentext beschreibt die politischen Veränderungen während der Herrschaft Diokletians und enthält folgende zentrale Aussagen:
- Die Herrschaft Diokletians zeichnete sich nicht nur durch große Verschwendungssucht aus, sondern auch durch die Einführung des Gottesgnadentums. Denn Diokletian ließ sich wie ein Gott verehren und anrufen.
- Das Reich wurde von innen durch Unruhen und von außen durch Angriffe bedroht.
- Diokletian schlug die Unruhen mit militärischer Gewalt nieder und richtete eine Tetrarchie mit einem im Rang gleichen Mitkaiser und zwei rangniedrigeren Unterkaisern (Caesares) ein um die römische Herrschaft zu stabilisieren.

**Zu Aufgabe 1, 43 links:**
Zur Bearbeitung dieses Arbeitsauftrages müssen die Begriffserklärung zu „Princeps, Prinzipat“ auf S. 15, die Darstellung zu Augustus auf S. 28 ff. und der Quellentext M 8 auf S. 42 des Schülerbuches herangezogen werden. Auf der Grundlage dieser Texte lassen sich folgende Unterschiede in Machtstellung und Herrscherauffassung herausstellen: Augustus regierte das Reich mit relativ geringem Verwaltungsaufwand, während Diokletian dafür zusätzliche Herrschaftspositionen einrichten und den militärischen Druck erhöhen musste. Diokletian legitimierte seine Herrschaft durch Berufung auf das Gottesgnadentum, er ließ sich wie ein Gott verehren und behandeln. Obwohl Augustus praktisch Alleinherrscher war, knüpfte er durchaus noch an republikanische Traditionen an, indem er sich als Princeps, als der Erste bezeichnete.

**Zu Aufgabe 2, 43 links:**
Der Darstellungstext S. 32 übersetzt bzw. definiert „Tetrarchie“ als „Viererherrschaft“ bzw. „Mehrkaisertum“. Er benennt als Ursachen dafür, dass Diokletian einen ranggleichen Augustus und zwei rangniedere Caesares einsetzte, die Krise des römischen Imperiums, die durch innere Unruhen und äußere Bedrohungen ausgelöst wurde. Zu den Folgewirkungen der Tetrarchie zählt die Darstellung eine vorübergehende Stabilisierung der Herrschaft im Imperium, weil immer ein Kaiser an einem Gefahrenherd präsent sein konnte. Auf diese Weise habe man Usurpationen vermeiden können.

**Zu Aufgabe 3, 43 links:**
Aus der Quelle geht hervor, dass Aurelius Victor das Herrschergebaren und das neue Herrscherverständnis Diokletians eindeutig verurteilte. In seinen Augen stand es einem Bürger nicht zu, sich als Gott verehren zu lassen; aber auch die aufgeblasene und verschwenderische Gesinnung Diokletians entsprach nicht den Wertvorstellungen des römischen Beamten.

## M 9, 43
## Der Bischof von Mailand schreibt an den Kaiser

## M 10, 43
## Papst Gelasius I. über das Verhältnis von Staat und Kirche

Anhand des Schreibens des Mailänder Bischofs lässt sich der universale und absolute Anspruch der christlichen Kirche verdeutlichen. Der Bischof verlangte vom Kaiser nicht nur die Respektierung christlicher Normen und Wertvorstellungen, sondern sogar Buße vor Gott für sein verwerfliches Handeln, nämlich die Ermordung Tausender von Einwohnern aus Thessalonike als Vergeltung für die Ermordung des dortigen kaiserlichen Stadtkommandanten. Der Text von Papst Gelasius I. erweiterte und präzisierte diese Argumentation, indem er die

Grenzen der kaiserlichen Macht aufzeigte. Er macht deutlich, dass sich der Kaiser ungeachtet seines Gottesgnadentums in bestimmten Bereichen als dienende Gewalt zu verstehen habe. Mit seiner Zwei-Reiche-Lehre reklamierte der Papst für die Kirche den Anspruch auf Eigenständigkeit und oberste Instanz in Glaubensfragen.

**Zu den Aufgaben 1 und 2, 43 rechts:**
Bei der Bearbeitung von M 9 ist aufzuzeigen, dass der Bischof von der Position des christlichen Evangeliums aus argumentierte. Alleiniger Maßstab für das menschliche Handeln waren für ihn die moralisch-ethischen Tugenden des Christentums, die auch für den Kaiser verbindlich seien. Diese Überzeugung teilte Papst Gelasius I. (M 10) und zog daraus die Konsequenz, dass die Welt von zwei Mächten regiert werde: der kaiserlichen Gewalt und der kirchlichen Autorität. Für Fragen der Theologie und der Kirche seien ausschließlich die Bischöfe zuständig, dem Kaiser falle dagegen die Zuständigkeit über die weltlichen Dinge zu.

**Notizen**

| Zu Aufgabe 5, 42 | Stellungnahme zur direkten Demokratie |
|---|---|

*Die Politikwissenschaftler Waldemar Besson und Gotthard Jasper über Möglichkeiten und Grenzen direkter Demokratie in der modernen Gesellschaft:*

Dass alle Staatsgewalt vom Volke ausgeht, bedeutet freilich nicht, dass das Volk auch regiert und bei allen Einzelheiten der politischen Entscheidungen mitwirkt, selbst wenn das in der formalen Konsequenz des demokratischen Gedankens läge. […]

Der einzelne Bürger kann ja nur über Fragen mit entscheiden, die er wirklich zu beurteilen und in ihren Konsequenzen zu erkennen vermag. Das mochte im Rahmen einer Stadt oder eines Schweizer Landkantons, wo fast jeder jeden kennt, in den vorindustriellen Zeiten mehr oder weniger unabhängiger Kleinstaaten noch angehen. Im modernen Großflächenstaat aber sind solche Voraussetzungen nicht mehr gegeben.

Der wachsende Umfang und die Kompliziertheit der Staatsaufgaben in unserer Zeit lassen eine direkte Demokratie nicht mehr zu. Die Bürger können beispielsweise nicht sachkundig darüber entscheiden, ob diese oder jene konkrete wirtschafts- und finanzpolitische Maßnahme in dieser oder jener Situation ergriffen werden soll. Fragen dieser Art machen jedoch den Alltag der modernen Politik aus. Sie können nur aufgrund genauer Sachkenntnis und umfassender Information entschieden werden. In der Regel gibt es bei ihnen auch nicht ein einfaches Ja oder Nein. Nach Abwägung aller Vor- und Nachteile müssen Kompromisse ausgehandelt und Zwischenlösungen gefunden werden. Gerade dieses von der Komplexität der Sache bestimmte Verfahren ist jedoch nur in einem kleinen Gremium durchführbar, das über die notwendigen Informationen und Entscheidungsunterlagen verfügt. Je größer die Anzahl der Entscheidungsberechtigten ist, desto weniger können diese ihre Entscheidungen wirklich diskutieren und abwägen. Vielmehr muss ihnen eine möglichst einfache und klare Alternative vorgelegt werden, auf die dann meist nur mit Ja oder Nein geantwortet werden kann. Ein „Ja, aber …“ oder „Nein, wenn …“ ist dann nicht mehr möglich.

Wenn alle Bürger für eine Sachentscheidung oder ein Sachplebiszit (= Volksbefragung) zuständig sind, können sie immer nur das, was ihnen vorgelegt wird, bejahen oder verneinen. Die eigentliche Macht verschiebt sich dann auf denjenigen, der für die Formulierung der an das Volk zu stellenden Fragen zuständig ist und den Zugang zu den modernen Propagandamitteln und -methoden beherrscht. Auf diese Weise ist es Hitler in den ersten Jahren nach seiner Machtergreifung gelungen, durch die Verbindung von Sach- und Personalentscheidungen sich plebiszitär (= vom Volk) bestätigen zu lassen und sich damit eine scheindemokratische Grundlage für seine Herrschaft zu verschaffen.

*Waldemar Besson, Gotthard Jasper, Das Leitbild der modernen Demokratie, zit. nach Arbeitsbuch Politik, hg. von Wolfgang Mickel in Verbindung mit Reinhard Stachwitz, Berlin: Cornelsen 1998, S. 240.*

© 2000 Cornelsen Verlag, Berlin. Alle Rechte vorbehalten

# Arbeitsteil
# Frau, Familie und Gesellschaft

## M 1, 44
## Der Historiker Moses I. Finley über die Rolle der Frau im antiken Griechenland und in Rom

Moses I. Finley steckt den Rahmen ab, innerhalb dessen das Verhältnis von Frau und Familie in der Antike zu betrachten ist. Der Text enthält folgende zentrale Aussagen:
- Im Unterschied zur heutigen Zeit kannte die Antike den Begriff der Familie im Sinne eines für den privaten Lebensraum reservierten Beziehungsgeflechtes nicht.
- Wesentlich für das antike Verständnis der Familie ist der griechische Begriff „Oikonomikos", von dem unser heutiges Wort „Ökonomie" stammt und der das gesamte Leben in einem Haushalt betraf und regelte.
- Da in der Antike der Besitzaspekt im Vordergrund stand, besaß der Vater prinzipiell eine andere Stellung als in der modernen Welt: Bei ihm lag die Autorität über den gesamten Haushalt, nämlich die Gewalt über die Kinder, Kindeskinder und Sklaven (potestas), über die Ehefrau und die Ehefrauen der Söhne (manus) sowie über den Besitz (dominium).
- Da die antike Familie noch eine untrennbare Produktions- und Verbrauchseinheit war, kam dem Vater aufgrund seiner Autorität eine fast absolute, dominante Stellung zu, der sich alle unterzuordnen hatten.

**Zu den Aufgaben 1–3, 44:**
Der Text benennt als Hauptunterschied zwischen der heutigen und der antiken Familie die Rolle des Vaters. Beim Hausvater in der Antike, der nicht notwendig der biologische Vater sein musste, lag die gesamte Autorität, d. h., er führte und kontrollierte alle zu seinem Haushalt zählenden Menschen in allen Belangen des Lebens. Der Haushalt gehörte in der Antike zum Besitz des Hausvaters.
Dagegen bezeichnet der moderne Begriff der „Familie" eine private Lebensgemeinschaft. Sie gehört nicht länger zum Besitz des Vaters. Aus der Betonung des Besitzaspekts in der Antike ergab sich ein ganz spezifisches Rollenverhältnis zwischen Frau und Mann: die Frau war eindeutig dem Mann untergeordnet. Für die These Finleys, dass der Hausvater bis weit in das 18. Jahrhundert hinein eine dominierende Rolle spielte, spricht viel. Denn erst mit der Durchsetzung der bürgerlichen Gesellschaft und dem Siegeszug der Industrialisierung begann ein tief greifender Funktionswandel der Familie und der Vaterrolle, der nicht zuletzt auch zur Liberalisierung innerfamiliärer Beziehungen führte. Hinzu kommt, dass der Staat in den letzten beiden Jahrhunderten immer mehr Aufgaben übernahm, die vorher die Hausgemeinschaft erledigen musste. Zur Vertiefung dieses Wandels können die S. 166 bis 168 im Darstellungsteil des Schülerbandes herangezogen werden.

## M 2, 44 f.
## Xenophon über die Rollenverteilung der Geschlechter

*Tafelbild S. 22* ▼

*Xenophon:* um 430–355 v. Chr.; griechischer Schriftsteller, der sich nach 410 v. Chr. Sokrates anschloss; nahm am Zug des jüngeren Kyros gegen den Perserkönig Artaxerxes II. teil; er führte nach dem Tode des Kyros die führerlos gewordenen griechischen Söldner ans Schwarze Meer und von dort aus an den Hellespont; 396 begleitete er den Spartanerkönig Agesilaos nach Kleinasien und gegen die mit Athen verbündeten Thebaner; nach der Schlacht bei Koroneia (394) Verbannung aus Athen, die später wieder aufgehoben wurde; zahlreiche Schriften zu Geschichte, Politik und Philosophie.
Bei der Auswertung dieser Quelle sollte bedacht werden, dass sie die Rollenverteilung zwischen den Geschlechtern aus der Sicht eines Mannes darstellt, der seine Frau belehrend erziehen will. Die zentralen Argumente des Mannes sind:
- die Unterschiede zwischen Mann und Frau sind von den Göttern gewollt;
- der Mann ist für die Aufsicht und den Schutz der Frau sowie für den Lebensunterhalt zuständig;
- die Frau besorgt die häuslichen Tätigkeiten;
- die Unterordnung der Frau unter den Mann geschieht zu beiderseitigem Nutzen.

## M 3, 45
## Platon über die Bildungsmöglichkeiten von Jungen und Mädchen
## Aristoteles über die Praxis der attischen Demokratie

*Platon:* um 427–347 v. Chr.; er lebte in Athen und war einer der bedeutendsten antiken Philosophen; 8 Jahre Schüler des Sokrates; nach dessen Tod Gründung einer eigenen Philosophenschule, die Akademie; seine zahlreichen Schriften sind in der Form des Dialogs abgefasst; er vertrat im Gegensatz zu den Sophisten die Auffassung, es gäbe im Reich der Ideen, einer überirdischen Welt, eine unwandelbare Wahrheit, während Dinge und Erfahrungen wandelbar seien; sein politisch-gesellschaftliches Ideal war der von einer Elite von Philosophen regierte, von einem Kriegerstand verteidigte und vom Erwerbsstand getragene Ständestaat mit Güter- , Frauen- und Kindergemeinschaft für Adel und Krieger.
Zu *Aristoteles* siehe *S. 12.*
Die abweichende Beurteilung der Stellung der Frau in diesen beiden Quellen resultiert aus unterschiedlichen Staatsauffassungen. Für Platon, der den Staat als eine alles umfassende Einheit verstand, war das Auseinanderfallen von Oikos und Polis funktionslos geworden. Damit wurden aus seiner Sicht auch die naturgegebenen Unterschiede zwischen Mann und Frau bedeutungslos. Die Hauptargumente Platons lauteten:
- In der Verwaltung der Stadt gibt es keine Beschäftigungen, die ausschließlich für Männer oder Frauen vorbehalten bleiben müssen;
- Die Begabungen sind unter den Geschlechtern gleichmäßig verteilt.

| Tafelbild zu M 2, 44 f. | Rollen der Männer und Frauen im antiken Griechenland |
|---|---|

| | **Männer** | **Frauen** |
|---|---|---|
| **Aufgaben** | das Feld bestellen<br>Märsche und Feldzüge<br>Hab und Gut gegen Unrecht verteidigen<br>↓<br>Arbeiten draußen<br>Kälte und Wärme ertragen | Hausarbeit<br>Erziehung der Kinder<br>Ernte verarbeiten, haltbar machen und lagern<br>↓<br>Arbeiten drinnen<br>Weniger widerstandsfähig |
| **„Natürliche Charaktereigenschaften"** | Kühnheit | Furchtsamkeit |

**Ergebnis:** Mann und Frau sind aufeinander angewiesen
Gemeinschaft soll gegenseitigen Nutzen bringen
Kinderzeugen zur Altersversorgung und Arterhaltung

↓

Ehe als Zweckgemeinschaft

© 2000 Cornelsen Verlag, Berlin. Alle Rechte vorbehalten

– Es widerspricht der Natur, Mädchen und Jungen unterschiedlich zu erziehen und auszubilden.

Im Gegensatz zu Platon verteidigte Aristoteles die Unterschiede der Geschlechter, vor allem aber den Ausschluss der Frauen aus dem politischen Entscheidungsprozess. Seine Argumentation darf jedoch nicht mit der des Xenophon verwechselt werden. Während bei Xenophon der Mann seine Frau für sich und sein Haus zu gewinnen versuchte, ging es Aristoteles um die Beschreibung und Rechtfertigung der Praxis der attischen Demokratie. Die zentralen Thesen des Aristoteles sind:

– Die Natur hat den Menschen unterschiedliche Aufgaben und Funktionen zugewiesen.
– Der Mann ist aufgrund seiner Fähigkeiten zum Regieren bestimmt, die Frau wird dagegen besser regiert.
– Das Leben aller Menschen sollte sich an den ethischen Tugenden orientieren, aber in unterschiedlichen Positionen: Die einen als Herrschende (Männer), die anderen als Dienende (Frauen, Sklaven, Kinder).

**Zu den Aufgaben 1–4, 45–46:**

Bei der Beantwortung der Frage 1 ist herauszuarbeiten, dass Xenophon die Geschlechtsunterschiede zum einen auf die gottgewollte Ordnung zurückführt, nach der Mann und Frau mit unterschiedlichen Fähigkeiten ausgestattet worden sind. Zum anderen wird der gegenseitige Nutzen der Rollenverteilung zwischen den Geschlechtern hervorgehoben. In der anschließenden Diskussion werden die Schülerinnen und Schüler sicherlich auf das heutige Rollenverständnis zwischen Mann und Frau eingehen und das Gleichheitspostulat betonen. Zur Sprache kommen sollte dabei auf jeden Fall auch die Entwicklung der modernen Bürger- und Menschenrechte, die Männern und Frauen gleiche Rechte zusprechen. Zur Einordnung der Frauenrollen in den Texten von Platon und Aristoteles müssen die Staatsauffassungen beider Philosophen herausgearbeitet werden. Die Gründe für die abweichende Darstellung bzw. die positive Würdigung der Fähigkeiten der Frau bei Xenophon sind dort ebenfalls genannt.

Die Quellentexte legen den Akzent auf drei gesellschaftliche Bereiche, die die Vorstellungen von der Frauenrolle und die soziale Praxis beeinflussten:

1. Die Ehe war in der Antike eine Zweckgemeinschaft. Zwar dürfte es in der Antike auch emotionale Bindungen besonders zwischen Mutter (Großmutter) und Kind (Enkel) gegeben haben, aber die Beziehung zwischen Ehegatten, die wir heute Liebe nennen, war aufgrund der Heiratsmodalitäten und der Stellung der Frau eher selten.
2. Die Hausgemeinschaft besaß für manchen eine außerordentlich wichtige wirtschaftliche Bedeutung. Das reibungslose Zusammenarbeiten in den verschiedenen Rollen erhöhte die Lebenschancen, zumal es in der Antike keine personenbezogene Altersvorsorge gab. Für die Reichen garantierte das Haus wirtschaftlichen und sozialen Status.
3. Die Hausgemeinschaft erfüllte unterschiedliche Funktionen für den Staat. Besonders hervorzuheben sind hier die Aufzucht der Kinder und die Liturgie (siehe Schülerbuch, S. 15).

### M 4, 46
### Wagner über Eherecht und Heiratspolitik bei den Griechen

### M 5, 46 f.
### Lacey über die Stellung der Frau im antiken Griechenland

Der Text von Beate Wagner versucht die These zu untermauern, dass die Frauen in der Antike diskriminiert worden seien. Sie seien nicht wie gleichberechtigte Menschen behandelt, sondern auf bestimmte Funktionen und unpersönliche Merkmale reduziert worden. Schon vor der Ehe hatten die Frauen keine Rechte besessen. Wer nicht als Jungfrau heiratete, durfte in die Sklaverei verkauft werden. In der Ehe habe man sie dann auf die Rolle der Gebärerin und Mutter beschränkt, weil Kinder eine wichtige Altersvorsorge waren. Überdies handele es sich um reine Zweckheiraten. Heiratspolitik habe verschiedene Haushalte miteinander verbunden und quasi-verwandtschaftliche Beziehungen mit bestimmten normativen Verpflichtungen geschaffen.

Während Wagner die Realität in den Blick nimmt, betont Walter K. Lacey die rechtliche Seite der Bestimmungen. In seinen Augen waren die Frauen in der Antike alles andere als Menschen zweiter Klasse, sondern durch das Gesetz bestens geschützt. Der Mann habe für ihren Unterhalt sorgen müssen, ihr Besitz sei garantiert gewesen und sogar, wenn sie sich vom Haus ihres Mannes trennte, habe sie ihren Besitz einschließlich Zinsen zurückerhalten. Einsamkeit sei in der Antike ein unbekanntes Phänomen gewesen: Es habe keine allein erziehenden Mütter gegeben und unverheiratete Frauen seien in die Hausgemeinschaft integriert gewesen. Die Polis habe die Frauen stets als Teil der Gemeinschaft verstanden.

**Zu den Aufgaben 1 und 2, 47:**

Den Wandel der Heiratspolitik führt Wagner vor allem auf zwei Faktoren zurück: erstens auf das Erbrecht, das den Familienbesitz allein den Söhnen zusprach, während die Frauen ihren Lebensunterhalt aus der zwischen ihrem Vater und dem zukünftigen Ehemann ausgehandelten Mitgift bestreiten mussten; zweitens auf die wirtschaftlich motivierte Notwendigkeit die Kontinuität des oikos zu wahren und die Beziehungen zu anderen Haushalten zu regeln. Diese Maßnahmen führten zur Diskriminierung und Entrechtung der Frauen. Sie wurden zum Objekt der Interessen des Vaters bzw. des Ehemannes degradiert.

Lacey verklärt die Situation im antiken Athen, indem er verschweigt,

– dass die Frauen keine politischen Rechte besaßen;
– dass sie innerhalb des Haushaltes in eine feste Hierarchie eingebunden waren, wo sie eine untergeordnete Rolle spielten;
– dass ihr Leben weitgehend auf ihre Funktion innerhalb des häuslichen Bereiches reduziert war;
– dass sie bereits durch die Erziehung auf eine dienende und häusliche Rolle eingeschränkt wurden.

### M 6, 47
### Nepos über die Rolle der Frau bei den Griechen und Römern

*Cornelius N. Nepos:* um 100–25 v. Chr; römischer Biograf; er schrieb 16 Bücher „De viris illustribus“: Lebensbeschreibungen berühmter Griechen und Römer.
Diese Quelle verdeutlicht, dass die römische Frau (matrona) eine geachtete Stellung in der Öffentlichkeit besaß. Sie nahm am gesellschaftlichen Leben teil, was den griechischen Frauen verwehrt war. Feste und Gelage blieben in Athen für Männer reserviert, der Aktionsbereich der antiken Griechinnen war fast ausschließlich auf das Haus beschränkt.

### M 7, 47
### Eine römische Grabinschrift aus dem 2. Jahrhundert v. Chr.

Die Grabinschrift charakterisiert in knappster Form die Ideale der weiblichen Lebenswelt und -bestimmung in Rom. Mit Hilfe einer Antithese wird ihre Erscheinung hervorgehoben: Das schlichte, unschöne Grab birgt eine äußerlich wie innerlich schöne junge Frau. Schönheit umfasste dabei mehr als ein schönes Äußeres. Hierzu gehörten auch Würde, Zurückhaltung und Disziplin in Redeweise und Bewegung. Alles Auffallende wie lautes Sprechen oder Lachen, ungeziemende Eile, öffentliches politisches Engagement hätte dieses Bild getrübt. Ihre Bestimmung fand die Frau in der Familie. Der Hinweis, dass ihre Eltern sie Claudia nannten, verweist auf die Sitte der römischen Namensgebung. Die Mädchen erhielten den Familiennamen des Vaters in der weiblichen Form, sodass die jüngere Tochter z. B. den Namen Claudia Mina (die Jüngere) trug bzw. noch den Namen der Mutter dazu erhielt. Relativ früh wurden die Mädchen in der Regel Ehefrau und Mutter – eine Aufgabe, auf die sie gut vorbereitet waren. Sie beherrschten häusliche Fähigkeiten, z. B. das Spinnen, und waren auf die Führung eines Haushaltes eingestellt, denn ihr neues Heim war ihre Welt. Immer wieder wird in den Quellen auf diese weiblichen Fertigkeiten hingewiesen. Kinderreichtum, besonders aber zahlreiche Söhne, brachten großes Ansehen. Auch in dieser Beziehung hatte die auf der Grabinschrift genannte Claudia ihre Aufgabe erfüllt, wenngleich sie das Los vieler Mütter teilte, den frühen Tod eines oder mehrerer Kinder beklagen zu müssen.

### M 8, 47 f.
### Titus Livius über einen Konflikt zur Rolle der Frauen

*Titus Livius:* 59 v. Chr. bis 17 n. Chr.; römischer Geschichtsschreiber; verfasste eine durch kunstvolle Darstellung ausgezeichnete römische Geschichte („Ab urbe condita“), von der nur Teile erhalten sind; er hat keine Quellenforschung betrieben, war nicht Gelehrter, sondern Künstler der Darstellung; er wollte mit seiner Geschichtsschreibung zur sittlichen und religiösen Erneuerung des Volkes beitragen.
Marcus Porcius C. Censorius Cato: 234–149 v. Chr.; römischer Staatsmann; 195 Konsul, 184 Censor; er trug die Verantwortung für die Zerstörung Karthagos; trat für die ungeschmälerte Senatsherrschaft ein und bekämpfte die hellenistische Zivilisation; er gilt als der Begründer der lateinischen Kunstprosa.
Bei der Interpretation dieser Quelle sollte man die Tatsache, dass die Frauen wieder Schmuck tragen wollten, nicht überbewerten. Die Ursachen der Auseinandersetzungen lagen tiefer:

– Die Frauen wollten nicht einsehen, dass sich die Männergesellschaft in einer so harmlosen Sache (deren Notwendigkeit die Frauen in Zeiten der Not eingesehen hatten) so unbeweglich zeigten. Sie hegten den begründeten Verdacht, dass es dem großen Teil der Männer ums Prinzip ging.
– Dieses Prinzip hatte – wie der Fürsprecher Cato betont – mehrere Aspekte: Wenn Frauen Wünsche und Anregungen äußern wollten, dann sollten sie das im Haus mitteilen, wobei ihr Ansprechpartner der Vater, der Vormund oder der Ehemann gewesen wäre. Diese entschieden dann allein über das weitere Vorgehen. An die Öffentlichkeit durften Frauen auf keinen Fall herantreten. Dadurch sollte jede gemeinsame Aktion von Frauen von vornherein unterbunden werden. Aus der Sicht der Männer bestand die Gefahr, dass die Gewährung von öffentlichen Freiheiten für die Frauen zur Gleichberechtigung und letzten Endes zur weiblichen Vorherrschaft führe. Nach Auffassung der Männer war es unklug, ein einmal erlassenes Gesetz zu revidieren, es sollte kein Präzedenzfall geschaffen werden. Dennoch ließen die Frauen nicht locker und brachten schließlich den Volkstribunen dazu, ihre Interessen zu berücksichtigen. Alle Tribus stimmten für die Abschaffung.

**Zu Aufgabe 1, 48 links:**
Die Grabinschrift entwirft ein bestimmtes Frauenideal. Die zentralen Merkmale dieses Ideals sind:
– die Frau zeichnet sich durch äußere und innere Schönheit aus, nämlich durch Würde, Zurückhaltung, Disziplin;
– die Frau findet ihre Bestimmung in der Familie als Hausfrau und Mutter;
– das Ansehen der Frau steigt mit der Geburt von Söhnen.

Aus der Darstellung des Cornelius Nepos geht hervor, dass die römische Frau in der Öffentlichkeit eine geachtete Stellung besaß und, im Gegensatz zur Athenerin, am gesellschaftlichen Leben teilnahm.

**Zu den Aufgaben 2–4, 48 links:**
Der in M 8 beschriebene Konflikt lässt sich eindeutig als Auseinandersetzung um die männliche Vorherrschaft erklären. Indem sich die Frauen den Weisungen ihrer Ehemänner widersetzten und Straßen und die Zugänge zum Forum belagerten, stellten sie zum einen die Autorität der Männer in Frage. Zum anderen mischten sie sich in die Politik ein, was ausschließlich den Männern vorbehalten war.

Cato weist in M 8 der Frau die folgende Rolle zu:
– die Frau hat sich dem Willen des Mannes unterzuordnen;
– in der Öffentlichkeit hat die Frau Zurückhaltung zu üben;
– die Frau darf sich nicht in die politischen Angelegenheiten einmischen.

Die Beurteilung des Frauenbildes von Cato sollte mit der Frage verbunden werden, ob und inwieweit der Protest der Frauen ein emanzipatorischer Akt gewesen sei. Definiert man Emanzipation als (Selbst)befreiung aus einem Zustand der Abhängigkeit und Unterdrückung (siehe Schülerbuch 1, S. 469), dann lässt sich der Protest der Frauen mit gutem Recht als ein Stück Emanzipation bezeichnen. Sie lösten sich aus der Bevormundung ihrer Männer und nahmen ihr Schicksal selbst in die Hand. Cato war der emanzipatorische Charakter des Frauenprotestes bewusst, wenn er die Männer davor warnte, dass die Gewährung von Rechten zur Gleichstellung und schließlich zur Vorherrschaft der Frauen führe.

### M 9, 48
### Der Historiker Jochen Martin über die Stellung der Frau in der römischen Gesellschaft

Dieser Text ist dazu geeignet, die rechtliche und politische Stellung der Frau in der römischen Gesellschaft noch einmal zusammenfassend zu betrachten. Am Beispiel der Namensgebung, der Gewalt des Hausvaters bzw. der Rechte des Ehemannes sowie anhand der Tatsache, dass die Frauen in Rom keine politischen Ämter bekleiden durften, lässt sich verdeutlichen, dass die römische Gesellschaft auf rein vaterrechtlichen Grundlagen basierte. Als mater familias besaß die römische Frau eine geachtetere und freiere Position als die Athenerin. Auch war der öffentliche Einfluss der Frauen, die im Staatskult eine besondere Rolle spielten, größer. Im Prinzipat und in der Kaiserzeit verbesserte sich die Stellung der Frau, was sich darin zeigte, dass sie ihr Vermögen eigenständig verwalten konnte.

**Zu Aufgabe 1, 48 rechts:**
Die Frage nach der Stellung der Frau in M 9 lässt sich am besten beantworten, wenn man die Lebenssituationen angibt, in denen die Frau gleiche Rechte wie der Mann besaß bzw. in denen die Gleichheit nicht gewährleistet war.
Keine Gleichheit mit dem Mann:
- bei der Geburt erhält das Mädchen keinen eigenen Namen, sondern den der Familie;
- beim Tode des Hausvaters erhalten die Frauen einen Vormund (später im Prinzipat Formsache), während die Männer selbst Hausväter werden;
- in der Ehe sind Frauen prinzipiell der Gewalt der Männer untergeordnet;
- die Familie setzt sich allein über die Männer fort;
- bei einer Scheidung bleiben die Kinder immer beim Vater;
- Frauen dürfen grundsätzlich keine politischen Ämter übernehmen.

Gleiche oder ähnliche Rechte wie die männlichen Familienmitglieder:
- alle Kinder, Mädchen wie Jungen, unterstehen der Gewalt des Hausvaters;
- Mädchen und Jungen erhalten ein Sondervermögen, mit dem sie eigenständig wirtschaften können;
- gleiche Rechte beim Erbrecht, wenn kein Testament vorhanden ist;
- die Frau bleibt Eigentümerin ihres Vermögens bei einer Heirat.

Bei einem Vergleich der Aussagen in M 9 mit denen in M 6 bis M 8 fallen zunächst die Übereinstimmungen auf. Diese betreffen erstens die geachtete Stellung der Frau in der Öffentlichkeit (M 6), zweitens die Namensgebung der Mädchen und die Rolle der Söhne für den Bestand der Familie (M 7) und drittens die Möglichkeiten der Frauen sich mit organisierten Protestaktionen in die Politik einzumischen (M 8). In einem Punkt geht der Historiker Jochen Martin jedoch über die anderen Quellen hinaus: Er stellt fest, dass die Frauen zwar vom politischen Entscheidungsprozess ausgeschlossen waren; zumindest die adeligen Frauen konnten nach seiner Auffassung aber durchaus bei Empfängen und Festlichkeiten Einfluss auf die politische Kommunikation nehmen.

**Zu Aufgabe 2, 48 rechts:**
Als Einstieg in eine allgemeine Debatte über die Rolle der Frau in der Antike kann die Kontroverse zwischen Wagner und Lacey noch einmal aufgegriffen werden, indem man die Frage aufwirft, ob und inwieweit die Frauen im Altertum aus heutiger Sicht diskriminiert wurden bzw. ob und inwieweit sie, verglichen mit den Frauen von heute, Vorteile hatten. Die Problematik lässt sich auf den Gebieten der politischen Partizipation, der Stellung in Ehe und Familie und der Rolle in der Öffentlichkeit erörtern.
Einen anderen Ausgangspunkt für ein Unterrichtsgespräch über Kontinuitäten von der Antike bis in die Gegenwart bietet die Frage nach den politischen Partizipationsmöglichkeiten von Frauen. Ausgehend von der Feststellung, dass Frauen bis ins frühe 20. Jahrhundert in den westlichen Staaten kein Wahlrecht besaßen, kann ein Unterrichtsgespräch die Frage erörtern, welche Chancen die heutigen Frauen haben politische Entscheidungen zu beeinflussen und/oder zu treffen. Der Blick kann dabei auch über Europa hinaus auf andere Kulturen gelenkt werden. Die Bereiche Ehe und Familie und Öffentlichkeit könnten aus der Sicht der islamischen Staaten thematisiert werden. Um vorschnelle Pauschalurteile zu vermeiden müssen von Anfang an die gravierenden Unterschiede innerhalb der islamisch geprägten Gesellschaften verdeutlicht werden: Die Türkei hatte längere Zeit eine Frau an der Regierungsspitze (Ciller), während in fundamentalistisch orientierten Staaten Frauen weitgehend entrechtet wurden und werden.

**Zu Aufgabe 3, 48 rechts:**
Es bietet sich an, diese Frage bei der Bearbeitung des Kapitels „Kultur in der Antike – Menschenbild und Kunst" (Arbeitsteil, 51–53 im Schülerband) zur Sprache zu bringen, weil dort Frauenbildnisse aus der Antike dokumentiert sind. Nach der Beschreibung und Analyse dieser Abbildungen könnte man die Gegenwart in den Blick nehmen.

## Arbeitsteil
## Kultur in der Antike – Menschenbild und Kunst

*Sophokles:* Um 497/96–407/06 v. Chr.; griechischer Dichter aus Athen; bekleidete wichtige Ämter: 443/42 Schatzmeister des Attischen Seebundes, 441–439 Stratege zusammen mit Perikles; verfasste zahlreiche Dramen, von denen nur sieben erhalten sind; bis heute zählt die „Antigone" zu seinen bedeutendsten Werken.
*Antigone:* griechischer Mythos; Tochter des Ödipus und der Iokaste; begleitete den Vater Kreon in die Verbannung nach Kolonos; bestattete gegen den Willen Kreons ihren Bruder Polyneikes und ging auf Kreons Befehl in den Tod; das Drama von Sophokles „Antigone" beschreibt den Konflikt zwischen gottgewollter Pflicht und Menschengebot.
Der Ausschnitt aus dem Drama „Antigone" des Sophokles enthält folgende Thesen über das Wesen des Menschen:
- der Mensch gestaltet und beherrscht Erde und Natur zu seinem Nutzen;
- der Mensch unterscheidet sich von anderen Lebewesen durch Sprache, Denken und Kreativität;
- die einzige Grenze für den Menschen ist der Tod;
- der Mensch besitzt Moral, er kann also zwischen Gut und Böse unterscheiden und ist nur dem göttlichen Recht verpflichtet.

### M 2, 49
### Das Menschenbild der Stoiker

*Zenon:* um 336–264 v. Chr.; griechischer Philosoph und Begründer der Stoa; seine Lehrtätigkeit begann kurz vor 300 v. Chr.; Zenon unterrichtete in der Stoa, einer Säulenhalle an der Agora, die der neuen Philosophenschule den Namen gab, und genoss schon bald hohes Ansehen; in der Ethik der Stoa galt die Vernunft als das höchste Gut und Ziel des Lebens, während dagegen Leidenschaften zu bekämpfen waren; kennzeichnend für die Philosophie der Stoa war die scharfe Unterscheidung zwischen Weisen und Nicht-Weisen: nur der Weise könne sittlich gut handeln, er allein besitze die Tugend in vollendeter Form, und nur er sei frei und glücklich, weil er frei von Leidenschaften und im Besitz einer unerschütterlichen Seelenruhe sei; mit seiner Vernunft hatte der Weise nach Auffassung der Stoa teil an der Weltvernunft, die alles durchströme und den Kosmos, die Welt und die Menschen als beseeltes Ganzes gestalte; durch dieses wirkende Prinzip in der Welt geschehe alles mit Naturnotwendigkeit; die Willensfreiheit bestand nach dieser Philosophie in der freiwilligen Annahme des Schicksals und in einem von der Vernunft gelenkten Leben gemäß der Natur. Die zentralen Aussagen des Textes sind:
- Die Natur hat den Menschen als Gemeinschaftswesen geschaffen;
- Von der Natur gewollt sind die liebevolle Verbundenheit der Menschen in Familie, Gesellschaft und Staat;
- Die Welt wird durch den Willen der Götter gelenkt;
- Der Mensch wird zum einen durch seine natürlichen Anlagen bestimmt, zum anderen ist er ein vernunftbegabtes Wesen mit der Möglichkeit zu selbstständigem Handeln;
- Frei ist, wer selbstständig handelt, unfrei, wer nicht die Möglichkeit dazu hat. D.h. Weisheit – nicht etwa Geburt und Stand – bestimmt, wer Sklave und wer Freier ist.

### M 3, 49 f.
### Die Ethik Ciceros

Die Schrift „De officiis" ist die letzte Schrift Ciceros. Mit ihr wollte er Anweisungen geben zu einer sittlichen Lebensführung. Diese Anweisungen betreffen sowohl die höchsten Tugenden des Menschen als auch ganz konkrete Hinweise zur täglichen Lebensgestaltung. Sittliches Handeln zeigte sich für Cicero in den vier Kardinaltugenden: sapientia bzw. prudentia in der Erforschung und Erkenntnis der Wahrheit, iustitia und beneficientia im Schutz der Gemeinschaft, magnanimitas und fortitudo in der Geringschätzung äußerer Werte, in der Überwindung der Leidenschaft und im Ertragen des Schicksals, moderatio, temperantia und modestia in der Vormachtstellung der Vernunft über die Triebe. Neben der auf den einzelnen Menschen ausgerichteten Ethik hat Cicero auch in dieser Schrift den vir bonus, den verantwortungsbewussten Politiker, im Auge. Die Zukunft des römischen Staates – die Erinnerung an die großen Vorbilder der Vergangenheit macht das deutlich – hängt von der Existenz solcher durch ethische Werte geprägten Menschen und Politiker ab.
Die zentralen Aussagen des Textes sind:
- Grundlage menschlichen Handelns ist der Trieb zur Erhaltung von Leib und Leben;
- von anderen Lebewesen unterscheidet sich der Mensch durch seine Vernunftbegabung, was ihn dazu befähigt, bewusst die Ursachen und Folgen seines Denkens und Handelns zu erkennen und somit auch die Welt zu gestalten;
- aufgrund seiner Vernunftbegabung bildet der Mensch Sprach- und Lebensgemeinschaften, ist er zu kulturellen Leistungen fähig;
- der Mensch ist zur Erkenntnis der Wahrheit fähig und kann daher – besonders wenn er frei von Alltagssorgen ist – durch forschendes Verstehen zu neuen Einsichten gelangen;
- ausgehend von der Aussage, dass Menschen füreinander da sind, ist der Mensch verpflichtet Leistungen für die Gemeinschaft zu erbringen.

### M 4, 50
### Das Menschenbild des Augustinus

*Augustinus:* 354–430 n. Chr.; ließ sich 386 taufen, wurde 391 zum Priester geweiht und 395 zum Bischof von Hippo Regio in der Nähe von Karthago ernannt. Er verstand sich vor allem als Seelsorger und kämpfte gegen christliche Irrlehren, um die kirchliche Lehre zu festigen. Besondere Bedeutung erlangte er als Theologe; er begriff Theologie als Gnade Gottes, Mystik des Herzens und als angestrengtes Denken des Menschen zugleich; Theologie erwuchs in seinen Augen aus der Sehnsucht des Menschen nach Gott; nach Augustinus war der Mensch nur von Gott her bestimmbar: die innere Umwandlung des Menschen geschehe durch die Gnade Gottes, der den Sünder rechtfertige; der Mensch könne nicht aus eigenen Kräften

selig werden, sondern allein aus Gnade; die Kirche verstand er als geheimnisvollen Leib Christi; Augustinus wies auf den endzeitlichen (eschatologischen) Charakter der christlichen Lehre hin.
Die Quelle enthält folgende zentrale Aussagen:
- der Mensch ist weder allein über seine sinnliche Wahrnehmung und Vernunft zu definieren noch kann er sich darauf vorbehaltlos verlassen;
- die Fähigkeit des Menschen zur Erkenntnis der Wahrheit kann durch Krankheit, Täuschung von Seiten seiner Mitmenschen oder Zwietracht gefährdet werden;
- Staat und Gesellschaft können den Menschen nicht vollständig vor Bedrohungen schützen.

**Zu Aufgabe 1, 50:**
Die erste Aufgabe, der Vergleich zwischen M 1 bis 4, lässt sich am ehesten dadurch lösen, dass man zunächst die Fragen 2 bis 5 beantwortet und die Ergebnisse aus dieser Diskussion an der Tafel erarbeitet.

*Tafelbild S. 28* ▼

**Zu den Aufgaben 2–7, 50:**
Hierzu folgende Punkte:
- Am Text von Sophokles ist herauszuarbeiten, dass dieser die gewaltige Bedeutung des Menschen mit dessen Fähigkeit zur Umwelt- und Naturbeherrschung begründet hat. Das Verhältnis zu den Göttern sollte in seinen Augen durch Unterordnung und Gehorsam geprägt sein: Der Mensch hat das göttliche Recht zu befolgen. Aus dieser Überzeugung zog Sophokles den Schluss, dass sich der Mensch allein dem göttlichen Willen zu beugen habe, nicht aber den staatlichen Befehlen, wenn diese göttliches Recht verletzten.
- Das Menschenbild der Stoiker lässt sich durch drei Merkmale charakterisieren: Der Mensch ist durch seine natürlichen Anlagen determiniert (Gemeinschaftswesen, liebevolles Zusammenleben), er ist den Geboten der Vernunft (selbstständiges Denken und Handeln) und zum Gehorsam gegenüber den Göttern verpflichtet.
- *Cicero* teilte mit den Stoikern die Überzeugung, dass die Natur den Menschen zu einem Gemeinschaftswesen bestimmt und mit Vernunft ausgestattet habe, er bevorzugte jedoch einen anderen Freiheitsbegriff. Nicht der Weise war Ciceros Ideal, sondern der Mensch, der sich in den Dienst der Allgemeinheit stellte.
- *Augustinus* modifizierte dieses Menschenbild in zwei Punkten: Er bezweifelte erstens, dass der Mensch sein Handeln ausschließlich an seiner Vernunft ausrichten könne. Zweitens relativierte er die Bedeutung von Staat und Gesellschaft, die nicht allein die Zwecke der Menschen bestimmen könnten. Hinter dieser Überzeugung stand die Auffassung, dass der Mensch nur durch den Bezug auf Gott bestimmbar und zudem auf die Gnade Gottes angewiesen sei.

Nach der Beantwortung der Fragen 2 bis 5 sollten mithilfe eines Tafelbildes die Unterschiede und Gemeinsamkeiten der Menschenbilder gegenübergestellt werden (siehe Aufgabe 1, S. 50). In einer offenen Diskussion können dann die Meinungen der Schülerinnen und Schüler zu den Texten (Aufgabe 6) und über die Modernität der Antike (Aufgabe 7) zur Sprache kommen.

**M 5, 51**
**Frauenfigur aus der kykladischen Frühbronzezeit**

**M 6, 51**
**Christa Wolf zur Frauenfigur aus der kykladischen Frühbronzezeit**

Die zentralen Assoziationen und Reflexionen von Christa Wolf:
- C. Wolf zeigt sich gleichzeitig ergriffen und unsicher; sie kann sich ihre Ergriffenheit zunächst nicht erklären.
- Um ihre anfängliche Unsicherheit zu überwinden betrachtet Wolf die Statue genauer: Sie beschreibt und analysiert Größe, Material, Alter und Herkunft. Darüber hinaus formuliert sie Vermutungen über das ursprüngliche Aussehen. Diese Überlegungen leiten über zu Gedanken über die geschichtliche Bedeutung der Frauenfigur.
- Wolf vermutet, dass die Statue, das Abbild einer Göttin aus einer matriarchalisch geprägten Ackerbau- und Viehzüchtergesellschaft stammt.
- Das Gefühl der Fremdheit und Rätselhaftigkeit der Frauenfigur löst bei Wolf das Bedürfnis aus, das Wesentliche der eigenen Person zu ergründen.
- Wolf formuliert die Hypothese, dass die Erhabenheit der Frauenfigur Rückschlüsse auf die zeitgenössische Lebenssituation zulasse. Sie interpretiert die Darstellung dieser Frau als Zeichen der Angst, des Zwiespalts und der Entfremdung.
- Wolf bewundert ganz offen, dass in dieser Statue eine Frau als Göttin verehrt wurde, die so unterschiedliche Funktionen wie Liebes-, Fruchtbarkeits- und Todesgöttin miteinander vereinte; in späteren patriarchalisch geprägten Gesellschaften mit ihrem männlichen Götterhimmel habe man für alle diese Funktionen immer neuen Ersatz suchen müssen.

**Zu den Aufgaben 1 und 2, 51:**
Bei der Bearbeitung dieser Aufgaben sollten zunächst die ganz persönlichen Assoziationen der Schülerinnen und Schüler im Vordergrund stehen. Der Text von Christa Wolf bietet sodann die Möglichkeit die eigenen mit fremden Eindrücken zu vergleichen und nähere Informationen über die Frauenfigur zu erhalten.

**Zu Aufgabe 3, 51:**
*Siehe Erläuterungen zu M 6.*

**M 7–11, 52 f.**
**Die Darstellung des Menschen am Beispiel der Frauengestalt Fotos von Skulpturen**

Um den Schülerinnen und Schülern den Zugang zu diesen für sie sicherlich fremd anmutenden Skulpturen zu erleichtern, könnte man vom Zitat in Aufgabe 1, S. 53 ausgehen. Fuchs

**Tafelbild zu Aufgabe 1, 50** | **Menschenbilder der Antike**

## Menschenbilder in der Antike

| | Sophokles | Stoiker | Cicero | Augustinus |
|---|---|---|---|---|
| **Die Rolle der Natur** | Der Mensch beherrscht Umwelt und Natur | Natur bestimmt menschliches Handeln | Natur bestimmt teilweise menschliches Handeln | – |
| **Das Gewicht der Vernunft** | Der Mensch allein besitzt Sprache, die Fähigkeit zum Denken, Kreativität und Moral | Pflicht zum Gebrauch der Vernunft | Vernunft macht den Menschen zum Kulturwesen | Vernunft und Verstand allein machen nicht den Menschen aus |
| **Die Bedeutung der Götter** | Pflicht zur Befolgung des göttlichen Rechts | Götter lenken die Welt | – | Der Mensch ist nur von Gott her bestimmbar |
| **Das Wesen des Staates** | Staatliche Befehle sind göttlichem Recht untergeordnet | Natur bestimmt Menschen zum Zusammenleben im Staat | Der Mensch muss sich in den Dienst der Allgemeinheit stellen | Staat und Gesellschaft können den Menschen nicht vollständig schützen |

© 2000 Cornelsen Verlag, Berlin. Alle Rechte vorbehalten

vertritt dort die Auffassung, dass die Skulptur aus der klassischen Zeit Griechenlands den Menschen an sich darstelle, d. h. dessen Individualität herausstelle. Diese These sollte zunächst bei der Beschreibung der Skulptur (M 9) überprüft werden.
Die Statuette einer Frau aus Olympia betont in der Tat die Individualität der Frauengestalt. Dieser Eindruck wird vor allem dadurch hervorgerufen, dass die Figur in einem Moment der Bewegung dargestellt wird. Die erhobenen Arme, der vom Betrachter abgewandte Blick sowie das durch den Faltenwurf sich abzeichnende rechte Bein sind im Moment der Bewegung festgehalten. Hinzu kommt eine für die klassische Plastik charakteristische Stellung der Beine: Auf dem linken Standbein ruht die ganze Last, während das rechte Spielbein frei beweglich ist. Das verleiht der Figur zum einen eine gewisse Natürlichkeit und Gelöstheit, zum anderen wird eine Verbindung von Ruhe und Beweglichkeit hergestellt.
Ausgehend von der Frauenfigur aus Olympia (M 9) könnte dann die Darstellung der Aphrodite (M 10) betrachtet werden, die aus einer späteren Zeit stammt. Anders als bei der Frauenfigur aus Olympia werden hier Ruhe und Beweglichkeit nicht miteinander verbunden, sondern es dominiert die Bewegung. Dieser Eindruck wird sowohl durch das rutschende Tuch als auch durch das Zusammenspiel von Armen und Beinen verstärkt. Außerdem sind die waagerechten Körperachsen im Schulter- und Hüftbereich gegeneinander gekippt, während sie bei der Figur aus Olympia parallel stehen. Die Darstellung ist naturalistischer und orientiert sich stärker an den individuellen Zügen der Frauengestalt.
Diese Frauenfiguren können schließlich mit den Darstellungen von Picasso und denen aus der archaischen Zeit konfrontiert werden. Beim Vergleich mit der Statuette einer Spinnerin (M 7) springt sofort die Statik der Figur ins Auge. Sie wirkt geschlossen, unbeweglich und stark vereinfacht. Dass die Skulptur eine Spinnerin darstellt, erkennt man an dem Rocken (Stab zum Aufwickeln des Garns) und der Spindel (Stab zur Aufnahme des fertig gesponnenen Garns). Die zweite Bronzefigur aus der archaischen Zeit (M 8) wirkt ähnlich stilisiert und ist ebenfalls dem Betrachter zugewandt. Doch wird hier der weibliche Körper stärker betont: durch die ausgeprägte Taille, die sichtbaren Füße und die abgewinkelten Arme, die der Plastik größeren Raum verschaffen.
Ganz anders dagegen die moderne Plastik von Picasso: Sie orientiert sich nicht mehr an der äußeren weiblichen Gestalt, sondern löst diese auf. Es geht dem Künstler nicht primär um die naturalistische Darstellung einer Frauengestalt, vielmehr nimmt er den weiblichen Körper als Ausgangspunkt für die experimentelle Kombination plastischer Formen mit den Kennzeichen eines weiblichen Körpers und formt daraus eine neue Figur.

**Zu Aufgabe 1, 53:**
Bei der Bearbeitung dieser Frage ist herauszuarbeiten, dass die These in dem Handbuch von Fuchs bestätigt werden kann (siehe M 7–11).

**Zu Aufgabe 2, 53:**
Die Abbildungen zeigen eindeutig einen Wandel in der Darstellung der weiblichen Gestalt in der Antike. Im Einzelnen sollte deutlich werden:

– Die Spinnerin aus archaischer Zeit (M 7) weist kaum äußere weibliche Geschlechtsmerkmale auf, ihre weibliche Identität wird hauptsächlich durch typisch weibliches Werkzeug (Rocken und Spindel) erkennbar.
– Dagegen ist die Göttin von Menelaion durchaus an ihren Umrissen (Taille) als Frau zu identifizieren.
– An den Frauenfiguren aus Olympia und der Aphrodite lässt sich aufzeigen, dass sowohl die Körperlichkeit als auch die Individualität der Frauen immer stärker betont wird. Das geschieht durch Kleidung, Gesichtszüge und Körperhaltung, aber auch durch naturalistischere künstlerische Darstellungsformen.

Die moderne Plastik von Picasso unterscheidet sich grundlegend von den antiken Skulpturen: Hier geht es nicht um die Darstellung einer Frauengestalt, sondern um das künstlerische Experiment, das die Figur einer Frau zum Anlass für die Arbeit mit plastischen Stilmitteln nimmt. Das führt zur Auflösung konkreter Formen und zu stark stilisierender Darstellung.

**Notizen**

# Kapitel 2: Die mittelalterliche Welt

## Auftaktseiten, Grundinformation, Darstellung

### M, 58
### Auftaktseitenbild Gott als Architekt Miniatur aus der „Bible moralisée“, Mitte 13. Jh., Wien, Nationalbibliothek

Die auf Pergament gemalte, 34,4 x 26 cm große Miniatur entstammt einer Bilderbibel, die vermutlich für Thibaud V., Graf von Champagne und König von Navarra, angefertigt wurde. Nur sparsam mit Texten versehene Bilderbibeln mit stark didaktischem, moralisierendem Akzent, wie sie seit Anfang des 13. Jahrhunderts in Frankreich entstanden, nennt man „Bibles moralisées“. Auf jeder Seite werden, angeordnet in zwei senkrechten Reihen und eingefasst von aufwendig gestalteten Schmuckbändern, biblische Szenen des Alten und Neuen Testaments gestaltet.
Die vorliegende Abbildung zeigt Gott bei der Erschaffung der Welt. Sie nimmt Bezug auf die Schöpfungsgeschichte in Genesis I, in der es heißt:
*„Am Anfang schuf Gott Himmel und Erde. Und die Erde war wüst und leer, und es war finster auf der Tiefe; und der Geist Gottes schwebte über dem Wasser. ... Und Gott sprach: Es werde eine Feste zwischen den Wassern, die da scheidet zwischen den Wassern. ... Und Gott nannte die Feste Himmel. ... Und Gott machte zwei Lichter: ein großes Licht, das den Tag regiere, und ein kleines Licht, das die Nacht regiere, dazu auch die Sterne.“* (Verse 1, 2, 6, 8, 16)
Die Versinnbildlichung der Schöpfung als Zirkelschlag Gottes verweist zunächst auf die mittelalterliche Vorstellung von der Erde als Scheibe. Darüber hinaus deutet die Verwendung des Zirkels auch auf den Stellenwert geometrischer Schemata für das mittelalterliche Weltbild hin: Die Kreisfigur symbolisiert die Klarheit und Reinheit der göttlichen Weltordnung, vollkommene Harmonie.
Die Darstellung der Gestalt Gottes zielt darauf, die Größe und Allmacht des Schöpfers zu betonen: Die Figur, in leicht gebeugter Haltung der unten rechts angeordneten Schöpfung zugewandt, füllt die Diagonale von der linken unteren zur rechten oberen Bildecke völlig aus, mehr noch: ihr rechter Fuß überragt sowohl Goldgrund als auch Schmuckleiste des Bildes. Die Gestalt wirkt sehr bewegt, ihre Schöpfung erscheint daher als Akt zeitlicher Begrenztheit.
Die vorherrschenden, klar voneinander abgesetzten Farben sind das Gold des vollkommen flächig gehaltenen Hintergrundes sowie das Rotbraun und Blau der Kleidung und das Gelb der Erde. Im Mittelalter herrschte die Überzeugung vor, dass sich das göttliche Licht, welches die Seelen erleuchtet, im irdischen Licht widerspiegelt. Entsprechend diente die Verwendung reiner, leuchtender Farben der Versinnbildlichung der überweltlichen Wirklichkeit. Dem Goldgrund kommt in der mittelalterlichen Farbensymbolik besondere Bedeutung zu: Die sinnlichen Eigenschaften des gelblich glänzenden Metalles Gold, das in der Regel als Pulvergold mit dem Pinsel aufgetragen und anschließend poliert wurde, sind besonders geeignet, die Immaterialität und den Jenseitsbezug des jeweils Dargestellten hervorzuheben und die Anwesenheit Gottes zu betonen.
Die Abbildung eignet sich, vor der Auseinandersetzung mit dem Einführungstext das theozentrische Weltverständnis des Mittelalters zu verdeutlichen.

### M, 61
### Grafiken Bevölkerungsentwicklung, Getreidepreise, Städtegründungen

Bei der Grafik zur Bevölkerungsentwicklung wird deutlich, dass das mit dem 8. Jahrhundert einsetzende Wachstum der Bevölkerungszahl sich nach der Mitte des 11. Jahrhunderts deutlich beschleunigte und ab dem 13. Jahrhundert bis zur großen Pest 1347 weiter zunahm. Wichtig ist, dass die Zunahme der Bevölkerung zwischen 11. und 14. Jahrhundert mit einer Verbesserung der Agrartechnik und der Anbaumethoden, vor allem der Dreifelderwirtschaft, in Verbindung zu bringen ist.
Nach dem durch die Pest verursachten starken Bevölkerungsrückgang (bis 1350 waren 10 Millionen Menschen der Seuche zum Opfer gefallen) stieg die Zahl der Bevölkerung bis 1600 wieder stark an, um dann vor allem durch den Dreißigjährigen Krieg wieder merklich abzunehmen. Daran schloss sich wiederum eine Phase des langen steilen Aufschwungs der Bevölkerungszahlen an. Neben einer separaten Behandlung dieser Grafik bietet sich auch an, sie im Zusammenhang mit dem Darstellungstext (Schülerband, S. 70) zu erörtern.
Die grafische Darstellung der Entwicklung der Getreidepreise deutet die tief greifende Krise zu Ende des Mittelalters an, die mit Missernten, Hungersnöten, Massensterben, Enstehung von Wüstungen seit der Wende vom 13. zum 14. Jahrhundert (mit dem Höhepunkt der Pest von 1347) verbunden war. Dem „Zusammenbruch“ der Nachfrageseite folgte der Preisverfall: Erkennbar wird nach dem (unter großen Schwankungen beim französischen Weizen vollzogenen) längerfristigen Anstieg der Getreidepreise bis zum Ende des 13., Anfang des 14. Jahrhunderts der lang anhaltende Preisverfall von Weizen (in Frankreich mit starken Schwankungen) und Roggen. Dieser Niedergang der Preise wurde erst gegen Ende des 15. Jahrhunderts durch einen Preisanstieg abgelöst. Die Grafik kann – neben ihrer separaten Bearbeitung – auch in engem Zusammenhang mit der Erörterung des Darstellungstextes (Schülerband, S. 74 f.) besprochen werden.
Die grafische Darstellung zu den Städtegründungen macht deutlich, dass die heutige von Urbanität geprägte Lebenswelt der Schülerinnen und Schüler erst seit dem hohen Mittelalter langsam entstanden ist. Ihren Höhepunkt hatte diese Blütezeit im 12. und vor allem im 13. Jahrhundert. Wichtig ist dabei, dass den Schülerinnen und Schülern der Zusammenhang der

Städteentwicklung mit dem damals einsetzenden allgemeinen wirtschaftlich-sozialen und kulturellen Wandel deutlich wird, der durch die Städte vorangetrieben wurde: Beförderung des Handels durch Märkte (als Ausgangspunkt für Stadtgründungen), Entwicklung von Handwerk und seine zünftige Organisation, soziale Differenzierung (vgl. Schülerband, S. 72 f.), Entstehen des Bürgertums.

**M, 62**
**Karte Europa in der zweiten Hälfte des 13. Jahrhunderts**

Diese politische Karte sollte – eventuell im Vergleich mit heutigen politisch-territorialen Verhältnissen – vornehmlich dazu dienen, den Schülerinnen und Schülern die mitteleuropäische Staatenwelt in der zweiten Hälfte des 13. Jahrhunderts zu veranschaulichen und vor allem die vom heutigen Deutschland abweichenden territorialen Ausmaße des „Heiligen Römischen Reichs“ zu verdeutlichen.

**M, 63**
**Karte Wirtschafts- und Handelswege in Europa um 1300**

Neben einer separaten Erörterung der Karte – Beschreibung der Handelsrouten und wichtigen Zentren, vielleicht ergänzt durch Schülerkurzreferate, in denen die Geschichte einzelner Städte vorgestellt wird – könnte diese auch in enger Anbindung an den Darstellungstext (Schülerband, S. 73) erfolgen.

**M, 67**
**Silberdenar Karls des Großen, nach 800**

Die abgebildete Silbermünze zeigt Karl den Großen als römischen Kaiser: Der Kopf Karls ist im Profil wiedergegeben und mit einem Lorbeerkranz geschmückt. Die Münze trägt die Aufschrift: „KAROLUS IMP(ERATOR) AUG(USTUS)“ und wurde kurz nach der Kaiserkrönung Karls geprägt. Karl hatte die Kaiserwürde im Jahre 800 von Papst Leo III. in Rom empfangen, der sich dem Schutz des fränkischen Herrscherhauses mehr und mehr zugewendet und sich zugleich dem bisher einzigen und rechtmäßigen byzantinischen Kaiser Konstantin entzogen hatte. Das Nebeneinander der beiden Kaiser („Zweikaiserproblem“) wurde im Jahre 812 insofern geregelt, als festgelegt wurde, dass sowohl Konstantin als auch Karl der Titel „Kaiser“ zustand, doch nur der oströmische Herrscher den Zusatz „Kaiser der Römer“ tragen durfte. Konstantin konzentrierte sich fortan auf den Osten, Karl auf das Abendland.
Aufgrund ihres großen Verbreitungsgrades waren Münzen – neben ihrer Funktion als Zahlungsmittel – für einen römischen Kaiser wichtigstes Medium zur Vermittlung und Festigung seines Herrschaftsanspruches, insbesondere wenn es, wie bei der abgebildeten Münze, um einen neu inthronisierten Kaiser ging. Die außerordentliche Steigerung von Macht und Ansehen, die Karl mit der Übernahme des Kaisertitels beanspruchte, ist ablesbar an der Erweiterung seines offiziellen Herrschertitels. Wurde er als König in Urkunden „Karl, durch die Gnade Gottes König der Franken und Langobarden und Schutzherr der Römer“ genannt, lautete sein Titel später: „Der erhabene Augustus, der von Gott gekrönte große und friedliebende Kaiser, der das Römische Reich regiert und durch die Barmherzigkeit Gottes König der Franken und Langobarden ist“.

**M, 68**
**Karte Europa im 9. und 10. Jahrhundert**

Die Karte veranschaulicht vor allem die Ungarn- und Wikingerzüge im 9. und 10. Jahrhundert, die u. a. das Deutsche Reich bedroht haben.
Die „Nordmannen“ suchten ab 800 immer häufiger Küsten- u. Flussgebiete des Frankenreichs heim, eroberten wiederholt Paris u. zerstörten 845 Hamburg; ihre Flotten drangen bis Mainz u. Metz (881), Burgund (886) und ins Mittelmeer vor (Plünderung Asturiens und Portugals 844, Vorstöße gegen die Balearen, in die Provence und die Toskana). Eine Gruppe unter Rollo ließ sich in der Gegend um Rouen nieder und gründete 911 das Herzogtum Normandie. Andere Scharen setzten sich seit 866 planmäßig in England fest, das nach Wiederherstellung der angelsächsischen Herrschaft zum zweiten Mal 1002/1016 von den Dänen erobert wurde. Knut d. Gr. vereinte Dänemark, England und Norwegen unter seiner Krone. 1066 eroberten die nordfranzösischen Wikinger, die Normannen, England. Auf der Insel Man hatten die Normannen bereits 820 ein Königreich gegründet, das sich bis 1266 hielt. Im 9. Jh. wurden weitere Kleinkönigreiche der Normannen errichtet, z. B. in Dublin (bis 1170). Die Färöer, die Orkney- und Shetland-Inseln sowie die Hebriden waren schon im 7./8. Jh. normannisch geworden. Seit 860 kamen die Normannen nach Island und ließen sich dort ab 874 nieder, seit etwa 981 gingen sie nach Grönland, um 1000 nach Amerika. Schwedische Normannen (Waräger) drangen in den Ostseeraum und nach Russland vor (9. Jh.), wo sie die Herrschaften von Kiew u. Nowgorod gründeten. Auf der Wolga und durchs Schwarze Meer drangen Normannen bis Byzanz vor, in dessen Militärdienst sie z. T. traten.
Die Magyaren (Ungarn) wurden im späten 9. Jh. von den Petschenegen aus dem Gebiet zwischen Don u. Dnjepr vertrieben. Unter ihrem Stammesfürsten Arpad erfolgte die Landnahme (895–907) an Theiß und mittlerer Donau. Von hier aus unternahm das Reiternomadenvolk unter den Arpaden (bis 1301) seine gefürchteten Kriegszüge nach Mittel- und Südeuropa und nach Byzanz. Nach der Niederlage, die Otto d. Gr. (deutscher König 936–973, Kaiser seit 962) den Ungarn auf dem Lechfeld beibrachte (955), wurden sie sesshaft.

**M, 71**
**Darstellung eines Ritters in einem französischen Kalksteinrelief, 12. Jh.**

Die Darstellung vermittelt das Erscheinungsbild eines französischen Ritters etwa zur Zeit der Entstehung des Rittertums im 11. Jahrhundert und steht in engem Zusammenhang mit dem Darstellungstext auf Seite 71: „Die Welt des Adels“. Ausgestattet mit Kettenhemd, dessen Entwicklung auf eine seit dem 10. Jahrhundert verbreitete Feinschmiedetechnik zurückgeht, und nur mit leichtem Kopfschutz (kleiner Eisenhut, kein Gesichtsschutz) scheint der Ritter mit erhobenem Schwert auf

seinem hufbeschlagenen Schlachtross in den Kampf zu ziehen. Sein Schwertarm und die Waffe sind übergroß dargestellt und betonen den kämpferischen Charakter der Gestaltung.
Mit sich verändernder Kampfestechnik und der Entwicklung der Lanze, die den Zweikampf weitaus gefährlicher werden ließ, wurde seit dem 13. Jahrhundert die Ausstattung der Ritter mit schwererer Rüstung erforderlich: Der Körper wurde von einander überlappenden Blechteilen geschützt, auf dem Kopf trug man einen Topfhelm, der nur Sehschlitze und kleine Luftlöcher zum Atmen freigab, das Gesicht blieb vollständig bedeckt. Wappen wurden zu den wichtigsten Erkennungsmerkmalen; auf der abgebildeten Darstellung dagegen, die das Gesicht des Ritters preisgibt, ist der Schild – noch ohne Wappen – rein ornamental geschmückt.

### M, 72
### Anonymus: Die Unterrichtsstunde, aus der „Chronique de Hainaut“, 15. Jh., Paris, Bibliothèque Nationale (Ausschnitt)

Die Abbildung entstammt der „Chronique de Hainaut“, einem Mitte des 15. Jahrhunderts entstandenen dreibändigen Werk zur Geschichte des Hennegau (heute Teil einer Provinz im Südwesten Belgiens), die von Philip dem Guten, Herzog von Burgund, seit 1433 Herrscher über das Hennegau, in Auftrag gegeben worden war. An der Illumination waren verschiedene, zum Teil unbekannte flämische Meister beteiligt. Die abgebildete Darstellung wird dem ersten Band der Chronik zugeordnet und könnte ein Werk eines in der Literatur als „Mansel-Meister“ (Illuminator der Schriften Jean Mansels) bezeichneten Malers sein.
Gezeigt wird eine Stadtansicht, deren Mitte ein zum Betrachter hin geöffnet dargestelltes Gebäude einnimmt, in welchem sich vier Männer mit einer Unterweisung im Lesen und Schreiben zu befassen scheinen. Es könnte sich um eine Ansicht der Hauptstadt des Hennegaus, Mons, handeln, die sich aus Ansiedlungen um ein im 7. Jh. gegründetes Kloster, St. Waudru, entwickelt hat und deren Geschichte, aufgezeichnet in den „Annales Hannoniae“, der „Chronique de Hainaut“ als Grundlage diente.
Von Interesse für die Auseinandersetzung der Schülerinnen und Schüler mit der Abbildung ist vor allem die Genauigkeit, mit der der Maler die Anlage der mittelalterlichen Stadt präsentiert: Mit dem Mittel der „Bedeutungsperspektive“ dargestellt, beherrscht die Stadt ihre landschaftlich abwechslungsreiche Umgebung, deren Weite durch den sehr hoch angesetzten Horizont der Darstellung erfasst wird.
Das offene Gebäude prägt das Stadtbild, es ist der Kern der Anlage. Die Beschäftigung der sich darin befindenden Männer, das Lesen und Schreiben, verleiht nicht nur dem Gebäude, sondern dem Ort als Ganzem den Charakter einer Bildungsstätte. Weitere Häuser sind fast verschwindend klein – ein Hinweis auf ihre untergeordnete Bedeutung – zwischen zentralem Gebäude und festungsartiger Stadtmauer auszumachen.
Die Stadtmauer ist umgeben von einem Graben, über den einige gepflasterte Wege durch Stadttore – mit hohen, jeweils unterschiedlich gestalteten Wehrtürmen – hindurch führen. Außerhalb der Stadtmauer sind an verschiedenen Stellen Männer mit der Pflasterung der Zufahrtswege zur Stadt beschäftigt, ein Hinweis auf den Ausbau des Ortes als Handelszentrum.

### M, 74
### Karte Die Ausbreitung der Universitäten im Mittelalter

Den Schülerinnen und Schülern soll bei der Erörterung der Karte deutlich werden, dass unser heutiges Hochschulwesen auf den im Mittelalter entstandenen Universitäten fußt, die aus privaten Gelehrtenschulen, insbesondere Rechts- und Medizinschulen und/oder deren Studentenschaften sowie Kloster- und Domschulen hervorgingen.
Zu Anfang des 13. Jh. erhielten die ersten Einrichtungen vorwiegend dank städtischer oder fürstlicher Initiative kaiserliche und päpstliche Privilegien wie insbesondere Lehrfreiheit und eigene Gerichtsbarkeit verliehen. Bologna war um 1200 die erste Universität (gegründet 1119 als Rechtsschule); es folgten im frühen 13. Jh. Salerno (gegründet um 1050 als Medizinschule), Montpellier (im 12. Jh. gegründet als Rechtsschule), Oxford (Zusammenschluss von Magistern und Scholaren), Cambridge (durch Abwanderung aus Oxford 1209), Salamanca (vor 1218, gegründet als Domschule), Padua (durch Abwanderung aus Bologna 1222), Paris (gegründet 1257 als Domschule mit Internat, klösterlicher Schulbetrieb seit um 1150). Eine neue mittelalterliche Gründungswelle folgte Mitte des 14. Jh.: Prag (1348), Wien (1365), Heidelberg (1386), Köln (1388), Erfurt (1392 Eröffnung) sowie Leipzig (1409).

### M, 78
### Buchmalerei aus dem Decretum Gratiani zur kirchlichen Gewaltenteilungslehre, 14. Jh., Rom, Bibliotheca Apostolica Vaticana (Ausschnitt)

Die Abbildung zeigt einen Ausschnitt aus einer illuminierten Seite der „Distinctiones“ des „Decretum Gratiani“, einem im 12. Jahrhundert von dem Mönch Gratianus in Bologna verfassten Lehrbuch zum Kirchenrecht.
Der thronende Christus erscheint als Gründer und Garant kirchlicher und weltlicher Autorität: Der Maler platziert zwei Engelpaare über dem Haupt des Christus, Boten Gottes, die ihm, symbolisiert durch zwei Kronen (eine für die kirchliche und eine für die weltliche Macht), die Herrschaft über Geistlichkeit und Adel übertragen. Der Umfang der Macht Christi wird ferner betont durch das Buch und das Schwert als Zeichen der kirchlichen und weltlichen Herrschaft, die er von den Engeln zu seiner Seite erhält. Zugleich sind weitere Engel – als Boten Christi – damit befasst, die Herrschaftssymbole an die jeweiligen Vertreter von Geistlichkeit und Adel weiterzuleiten, die sich im Kreise ihres Gefolges am Fuße des Thrones kniend versammelt haben und die Insignien, Tiara und Bibel bzw. Krone und Schwert, betend empfangen. Die Vertreter der jeweiligen Stände sind nicht nur durch ihre Kleidung als „Beter“ und „Kämpfer“ gekennzeichnet, sondern auch durch die den Mit-

telgrund der Darstellung beherrschenden prunkvollen, mit Balkonen und Galerien versehenen architektonischen Versatzstücke. Den Hintergrund gestaltete der Illuminator als ornamentales Muster in Rot- und Goldtönen, die als Hinweis auf das Feuer der Liebe des Heiligen Geistes (rot) und als Symbol der Anwesenheit Gottes/des göttlichen Lichtes (gold) gedeutet werden können.
In die dargestellte Szene ragt von unten der Kopf eines Reihers, der einen Fisch im Schnabel hält. Formal stellt das Motiv eine Verbindung zum unteren Teil des Blattes, dem (hier nicht abgebildeten) Textteil, her. Inhaltlich könnte der Reiher als Sinnbild der Pflicht des Einzelnen, für das Wohl und den Fortbestand der Gemeinschaft zu sorgen, gedeutet werden.
Die Illumination spiegelt das mittelalterliche Verständnis gesellschaftlicher Ordnung wider: Adel und Geistlichkeit sind Gott, dem Schöpfer, unterworfen und verpflichtet, tragen jedoch auf unterschiedliche Weise zum Funktionieren der Gesellschaft bei. Diese Vorstellung fließt in die mittelalterlichen Ständelehren ein, wie sie z. B. von Adalbero von Laon (um 1020, vgl. M 3, S. 86) formuliert wurde.
Kaiser und Päpste erkannten selbstverständlich Christus als Ursprung ihrer Macht an. In der Konfrontation der Abbildung mit dem Darstellungstext „Geistliche und weltliche Herrschaft im Aufbruch" sowie M 10 und 11 (S. 88 f.) wird jedoch die Diskrepanz zwischen abstrakter Lehre und gesellschaftlicher Realität, die von Konflikten um geistliche oder weltliche Vorherrschaft gekennzeichnet war, deutlich.
Indem sie die zeitgenössische Vorstellung vom Ursprung weltlicher und geistlicher Macht vermittelt, bietet die Abbildung eine Einstiegsmöglichkeit in die Auseinandersetzung mit dem Thema „Geistliche und weltliche Herrschaft im Aufbruch".

### M, 82
### Karte Hausmachtpolitik im 13. und 14. Jahrhundert

Den Schülerinnen und Schülern soll bei der Erörterung der Karte vor allem deutlich werden, dass „Staatlichkeit" – im Unterschied zu heutigen demokratisch legitimierten Verfassungsstaaten – sehr eng mit der Geschichte von herrschenden Dynastien verbunden war. Die Karte nun zeigt die territoriale Streulage und Entwicklung dreier wichtiger Dynastien im späten Mittelalter. Dabei ist wichtig, dass die „Hausmacht" auf dem Erbbesitz eines regierenden Fürstenhauses fußte. Die Größe der Hausmacht bestimmte seit dem späten Mittelalter den Rang und die Bedeutung des Königs, da das Reichsgut zunehmend den Territorialstaaten anheim gefallen war. Besonders erfolgreich war die auf Vermehrung der Hausmacht gerichtete Politik (Hausmachtpolitik) der Habsburger und der Hohenzollern, deren große, schließlich flächenmäßig zusammenwachsende Territorien daraufhin als selbstständige Staaten Österreich bzw. Brandenburg-Preußen auf dem Boden des Heiligen Römischen Reichs entstanden. In diesem Zusammenhang sollte auch darauf hingewiesen werden, dass vor allem diese beiden Dynastien bis zu ihrem Sturz 1918 maßgeblich die weitere deutsche und europäische Geschichte geprägt haben.

### M, 83
### Karte Frankreich und England vom 11. bis 13. Jahrhundert

Bei Bearbeitung dieser Karte, deren enge Anbindung an den Darstellungstext zu empfehlen ist, sollte insbesondere der langsame, in der Karte nur angedeutete Prozess der Stärkung und Festigung der Zentralgewalt in Frankreich und die gegenläufige Entwicklung in Deutschland deutlich werden. Die deutsche Entwicklung führte seit der Herrschaft der Staufer (u. a. durch die Betonung der Italienpolitik) und insbesondere seit dem späten Mittelalter zu Schwächung von Zentralgewalt und Stärkung von Partikulargewalten, die sich schließlich in der frühen Neuzeit zu Landesherren entwickeln konnten. Ein kurzer Exkurs zu den langfristigen Ursachen der deutschen Kleinstaaterei, die erst mit der Gründung des (zweiten) Deutschen Reichs 1871 beendet wurde, ist an dieser Stelle sinnvoll.

### M, 85
### Michelangelo Buonaroti (1475–1564): Madonna Doni (Die Heilige Familie), um 1504, Öl auf Holz, Durchmesser 120 cm, Florenz, Galleria degle' Uffizi

Das Rundbild Michelangelos entstand vermutlich im Jahre 1504 und wird nach seinem Auftraggeber, Agnolo Doni, als „Tondo Doni" bezeichnet. Es ist das einzige Tafelbild, welches in der Forschung übereinstimmend als Werk Michelangelos anerkannt wird. Michelangelo, der die Bildhauerei der Malerei vorzog, strebte mit der Gestaltung des Gemäldes offensichtlich eine Umsetzung seiner Theorie über die Malerei an: „Ich sage, dass mir die Malerei besser beherrscht zu sein scheint, wenn sie sich dem Relief annähert." Von entsprechend ausgeprägter Plastizität erscheinen die dargestellten Figuren, insbesondere auch die – ikonologisch nicht eindeutig einzuordnenden – nackten Jünglinge in der Mittelzone.
Die Gestaltung der Figuren der Heiligen Familie im Vordergrund veranschaulicht das sich etwa seit Ende des 14. Jahrhunderts entwickelnde neue Menschenbild: Es ging dem Künstler nicht um die Gestaltung eines dem individuellen entrückten, Göttliches versinnbildlichenden, schematisierten Idealtypus', sondern um die Darstellung menschlicher Gestalten, wenn auch in idealer Erscheinung. Die Renaissance, die sich als Wiedergeburt der Antike verstand, begreift den Menschen wieder als „Maß der Dinge": Michelangelo fasst Maria, Josef und das Jesuskind als Frau, Mann und Kind auf. Dass Michelangelo sich sehr ausführlich dem Naturstudium, der Arbeit nach Modellen, gewidmet hat, machen die natürlich erscheinenden Proportionen und Körperhaltungen der Figuren deutlich. Unterstrichen werden ihre menschlichen Züge durch die Innigkeit der dargestellten Szene: Hinter der knienden Maria hockt der bereits recht betagt wirkende Josef, das nackte Kind scheint vom seinem Arm auf den Schoß der Mutter klettern zu wollen und greift dabei in ihr Haar. Christus ist Mensch, Kleinkind. Sowohl Maria als auch Josef haben sich dem Kind zugewendet, das seinerseits wiederum Blickkontakt mit der Mutter aufgenommen hat. Die Figuren sind dem

Betrachter zwar frontal gegenübergesetzt, doch nehmen sie ihn nicht wahr, beschäftigen sie sich allein miteinander.
Auch formal wird die veränderte Selbstauffassung des Menschen herausgearbeitet, die Diesseitigkeit der Szene betont: Die Bildfläche ist räumlich gestaltet, so dass der Betrachter als Gegenüber der Szene physisch in die Darstellung einbezogen wird. Michelangelo erzielt Raumtiefe mit Hilfe von Staffelungen der Figuren, Verkürzungen, genauer Lichtführung sowie des Einsatzes von Farbperspektive: Warme Farben scheinen vor-, kalte zurückzutreten, mit zunehmender Entfernung scheinen die Farben zu verblassen. Die den Vordergrund beherrschenden Töne sind die klaren Rot-, Gelb- und Blautöne der Kleidung Marias und Josefs, den Mittelgrund bestimmen die Ockertöne des Inkarnats der nackten Figuren, im Hintergrund ist – in blassen Blautönen – eine gebirgige Landschaft zu erkennen. Michelangelo trägt die Farbe in mehreren Schichten lasierend auf, sodass er durch zahlreiche übereinander gelegte Schichten feine Abstufungen erzielt.
Die Idealisierung der Szene wird durch die Wahl eines ausgewogenen, deutlich geometriebetonten Kompositionsschemas unterstützt. Michelangelo wählt für sein Tafelbild die Rundform und gibt den Bildgegenständen eine dreieckförmige Anordnung, so dass sich ein in einen Kreis eingeschriebenes Dreieck ergibt. Der Kreis kann als Zeichen vollkommener Harmonie gedeutet werden, das Dreieck als Symbol der Trinität. Michelangelo verbindet mit seiner Kunst – inhaltlich und formal – Christentum und idealisierende Antikenrezeption seiner Zeit.

**Notizen**

# Basismaterialien

## M 1, M 2, 86
## Wandlungen im Siedlungsbild; Wüstungen in Südwestdeutschland

Die Darstellungen sollten im Zusammenhang mit denen zur Bevölkerungsentwicklung und zu Städtegründungen betrachtet werden (Schülerband, S. 61). Dabei wird in Material 1 der Prozess der Erschließung neuer Siedlungsräume und Gründung von Städten u. a. durch Waldrodung deutlich, der vor allem durch den lange anhaltenden Trend der Bevölkerungszunahme erklärt wird (vgl. M, 61).
Es ist zu empfehlen, Material 2 in enger Anbindung an den Darstellungstext „Die Krise am Ausgang des Mittelalters" (Schülerband, S. 74 f.) zu behandeln. Dabei wird erkennbar: Zahlreiche Siedlungen verödeten durch den starken von der großen Pest von 1347 (und zuvor schon durch Missernten) verursachten Bevölkerungsausfall oder weil die wenigen am Leben gebliebenen Menschen ihre Dörfer verließen.

## M 3, 86
## Bischof Adalbero von Laon (vor 977–ca.1030)

Der Bischof erläutert die für das Mittelalter klassische Dreiteilung der Gesellschaft, untergliedert nach der Funktion der jeweiligen Gruppe für das Gemeinwesen: Klerus (beten), Adel (kämpfen), Hörige (arbeiten). Mit dieser harmonisierenden Sicht, welche die gesellschaftlichen Unterschiede, ja Gegensätze, Unfreiheit und bittere Armut der Bevölkerungsmehrheit zu einem funktionalen Ineinandergreifen stilisiert, unterstreicht der hohe geistliche Würdenträger die Legitimität, Gerechtigkeit, also Unantastbarkeit dieser angeblich von Gott gegebenen Ordnung.

## M 4, 86 f.
## Bayerischer Landfrieden von 1244

In der Quelle wird das Bestreben deutlich, die bestehende hierarchische Gliederung der Gesellschaft dadurch zu zementieren und auf den ersten Blick erkennbar werden zu lassen, dass man die Funktion und Rolle (hier) des Bauern bis in die äußere Erscheinung (Haartracht, Bewaffnung, Kleidung) klar definiert.

## M 5, 87
## Der Schwabenspiegel über die Leibeigenschaft, 1280

Beim Schwabenspiegel handelt es sich um ein Rechtsbuch, das um 1280 von einem unbekannten Augsburger Bettelmönch nach dem Vorbild des Sachsenspiegels verfasst wurde. Der ursprüngliche Titel lautete „Kaiserliches Land- u. Lehnrechtsbuch" oder „Großes Kaiserrecht", seinen jetzigen Titel erhielt das Buch erst im 17. Jh. Der Schwabenspiegel enthält neben allgemeinem Reichsrecht (Königswahl, Kurfürsten) vor allem süddeutsches Recht.
In der Berufung auf des Menschen Ebenbildlichkeit zum Schöpfergott wird hier die Freiheit aller Menschen betont und die Leibeigenschaft kritisiert, wobei eine so verstandene Gleichheit der Individuen als Geschöpfe Gottes nicht im Widerspruch gesehen wird zu gesellschaftlichen Unterschieden: Herrschaft und Dienerschaft gehen – wie in Quelle 3 – ein funktionales Verhältnis ein. Ausgehend von dieser Frage sozialer Unterschiede würde sich ein Gegenwartsbezug anbieten, etwa ein Unterrichtsgespräch über die Begründung für gesellschaftliche Ungleichheit im Mittelalter und heute.

## M 6, 87
## Johannes von Salisbury (um 1115–1180) zur Funktion der Ritter

Die gesellschaftliche Rolle des Rittertums als Kriegerkaste wird unterstrichen. In der (idealisierten) Sicht des Philosophen hat es die Funktion, die Kirche zu schützen und zu verehren, Unglauben zu bekämpfen (bis hin zu Zwangsmissionierungen – „Vergeltung üben gegen heidnische Stämme") und Unrecht von den Armen abzuwehren. Die sich aus dem persönlichen Dienstverhältnis quasi als „Entlohnung" ergebenden Privilegien der Ritter werden als gerechtfertigt angesehen.
Es ist zu empfehlen, die Quelle in engem Zusammenhang zur Definition „Ritter" (Schülerband, S. 62 f.) zu erörtern.

## M 7, 87
## Kaiser Friedrich I. (1152–1190) über die Ritter 1186 „Gesetz gegen die Brandstifter"

Die Quelle zeigt deutlich das kaiserliche Bestreben, die als von Gott gegebene Ordnung aufrechtzuerhalten (Adel, Klerus, Bauern), also die Reihen der Ritterschaft geschlossen und nicht durch Priester- oder Bauernsöhne aufzufüllen. Hintergrund ist natürlich auch das Interesse der Ritterschaft, ihre Privilegien gegen andere gesellschaftliche Gruppen zu verteidigen.

## M 8, M 9, 88
## Buchmalerei aus dem Sachsenspiegel (um 1230), Heidelberg, Universitätsbibliothek; Bischof Fulbert von Chartres (gest. 1028) über Lehnstreue

Die Illuminationen des Sachsenspiegels Eikes von Repgow dienen der bildhaften Repräsentation abstrakter Rechtsbegriffe. Die Verwendung von Symbolen für die zeichnerische Umsetzung der Texte beruhte auf Vereinbarungen, sodass die abgebildeten Szenen für die Zeitgenossen ‚lesbar' waren. Zum Bildprogramm der Darstellungen lehnsrechtlicher Vorgänge beispielsweise ist überliefert, dass das Besitzergreifen von Land durch die Verwendung von Zeichen für Ähren und Zweige versinnbildlicht wurde, die Übertragung von Amtsgewalt durch die Symbole Fahne und Szepter. Um einem Sachverhalt Nachdruck zu verleihen, betonte der Zeichner stets die Hände der an der Szene beteiligten Personen: Sie wurden in Größe und Anzahl beliebig variiert.
Vor diesem Hintergrund wird zunächst deutlich, dass mit der abgebildeten Darstellung aus dem Sachsenspiegel der Vorgang einer Belehnung mit Land erfasst ist. Ein solcher Belehnungsvorgang beruht auf einem Ritus, der als „Handgang" bezeichnet wird.

In der Mitte des abgebildeten Blattes ist der Lehnsnehmer zu sehen, der seine zusammengelegten Hände in die Hände des am rechten Bildrand sitzend dargestellten, offenbar von weiteren, den Vorgang bezeugenden Vasallen umgebenen Lehnsherrn legt. Dadurch, dass die Arme der am Handgang beteiligten Personen überlang gestaltet und farbig hervorgehoben sind, wird der Blick des Betrachters zunächst auf die ineinander gelegten Hände gelenkt. Mit drei weiteren Händen ausgestattet, weist der Lehnsnehmer auf ihn umgebende, stilisiert dargestellte Ähren, die seinen zukünftigen Wirkungsbereich als Vasall kennzeichnen, sowie auf seinen Mund, Zeichen für das im Rahmen des Rechtsaktes zu leistende mündliche Treueversprechen. Das sich am linken oberen Bildrand befindende Mondsymbol deutet – zusammen mit der römischen Zahl – auf eine Fristvereinbarung.

Bei der Bearbeitung der Quelle (M 9) ist wichtig, dass erkennbar wird, dass das Lehnsverhältnis als ein persönliches gegenseitiges Treueverhältnis zwischen Herrn und Vasall angesehen wurde. Der Lehnsmann schuldete seinem Herrn Kriegs- und andere Dienste und wurde dafür mit einem Lehen belohnt. Zu den „Leistungen“ dieses gleichsam symbiotischen Verhältnisses zählt, dass Herrschaft über und Schutz sowie Verwaltung von Territorien durch dieses System der Aufgabenteilung – zum gegenseitigen Vorteil von Herr und Vasall – möglich wurde. Allerdings konnte diese Art der Herrschaftsorganisation sehr schnell an ihre Grenzen stoßen, da die Einhaltung der Verpflichtungen von den jeweiligen Personen abhängig (Personenverbandsstaat) und eben keine staatsrechtliche Grundlage im Sinne von Objektivität (Gesetze) und Nachprüfbarkeit der Entscheidungen vorhanden war.

Das Lehnswesen entstand in fränkisch-karolingischer Zeit (Mitte des 8. Jh.) aus der Verbindung von persönlicher Vasallität und dinglichem „Benefizium“, der Ausstattung eines freien Mannes meist mit Land (Lehen). Die Vasallität hatte ihre Wurzeln u. a. im germanischen Gefolgschaftswesen (gegenseitiges Treueverhältnis von Herr und Gefolgsmann). Die Lehnspflichten wurden durch die Belehnung begründet: Der Lehnsmann gelobte Treue und „Mannschaft“ (wichtigste Dienste: Rat und Tat durch Heer- u. Hoffahrt) und wurde vom Lehnsherrn in sein Lehen (meist Ämter oder Grundbesitz) eingesetzt. Weiterverleihung an Untervasallen (Aftervasallen) war möglich, mit der Folge abgestufter und sich zersplitternder Eigentumsrechte. In den feudalen Gesellschaften stand an der Spitze der ständischen Pyramide als oberster Lehnsherr der König.

### M 10, M 11, 88 f.
### Kaiser Friedrich I. (1152–1190) zur Zwei-Schwerter-Lehre 1157; Papst Bonifatius (1294–1303) in der Bulle „Unam Sanctam“ von 1302 zum gleichen Thema

Die beiden Quellen sind Ausdruck eines generellen Machtkampfes, der sich durch weite Teile des Mittelalters zog und seit dem Hohen Mittelalter offen ausbrach, eskalierte und im Investiturstreit 1075–1122 (vgl. Schülerband, S. 77–79) einen Höhepunkt fand: Dabei ging es vereinfacht um die Frage, ob sich die weltliche Macht der geistlichen oder die geistliche der weltlichen unterordnen müsse. Päpste und Kaiser standen sich dabei zeitweilig unversöhnlich gegenüber.

Sowohl Kaiser Friedrich Barbarossa als auch Papst Bonifatius „begründen“ die jeweils beanspruchte Vorrangstellung theologisch, in Berufung auf Gott und die zwei Schwerter: die weltliche und geistliche Herrschaft. Barbarossa weist das Argument, dass er die Kaiserkrone vom Papst als Lehen erhalten habe, zurück und beruft sich dabei auf Paulus, der den Gehorsam gegenüber der (von Gott eingesetzten) Obrigkeit und Gottesfurcht in das Zentrum gestellt, aber kein Papsttum gekannt hatte.

Bonifatius stellt einfach die unbegründete Behauptung auf, dass „das Geistliche mehr wert ist als das Weltliche“, und beruft sich dabei auf das gleiche Theorem der von Gott eingesetzten Obrigkeit – mit dem Unterschied, dass nach seiner Meinung diese Einsetzung in die weltliche Macht nicht direkt, sondern mittels des geistlichen Standes geschehe, welcher Gott am nächsten stehe. Der Mann auf dem Stuhl Petri versuchte mit seiner berüchtigten Bulle „Unam sanctam“ vergeblich, den päpstlichen Weltherrschaftsanspruch über die erstarkenden Staaten zu behaupten. Seine Niederlage gegen Philipp IV. von Frankreich leitete den Niedergang der päpstlichen Macht ein (Abhängigkeit der Päpste vom französischen Königtum und ihre Residenz in Avignon 1309–1377).

Bei der Erörterung beider Quellen kann auch – im Vergleich zu heute – erkennbar werden, dass die Rolle der Religion bei Besetzung wichtiger Staatsämter in der westlichen Welt heutzutage keine entscheidende Rolle mehr spielt.

### M 12, 89
### Auszug aus dem Testament König Luwigs IX. von Frankreich (1226–1270) von 1270

Ludwig der Heilige, König von Frankreich 1226–1270, unternahm 1248–1254 einen Kreuzzug gegen Ägypten, 1270 einen gegen Tunesien, wo er starb. Er verstärkte die Königsmacht durch Ausbau des königlichen Beamtentums und Zurückdrängung der Kirche, bekämpfte erfolgreich das Fehdewesen und erließ die „Établissements de Saint Louis“, die ältesten Verfassungsverordnungen Frankreichs. Er wurde 1297 heilig gesprochen.

Der französische König entwickelt hier sein Ideal der gottesfürchtigen, gütigen und weisen Herrschaft im Dienste des Volkes. Wichtige christliche Werte wie Mitleid (gegen die Armen), Frieden (trotz der angesprochenen Ultima Ratio des Krieges) und Gerechtigkeit stehen dabei im Mittelpunkt. Schon in diesem Text sind mögliche Abweichungen vom Ideal mit eingeschlossen, wenn der Herrscher sich gegen eine Steuerbelastung des Volkes ausspricht – aber nur für den Fall, „wenn du sie nicht unbedingt nötig hast“. In die gleiche Richtung geht das Friedensgebot, von dem der König „nicht ohne größere Überlegung“ abweichen darf, in einem solchen Fall aber einem christlichen Fürsten den Krieg erklären kann. Hier deutet sich die im Darstellungstext für Frankreich beschriebene Konfrontation zwischen königlicher Zentralgewalt und Partikulargewalten (Fürsten) an (Schülerbuch, S. 82 f.), aber auch die Auseinandersetzung zwischen weltlicher und geistlicher Macht (vgl. M 10, 11).

**M 13–15, 90 f.**
**Ehevorschriften des Klosters St. Blasien (1311); Aus einem Weistum der Propstei Nellingen zum Erbrecht (1354); Gründungsurkunde Freiburgs durch Herzog Konrad von Zähringen (1095–1152) von 1122**

Die Quelle M 13 deutet die Hermetik der hierarchisch abgestuften gesellschaftlichen Verhältnisse an, die keine Eheschließung unterschiedlicher Stände erlaubt: hier der Hörige, der einem Kloster zugehört, da die Unfreie, die – in einem stärkeren Maße noch als er – an ihr Kloster (als Dienstmagd) gebunden ist. Die Schülerinnen und Schüler sollen erkennen, dass die Ausübung von Freizügigkeit und persönlicher Selbstbestimmung, z. B. die freie Wahl des Ehepartners, bei von Grundherren abhängigen Landbewohnern nicht möglich war. Hörige und Unfreie waren immobil und in unterschiedlichen Graden an die Scholle gebunden (zur Unterscheidung von Hörigen und Unfreien vgl. Schülerband, S. 60 f.). Auch die in der Urkunde getroffene Regelung bezüglich der Kinder, die zwischen den Klöstern aufzuteilen seien, zeigt, dass Hörige und noch mehr Unfreie gleichsam zum klösterlichen Besitztum gerechnet wurden.

Quelle 14 regelt das Erbrecht beim Tode von abhängigen Hausbewohnern („Gotteshausmann“, „Gotteshausfrau“): Der Herr, hier der Propst, nimmt die besten Besitztümer der Verstorbenen, wobei die geschlechtsspezifischen Unterschiede der Erbfälle und der vererbten Gegenstände genau definiert sind. Wichtig ist, dass die rechtlich abhängige Stellung des Hausgesindes den erbrechtlichen Anspruch des Herrn an ihrem Besitz begründet, welcher (der Anspruch) Vorrang hat vor dem hinterbliebener Angehöriger.

Zentrales Merkmal einer Stadt im 12. Jahrhundert ist der Markt als Handelsplatz und wichtige Einnahmequelle eines adligen Herren und Ausgangspunkt der weiteren Entwicklung, z. B. des Handwerks. Auch der durch den Herzog garantierte Frieden und die Sicherheit des Weges zeugen davon, dass die Stadt ein vom Umland unterschiedener, besonders geschützter Rechtsbereich war. Hinter diesen ersten Ansätzen einer Verrechtlichung menschlicher Beziehungen (Rechtssicherheit) steckt natürlich das kommerzielle Interesse des Herzogs, Kaufleute durch Anreize (Erlass des Zolls) anzulocken, um an den Einnahmen zu partizipieren. Zu diesem Zweck ist er auch bereit, eine gewisse städtische Selbstbestimmung und Freiheit der Bürger, z. B. die freie Wahl des Vogtes, zuzulassen. Freiburg gehört (vgl. Grafik im Schülerband, S. 61) zu den frühen Gründungen des Hohen Mittelalters – mit Vorreiterrolle.

Bei der Erörterung der Materialien 13–15 sollen die Schülerinnen und Schüler insbesondere den Unterschied in der rechtlichen Stellung von unfreien, an die Scholle gebundenen Bauern und freien, mobilen und ökonomisch selbsttätigen Bürgern erkennen. Dieser zeigt sich u. . auch darin, dass beim Tod eines Bürgers seine Witwe – im Unterschied zur Ehefrau eines abhängigen Landbewohners – sein gesamtes Eigentum erbt. Dies bedeutet ein Stück Aufhebung geschlechtsspezifischer Ungleichheit.

**M 16, 90**
**Vittore Carpaccio: Die Rückkehr der Gesandten, Ende 15. Jh., Öl auf Leinwand, 297 x 527 cm, Venedig, Galleria dell' Accademia**

Das Gemälde ist Teil des Zyklus der „Geschichten aus dem Leben der Heiligen Ursula“, den Carpaccio (geb. zwischen 1455 und 1465 in Venedig, gest. 1525/26 ebd.) seit 1490 für die „Scuola“ der Bruderschaft Sant' Orsola in Venedig anfertigte. („Scuoles“ nannte man die für Venedig typischen Versammlungsgebäude von Laienbruderschaften.) Die heilige Ursula gilt als Märtyrerin, die etwa um das Jahr 500 auf einer Pilgerfahrt in Köln von den Hunnen wegen ihres Festhaltens am Christentum umgebracht wurde. Die im Mittelalter sehr beliebte Legende der heiligen Ursula wurde häufig bildlich dargestellt, sodass Carpaccio für seine Werke auf Vorbilder zurückgreifen konnte.

Die abgebildete Darstellung thematisiert die Rückkehr der Gesandten des heidnischen Königs von England in ihre Heimat, die am Hofe des bretonischen Königs Maurus für Aetherius, den englischen Thronfolger, um die Hand der Tochter Ursula angehalten haben. Die Gesandten, im Vordergrund des Bildes zu sehen, suchen, umgeben von zahlreichen Zuschauern im Mittel- und Hintergrund, den im – am rechten Bildrand angeschnittenen – Pavillon residierenden König auf, um ihm von den Ergebnissen ihrer Mission zu berichten. (Ursula hat sich vor der Heirat mit Aetherius eine Pilgerreise in Begleitung von 11000 Jungfrauen ausbedungen, zudem soll sich der Bräutigam taufen und innerhalb von drei Jahren im christlichen Glauben unterweisen lassen).

Carpaccio inszeniert die Episode als sehr verhalten wirkende Begegnung in kulissenhafter Renaissancearchitektur. Er versetzt die dargestellte Szene in die festlich-repräsentative Gegenwart seiner eigenen Welt. Nicht nur weist die Nähe der Bebauung zur Lagune auf Venedig als Ort der Handlung hin, auch reflektiert die figürliche Staffage venezianische Moden im ausgehenden 15. Jahrhundert.

Von Bedeutung für die Auseinandersetzung mit dem Thema „Aufbruch in die Neuzeit“ ist das Gemälde Carpaccios jedoch auch unter formalen Aspekten: Zum einen zeugt es von dem sehr ausgeprägten Interesse des Künstlers an den Gestaltungselementen Farbe und Licht, zum anderen zeigt es die Wichtigkeit zentralperspektivischer Wirklichkeitswiedergabe für Carpaccio.

Mit seiner klaren, zurückhaltenden, doch zugleich sehr variationsreichen Palette, seinen feinen Konturierungen sowie der ausgewogenen, naturnahen Lichtführung unterstreicht der Maler die Verhaltenheit der Gesten der an der Szene Beteiligten. Unterschiedliche Stofflichkeiten wie verschiedenfarbige Marmorarten, Brokatstoffe und der helle, aufgeklarte Himmel werden über den Einsatz der Farbe ebenso herausgearbeitet wie die räumliche Situation, die der Szene den Rahmen gibt. Die den Vordergrund beherrschende figürliche Staffage hebt

sich in einem fast horizontal verlaufenden dunklen Farbstreifen, dem mit der Grünanlage – rechts im Hintergrund – ein Pendant gegeben wird, von der Helligkeit des venezianischen Campo ab.
Carpaccio lässt den Betrachter von einer leicht erhöhten Position aus auf die Szene blicken, indem er in der zentralperspektivischen Konstruktion der Kulisse den Fluchtpunkt aller Linien zwischen die beiden Türme im Hintergrund, oberhalb der Lagune, legt.
Die Zentralperspektive wurde als Methode der Raumdarstellung im 15. Jahrhundert zuerst von Massaccio konsequent angewendet. Sie gilt als Versuch, den wirklichen Raum auf der Fläche so abzubilden, dass er unter ähnlichen Sehbedingungen erscheint, wie er wahrgenommen wird. Dabei geht man von der Erfahrung aus, dass Dinge, die vom Betrachter weiter entfernt sind, kleiner erscheinen und optisch zusammenrücken. Senkrecht zur Bildebene verlaufende Linien scheinen sich in einem Punkt zu treffen, parallel zur Bildebene verlaufende Linien bleiben auch auf der Fläche parallel, rücken aber ebenfalls optisch zusammen. Daher wirken Gegenstände, die in Wirklichkeit die gleiche Größe haben, kleiner, je weiter sie vom Betrachter entfernt sind. Eine zentralperspektivische Darstellung beginnt mit der Festlegung der Horizontlinie, durch die zugleich die Augenhöhe des Betrachters definiert ist. Auf diese Linie wird der Fluchtpunkt gelegt. Alle vom Betrachter wegführenden Linien treffen sich in diesem Punkt. Der Betrachter wird also mit der Zuweisung eines eigenen Blickwinkels direkt in die Darstellung einbezogen. Im Vergleich zu den Gestaltungen des Mittelalters, die ihre Bildgegenstände gewissermaßen aus einer „allgemein gültigen“ Perspektive anboten (vgl. dazu die Darstellung aus der „Chronique de Hainaut“, Schülerband, S. 72), wird deutlich, in welch hohem Maß das veränderte Menschenbild der Renaissance sich in dem Gestaltungsansatz der Zentralperspektive widerspiegelt.
Die streng zentralperspektivische Linienführung des Werkes ließe sich im Unterricht herausarbeiten, indem die Schülerinnen und Schüler aufgefordert werden, auf einer über die Abbildung gelegten Folie den Fluchtpunkt der Linien, der die Horizontlinie definiert, ausfindig zu machen.

**Notizen**

## Arbeitsteil
## Frauen und Geschlechterbeziehungen im Mittelalter

### M 1, M 2, 92
### Die Frau im kirchlichen und weltlichen Recht

Beide Quellen künden von der dem Mann untergeordneten Rolle der Frau: Der Bischof und Patriarch Chrysostomos (344/54–407), griechischer Kirchenlehrer und Patriarch von Konstantinopel und einer der vier großen griechischen Kirchenväter, geht von einer von ihm als natürlich angesehenen Arbeitsteilung aus, die der Frau die häuslichen Angelegenheiten (Kindererziehung, Aufsicht über Hauspersonal, Speisevorrat) zuweist und dem Mann die öffentlichen Aufgaben (Ausübung öffentlicher Ämter, vor allem aber den Militärdienst). Die Diskriminierung der Frau tritt insofern zutage, als ihr Aufgabenbereich per se als minderwertig angesehen wird, „sodass der nützlichere und notwendigere Teil dem Mann zufiel“. Allerdings deutet der Patriarch an, dass Frauen auch „für größere Aufgaben von Nutzen“ wären, was aber nach Auffassung des Autors zu einer Aufweichung des ‚natürlichen‘ Geschlechterverhältnisses führen würde.
Die dem Mann untergeordnete Rolle der Frau zeigt sich im Schwabenspiegel darin, dass sie kein selbstständiges und vollwertiges Rechtssubjekt ist, also (nicht nur als Witwe) einen Mann als Vormund benötigt. Auch ist sie im Todesfall ihres Mannes nicht voll erbberechtigt, sondern darf nur „ihre Morgengabe nehmen und alles, was zum fahrenden Gut gehört“.
Bei der Erörterung der Quellen bietet sich ein Gegenwartsbezug an, der sowohl die Unterschiede im Geschlechterverhältnis als auch die bis heute anhaltenden Kontinuitäten deutlich machen kann.

### M 3, 93
### Thomasin von Zirclaere (geb. ca. 1186) in einem Lehrgedicht von 1215/16

Der aus einem italienischen Ministerialengeschlecht stammende Thomasin wirkte als Kleriker in Aquileja am Hof des Bischofs Wolfger von Erla, der 1204–1218 das Patriarchat leitete u. in engem Kontakt mit den Kaisern Philipp von Schwaben u. Otto IV. zwischen Reich und Kirche vermittelte. Der muttersprachliche Italiener verfasste nach einer nicht erhaltenen romanischen Hofzucht ab September 1215 in zehn Monaten sein deutsches Lehrgedicht „Der Welsche Gast“, mit fast 14800 Versen das erste größere Beispiel der Gattung in der deutschen Literatur.
Zwar bezieht sich die vom Autor entwickelte „Tugendlehre“ auf die gesellschaftliche Rolle der Frau und verweist auf ihre Unterordnung („Eine Jungfrau soll selten sprechen“), aber handelt es sich bei den Aussagen um Idealbilder von weiblichen Eigenschaften, nicht um ‚die‘ Realität, welche sich in den Normen gleichwohl widerspiegelt. Quelle 1 und 2 haben hinsichtlich der wirklichen sozialen Lage der Frau eine größere Aussagekraft, weil sie keinen Soll-Zustand, sondern den Ist-Zustand beschreiben, das Geschlechterverhältnis juristisch (kirchenrechtlich und vom weltlichen Recht her) definieren und damit diese Definition als allgemeine Grundlage der gesellschaftlichen Verhältnisse festlegen.

### M 4, M 5, 93
### Kapitular Karls des Großen (768–814) von 789; Der Historiker Michael Mitterauer (geb. 1937) zu weiblichen und männlichen Tätigkeiten

In Quelle 4 zeigt sich, dass der männliche Tätigkeitsbereich auf harte körperliche Arbeiten (Feldarbeit, Wald roden, Bäume fällen), Heerdienst und Gerichtsversammlung beschränkt ist, während die Frauen eher im häuslichen Bereich mit Weben, Sticken, Nähen und Waschen beschäftigt sind.
Quelle 5 macht deutlich, dass Frauen ihren angestammten, sehr eingeschränkten Tätigkeitsbereich in vorindustrieller Zeit (teilweise auf vormals traditionelle Männerdomänen) ausdehnen konnten. Diese Entwicklung zu vielfältigeren Tätigkeiten der Frauen bei Verbleib der härteren körperlichen Arbeiten bei den Männern hat damit zu tun, dass der Hof nur wirtschaftlich überlebensfähig sein konnte, wenn Mann und Frau gleichermaßen ihren Beitrag leisteten. Die Arbeit war nicht alleine durch den Mann zu bewältigen und die Frauenarbeit spielte eine wichtige Rolle.

### M 6–8, 94

Quelle 6 „Frauenberufe in Hamburg“ zeigt, dass sowohl die Anzahl der gewerbetreibenden Frauen als auch die Gewerbe mit Frauen sehr gering waren, den Frauen in der Stadt also vorwiegend der häusliche Bereich vorbehalten war. (Vergleicht man die – modern gesprochen – ‚Erwerbsquote‘ von heutigen Frauen damit, so stellt man fest, dass z. B. für den niedersächsischen Bereich im Jahre 1996 knapp 42 % der erwerbstätigen Gesamtbevölkerung Frauen waren.)
Nach Quelle 6 „Gewerbe mit erwerbstätigen Frauen“ arbeiteten diese vorwiegend in tradititionell angestammten ‚hauswirtschaftlichen‘ und ‚weiblichen‘ Domänen wie Aufzucht und Verkauf von Gänsen, der Woll- und Leinweberei, also in der Textilproduktion.
Material 7 lässt erkennen, dass beim Tode eines männlichen Zunftmitglieds seine Witwe das Handwerk, so lange die ihr vom Mann vererbten Rohstoffe ausreichen, fortführen kann. Auch danach bewahrt sie mihilfe eines „rechtschaffenen Mannes“, der sie zu sich nimmt und sie ernährt, Selbstständigkeit – sie muss also nicht heiraten. Deutlich wird auch, dass die Zunft auf diese Weise den hinterbliebenen Witwen eine Versorgung garantiert.
Die im Vergleich zur rein agrarischen, vorstädtischen Gesellschaft relative Emanzipation und Selbstständigkeit von Frauen wird auch in Material 8 deutlich: Wenn einer Rußfärberin im Amt der Mann stirbt, dann kann sie selbstständig, ohne zu heiraten, ihr Gewerbe weiterführen. Während also in der rein agrarischen Gesellschaft die Frau eher eine dienende bzw. dem Mann zuarbeitende Stellung in Haus, Hof und der Landwirtschaft einnimmt, kann sie sich – in schmalen Grenzen – in der mittelalterlichen Stadt selbst bestimmen und eigenständig agieren.

## M 9, 94
## Miniatur aus dem „Codex picturatus Balthasaris Behem“, um 1505

Der „Codex picturatus“ ist eine Sammelhandschrift mit Privilegien und Statuten der Stadt Krakau, die im Jahre 1505 dem Stadtrat geschenkt wurde. Als Verfasser gilt der Stadtschreiber Balthasar Behem (gest. 1508). Die Handschrift präsentiert in 25 Miniaturen, angefertigt von einer Krakauer Malerwerkstatt, die verschiedenen Zünfte bei ihren charakteristischen Arbeiten. Die Illustrationen zeichnen sich durch eine sehr lebendige, z. T. mit karikierenden Elementen durchsetzte Darstellungsweise aus.
Die abgebildete Miniatur zeigt die Arbeit in einer Schneiderwerkstatt. Frauen und Männer sind mit der Kleiderfertigung befasst, die offenbar arbeitsteilig ausgeführt wurde: Während in der Bildmitte eine Anprobe wiedergegeben ist, bei der ein Schneider das Gewand einer anmutig wirkenden, jungen Frau absteckt, ist ein weiterer, rechts im Bild dargestellter Mann mit dem Zuschneiden von Stoff beschäftigt. Die vorn links sitzende Frau wird als Näherin gezeigt und füllt damit eine weniger anspruchsvolle Aufgabe als die beiden Männer aus. Ein im Raum befindlicher Ziegenbock wendet sich der Frau zu, möglicherweise ist er als Hinweis auf den gesellschaftlichen Status des spätmittelalterlichen Werkstattmeisters zu deuten.

## M 10–12, 95

M 10 demonstriert die zentrale Rolle der Ehe als Lebensgemeinschaft von Mann und Frau. Undenkbar wäre es gewesen, dass ein prominenter Bürger wie der Augsburger Kaufmann als ‚Single‘ sein Leben geführt hätte – ein Widerspruch zu damaligen Wertvorstellungen, die in sehr starkem Maße von der christlichen Moral geprägt waren und die die erneute Vermählung eines Witwers als geboten erscheinen ließen. Aber es deutet sich auch an, dass die Ehe im Sinne der Arbeitsteilung zwischen den Geschlechtern als ein ‚Zweckbündnis‘ angesehen wurde, das der Frau die Versorgung garantierte und ihr Tätigkeiten im häuslichen Bereich zuwies. Auf diese Weise unterstützt, konnte der Mann seinen ‚öffentlichen Aufgaben‘ nachgehen. Die hohe Zahl der Kinder erklärt sich aus dem elterlichen Bestreben, sich eine ‚Altersvor- bzw. -fürsorge‘ zu schaffen – die für die damalige, von familiärer Solidarität geprägte Gesellschaft übliche Form der Zukunftsplanung. Der Kindersegen dürfte in zahlreichen Fällen auch mit dem Interesse des Vaters an einem ‚Stammhalter‘ und Nachfolger im Betrieb zu tun gehabt haben.
Auch in Quelle 11 erscheint die Ehe – im eben beschriebenen Sinn – als einzig denkbare Lebensform: Der Basler Steuer- und Kaufhausschreiber heiratete dreimal.
Die in Material 12 erkennbare durchschnittliche Haushaltsgröße (Ehepaar mit zwei bis drei Kindern) norditalienischer Städte ist, betrachtet man M 10 und 11, vergleichsweise gering. (Sie ist eventuell auch mit der in M 10 zutage tretenden hohen Kindersterblichkeit zu erklären.)

## Notizen

## Arbeitsteil
## Denk- und Lebensformen im Mittelalter

### M 1–3, 96

Leiden, Hunger, Tod, Naturkatastrophen, Brutalität, die in Quelle 1 und 2 beschrieben werden, ‚erklärte' man sich als Bestrafung der Menschen durch Gott, der „mit der Rute ihre Missetaten und mit Hieben ihre Sünden" strafte. Dabei erschien die menschliche Natur als im Kern sündhaft. Der Erbsünde konnte der Mensch nicht entrinnen. Sündiges und frevelhaftes Verhalten, Leiden und Tod reproduzierten sich in dieser theologischen Sicht gleichsam naturgesetzlich; Armut und Hunger wurden deshalb als normale menschliche Existenzbedingungen angesehen.
Auch in Quelle 3 wird der Mensch als ein nichtswürdiger „Haufen Dreck" angesehen, der unentrinnbar in Sünde verstrickt ist und deshalb ein bejammernswertes irdisches Dasein durchschreiten muss. Auf der anderen Seite – dieser Aspekt kommt in den Quellen zu kurz – wurde der Mensch mit seinem vernunftbegabten, freien Willen als „Krönung der Schöpfung" und nach Gottes Ebenbild geschaffen betrachtet. Diese positive Sicht zeigt sich auch in der bildhaften Darstellung (M 4), die den Menschen in das Zentrum des Kosmos stellt und ihn gleichsam zum Maß aller Dinge macht.

### M 4, 97
### Anonymus: Der Kosmosmensch, Miniaturmalerei aus den „Relevationes" der Hildegard von Bingen, 1. Hälfte 13. Jh.

Das Motiv des Menschen als Mikrokosmos steht in einer langen Tradition, deren Wurzeln in den Kosmologien des alten Orients liegen. Die Auseinandersetzung mit antiker Astrologie, die sich mit dem Einfluss der Gestirne auf das Leben des Menschen befasst hatte, vermittelte es der mittelalterlichen Theologie. Unter den verschiedenen Ansätzen der Auffassung der menschlichen Gestalt als Spiegel des Universums finden sich kommentierte Darstellungen, die Aufschluss darüber geben, welche Beziehungen vom Mikrokosmos Mensch zum Makrokosmos Universum von den Denkern hergestellt wurden. Eine wissenschaftliche Abhandlung über didaktische Bildserien der mittelalterlichen Buchmalerei berichtet z. B. von Analogien, die zwischen der menschlichen Figur und der sie umgebenden Welt gesehen wurden, indem etwa „die Füße des Menschen der Erde gleichzusetzen seien, seine Knochen den Steinen, seine Nägel den Bäumen, sein Haar dem Gras, seine Brust der Luft, sein Bauch dem Meer und sein Haupt dem Himmel." (Zitat nach Otto Pächt: Buchmalerei des Mittelalters, 1984)
Darüber hinaus wurden häufig, wie bei der abgebildeten Darstellung, die auf eine Vision der Hildegard von Bingen zurückgeht, die Dimensionen des mit ausgebreiteten Armen stehenden Menschen, die sich in einen Kreis einschreiben lassen, mit den Dimensionen der Welt verglichen.
Hildegard von Bingen (1098–1179) entwickelte ihr Weltbild nicht über den Weg theologischer Spekulation, sondern, wie sie selbst in der Vorrede ihrer Schriften betonte: in spontaner Erleuchtung. Insofern kommt dem gemalten Bild eine besondere Bedeutung zu: Es ist nicht ein Versuch, dialektisch gewonnene Einsichten mit Hilfe eines bestimmten Symbolkanons zu vermitteln, sondern gibt die ursprünglichen ‚inneren Bilder' Hildegards wieder: Es will quasi dem leiblichen Auge zugänglich machen, was das innere Auge sieht.
Die Abbildung zeigt das Einwirken der „Weltkräfte" des Makrokosmos auf den Menschen. Der Mensch steht mit ausgebreiteten Armen im Mittelpunkt der Darstellung, um ihn herum sind kreisförmig einander umgebend Erde, Wasser, Himmel (Luft) und Feuer angeordnet. Die Rundform des Kosmos ist eingefasst in ein durch einen Zierstreifen begrenztes, mit Goldgrund unterlegtes Rechteckformat (Hinweis auf die Anwesenheit Gottes, vgl. Kommentar zum Auftaktbild). In der linken unteren Bildecke ist eine Nonne in einem Skriptorium dargestellt, die ihren Blick zu dem übergroßen Kosmosmenschen hinwendet: der Kosmosmensch als Vision der Hildegard von Bingen.

### M 5, 97
### Der Kölner Kleriker Alexander von Roes (ca. 1225–um 1300)

Die Quelle ist geprägt von der für mittelalterliches Denken typischen Zahlenmetaphysik, die hier um die Drei kreist und an der Heiligen Dreifaltigkeit orientiert ist: Die drei Säulen der christlichen Welt, Papsttum, Kaisertum und Wissenschaft (Scholastik), werden bestimmten Völkern zugeordnet, die gemeinsam das Christentum bilden und es vor dem Antichristen schützen. Der geschichtliche Prozess erscheint dabei als eine Verwirklichung von (göttlichen bzw. theologischen) Prinzipien. Der für mittelalterlich-theologisches Geschichtsverständnis wichtige Topos der Geschichte als Kampfplatz zwischen gut und böse deutet sich in der Figur des Antichristen an, der als personifizierter Gegenpol zur Christenheit angesehen wurde. Dabei zeigt sich, dass man die Geschichte als zielgerichteten und gesetzmäßigen Prozess (Teleologie) einschätzte (mit der Ankunft Jesu Christi und seinem Kreuzestod als wichtige Zäsur), bei dem nach dem Untergang des Römischen Reiches fest mit der Wiederkehr des Antichristen und danach (vgl. z. B. die Bibel, Offenbarung des Johannes) mit der Wiederkehr Christi und dem Jüngsten Gericht gerechnet wurde.
Bei der Bearbeitung der Quelle sollte auch kritisch erörtert werden, ob es überhaupt zulässig ist, Kollektivurteile über ganze Völker zu fällen – und dies trotz der im Text den Römern, Deutschen und Franzosen zugeschriebenen positiven Aufgaben und Eigenschaften. Dabei könnte man z. B. auf die in Zeiten des Nationalismus unheilvollen und kriegerischen Folgen von Stereotypen und Feindbildern, z. B. für die Beziehungsgeschichte von Deutschen und Franzosen zwischen 1870 und 1945, verweisen.

### M 6, 98
### Dionys der Karthäuser (um 1402–1471)

Das Ziel der Erziehung ist es, die Kinder vom Bösen und der Sünde, den unentrinnbaren Folgen der Erbsünde, abzuhalten.

Körperliche Züchtigung gehört zu den Erziehungsmaßnahmen, die – bei einem asketischen Mönch verständlich – am Ideal der ‚Keuschheit' orientiert sind: Dionys wendet sich gegen übermäßige und prunkvolle Kleidung bei Jungen und Mädchen.
In seiner Tugendlehre weist der Mönch den Töchtern und Mädchen eine untergeordnete, sittsam-schweigsame Rolle zu. Dabei zeigt sich sein negatives Bild der Mädchen und Frauen, die es gelte davon abzuhalten, „Tänzerinnen und gemeine Dirnen zu werden". Hierin schwingt der in zahlreichen mittelalterlichen Quellen auftretende Topos der Frau als einer sexuellen ‚Versucherin' mit (angedeutet in Zeile 34 f.).

### M 7, M 8, 98 f.
### Gedicht aus dem 15. Jh., eingemeißelt am Südportal der Kathedrale von Bourges; Giovanni di Boccaccio (1313–1375) aus dem „Decamerone" (1350)

Armut wurde (siehe auch M 1–2, Schülerband, S. 96) als ‚normale' menschliche Existenzbedingung angesehen, die als eine Folge der sündhaften menschlichen Natur gedeutet wurde (mit dem Hintergrund der Vertreibung aus dem Paradies). Den zahlreichen Armen wurde für die irdische Existenz geduldiges Ertragen ihres widrigen Schicksals und gewissenhafte Lebensführung anempfohlen. Auf diese Weise sollten sie nach dem Tode die Seligkeit des Paradieses erwerben können. Von den Reichen und Bemittelten wurde das Verteilen von Almosen an die Armen gefordert. Diese (später von Luther kritisierten) ‚guten Taten' sollten beim Jüngsten Gericht helfen, die eigene Sündenschuld zu minimieren oder die schon verstorbenen Verwandten aus dem Fegefeuer zu erlösen.
Unter kritischen Gesichtspunkten sollte in diesem Zusammenhang die Rolle der christlichen ‚Tröstungsideologie' diskutiert werden, welche entscheidend zur Aufrechterhaltung und Verfestigung widriger sozialer Verhältnisse beitrug, indem sie Armut und Reichtum gleichsam funktionalisierte.
Giovanni Boccaccio, italienischer Dichter und Humanist, beeinflusste mit seiner zwischen 1348 und 1353 entstandenen Erzählsammlung „Il Decamerone" (gedruckt 1470) die Entwicklung nicht nur der italienischen Literatur nachhaltig und schuf das ultimative Strukturmuster der Novelle. Boccaccios Ausführungen zeigen, dass durch das damals allgegenwärtige massenhafte Sterben die zuvor aufwendigen weihe- und pietätvollen Beerdigungszeremonien ihren Charakter verloren haben. Zum einen hatte es damit zu tun, dass die Folgen der Pest so vernichtend waren, dass das ganze gesellschaftliche Gefüge zusammenbrach und einfach die materiellen Kräfte (und die Menschen) fehlten, die traditionellen Formen der Beerdigung aufrechtzuerhalten. Schnelle Massenbegräbnisse waren angesagt. Zum anderen versuchte man, vor dem allgegenwärtigen Tod in hysterisches „Gelächter, Witze und gesellige Kurzweil" zu fliehen. Aus den Materialien wird deutlich, dass der Tod ein allgegenwärtiger Bestandteil des menschlichen Lebens darstellte (Begräbnisfeierlichkeiten vor der Pest als gesellschaftliche Ereignisse, Tod und ewige Seligkeit als eigentliches Existenzziel). Im Unterschied zu seiner heutigen Verdrängung und Tabuisierung stand das Memento mori im Mittelpunkt mittelalterlicher Kultur.

### M 9, 99
### Der Geschichtsschreiber Petrus de la Valle Cernay (gest. um 1218) über Ketzerei

Die Verbrennung wird hier als eine Art Gottesurteil angesehen, bei der die Sünden des abschwörenden Ketzers gesühnt würden, im Falle seiner unaufrichtigen Abkehr er jedoch für seine „Falschheit" bestraft würde. Das Feuer erscheint im ersten Fall also als Purgatorium mit reinigender Wirkung für die Seele des reuigen Sünders.
‚Ketzer' waren insoweit Außenseiter, als dass die von ihnen vertretenen christlichen (u. a.) Lehren von der Kirche mit Hilfe der Heiligen Inquisition verfolgt und schonungslos bestraft wurden, ihre Anhänger geächtet, aus Gesellschaft und christlicher Gemeinschaft ausgestoßen wurden.
Hintergrund der Argumentation des Geschichtsschreibers ist die Auseinandersetzung mit den Albigensern (nach der südfranzösischen Stadt Albi): Diese Sekte, Gruppe der Katharer, übte im inneren Gemeindekreis Geistestaufe (consolamentum) und strengste Askese, verwarf die kirchlichen Sakramente, Altäre, Kreuze und Bilder, Heiligen- und Reliquienverehrung. Weder die Versuche Bernhards von Clairvaux und des Dominikus, sie für die Kirche zurückzugewinnen, noch die mit blutiger Grausamkeit geführten Albigenser-Kriege (1209–1229), zu denen Papst Innozenz III. aufgerufen hatte, führten zu einem Erfolg. Erst das Eingreifen des französischen Königs brach die politische Macht und die religiöse Kraft der Albigenser; die Bewegung wurde um 1330 durch die Inquisition ausgerottet.

**Notizen**

## Arbeitsteil
## Städtisches Leben im Mittelalter

### M 1–5, 100 f.
### Sozialstruktur, Zünfte

Bei der Vermögensverteilung in Basel (M 1) zeigt sich, dass sich ein relativ hoher Prozentsatz (44%) der gesamten steuerpflichtigen Bevölkerung in der zweiten Vermögensklasse findet, wobei über die Hälfte aus den Handwerkerzünften (52%) sich in diesem gleichsam ‚mittelständischen' Bereich konzentriert. Das deutet die relative Solvenz der Stadtgemeinde Basel an. Dies und dass das ‚Handwerk goldenen Boden' hat, wird noch dadurch betont, dass zahlreiche Zunftmitglieder in der nächsthöheren Vermögensklasse und einige gar in der zweithöchsten wieder zu finden sind. Auf der zweiten Stufe der Vermögens-Hierarchie befinden sich die ‚Elite' der Großkaufleute, Goldschmiede, einige Krämer, die mit ihren Gewerben mehr umsetzen als die ‚normalen' Handwerker. Die Spitze der Einkommens-Pyramide bilden (mit Ausnahme eines Großkaufmanns) die wenigen Ritter, die über Grundeigentum verfügen, und Patrizier.
Den Schülerinnen und Schülern sollte auch deutlich werden, dass diese Statistik nicht die städtische Armut und die ärmeren Bevölkerungsschichten erfasst, sondern nur die zur Steuerveranlagung herangezogenen Bürger.
Material 2 lässt die protektionistische Funktion der Zünfte erkennen: Denjenigen Handwerkern, die nicht Mitglied sein wollen, wird das Arbeiten verboten, sie werden vom Markt ausgeschlossen.
Neben dieser Schutzfunktion gegen unliebsame Konkurrenz von außen geht es den Zünften auch um eine objektivierte Warenkontrolle und eine qualitative Regulierung des Gesamthandwerks (M 3), was bei den Leinewebern durch einen Leinwandmesser, zwei weitere „ehrbare Männer" und zwölf „Geschworene" durchgeführt werden soll.
Die zünftige Beschränkung des Handwerks und seine Bekämpfung von äußerer Konkurrenz wird auch in Quelle 4 deutlich: Indem die Zunft gleichsam die Nachfrage nach ihren Produkten eruiert, ihre Produktionskapazitäten dazu in Beziehung setzt, kann sie quasi planwirtschaftlich entscheiden, ob eine zusätzliche Aufnahme von Handwerkern in ihre Zunft markttechnisch geboten ist oder nicht. Die Ulmer Leineweber haben sich 1403 – aus auf der Hand liegenden Gründen – dagegen entschieden, neue Handwerker in ihre Reihen aufzunehmen. Dabei deutet sich an, dass eine regulierte und gelenkte Handwerks-Produktion zwar bedarfsorientiert produzieren kann und sie den Produzenten (und ihren Familien) durch Schutz vor Konkurrenz ein Auskommen garantiert, dass aber gerade durch Ausschaltung von Wettbewerb und freiem Unternehmertum eine schöpferische Innovation, letztendlich der ökonomische Fortschritt verhindert werden.
„Reformatio Sigismundi" (M 5) ist der Titel einer sich auf Kaiser Sigismund (1368–1437) beziehenden, 1439 verfassten oder vollendeten Flugschrift mit Reichsreformvorschlägen eines bislang unbekannten Autors, der sich – neben der Kritik an den Zünften – für eine Trennung von weltlichem und geistlichen Stand einsetzte. Der Verfasser prangert hier an, dass die Zünfte zu mächtigen Interessensvertretungen geworden seien, die maßgeblich die Zusammensetzung des Rates, des entscheidenden Gremiums in der Stadt, bestimmten und sich dabei gegenseitig begünstigten. Als weiterer Missstand wird kritisiert, dass über die Zunftmitgliedschaft nicht ‚objektiv' entschieden werde, sondern dass man sie sich durch Geldzahlungen erkaufen könne. Schließlich stört den anonymen Verfasser, dass „einer mehr Gewerbe treibt als ihm zugehört", also die zünftige Regulierung und Abgrenzung der einzelnen Handwerke eigentlich ausgehebelt wird.

### M 6–10, 102f.

Die Karte (M 6) zeigt die Besitztümer, Handelsniederlassungen, -verflechtungen und unterschiedlichen Betätigungsfelder von Jacques Coeur. Methodisch bietet es sich an, sie im engen Zusammenhang mit M 7 zu erörtern. In der Erörterung soll sich Folgendes zeigen: Vor allem die Kontore des Franzosen in Beirut, Damaskus, Alexandria (aber auch Barcelona und Rhodos) dürften wichtige Stützpunkte für den erfolgreichen Orienthandel des Franzosen gewesen sein, wobei er die Waren über seine südfranzösischen Niederlassungen – unter Umgehung von italienischem Zwischenhandel und der Kosten für die Zwischenhändler – direkt weiterverkaufen bzw. -transportieren konnte. Typisch für eine damalige Karriere zum ‚Geld-Tycoon' und für die frühkapitalistische Wirtschaftsweise war auch des Franzosen Gespür für Preisschwankungen: Enorme Profite konnte er aus den Handelswert-Unterschieden bei Edelmetallen zwischen Orient und Okzident erzielen. Seine Erlöse stammten in diesem Fall also nicht aus eigener Produktionstätigkeit, sondern aus handels- bzw. finanzkapitalistischen Spekulationsgewinnen.
Wenn man Coeurs Aufstieg mit dem der Fugger vergleicht, fallen Ähnlichkeiten auf: Die schwäbische Kaufmannsfamilie, deren Handelsgesellschaft im 16. Jahrhundert Weltgeltung erlangte (und im Weberhandwerk begonnen hatte), erreichte ihre Aufwärtsentwicklung durch Handel – und vor allem durch den Erwerb von Kupferminen in Ungarn, Kärnten, Tirol und Spanien (unter Jakob II., genannt der Reiche, 1459–1525). Das Unternehmen hatte bald das Kupfermonopol in Europa. Außerdem betrieb die Familie – wie der Franzose – Geldgeschäfte: Das Fugger'sche Bankhaus wurde zum größten in Europa, zu dessen Kunden der Papst, Kaiser Maximilian I. und Kaiser Karl V. zählten; Letzterer konnte nur dank des Fugger'schen Geldes seine Wahl zum Kaiser finanzieren.
Auch zu der Entwicklung der Welser fallen Übereinstimmungen auf: Anton Welser der Ältere (1451–1518) gründete 1493 mit seinem Schwager Konrad Vöhlin aus Memmingen eine Handelsgesellschaft, die vor allem – wie Coeur – Handel mit der Levante betrieb; seit Beginn des 16. Jahrhunderts besaßen die Welser eigene Schiffe für den Asienhandel. Antons Sohn Bartholomäus (1484–1561) gründete gemeinsam mit seinem Bruder Anton eine weitere Handelsgesellschaft, die im Unterschied zu den Handelshäusern der Fugger ein reines Familienunternehmen blieb und sich dem beginnenden Amerikahan-

del zuwandte (Kupferbergbau in Haiti). Bartholomäus avancierte zu einem der größten Bankiers (Finanzkapital!) Kaiser Karls V., gewann (wie Coeur) politischen Einfluss und erhielt als Gegenleistung Bergwerksrechte in halb Europa (besonders für Silber- und Kupfergruben).

Martin Luthers Kritik von 1524 (M 8) richtet sich letztendlich gegen den Grundsatz der Profitmaximierung ohne moralische Zügelung. Gegen die Nächstenliebe und „Christlich liebe“ versündigten sich die Handelsgesellschaften, indem nicht der einzelne Mensch und die Gemeinschaft, sondern der Profit im Mittelpunkt stehe, so die idealistisch anmutende Argumentation. Auch die weltlichen Mächte partizipierten daran!

Im Unterschied dazu argumentiert der Humanist Peutinger (M 9) der Tendenz nach fast wie ein Klassiker der Nationalökonomie (vgl. etwa Adam Smith: 1723–1790), nämlich, dass der allgemeine, volkswirtschaftliche Nutzen am besten durch (die auf individuelle Gewinnmaximierung beruhenden) Geld- und Warengeschäfte befördert werde. Durch die Verfolgung des Gewinnprinzips hätten der Einzelne und die Gesellschaft nur Vorteile. Wie ein Wirtschaftsliberalist wendet sich Peutinger deshalb vehement gegen äußere Eingriffe in das Wirtschaftsgeschehen oder Beschränkungen des freien Unternehmertums, etwa durch die Festlegung von Höchstpreisen für Waren (wie es z. B. bei Zünften üblich war). Wichtig ist, dass sowohl Luther als auch Peutinger von einem bestimmten Begriff des gesellschaftlichen Nutzens als Ziel wirtschaftlicher Tätigkeit ausgehen, wobei Luther ihn eher mit moralisch-geistigen Kategorien („Nächstenliebe“) definiert und Peutinger vorwiegend in Berufung auf materielle Werte („Gewinn“) argumentiert.

Die differenzierte Analyse des Historikers Erich Maschke (M 10) macht die Wandlungen in den Mentalitäten der Menschen deutlich, die eine Folge der Durchdringung der Gesellschaft durch Geldwirtschaft – gegen Ende des Mittelalters – war. Verbreitung von Kapitalprinzip und -gesellschaften habe ein geldwirtschaftliches (an Profitkriterien orientiertes Denken) allgemein gesellschaftlich hoffähig gemacht; dabei hätten Armut und Arbeit neue (kapitalistische) Bewertungen erhalten und die gesellschaftlichen Unterschiede sich vertieft.

**Notizen**

## Essay, 104–107

### M, 105
### Anonymus: Eine Frau malt ihr Selbstporträt, 1402, Paris, Bibliothèque Nationale

Die abgebildete Miniatur entstammt einer französischen Handschrift des frühen 15. Jahrhunderts und zeigt eine ihr Selbstporträt malende Frau. Sie sitzt – dem Betrachter halb abgewandt – mit einem kleinen Spiegel in der linken Hand an einer Staffelei und scheint sehr in ihre Tätigkeit vertieft zu sein. Auf einem niedrigen Tisch schräg hinter ihr befinden sich Malwerkzeuge wie Pinsel und Farbnäpfe. Der sehr detailliert gestaltete Hintergrund des Motivs der Malenden suggeriert Räumlichkeit, jedoch wird an der perspektivischen Verzerrung der Darstellung, die sich mit dem Vorhandensein mehrerer Fluchtpunkte erklären lässt, ihre Nähe zu mittelalterlichen Gestaltungstraditionen spürbar.
Interessant ist jedoch nicht nur das Motiv der Malerin, sondern auch das des Selbstporträts. Denn die Anfänge des Selbstporträts sind – von wenigen Beispielen aus der Antike einmal abgesehen – in die Phase des Umbruchs vom Mittelalter zur Neuzeit zu datieren. Die weit reichende Anonymität der Künstler im mittelalterlichen Werkstattbetrieb lag vor allem in der Rolle der Kunst begründet: Im frühen und hohen Mittelalter widersprach die auf das Jenseits gerichtete künstlerische Gestaltung der Darstellung des vergänglichen Menschen. Stattdessen strebte sie idealtypische Bildnisse an, die auf physiognomische Ähnlichkeit verzichteten. Erst im Verlauf des 14. Jahrhunderts gewann die Individualität als Gestaltungsprinzip an Bedeutung, was zu einem großen Teil vor dem Hintergrund der zunehmenden Öffnung des spätmittelalterlichen Menschen für bisher unbekannte geistige Einflüsse zu verstehen ist. Die Hinwendung zur Philosophie der Antike führte schließlich zur Einleitung der „Renaissance“, mit der sich ein neues, die Individualität würdigendes Menschenbild entwickelte. Hinzu kam, dass das gesellschaftliche Ansehen der Künstler mit dem wachsenden Selbstbewusstsein wohlhabender städtischer Schichten, die Bilder zu Repräsentationszwecken erstellen ließen, allmählich anstieg. Die um 1500 entstandenen Selbstporträts Dürers beispielsweise spiegeln sowohl das veränderte Menschenbild der Renaissance als auch das neue Selbstverständnis des Künstlers. Die abgebildete Miniatur präsentiert das Selbstporträt der Malerin allerdings zurückgenommener: Sie gibt den Gestaltungsprozess eines Selbstporträts wieder, konfrontiert den Betrachter also nur indirekt mit dem Produkt des Prozesses.

### M, 106
### Astronom, Schreiber und Rechner, Malerei aus dem Psalter Ludwigs des Heiligen, um 1220, Paris, Bibliothèque de l'Arsenal

Als „Psalter“ bezeichnet man die privaten Gebetbücher, die zur feierlichen Rezitation im Stundengebet eingesetzt wurden. Außer Psalmen enthielten sie in der Regel eine Reihe liturgischer Texte, auch gehörte ein Kalender zur Ausstattung. Das abgebildete Blatt steht am Anfang des Kalenders eines Ludwig dem Heiligen zugeordneten Psalters. Die Aufnahme einer solchen Darstellung wissenschaftlichen Charakters in den Zusammenhang eines Psalters wird von Kunsthistorikern als sehr ungewöhnlich bezeichnet, wenngleich sich in der französischen Buchmalerei des 13. Jahrhunderts ähnliche Darstellungen finden, die mit aus dem Orient kommenden naturwissenschaftlichen Einflüssen in Verbindung zu bringen sind.
Die Abbildung zeigt drei mit der Astronomie befasste Gelehrte: Der in der Mitte Dargestellte erforscht den sich am oberen Bildrand halbrund wölbenden Sternenhimmel mit Hilfe eines Astrolabiums, der vom Betrachter aus rechts sitzende Mann berechnet die abgelesenen Werte, der links Sitzende zeichnet die Ergebnisse auf. Die Gelehrten befinden sich im Freien. Ihre Umgebung mutet sowohl durch die im unteren Bildbereich angedeuteten architektonischen Versatzstücke als auch durch die leicht gewundenen, ornamental aufgefassten Pflanzen im Mittelgrund des Bildes orientalisch an. Der flächig gestaltete Hintergrund des Blattes weist mit seinem Goldglanz auf die Anwesenheit Gottes hin und könnte so gedeutet werden, dass Gott die Bemühungen des Menschen, seine Schöpfung verstehen zu wollen, zulässt.
Das Astrolabium war ein bereits in der Antike entwickeltes astronomisches Gerät zur Darstellung der Himmelsbewegungen. Mit den zunächst recht einfach konstruierten Astrolabien, den so genannten „Armillarsphären“, wurden die richtungsweisenden Sterne (für die nördliche Erdhalbkugel ist dies der Polarstern) anvisiert. Am äußeren Ring des Astrolabiums ließ sich seine Höhe in Graden ablesen. Die Gradzahl wiederum entsprach in etwa dem Breitengrad, auf dem sich der Benutzer des Gerätes befand. Seit dem ausgehenden Mittelalter wurden die Funktionen des Gerätes erheblich erweitert, so dass es in der frühen Neuzeit schließlich – neben Quadrant und Jakobsstab – zu den wichtigsten Navigationsgeräten gezählt wurde.

### Notizen

# Kapitel 3: Staaten und Staatensystem in der frühen Neuzeit

## Auftaktseiten, Grundinformation, Darstellung

### M, 108
### Auftaktseitenbild „Der Koloss" von Francisco de Goya

*Bilderläuterung*: Goya schuf dieses Bild während des Volksaufstandes der Spanier gegen die Truppen Napoleons, die 1808 das Land besetzten. Der Vordergrund zeigt eine wilde, überstürzte Massenflucht. Alle Ordnung scheint sich aufgelöst zu haben. Im Hintergrund erhebt sich eine monumentale Männergestalt bis zum dunklen Firmament. Im Vergleich zu diesem Koloss sind die Menschen verschwindend klein. Der „Koloss" ist bis heute auf verschiedenste Weise gedeutet worden, nämlich als

- Symbol des nationalen Widerstandswillens: ‚Spanien', d. h. Nation und Staat, nimmt den Kampf gegen den Feind auf, dessen Aggression die soziale und politische Ordnung bedroht;
- Symbol der Bedrohung: Der Koloss wendet sich von den Menschen ab und überlässt sie ihrem Schicksal;
- Symbol der Herrschaft bzw. des Staates: Ohne Schutz durch den Staat löst sich die Gesellschaft auf.

### M, 111
### Staatssteuern in Frankreich 1515–1683

Das Schaubild zeigt die Entwicklung des Steuerstaats in Frankreich im 16. und 17. Jahrhundert. Zwischen 1550 und 1641 entwickelten sich Steueraufkommen und steuerliche Belastung etwa parallel. Nach 1641 pendelte sich die steuerliche Belastung unselbstständiger handwerklicher Arbeit auf 10 bis 15 Prozent ein. Das Steueraufkommen stieg an (Wirtschaftsbelebung, spezielle Belastung des agrarischen Sektors durch Einführung oder Erhöhung von Abgaben, Zölle). Der Vergleich mit dem Schaubild ‚Überschüsse und Defizite' zeigt aber, dass die Steigerung der Staatseinnahmen weit hinter dem Bedarf zurückblieb.

### M, 111
### Überschüsse und Defizite der königlichen Kassen in Frankreich 1520–1780

Das Staatsdefizit stieg während des Dreißigjährigen Krieges, der Kriege Ludwigs XIV. und während des Siebenjährigen Krieges (1756–1763). Das höchste Staatsdefizit wurde während des Spanischen Erbfolgekrieges (1701–1714) erreicht, den Frankreich in einer desolaten finanziellen und wirtschaftlichen Verfassung beendete. Nur ein einziges Mal konnte im 18. Jahrhundert ein ausgeglichener Etat erzielt werden (1738). Der enge finanzielle Spielraum stellte ein Ergebnis und zugleich ein Handikap der ambitionierten Außenpolitik Frankreichs dar. Trotz Steuererhöhungen reichten die Steuereinnahmen nicht aus für die Unterhaltung des Heeres und den Ausbau des Festungssystems, die Kriegsführung, die Administration und für die Förderung der Wirtschaft und die Erweiterung der Infrastruktur. Die französische ‚Großmachtpolitik' stand in krassem Widerspruch zu ihrer finanziellen Grundlage: So musste beispielsweise 1788 mehr als die Hälfte aller Staatseinnahmen für den Schuldendienst verwendet werden.

### M, 111
### Heeresstärken in Europa 1550–1770

Die Aufstellung und Versorgung stehender Heere galt seit der zweiten Hälfte des 17. Jahrhunderts als wichtiges Kriterium staatlicher Effizienz. Zur Durchführung derartiger staatlicher Großaufgaben waren ein durchorganisierter Verwaltungsapparat und eine leistungsfähige Rüstungsindustrie erforderlich. Das stehende Heer manifestierte den Herrschaftsanspruch des absoluten Herrschers nach innen und außen. Auch in Friedensperioden war deshalb keine ‚Abrüstung' möglich. Im Frankreich Ludwigs XIV. benötigten die Streitkräfte etwa die Hälfte der Staatsausgaben; in Brandenburg-Preußen stieg der Anteil der Militärausgaben auf 72 Prozent des Gesamtetats (1739/1740).

### M, 112
### Karte Europa um 1550

Die Karte zeigt zwei grundsätzliche Phänomene auf:

- die territoriale Grundlage der habsburgischen Hegemonialpolitik (Vormachtstellung im westlichen Mittelmeer, deutsche Erblande und Niederlande, ‚Einkreisung' Frankreichs);
- die Bedrohung der deutschen Erblande und Polens durch das Osmanische Reich.

*Didaktisch-methodischer Hinweis*: Ein Vergleich mit der Karte ‚Europa in der zweiten Hälfte des 13. Jahrhunderts' (M, 62) verdeutlicht im Hinblick auf die frühe Neuzeit einerseits die Konsolidierung der westeuropäischen Monarchien (Vereinigung der spanischen Teilreiche, Expansion Frankreichs), andererseits die völlige Veränderung der politischen Strukturen Südeuropas durch den Aufstieg der Osmanen. Zur Analyse der spezifisch mitteleuropäischen Entwicklung – Auflockerung des Reichsverbandes durch den Aufstieg der Territorien – empfiehlt es sich, die Karte „Hausmachtpolitik im 13. und 14. Jahrhundert" (M, 82) heranzuziehen. Dabei sollte die Kartenarbeit auf der Grundlage der Anleitungen des Methodenarbeitsteils „Zum Umgang mit historischen Karten und Geschichtskarten" (D, 462 f. – vgl. vor allem Frage 2 und 3, 463 oben) erfolgen.

### M, 113
### Karte Die Entwicklung der europäischen Kolonialreiche bis 1763

Die Karte zeigt die Ergebnisse der ersten Epoche der europäischen Expansion (Ende 15. bis Mitte 18. Jahrhundert):

- In Nord- und Südamerika entstanden große Kolonialgebie-

te. Die Mutterländer bezogen aus ihnen Edelmetalle und Rohstoffe für ihre Wirtschaft. Zugleich bildeten sie Siedlungsgebiete und Absatzmärkte für europäische Produkte;
- Zentralgebiete europäischer Kolonialkonkurrenz waren die Karibik (Zuckerrohr), Westafrika (Sklaven, Elfenbein, Edelmetalle, Rohstoffe), Indien und Südostasien (Rohstoffe, Gewürze, Edelmetalle);
- Deutlich zu erkennen ist die Kette der Handelsstützpunkte Portugals, dem es zu Beginn des 16. Jahrhunderts gelang, den von den Arabern kontrollierten Handel zwischen dem Indischen Ozean und dem Mittelmeer zu unterbrechen;
- In Afrika und im Gebiet des Indischen Ozeans fassten die Europäer nur an den Küsten Fuß, eine Ausnahme bildete die niederländische Siedlungskolonie am Kap der Guten Hoffnung. Zur Kontrolle des Handels genügten Küstenstützpunkte und überlegene Seestreitkräfte.

### M, 117
### Holzschnitt Sitzung der Generalstände in Orleans 1560/61

Die Abbildung zeigt modellhaft die Struktur des frühneuzeitlichen Ständestaats. An der Spitze der Hierarchie stehen der Monarch und die Prinzen von Geblüt, es folgen die Angehörigen zentraler Regierungsbehörden und schließlich die Vertreter der Stände. Die Generalstände wurden in einer kritischen Phase der Zuspitzung konfessionell-ständischer Konflikte von der Königinmutter Katharina von Medici einberufen. Der dritte Stand forderte Finanzreformen (Aufhebung der Steuerfreiheit des Klerus) und ein regelmäßiges Zusammentreten der Generalstände. Die hugenottischen Vertreter des Adels bestanden auf Kultusfreiheit, der katholische Klerus befürwortete eine Kirchenreform, verlangte aber eine unnachgiebige Haltung des Herrschers gegenüber den Hugenotten.

### M, 119
### Karte Staaten und Konfessionen in Europa um 1570

Die Kartenarbeit sollte der Bearbeitung des Darstellungstextes von S. 118 f. vorangehen. Ein Vergleich mit M, 112 macht die politischen Implikationen von Reformation und Konfessionalisierung deutlich:
- Auf der Iberischen Halbinsel und in Italien (Vorherrschaft der spanischen Habsburger) behauptet sich die katholische Kirche;
- Nordeuropa wird lutherisch. Die Reformation festigt die ‚nationalen' Königreiche Skandinaviens;
- Das Reich ist konfessionell gespalten. Das Eindringen des Protestantismus in die Erblande gefährdet die Machtgrundlage der Habsburger in Deutschland. In Ostmitteleuropa entsteht eine konfessionelle Gemengelage, die durch die ‚katholische Erneuerung' zugunsten der römisch-katholischen Kirche entschieden wird (‚Rekatholisierung' Polens und der Erblande);
- In Frankreich und England gefährden konkurrierende Religionsparteien die früh ausgebildeten politisch-staatlichen Strukturen.

### M, 122
### Titelkupfer der Erstausgabe des „Leviathan" von Thomas Hobbes, 1651

*Bilderläuterung*: Leviathan (d. h. der Staat) fasst alle Individuen in sich zusammen. Er übt alle weltliche (Schwert) und geistliche Gewalt (Bischofsstab) aus. Die Krone symbolisiert seine umfassenden Kompetenzen. Landschaft und Stadt sind Symbole des Friedens, der durch den Staat gesichert wird, nachdem ihm alle Individuen ihre „Macht" übertragen haben. Der Schriftzug lautet: „Non est potestas super terram quae comparetur ei" (Hiob 41, 24): Auf Erden ist seinesgleichen niemand (er ist gemacht ohne Furcht zu sein). Der Versuch der Herrscher ihr Gewaltmonopol auf Kosten der privilegierten Stände durchzusetzen und die absolute Herrschaft nach innen und außen mit einer effizienten Bürokratie und stehenden Heeren abzusichern stieß auf vielfältige Formen des Widerstandes. Adlige verteidigten Privilegien und regionale Sonderrechte; zur Sicherung ihrer grundherrlichen Einkünfte wandten sie sich gegen eine zu hohe Belastung der Bauern (vgl. auch S. 124). Bürger, Bauern und Unterschichten kämpften gegen die mit der Steuer- und Abgabensteigerung einhergehende Verschlechterung ihrer Lebensbedingungen. Wie die Privilegierten verteidigten sie regionale Sonderrechte. Der Widerstand richtete sich gegen die Beamten als Repräsentanten absolutistischer Herrschaft. Im Allgemeinen waren Aufstandsbewegungen wegen mangelnder Organisation, schlechter Bewaffnung und fehlender überregionaler Kooperation dem Machtanspruch der Monarchen nicht gewachsen. Häufig fanden Konflikte in Kompromissen ihre Lösung.

### M, 129
### Karte Europa nach dem Dreißigjährigen Krieg

Im Vergleich mit M, 112 (Karte Europa um 1550) wird neben dem Ausscheiden der Schweiz und der Niederlande aus dem Reich die politische Zersplitterung Mitteleuropas deutlich. Besonders hervorgehoben sind die Mächte, die die Geschichte dieses Raumes im 17. und 18. Jahrhundert bestimmten: Brandenburg-Preußen, Kursachsen, die deutschen Habsburger und die Wittelsbacher.

### M, 133
### Kupferstich Kaiser Josef II. am Pflug

*Zur Quelle*: Kaiser Josef II. nutzte bei einer Inspektionsreise in Mähren im Jahr 1769 eine wegen Reparaturarbeiten an seiner Kutsche entstandene Pause um mit dem Pflug eines Bauern einige Furchen zu ziehen. Kaiserin Maria Theresia legte großen Wert auf die Popularisierung dieser Episode. In der Tat versuchte Josef II. durch eine Vielzahl von Reformprojekten die Landwirtschaft zu verbessern und den Bauern ein größeres Maß an persönlicher und wirtschaftlicher Freiheit zu verschaffen (Aufhebung der Leibeigenschaft in den deutschen Kronländern 1781, Kolonisationsprojekte, Einführung der Fruchtwechsel- statt der Dreifelderwirtschaft, Durchsetzung der allgemeinen Schulpflicht).
*Bilderläuterung*: Das Bildprogramm des (nicht ausgeführten) Denkmalentwurfs zeigt die Herrschaftsauffassung der Auf-

klärung und ergänzt den Kupferstich „Balance de Fréderic" (*siehe unten die Erläuterung* zu M 9, 140) in wichtigen Aspekten: Der Herrscher

- fördert das Wohl seiner Untertanen durch ein beispielhaftes, ständische und soziale Grenzen überwindendes Verhalten;
- zeigt seine Wertschätzung für bäuerliche Arbeit (Auswirkung physiokratischer Theorien: Landwirtschaft als Quelle staatlichen Reichtums, Bauern sind einzige wirtschaftlich produktive Klasse).

### M, 135
### Karte Die europäische Pentarchie nach dem Siebenjährigen Krieg

Im Vergleich zur Situation um 1648 (vgl. M, 129) hatte sich die Machtverteilung nach dem Siebenjährigen Krieg erheblich verändert:

Frankreich:
- Expansion nach Osten (Ergebnis der Kriege Ludwigs XIV.);

Österreich:
- Neuaufbau der Großmachtstellung durch Expansion nach Südosten auf Kosten des Osmanischen Reiches;
- im Westen des Reichs und in Italien Reste der ehemaligen ‚Barrierestellung' gegen Frankreich;

Preußen:
- Vorrücken nach Westen (Kleve, Mark, Ravensberg);
- Expansion nach Südosten (Eroberung Schlesiens), Entstehung des deutschen Dualismus;

Russland:
- Expansion nach Westen (Baltikum);
- Ablösung Schwedens als Vormacht im Ostseeraum.

### Notizen

## Basismaterialien

### M 1, 137
### Martin Luthers Schrift „Von weltlicher Obrigkeit..." (1523)

*Zur Quelle*: Anlass der Schrift waren Versuche ‚altgläubiger' Obrigkeiten die Verbreitung von Luthers Bibelübersetzung zu unterbinden. Das Ziel Luthers bestand darin die Grenzen obrigkeitlicher Gewalt aufzuzeigen. Erst im 20. Jahrhundert bezeichnete man die hier entwickelten Gedanken als ‚Zwei-Reiche-Lehre'.

**Zu Aufgabe 1, 138 (oben):**
Zur Zwei-Reiche-Lehre Luthers lässt sich ausführen:
- Zum ‚Reich Gottes' gehören alle wahrhaft Gläubigen (Zeile 3). Da sie nach dem Evangelium leben, brauchen sie keine weltliche Zwangsgewalt.
- Zum ‚Reich der Welt' gehört der Staat. Er bildet die von Gott geschaffene Notordnung zur Wahrung des Friedens, der von Satan und den ‚Unchristen' bedroht wird (Zeile 13). Im Hinblick auf die Regierung:
- Die weltliche Regierung besitzt keine Kompetenz in Glaubensfragen (Zeile 20 f.). Sie muss aber dafür sorgen, dass das Evangelium verkündet werden kann.

In Bezug auf Luthers Menschenbild:
- Luther geht von der grundsätzlichen Sündhaftigkeit des Menschen aus, der als ‚Kampfgebiet' zwischen Gott und Satan zu betrachten ist. Der Mensch besitzt weder Selbstbestimmung noch Entscheidungsfreiheit (Zeile 50 f.).

### M 2, 137 f.
### Johannes Calvins Hauptwerk „Institutio Christianae Religionis" (1536)

**Zu Aufgabe 2, 138 (oben):**
Wie Luther geht Calvin vom Dualismus der beiden ‚Regimente' aus. Dem Einzelnen steht kein Widerstandsrecht zu, weil die Obrigkeit von Gott eingesetzt ist (Zeile 14 f.). Zur Tyrannis wird eine Obrigkeit, die gegen die Gebote Gottes verstößt, die Rechtsordnung missachtet oder sich dem wahren Glauben verweigert und ihn bekämpft. Für diesen Fall sieht Calvin zwei Möglichkeiten des Widerstandes vor:
a) Gott beruft „öffentliche Erwecker" (Zeile 3 f.),
b) die Stände werden Träger des Widerstandes (Zeile 25f.),
da sie in Gottes Auftrag die Freiheit des Volkes, d. h. die Rechtsordnung, schützen müssen.

**Zu Aufgabe 3, 138 (oben):**
In Bezug auf die Aussagen der beiden Reformatoren Luther und Calvin zum Widerstandsrecht lassen sich folgende Aspekte anführen: Luther lehnt jeden aktiven Widerstand ab. Ungerechte Herrschaft muss ertragen werden, weil der Staat eine Schöpfung Gottes und Werkzeug seines Zorns ist (Zeile 40). Der Gehorsam gegenüber dem Willen Gottes schließt auch Leidensbereitschaft ein; Widerstand äußert sich letztlich im Erleiden. Der Gedanke, dass staatliche Ordnungen prinzipiell veränderbar sind, ist dem ausschließlich theologisch argumentierenden Luther fremd. Politisch bedeutet dies, dass das nach Autonomie strebende Landesfürstentum Nutzen aus diesem Denken ziehen kann. Calvin steht als Bürger der Stadtrepublik Genf dem Gedanken einer umfassenden monarchischen Herrschergestalt kritisch gegenüber. Durch Ratsgremien (Stände) muss die „Willkür der Herrscher" eingegrenzt werden (Zeile 23f.). Im Gesamtwerk Calvins sind die Überlegungen über ein Widerstandsrecht eher marginal. Unter spezifischen Bedingungen (Frankreich, Niederlande) können seine Thesen ständische Widerstandsbewegungen gegen katholische Monarchen motivieren. Hier zeigt sich einerseits, wie eine Theologie den Charakter einer politischen Ideologie annehmen kann, und andererseits, in welchem Maße politische Interessen im 16. Jahrhundert der religiösen Motivierung bedürfen um legitim zu erscheinen (vgl. dazu auch D, 120 und M 1, 145).

### M 3, 138
### Ludwig XIV. und das Symbol der Sonne

*Zur Quelle*: Offizieller Anlass des ‚Carrousel' (Ringelstechen) war die Geburt des Dauphins. Diese Reiterspiele gehörten zu den größten Veranstaltungen ihrer Art und wurden von Musik, Ballett und Feuerwerk begleitet. Zu ihrer Eröffnung ritt Ludwig XIV. in der Kleidung eines römischen Imperators durch Paris, begleitet von führenden Angehörigen des Hochadels, die durch ihre Kostüme die vier Weltteile und Gestalten der antiken Mythologie darstellten. In Verbindung mit dem erstmals propagierten Sonnensymbol zeigte dies ihre Unterordnung unter den Monarchen.

**Zu Aufgabe 1, 138 (unten):**
Nach der Niederwerfung der Fronde und dem Tode Mazzarins propagierte Ludwig XIV. mit diesem Fest seinen alleinigen umfassenden Herrschaftsanspruch. Die Gleichsetzung von Sonne und Königtum verdeutlicht, dass
- alle Herrschaft vom Monarchen ausgeht;
- alle Funktionen im Staat und alle Privilegien allein vom Herrscher abhängen (Parallelisierung Gestirn – Hofstaat, Zeile 15);
- die monarchische Herrschaft allumfassend, beständig und gerecht ist (Zeile 20f.).

Ludwig XIV. überhöht das Souveränitätsprinzip Bodins. Seine Herrschaftsauffassung lässt die Existenz intermediärer, traditionell legitimierter Gewalten nicht mehr zu. Auch die christlich-sakrale Rechtfertigung monarchischer Herrschaft tritt hinter der antik-heidnischen Sonnensymbolik zurück.

### M 4, 138
### Ölbild Ludwig XIV. von Pierre Mignard

*Bilderläuterung*: Das Bild entstand 1673 und glorifiziert Ludwig XIV. als obersten Kriegsherrn im zweiten Krieg gegen die Niederlande (1673–1678). Die Stadt im Hintergrund stellt Maastricht dar.

**Zu Aufgabe 2, 138 (unten):**
Das Bild stellt den König in die Nachfolge der römischen Imperatoren, die nach zeitgenössischem Verständnis unbeschränk-

te Herrschaftsgewalt besaßen. Der Marschallstab in seiner Rechten kennzeichnet Ludwig XIV. als obersten Befehlshaber. Ein Genius hält die Fahne mit dem Sonnensymbol und den Lorbeerkranz des Siegers.

### M 5, 138 f. Samuel von Pufendorf über die Reichsverfassung (1667)

*Zur Person*: Samuel von Pufendorf lehrte als Professor Natur- und Völkerrecht in Heidelberg (1661) und Lund (1668). Brandenburgischer Hofhistoriograf und Geheimer Rat wurde er 1688 in Berlin.

**Zu Aufgabe 1, 139 (oben):**
Das Reich kommt laut Pufendorf einem „Monstrum" gleich, weil seine Verfassungswirklichkeit nicht mit der von Bodin entwickelten Souveränitätslehre in Einklang gebracht werden kann. Die Strukturen des Reichs können aber auch nicht mit den Begriffen der traditionellen aristotelischen Staatslehre (Monarchie – Aristokratie – Demokratie) erfasst werden (Zeile 2 f.). Als Anhänger des modernen Souveränitätsprinzips lehnt Pufendorf den zeitgenössischen Ausweg ab, das Reich als ein aus Elementen der Monarchie und der Aristokratie zusammengesetztes Gemeinwesen zu definieren (Zeile 10f. und 18 f.). Den Reichsfürsten ist es aufgrund der Unklarheit der Verfassungsstruktur möglich, nach völliger Unabhängigkeit zu streben, während die Kaiser ihre bereits im Mittelalter verlorene monarchische Gewalt wieder herstellen wollen. Dies führt zu ständigen inneren Konflikten.

### M 6, 139 Gottfried Wilhelm von Leibniz über die reichs- und völkerrechtliche Stellung der deutschen Fürsten (1677)

*Zur Person und Quelle:* Gottfried Wilhelm von Leibniz war Mathematiker und Philosoph. Längere Aufenthalte verbrachte er in Paris, den Niederlanden und in London. Seit 1676 hatte er die Ämter eines Hofrats und Bibliothekars in Hannover und Wolfenbüttel inne. Im Jahre 1700 war er Gründungsmitglied und Präsident der „Sozietät der Wissenschaften" in Berlin, der späteren Preußischen Akademie der Wissenschaften. Leibniz verfasste die Denkschrift „De jure suprematus ac legationis principum Germaniae" im Auftrag Herzog Friedrichs von Braunschweig-Lüneburg. Anlass war die Weigerung Frankreichs Gesandte der Reichsfürsten auf dem Friedenskongress von Nymwegen (1678) als Vertreter unabhängiger Staaten anzuerkennen.

*Zusatzmaterial S. 52 f.* ▼

**Zu Aufgabe 2, 139 (oben):**
Leibniz macht nicht die Fürsten für die desolate Verfassungsstruktur verantwortlich, sondern betrachtet sie als die eigentlichen Träger der Staatlichkeit (Zeile 15 f.). Der Westfälische Friede (1648) hat ihre Unabhängigkeit bestätigt. Lehnsrechtliche Bindungen sind für die Staatlichkeit ihrer Länder ohne Bedeutung (Zeile 5). Das Reich bildet ein System verbündeter Einzelstaaten, dessen Zweck in der Gewährleistung äußerer und innerer Sicherheit liegt. Die Souveränität der Einzelstaaten schließt ihren Zusammenhalt im Reichsverband nicht aus. Leibniz unterscheidet zwischen reichsfürstlicher Souveränität (Herrschaftsgewalt über die Untertanen, Zeile 8 und 16) und der ‚Majestät' des Kaisers als des höchsten Rechtswahrers und als des obersten Schirmers der Christenheit. Mit diesem funktionalen, die Rechte der Einzelstaaten betonenden Souveränitätsverständnis legt Leibniz die Grundlage für das föderative Gewaltenteilungsprinzip, das für das spätere Verfassungsleben Deutschlands äußerst fruchtbar wurde.

### M 7, 139 Politisches Testament Friedrichs II. (1752)

**Zu Aufgabe 1, 139 (unten):**
Laut Friedrich II. fordert die Staatsauffassung der Aufklärung vom Monarchen
- erster Diener des Staates zu sein,
- für die Stärkung des Staates und für das Gemeinwohl zu arbeiten,
- ein effektives Regierungssystem aufzubauen und alle staatliche Tätigkeit zu koordinieren und zu überwachen. Die Tugenden Fleiß, Menschlichkeit und Weisheit sollten gemäß dem preußischen König zu den Haupteigenschaften eines Herrschers zählen.

**Zu Aufgabe 2, 139 (unten):**
Folgende Parallelen und Unterschiede in der Herrschaftsauffassung Bodins und Friedrichs II. sollten die Schülerinnen und Schüler aufzählen.
Parallelen:
- Der Monarch ist als absoluter Herrscher Inhaber der Staatsgewalt;
- Der Monarch garantiert die Rechtsordnung und den inneren Frieden.

Unterschiede:
- Bei Bodin ist der Herrscher das Ebenbild Gottes: gebunden ist er nur an das göttliche und das natürliche Recht;
- Friedrich II. geht von der Theorie des Herrschaftsvertrags aus (Übertragung der Herrschaft an den Monarchen, Zeile 11).
- Friedrich II. säkularisiert und funktionalisiert die Rolle des Monarchen, der zum ‚Staatsorgan' („Diener des Staates", Zeile 15) wird: dies impliziert eine ‚Selbstdisziplinierung' des absoluten Herrschers.

Grundsätzlich ungeklärt bleibt in Bezug auf die Herrschaftsauffassung Friedrichs II. die Frage nach den Folgen im Falle eines Monarchen, der der oben skizzierten Rollenerwartung nicht entspricht und der sich nicht fähig bzw. willens zeigt den Widerspruch zwischen dem Prinzip absoluter Herrschaft und aufklärerischem Denken zu überbrücken.

### M 8, 139 f. Friedrich II., Verteidigung der Erbmonarchie

**Zu Aufgabe 1, 140:**
Das Plädoyer Friedrichs II. zugunsten der Erbmonarchie ergibt sich aus folgenden Argumenten:

- Das Volk hat die Erbmonarchie gewählt, weil sie „das kleinste Übel“ darstellt (Zeile 6);
- Für den erblichen Monarchen ist Dienst am Staat identisch mit dem Dienst an seiner Familie (Zeile 20);
- Die Erbmonarchie gewährleistet eine effektive und gerechte Regierung (Zeile 15 f.);
- Die Erbmonarchie schafft ein spezifisches Herrscherethos (Zeile 15 ff.);
- Potenzielle Nachteile (Unfähigkeit eines Herrschers) können durch fähige, „tüchtige Minister“ ausgeglichen werden (Zeile 10).

### M 9, 140
### Kupferstich „Balance de Fréderic“ von Johann Gottlieb Geyser (um 1780)

*Bilderläuterung*: Die Abbildung ist eine Allegorie auf den Rechtsstreit zwischen dem Müller Christian Arnold aus Pommerzig in der Neumark und der Regierung in Küstrin.
Arnold hatte von einem Grafen eine Mühle gepachtet, deren Nutzbarkeit durch Fischteiche beeinträchtigt wurde, die der Landrat v. Gersdorff angelegt hatte. Arnold strengte einen Prozess an, den er jedoch verlor. Als er sich weigerte den Pachtzins zu bezahlen, nahm man ihm die Mühle. Auf seine Beschwerde hin kam Friedrich II. zu dem Schluss, dass die Richter das Recht gebeugt und ihre adligen Standesgenossen begünstigt hätten. Er hob das Urteil auf; die mit dem Fall befassten Kammergerichtsräte erhielten ein Jahr Festungshaft. Sie wurden nach dem Tod Friedrichs rehabilitiert und entschädigt, weil das Eingreifen des Königs von jeglicher juristischer Sachkenntnis ungetrübt gewesen war. Das Bild zeigt Friedrich II. in voller Rüstung, gestützt auf die Personifikation des Rechts. Der preußische König wird als Wahrer von Recht und Gerechtigkeit dargestellt. In der rechten Hand hält er eine Waage (Symbol unparteiischer Rechtsprechung). In der einen Waagschale liegen Orden (Symbole für Stand und Rang), in der anderen ein Schriftstück mit der Bezeichnung ‚indigence‘ (gleichbedeutend mit Armut, die sich im Kontext des Bildes auf die Klage des Müllers bezieht). Aufgabe des Herrschers ist es, die Ansprüche der Privilegierten und des Volkes auszugleichen. Am rechten Bildrand liegt die Krone kaum erhöht über Schaufel und Kornsieb (Hochschätzung des Herrschers für die Landwirtschaft und gewerbliche Tätigkeit). Vor dem König knien der Müller und seine Familie. Die vom Zorn des Herrschers (Racheengel und Wappenschild) getroffenen Richter verlieren ihre Masken und wenden sich ab. Zusammenfassend lässt sich feststellen, dass der Stich Geysers in Parallele zum Denkmalentwurf Pauers (vgl. M, 133) das Herrschaftsverständnis aufgeklärter Monarchen popularisierte.

**Zu Aufgabe 2, 140:**
Zum Vergleich der Herrschaftsauffassungen, die die Abbildungen Friedrichs II. (M 9, 140) und Ludwigs XIV. (M 4, 138; vgl. auch M, 453) zum Ausdruck bringen, sollten die Schülerinnen und Schüler folgende Punkte nennen:
Ludwig XIV.:
- Der Herrscher repräsentiert unbegrenzte Staatsgewalt;
- Der Krieg dient als Mittel zur Mehrung des Ruhms.

Friedrich II.:
- Der König ist oberster Wahrer des Rechts;
- Der Herrscher sorgt für das Allgemeinwohl, indem er die Untertanen vor den Übergriffen privilegierter Stände schützt (Idee der Gleichwertigkeit aller Menschen).

### Notizen

| Zu M 6, 139 | **P. Cl. Hartmann über die historischen Wurzeln eines „Europa der Regionen“** |
|---|---|

Angesichts vieler Wünsche nach einer Regionalisierung Europas wäre zur Diskussion zu stellen, ob es nicht auf weitere Sicht sinnvoll wäre, innerhalb des noch nach Osten zu erweiternden gemeinsamen europäischen Dachs ein Europa der Regionen anzustreben, das mit großen Kompetenzen für die Regionen die Einheit in möglichster Vielfalt und Verwaltung in starker Bürgernähe mit weitgehender Berücksichtigung der diversen regionalen Interessen, Traditionen, Unterschiede und Bedürfnisse garantiert. ...
In diesem Zusammenhang ist es interessant, sich an historischen Gebilden zu orientieren, wo starke Regionalgewalten im Rahmen eines lockeren Staatsgebildes mit schwacher Zentrale existierten. Ein solches Gebilde war das Heilige Römische Reich, wo ab 1648 nach dem Ende des fürchterlichen 30-jährigen Krieges, abgesehen vom östlichen Teil, viele kleine Territorien im Rahmen der lockeren größeren staatlichen Einheit des Reiches, durchaus segensreich für die dort lebenden Menschen und nicht ohne Effizienz, ein mehr oder minder großes Eigenleben führten.
Der Westfälische Frieden von 1648 legte die Stärkung der Partikulargewalten gegenüber der Zentralgewalt des Reiches fest. Mit der Landeshoheit erhielten die einzelnen Fürsten, aber auch die Reichsstädte eine große Unabhängigkeit, noch stärker ausgeprägt als vorher. Deshalb lagen damals die meisten staatlichen Funktionen (polizeiliche Gewalt, Sicherung der inneren und der Rechtsordnung, Münz- und Geldhoheit, Wehrhoheit, ja Außenpolitik, wenn sie sich nicht gegen Kaiser und Reich richtete) in der Hand der Obrigkeiten dieser größeren, mittleren, kleinen und kleinsten Territorien. Während die größeren Staaten im Osten des Reiches eine weitgehend unabhängige Politik führen konnten, waren die teilweise winzigen Territorien und Städte im Westen und Süden des Reiches dafür meist zu klein. Hier kam den Reichskreisen, deren Mitglieder sie waren, eine wichtige Rolle als Regionen zu; ein großer Teil dieser Politik vollzog sich in Kooperation, gleichsam genossenschaftlich. ...
Über diesen Reichskreisen oder den größeren Territorien im Osten des Reiches stand der von den Kurfürsten gewählte Kaiser als monarchische Spitze und Repräsentant des Reiches. Dieser war jedoch in allen wichtigen Reichsangelegenheiten auf die Zustimmung der Reichsstände, d. h. der Vertreter der Territorien und Reichsstädte, angewiesen. Deren Repräsentanten waren auf dem Reichstag, ab 1663 als „Immerwährender Reichstag“ ein Gesandtenkongress der Fürsten und Reichsstädte, versammelt. Dieser Reichstag, eine Art Staatenhaus, wo die vielen regionalen Obrigkeiten vertreten waren – und der insofern ein Vorgänger des heutigen Bundesrates war – übte eine wichtige politische Funktion zur Sicherung des Friedens in Mitteleuropa aus, zur Aufrechterhaltung einer Art kollektiven Sicherheitssystems in diesem Raum mit Verteidigung gegen gemeinsame Feinde, z. B. im Kampf gegen die Osmanen, die Reich und Christenheit bedrohten. ...
Dieses Heilige Römische Reich war somit ein Mitteleuropa der Regionen, wo die Reichskreise und der Reichstag weitgehend kollegial und kooperativ den Frieden und die Ordnung zu garantieren suchten. Sie

*Fortsetzung auf der folgenden Seite*

© 2000 Cornelsen Verlag, Berlin. Alle Rechte vorbehalten

| Zu M 6, 139 | P. Cl. Hartmann über die historischen Wurzeln eines „Europa der Regionen" |
|---|---|

*Fortsetzung*

erreichten vielfach dieses Ziel, wenn sich nicht Großmächte von außen einmischten oder wenn sich nicht ein besonders mächtiges Glied des Reiches nur nach den eigenen Machtinteressen ohne Rücksicht auf das Gesamtreich verhielt. Neben den Reichskreisen und dem Reichstag garantierten die beiden obersten Reichsgerichte allein schon durch ihre Existenz eine Reichsfriedensordnung und Rechtsgemeinschaft. Diese Rechtsgemeinschaft ermöglichte kleinen und winzigen Territorien, kleinen und größeren Reichsstädten, Reichsrittern und sogar Reichsdörfern 150 Jahre lang ein Eigenleben im Rahmen des Reiches und seiner Verfassung, ohne dass sie, wie dies in der Revolutions- und Napoleonszeit geschah, von den größeren nach dem Recht des Stärkeren oder dem Grundsatz „Macht vor Recht" einverleibt wurden.

Das Heilige Römische Reich in der Zeit von 1648 bis 1806 wurde lange Zeit von der preußisch-kleindeutsch, nationalistisch bestimmten Geschichtsschreibung als morsches, dekadentes Gebilde, als Produkt des Niedergangs und Zerfalls beurteilt, das der Ausbildung des von Preußen geführten deutschen Nationalstaates entgegengestanden hatte. Ein moderner nationalistischer Militär-, Macht- und Leistungsstaat war es selbstverständlich nicht. Es stellte eine Art Mitteleuropa der Regionen dar, wo die meisten staatlichen Funktionen nach dem Subsidiaritätsprinzip weitgehend auf der Ebene der Reichskreise bzw. der größeren Territorien vollzogen wurden. Die Zentrale hatte recht wenig Kompetenzen. Trotzdem wurden in diesem konföderalen, teilweise genossenschaftlich-kooperativ wirkenden Staatsgebilde weitgehend die Rechtssicherheit und -gemeinschaft, der religiöse Friede und die Sicherheit und Entfaltungsmöglichkeit auch kleinster Reichsmitglieder garantiert, weitgehend kooperativ und freiwillig gemeinsame Aufgaben erledigt und finanziert sowie die gemeinsame Verteidigung organisiert. Für einen Angriffskrieg war das Reichsheer jedoch völlig ungeeignet.

Nicht von ungefähr sah der vor 250 Jahren gestorbene Staatstheoretiker und Geistliche Charles Abbé de Saint-Pierre (1658–1743), der 1712/13 seinen Traktat vom ewigen Frieden veröffentlichte und eine Art Völkerbund als Grundlage für die Erhaltung des Friedens entwarf, das Heilige Römische Reich mit seinen höchsten Gerichten und dem Reichstag als Kontrollinstrumenten für die Friedenserhaltung in Mitteleuropa als weises Modell an. Ähnlich sah es Jean Jacques Rousseau. So könnte das Heilige Römische Reich heute, nach den schlechten Erfahrungen mit dem Nationalismus, durchaus wieder Gegenstand einer positiven Wertung sein. Es kann für ein Europa der Regionen unter Überwindung des Nationalismus, für die Erhaltung des kollektiven Friedens und die Rechtssicherheit sowie einer nach dem Subsidiaritätsprinzip ausgerichteten weitgehenden Stärkung der Funktionen regionaler Gewalten eine Orientierung sein, da das Reich 150 Jahre lang in diesem Sinne zu einem großen Teil auch wirklich funktionierte.

*Zit. nach Peter Claus Hartmann, Bereits erprobt: Ein Mitteleuropa der Regionen, in: Das Parlament, Nr. 49, 03.12.1993.*

© 2000 Cornelsen Verlag, Berlin. Alle Rechte vorbehalten

# Arbeitsteil Staat und Absolutismus in der frühen Neuzeit: Zeitgenössische Theorien und historische Erklärungen

## M 1, 141 Jean Bodin, „Sechs Bücher über den Staat" (1576)

*Zur Person*: Jean Bodin (1529–1596), Jurist, arbeitete seit 1577 als Kronanwalt in Lyon; er war ein Befürworter religiöser Toleranz. 1576 war er Deputierter des Dritten Standes bei den Generalständen von Blois. Durch die von ihm wesentlich eingeleitete Entwicklung des Souveränitätsprinzips bereitete Bodin die Überwindung der Religionskämpfe und die Entstehung des Absolutismus vor.

## M 2, 141 f. Thomas Hobbes, „Leviathan" (1651)

*Zur Person*: Thomas Hobbes (1588–1679), Philosoph, emigrierte nach dem Ausbruch des Bürgerkriegs in England nach Paris (1640); dort war er Lehrer des späteren Königs Karl II.; Rückkehr nach England 1651. Hobbes versuchte Staat und Gesellschaft nach den Regeln mathematisch-naturwissenschaftlicher Methodik zu analysieren.

**Zu Aufgabe 1, 142 (linke Spalte):**
Bezüglich der Rechte und Pflichten des souveränen Herrschers bei Bodin und Hobbes sowie der Grenzen der Fürstensouveränität lässt sich feststellen:
- Bodin (M 1): Der Herrscher vereinigt alle Staatsgewalt in seiner Hand. Als Inhaber der Souveränität steht er über dem Gesetz und über allen ständisch-sozialen Gruppierungen. Die Souveränität wird durch das natürliche und das göttliche Recht begrenzt. Innerhalb des vom Souverän gesetzten Rahmens üben die Stände ihre Aufgaben und Rechte aus.
- Hobbes (M 2): Der Souverän (Staat) muss die Einhaltung des Gesellschaftsvertrages, d. h. die Rechtsordnung garantieren. Er muss also mächtiger als die individuellen Vertragspartner sein. Deshalb vereint er in sich alle weltliche und geistliche Gewalt (vgl. M, 122). Glaubensfreiheit kann es nicht geben, da sie Ausgangspunkt aller Konflikte ist. Ein System ständisch abgestufter, vom Herrscher legitimierter Mitwirkung am Staat steht im Gegensatz zu diesem absoluten Herrschaftsanspruch. Hobbes' Staatsverständnis setzt den rechtlich einheitlichen Untertanenverband voraus.

**Zu Aufgabe 2, 142 (linke Spalte):**
Hinsichtlich der Entstehungsgründe und Aufgaben des Staates gemäß Bodin und Hobbes sind folgende Punkte zu nennen:
- Bodin (M 1): Der Staat wird als Teil der göttlichen Schöpfungsordnung verstanden, der Monarch ist „Ebenbild Gottes". Bodins Denken ist von der Staatsphilosophie der Antike und des Mittelalters bestimmt: Aufgabe des Staates ist es, ‚concordia' und ‚iustitia' herzustellen, also Frieden und Recht zu sichern.
- Hobbes (M 2): Die natürliche Gleichheit der Menschen im Naturzustand, dem fiktiven Zustand von Rechts- und Verfassungslosigkeit, führt zum Kampf aller gegen alle. Dieser Krieg ist als die radikalste Bedrohung des menschlichen Verlangens nach Selbsterhaltung zu betrachten. Durch den Gesellschaftsvertrag verzichten die Menschen auf ihre individuelle Macht und unterwerfen sich dem Staat. Der Staat zwängt die den Naturzustand bestimmenden asozialen Leidenschaften in ein ‚soziales Korsett'. Er bildet ein Kunstprodukt zum Zwecke sozialer Sicherheit. Dabei ist es gleichgültig, ob eine Monarchie oder eine Republik entsteht. Mit der Theorie des Naturzustandes und des Gesellschaftsvertrags führt Hobbes wichtige Elemente in die neuzeitliche Staatslegitimation ein.

**Zu Aufgabe 3, 142 (linke Spalte):**
Das Denken Hobbes' und Bodins wurde von den konfessionellen Bürgerkriegen und Verfassungskonflikten in Frankreich und England bestimmt. Bodins Ziel war es, die Monarchie neu zu definieren und ihr die zentrale Aufgabe der Friedens- und Rechtssicherung zuzuweisen. Als Anhänger des modernen Empirismus verzichtete Hobbes auf jegliche religiöse Begründung von Staat und Herrschaft. Er besaß ein wesentlich pessimistischeres Menschenbild als Bodin: Der Mensch muss durch den von ihm geschaffenen Staat vor sich selbst geschützt werden. Hobbes' Staat kam aber keinem totalitären System im Sinne des 20. Jahrhunderts gleich: Erst der Verzicht auf das individuelle Recht der Selbstbehauptung (Naturzustand) macht es dem Menschen möglich, sein Eigentum zu sichern und sich z. B. in der Wirtschaft frei zu entfalten. In der Staatsphilosophie Hobbes' ist somit die Trennung zwischen Staatsbürger (‚citoyen') und Wirtschaftsbürger (‚bourgeois') angelegt.

## M 3, 142 John Locke, „Two Treatises of Government" (1690)

*Zur Person*: John Locke (1632–1704), Arzt, Philosoph und Politiker, wandte sich gegen die absolutistische Staatslehre Hobbes'. Als Gegner der Stuartmonarchie emigrierte Locke und lebte von 1675 bis 1679 in Frankreich und von 1683 bis 1689 in den Niederlanden. Nach dem Regierungsantritt Wilhelms von Oranien kehrte er nach England zurück.

**Zu Aufgabe 1, 142 (rechte Spalte):**
Auch bei Locke konstituiert der Gesellschaftsvertrag die Staats- und Rechtsordnung. Der absolute Machtanspruch des Staates wird aber durch die Rechte des Volkes (a) eingeschränkt:
- Bereits im Naturzustand besitzen die Menschen unveräußerliche Rechte. Dazu gehört nicht nur das Eigentum, sondern auch Gewissensfreiheit und das Recht auf körperliche Unversehrtheit.
- Ziel des Zusammenschlusses der Menschen zum Staat ist es, die vorstaatlichen Individualrechte zu sichern.
- Herrschaft wird nicht nur durch Vertrag, sondern auch durch Konsens (Wahl der Legislative) legitimiert. Die Gesellschaft ist ein Kollektiv von Eigentümern, deren Rechte durch die

von ihnen geschaffenen Gesetze geschützt werden. Zur Tyrannis wird eine Regierung (b), die die Rechte der Bürger nicht beachtet und ihr Handeln aus Machtstreben nicht nach den gesetzlichen Vorgaben ausrichtet, d. h. die gegen das Gemeinwohl verstößt. Gegen eine Staatsgewalt, die gegen ihren Daseinszweck handelt, muss Widerstand (c) geleistet werden.

**Zu Aufgabe 2, 142 (rechte Spalte):**
Locke weist der politischen Ordnung eine koordinierende und die vorstaatlichen Individualrechte schützende Aufgabe zu. Er betont die Mitwirkungsrechte des Bürgers am Staat. Hobbes versteht den Gesellschaftsvertrag als freiwillige Aufgabe vorstaatlicher Individualrechte. Die Rechtsordnung wird allein durch die Fähigkeit des Souveräns garantiert sie auch mit Gewalt aufrechtzuerhalten. Lockes Staats- und Gesellschaftsverständnis wurde zur Grundlage des bürgerlichen Liberalismus im 18. und 19. Jahrhundert. Wichtige Elemente dieser Staatstheorie finden sich in der ‚Bill of Rights‘ (M 2, 237) und in der Verfassung der USA (M 4, 239).

## M 4, 143
## Hans-Ulrich Wehler über den modernen Staat

**Zu Aufgabe 1, 143**
Im Sinne Max Webers betrachtet Wehler die Bürokratie als eines der wichtigsten rationalisierenden, d. h. modernisierenden Elemente neuzeitlicher Gesellschaften. Die Bürokratie kann diese zentrale Rolle übernehmen aufgrund
- ihrer straffen Organisation, Präzision und Kontinuierlichkeit;
- des Sachverstandes ihrer Angehörigen. Die Bürokratie ist sowohl „Kernstück des Machtsystems“ als auch ein soziales Gebilde (‚öffentlicher Dienst‘ als mächtige Lobby in modernen Staaten). Die neuzeitliche Bürokratie besitzt nach Wehler zwei Wurzeln:
- die ständische Selbstverwaltung, die in der Tradition autonomer Herrschaftsausübung des Adels steht;
- die jüngeren fürstlich-zentralstaatlichen Behörden des europäischen Absolutismus. Die Dichotomie zwischen beiden Formen dauert bis zur Schwelle der Gegenwart an (ersichtlich beispielsweise in der Exemtion adliger Gutsbesitzer von der staatlichen Verwaltung in Preußen).

**Zu Aufgabe 2, 143**
Der Darstellungstext (vgl. S. 122) führt weitere Grundlagen moderner Verwaltung an:
- das Heerwesen als Schrittmacher der Bürokratisierung;
- die Ausweitung der Staatstätigkeit (Wirtschafts- und Finanzpolitik);
- das Bildungswesen (‚Juristenmonopol‘ als Charakteristikum moderner Verwaltung).

## M 5, 143 f.
## Rudolf Vierhaus zur absoluten Monarchie

**Zu Aufgabe 1, 144:**
Der Text betont die Vielfalt absolutistischer Herrschaftsformen. Gemeinsame Merkmale sind
- die Legitimation monarchischer Herrschaft durch das moderne Souveränitätsprinzip (einheitliche Staatsgewalt in einheitlichem Staatsgebiet);
- der Versuch die ‚Krise des 17. Jahrhunderts‘ durch die Ausschaltung der Stände, den Aufbau einer effizienten, den inneren Frieden sichernden Staatsorganisation und durch eine aktive Wirtschaftspolitik zu überwinden.

Die neue einheitliche Staatsgewalt kann sich gegen alte Herrschaftsrechte nur unvollkommen durchsetzen. Entscheidend ist aber, dass ständische Herrschaftsrechte als vom absoluten Herrscher abgeleitete Rechte betrachtet werden. Weitere ‚Grenzen‘ des Absolutismus können aus dem Darstellungstext S. 124 f. erarbeitet werden (Notwendigkeit der Kooperation mit bürgerlichen Eliten, Probleme der Finanz- und Wirtschaftspolitik). Die Forderungen der absolutistischen Staatstheorie (vgl. M 1 und 2, S. 141 f.) konnten nirgends verwirklicht werden. Weder Bodins Souveränitätsbegriff noch das Staats- und Gesellschaftsmodell Hobbes' fanden Entsprechungen in der Realität von Staat und Politik.

## M 6, 144
## Ernst Hinrichs über den „Absolutismus“-Begriff

**Zu Aufgabe 2, 144:**
Hinrichs demonstriert am Beispiel des Absolutismus das Problem historischer Begriffsbildung. Die moderne sozialgeschichtliche Forschung, vor allem die Ständeforschung, hat den Absolutismus-Begriff in seiner herkömmlichen etatistischen Interpretation relativiert. Man betont heute die Abhängigkeit des ‚absoluten‘ Monarchen von wirtschaftlichen, sozialen und soziokulturellen Gegebenheiten, die ständig Kompromisse nötig machte. Der ‚absolute‘ Monarch war nur in der Theorie absolut, der Absolutismus mehr fürstliches Programm und theoretisches Konstrukt von Philosophen und Staatsrechtlern als Verfassungsrealität. Gerade in den großen Monarchien erreichte der Absolutismus nicht das Maß von Rationalität der politischen Organisation des Untertanenverbandes, das seiner Theorie innewohnt. Der von britischen Historikern geforderte ‚Abschied‘ vom Absolutismus als einer nivellierenden und zugleich modernisierenden Kraft lässt die spezifischen Grundlagen und Ausprägungen der Monarchie in den einzelnen Ländern klarer hervortreten.

Die Darstellungsteile stellen Materialien für Diskussionen bereit:
a) Absolutismus als Reaktion auf ständisch-konfessionelle Bürgerkriege (Frankreich), vgl. S. 120 f.;
b) Grenzen des Absolutismus aufgrund finanzieller und wirtschaftlicher Probleme (Frankreich), vgl. 124 f.;
c) Konfessionalisierung als Element staatlicher Verdichtung (Deutschland), vgl. S. 120 f.;
d) Konfessionskonflikte und Verfassungskrisen als Legitimation des Widerstands gegen den monarchischen Absolutismus (England, Niederlande), vgl. S. 214 f.

## Arbeitsteil
## Die Republik der Vereinigten Niederlande im 17. Jahrhundert

*Zum Hintergrund*: Spanien war aufgrund seiner Finanzprobleme in der zweiten Hälfte des 16. Jahrhunderts auf die Wirtschaftskraft der Niederlande angewiesen. Die Politik Philipps II. (Regierungszeit 1556–1598) besaß das Ziel die Provinzen unter einer straff zentralistischen Regierung zusammenzufassen. Der dagegen ausgerichtete Widerstand der nördlichen Niederlande beruhte auf dem feudalen und regionalen Widerstandswillen des Adels und der Städte. Damit verbunden war der Kampf der in Holland und Seeland tonangebenden Calvinisten gegen die katholische Vormacht Spanien. Aus diesen Elementen entstand ein spezifisches Staats- und Gesellschaftsverständnis.

### M 1, 145
### Karte Der niederländische Freiheitskampf und die Republik der Vereinigten Niederlande 1559–1648

**Zu Aufgabe 1, 145**
Die Karte veranschaulicht zusammenfassend die wichtigsten Phasen der Unabhängigkeitsbewegung:
- Zentren religiös-sozialer Unruhen (Bilderstürme, Proteste von Täufern und Calvinisten);
- die militärischen Widerstandszentren der Geusen in den Küstenregionen Hollands und Seelands;
- den Zusammenschluss der calvinistischen Nordprovinzen in der Utrechter Union 1579 als Antwort auf die katholische Union von Arras;
- die Teilung der Niederlande durch den Waffenstillstand von 1609. Die Generalitätslande bildeten eroberte Gebiete, die keinen Provinzialstatus besaßen und bis 1795 unmittelbar den Generalstaaten unterstanden. Hinsichtlich der politischen und gesellschaftlichen Struktur der Niederlande siehe die Erläuterungen unten zu Aufgabe 4, 148.

### M 2, 145
### Aus der so genannten Unabhängigkeitserklärung der Niederlande (1581)

**Zu Aufgabe 2, 146**
Die Mitglieder der Utrechter Union stellen die Kennzeichen ‚gerechter' und ‚ungerechter' Herrschaft zusammen und begründen die Aufkündigung des Gehorsams
- mit den Pflichtverletzungen Philipps II. bei der Wahrung von Recht und Frieden (Zeile 13 f.),
- mit seinen Verstößen gegen die alten Rechte der Niederlande (Zeile 15).

Fürsten, die ihre Herrschaftspflichten derart verletzen um ihre Untertanen wie „Sklaven" zu benutzen – so wird argumentiert – verwandeln sich in „Tyrann[en]". Widerstand gegen tyrannische Herrschaft ist gerechtfertigt. Die Ständeversammlung darf im Namen des Volkes dem Herrscher den Gehorsam aufkündigen (Zeile 20). Der Widerstand der Untertanen, die alle friedlichen Mittel ausgeschöpft haben um Fürstenwillkür zu beseitigen, findet seine Legitimation im „Naturgesetze" – dies demonstriere ebenso die Geschichte.
Die Argumentation der Aufständischen beruht auf Calvins Definition des Widerstandsrechts (vgl. M 2, 137) und seiner Weiterentwicklung durch die französischen Monarchomachen. Definition und Begründung des Widerstandsrechts sind mit den Ausführungen Lockes (vgl. M 3, 142) identisch. In der Erklärung ist legitime Herrschaft an die Beachtung des ‚alten' Rechts geknüpft, bei Locke an den Schutz des vorstaatlichen Rechts auf Eigentum. Im Gegensatz zur Unabhängigkeitserklärung der USA enthält die Erklärung keine individuellen Freiheitsrechte. Vergleichbar sind in beiden Dokumenten allerdings die Definition des Rechts auf Widerstand und die Verbindung von Polemik und Reflexion, Propaganda und Rechtfertigung.

### M 3, 146
### Bericht des englischen Diplomaten und Schriftstellers Sir William Temple (1628–1699)

*Zur Person*: Sir William Temple trug als Botschafter entscheidend dazu bei, im Jahre 1668 ein Bündnis zwischen England, den Niederlanden und Schweden herzustellen.

### M 4, 146 f.
### Heinrich Ludolph Benthem (1661–1723), „Holländischer Kirchen- und Schulen-Staat"

*Zur Person*: Heinrich Ludolph Benthem wirkte als lutherischer Geistlicher in Uelzen und Harburg. Er galt als einer der besten Kenner der Niederlande und Englands. Seine historisch-statistischen Landesbeschreibungen waren um 1700 hoch geschätzt und prägten weithin das deutsche England- und Hollandbild.

**Zu Aufgabe 2, 148:**
In Bezug auf die niederländischen Mentalitäten und Auffassungen betonen Temple und Benthem:
- die Tugenden der Sparsamkeit und Mäßigung, die individuelle Tüchtigkeit und den Gewerbefleiß (Calvinismus, kapitalistisches Wirtschaftsethos);
- die Freiheitsliebe der bürgerlichen Elite und ihr Ethos des Dienstes an der Gemeinschaft;
- die religiöse Toleranz.

Beide Zeitgenossen idealisieren die Verhältnisse. Ihre Absicht ist es, den Lesern die Niederlande als Modell eines vorbildlichen Staats- und Gesellschaftssystems vorzustellen.

### M 5, 147
### Der Historiker M. North zur Gesellschaftsstruktur der Niederlande im 17. Jahrhundert (1992)

### M 6, 147
### Bevölkerungsentwicklung und Urbanisierung

### M 6 a
### Einwohner der Niederlande 1500–1795

Die Bevölkerungszahl verdoppelte sich zwischen 1500 und 1650. Nach 1550 trug vor allem der Zustrom von Emigranten aus den südlichen Niederlanden zu ihrem Anstieg bei. Trotz unterschiedlicher Konfession integrierte man sie wirtschaftlich schnell. Nach 1650 stagnierte die Einwohnerzahl.

### M 6 b
### Bevölkerung der Provinz Holland 1514–1795

Am schnellsten wuchs die Stadtbevölkerung. Handel, Schiffbau und Gewerbe schufen Arbeitsplätze. Die Landbevölkerung wuchs nur langsam (Abwanderung in die Städte). Die Niederlande waren auf die Einfuhr von Lebensmitteln angewiesen (Getreide aus dem Ostseeraum). Dennoch ist die niederländische Landwirtschaft jener Zeit als die leistungsfähigste in Westeuropa anzusehen (intensive und spezialisierte Gartenbauwirtschaft, Viehzucht, Gewinnung von zusätzlichen Flächen durch Eindeichungen).

### M 7, 148
### Ölbild Zimmerecke mit Raritäten von Jan van der Heyden (1711/12)

**Zu Aufgabe 3, 148**

Das Bild spiegelt die Absicht wider Zeugnis vom Geschmack und dem Reichtum wohlhabender Bürger, ihren weltweiten Handelsbeziehungen und ihren gelehrten Ambitionen abzulegen. Erd- und Himmelsglobus und der aufgeschlagene Atlas weisen auf das Interesse an Astronomie und Geografie hin. Eine chinesische Porzellanschale steht auf einem vermutlich aus Augsburg stammenden Kabinettschrank, ein Orientteppich liegt auf dem Boden, ein Seidentuch bedeckt den Tisch. Von der Decke baumelt ein präpariertes südamerikanisches Gürteltier; an der Wand lehnen Lanzen aus exotischen Ländern. Wie alle niederländischen Genrebilder enthält auch dieses eine moralische Botschaft: Die Bibel ist beim Buch Prediger aufgeschlagen, das die Nichtigkeit menschlichen Strebens und die Vergänglichkeit betont; auch das Bild über dem marmorverkleideten Kamin (Tod der Dido) greift dieses Thema auf.

### M 8, 148
### Der Historiker Ch. H. Wilson über die Ursachen des Aufstiegs der Niederlande (1968)

**Zu Aufgabe 2, 148:**

Die Stellungnahmen der modernen Historiker betonen:
- die Einbeziehung der Mittelschichten in die politische Verantwortung trotz privilegierter Position der bürgerlichen Oberschicht;
- die Bedeutung der Mittelschicht für das Aufblühen von Kunst und Gewerbe;
- den Aufbau eines (rudimentären) Sozialsystems;
- das effektive Bildungssystem;
- die Verschmelzung von reiner und angewandter Wissenschaft.

Ferner kann angeführt werden:
- die enge Verbindung von Handels- und Gewerbekapital;
- Amsterdam als Finanz- und Handelsmetropole (vgl. M, 163: Schaubild Tragfähigkeit der Handelsflotten europäischer Länder, 1400–1800).

**Zu den Aufgaben 1 und 4, 148:**

*Tafelbild S. 58* ▼

*Didaktisch-methodischer Hinweis*: Es bietet sich an, Aufgabe 1 in Verbindung mit Aufgabe 4 zu erörtern. Unter dem Aspekt der Modernität sind besonders das Streben nach sozialem Ausgleich (vgl. M 5, 147, Zeile 20 f.; und M 4, 146, Zeile 9 f.) und die ‚modern' erscheinenden Familienstrukturen (vgl. M 4, 147, Zeile 35 f.) zu beachten. Mit durchschnittlich zwei Kindern bildete die niederländische Haushaltsfamilie die kleinste in Europa. Die von Benthem kritisierte mangelnde ‚Kinderzucht' wird u. a. auf das Nachwirken erasmischer Erziehungsvorstellungen zurückgeführt. Frauen waren rechtlich besser gestellt als in den meisten Ländern Europas. Formal unterstanden sie zwar der Autorität ihrer Ehemänner, sie durften aber über ihr Eigentum verfügen, in eigenem Namen Handel treiben und Geschäftsverträge abschließen. Als ‚Regentinnen' von Wohlfahrtseinrichtungen (Waisenhäuser, Spitäler) nahmen Frauen aus der bürgerlichen Oberschicht wichtige gesellschaftliche Funktionen wahr. Von allen kontinentaleuropäischen Gesellschaften weisen die Niederlande im 17. Jahrhundert den höchsten Modernisierungsgrad auf. Für den Modernisierungsprozess in Europa wurden die Niederlande wegweisend durch
- den hohen Urbanisierungsgrad;
- die Entstehung eines nichtabsolutistischen, vom reichen Bürgertum getragenen Regierungssystems;
- den hohen Bildungsstand und den schnellen Transfer wissenschaftlicher Erkenntnisse in die Praxis;
- die moderne ‚kapitalistische' Wirtschaftsgesinnung;
- den hohen technischen Standard von Gewerbe und Landwirtschaft;
- die sozialen Einrichtungen zur Abfederung wirtschaftlicher Krisen.

*Didaktisch-methodischer Hinweis:* Die politische Struktur der Niederlande (vgl. Aufgabe 1, 148) lässt sich anschaulich in einem Tafelbild darstellen.

**Notizen**

**Tafelbild zu Aufgabe 1, 148**

## Die politische und wirtschaftliche Struktur der Niederlande und der Eidgenossenschaft

### Die politische und wirtschaftliche Struktur der Niederlande

**Generalstaaten**
- Inhaber der Staatshoheit
- Einstimmigkeitsprinzip
- Geschäftsführung: Ratspensionär von Holland

**Staatsrat**
- Exekutive mit beschränkter Funktion
- Mitglieder: Statthalter und Vertreter der Provinzen

**Generalstatthalter**
- zugleich Statthalter der Provinz Holland
- Leiter der Exekutive
- militärischer Oberbefehl

↑

Provinzen entsenden je einen Vertreter in die Generalstaaten

↑

| Holland | Friesland | Geldern | Groningen | Zeeland | Utrecht | Overijissel |
|---|---|---|---|---|---|---|
| 57,1 % | 11,4 % | 5,5 % | 5,7 % | 11 % | 5,7 % | 3,5 % |

Sieben souveräne Provinzen (Anteil am Steueraufkommen im Jahre 1612; Zahlen nicht im SB, hier ergänzt.)

**Wirtschaftliche Grundmerkmale der Niederlande**
- See- und Kolonialmacht
- hoher Urbanisierungsgrad
- kapitalkräftiges Bürgertum
- Großmachtpolitik im 17. Jahrhundert

### Die politische und wirtschaftliche Struktur der Eidgenossenschaft

**Tagsatzung**
- Einstimmigkeitsprinzip
- Entscheide erst rechtskräftig nach Ratifizierung durch die Kantone

↑

Kantone entsenden instruktionsgebundene Vertreter

↑

**13 Kantone**
- verbündet zur gegenseitigen Militär- und Rechtshilfe (Schiedsgerichtsbarkeit)

↙ **Gemeine Herrschaften der Kantone** (Untertanengebiete, z. B. Tessin)

↘ **10 zugewandte Orte** (Verbündete, z. B. Graubünden, Wallis)

**Wirtschaftliche Grundmerkmale der Eidgenossenschaft**
- keine überregional wichtigen Wirtschaftszentren
- kleinstädtisch-agrarisch strukturiert
- politische und wirtschaftliche Dominanz von Zürich und Bern
- keine aktive Außenpolitik (immer währende Neutralität ab 1648)

© 2000 Cornelsen Verlag, Berlin. Alle Rechte vorbehalten

# Arbeitsteil
# Indien in der frühen Neuzeit

## M 1, 149
## Eine chronologische Übersicht

ARBEITSAUFTRÄGE

1. *Welche Entwicklungen begünstigten die Einflussnahme der Europäer in Indien?*
2. *Wie bauten die europäischen Handelsgesellschaften ihren Einfluss aus?*
3. *Warum konnte sich die britische ‚East India Company' (EIC) durchsetzen?*

**Zu Aufgabe 1:**
Begünstigt wurde die Einflussnahme aufgrund der herrschenden politischen Instabilität, die auf dem Zerfall von einheimischen Großreichen, Wirtschaftskrisen sowie religiösen und sozialen Spannungen beruhte.

**Zu Aufgabe 2:**
Die Ausdehnung des Einflusses gründete sich einerseits auf die Kooperation der europäischen Handelsgesellschaften mit einzelnen Herrschern, andererseits auf die Ausnutzung der allgemeinen politischen, wirtschaftlichen und sozialen Instabilität.

**Zu Aufgabe 3:**
Der Erfolg der „East India Company" hatte wesentlich seinen Ursprung in der Ausschaltung Frankreichs als konkurrierender Kolonialmacht und der Eroberung Bengalens durch die EIC und den Übergang zur Territorialherrschaft. Nach der formalen Unterstellung der EIC unter die Kontrolle der britischen Regierung zielte die britische Politik darauf ab, die direkt oder indirekt kontrollierten Gebiete militärisch abzusichern. Dabei gelang es, die Grenzen ‚Britisch-Indiens' im 19. Jahrhundert im Westen nach Afghanistan, im Norden zum Himalaya und im Osten nach Burma/Singapur vorzuschieben. Auch den Nahen und Mittleren Osten bezog man in diese Sicherungspolitik mit ein.

## M 2, 149
## Karte Der Zusammenbruch des indischen Mogulreiches und der Aufstieg der Nachfolgestaaten bis circa 1770

Die Karte zeigt die politischen Grundstrukturen nach dem Siebenjährigen Krieg. Durch die Eroberung Bengalens und die Ausschaltung der französischen Kolonialkonkurrenz wurde die EIC zur dominierenden Macht in Ost- und Nordostindien. Die britische Expansion besaß in diesen Gebieten ihren Ausgangspunkt. Bis 1801 errang die EIC die Vorherrschaft in Südindien, bis 1816/18 wurden die Marathas und Radschputana der britischen Herrschaft unterstellt. Direkter Annexion kam dabei allerdings nur eine geringe Bedeutung zu: Der größte Teil des Landes blieb unter der Herrschaft einheimischer Fürsten. Sie band man durch Bündnisse, Schutzverträge und Truppenstationierungen an die EIC bzw. Großbritannien.

## M 3, 150
## Sir Thomas Roe über einen Empfang am Hof des Moguls (1617)

*Zur Person*: Sir Thomas Roe war ein erfolgreicher englischer Abenteurer-Diplomat. Vor seiner Mission in Indien hatte er Gold am Amazonas gesucht und Pläne für eine Handelsgesellschaft in der Karibik entwickelt.

## M 4, 150
## Bericht über die Lebensweise mohammedanischer Frauen (1625)

**Zu Aufgabe 3, 151:**
Die Quelle schildert die rechtliche und soziale Situation muslimischer Frauen, dabei werden folgende Stichpunkte angesprochen:

a) die Auswahl des Ehepartners/der Ehepartnerin durch Eltern oder Vormünder (Zeile 3);
b) die soziale Festlegung der Heiratskreise (Zeile 5 f.);
c) die Akzeptanz von Polygamie für vermögende Männer (Zeile 23 f.);
d) das Leben der Frauen im Harem; dort die hervorgehobene Rolle der ältesten Frau (Zeile 25 ff.);
e) die Verwaltung des Harems durch Eunuchen (Zeile 33 ff.).

Nicht uninteressant an dieser Stelle mag der Hinweis sein, dass die Punkte a) und b) in der Regel auch für das frühneuzeitliche Europa zutrafen.
*Didaktisch-methodischer Hinweis*: Auf dem Hintergrund der Geschlechterproblematik bietet es sich an, den Vergleich der zeitgenössischen Lebensverhältnisse in Indien und Europa zu vertiefen. Dazu können als weitere Materialien für Referate der Darstellungstext der Seiten 166–169 sowie die Materialien 1–12 der Seiten 92–95 dienen. Im Falle Europas rechtfertigte die Theologie des Mittelalters die geschlechterspezifische Rollenverteilung und die rechtliche Minderstellung der Frau:

- Frauen sind dem Ehegatten als dem Oberhaupt des ‚ganzen Hauses' untergeordnet;
- (nichtadlige) Frauen nehmen keine öffentlichen Funktionen wahr.

Im Gegensatz zu Frauen im islamischen Kulturkreis verfügten die (West-)Europäerinnen aber über erhebliche Freiheiten:

- Frauen sind rechtsfähig;
- Frauen haben Mit- und mitunter Alleinbestimmungsrecht über bestimmte Teile des Familienvermögens;
- Frauen besitzen im ‚ganzen Haus' eigene Funktionsbereiche: sie sind verantwortlich für die ihrer Hausherrschaft unterstellten Personen (Knechte, Gesellen, Dienstboten, Mägde);
- Frauen können in Handwerk und Handel tätig sein;
- adlige Frauen (z. B. Fürstentöchter) werden für Regierungsaufgaben vorbereitet: die weibliche Erbfolge ist in einzelnen Ländern möglich;
- Frauen sind im 17. und 18. Jahrhundert in vielen Bereichen künstlerischer Arbeit (Literatur, bildende Kunst, Musik, Theater) tätig: bereits der italienische Humanismus legt Wert auf ‚gelehrte' Bildung für Frauen.

### M 5, 150 f.
### Nicolao Manucci über das indische Kastenwesen (1670)

*Zur Person*: Nicolao Manucci (1638–1710), venezianischer Herkunft, gehörte zur Begleitung englischer Diplomaten in Delhi. Im Dienste des Großmoguls lernte er große Teile Indiens kennen und verfasste eine Geschichte des Mogulreiches.

**Zu Aufgabe 2, 151:**
Kasten bilden die sozialen Kategorien der Hindugesellschaft. Ihr Ursprung wird religiös begründet. Typisch sind die strenge Absonderung und die Ausformung spezifisch eigener Lebens-, Beschäftigungs- und Verhaltensformen. Kastenwechsel (soziale Mobilität) ist auch bei individueller Leistung und genauester Einhaltung der sozialen und religiösen Regeln ausgeschlossen. Aufgrund der hinduistischen Wiedergeburtsregel kann dies nur in einer späteren Existenz geschehen.
Dabei werden den vier bzw. fünf Großkasten bestimmte Tätigkeiten zugeordnet:
- Brahmanen: Priester, Gelehrte, führende Ratgeber in politischen Fragen;
- Kshatriyas („Radschahs“): Kriegeradel, Führungsfunktionen in Politik und Militär;
- Vaishyas: Händler, Viehzüchter;
- Shudras: Handwerker, Arbeiter, Bauern, Dienstpersonal;
- Unberührbare.

*Didaktisch-methodischer Hinweis*: Der Vergleich des indischen Kastenwesens mit der europäischen Ständegesellschaft kann auch als Referat vergeben werden. An dieser Stelle bietet es sich an, weitere Materialien – vgl. M 3–7, S. 86 f.; D, 69–74; D, 173–174 – heranzuziehen.
Vergleichbare Aspekte sind:
- die Absicherung der Ständegliederung durch religiös-politische Ordnungsvorstellungen;
- die Festlegung des individuellen sozialen Status durch Geburt;
- die Entwicklung eigener Verhaltensnormen und Wertesysteme („Standesehre‘).

Charakteristische Merkmale der europäischen Ständegesellschaft, die im Gegensatz zu Indien standen, sind:
- die Flexibilität der Ständeordnung: Aufstieg des Bürgertums im 12./13. Jahrhundert, Differenzierung und Auflockerung ständegesellschaftlicher Strukturen durch neue berufsständische Gruppen im 17./18. Jahrhundert;
- die traditionelle europäische Ständelehre: diese ging von sozialer Interaktion und ‚Arbeitsteilung‘ der Stände aus;
- mögliche, wenngleich eingeschränkte soziale Mobilität: beispielsweise Aufstieg in den Adelsstand;
- Klerus als Funktionsstand;
- die Stände als Inhaber eigener politischer Rechte und Herrschaftsbefugnisse: Ständeversammlungen ‚repräsentierten‘ das ‚Land‘ gegenüber dem Herrscher. Sie konnten als Konkurrenten der monarchischen Herrschaft oder als Mittler zwischen Monarch und Untertanen auftreten.

### M 6, 151
### Kupferstich „Beschreibung der ostindischen Küsten...“ von Philipp Baldaeus (1672)

**Zu Aufgabe 1, 151:**
Bezüglich der indischen Merkmale und der europäischen Interessen können die Schülerinnen und Schüler festhalten:
M 3:
- Die Überhöhung monarchischer Herrschaft dürfte einem Europäer nicht fremd gewesen sein, wohl aber die Herrschaftssymbolik (der Fisch als Glückssymbol stammt aus dem syrisch-phönizischen Kulturkreis). Roe betont in seinem Bericht den märchenhaften Reichtum Indiens und die sich den Europäern bietenden Handels- und Gewinnchancen. Es gelang ihm, Handels- und Reiseerlaubnis für englische Kaufleute im Mogulreich durchzusetzen.

M 4 und M 5:
- Geschildert werden hier die religiösen und sozialen Grundstrukturen der Gesellschaft Indiens (vgl. unten die Erläuterungen zu den Aufgaben 2 und 3, 151).

M 6:
- Indien und Südostasien werden hier als ‚Schatzhaus der Welt‘ dargestellt, das den Europäern begehrte Luxuswaren (Textilien, Juwelen, Gewürze, Früchte, Elfenbein) bietet. Die ‚Eingeborenen‘ werden als gleichberechtigte Handelspartner dargestellt. In den Niederlanden galt der Elefant dank seiner Stärke und Intelligenz als Träger besonderer Macht. In diesem Kontext symbolisiert er im Stich indische Staaten, die am Ende des 17. Jahrhunderts durchaus noch zu eigenständiger Politik fähig waren.

*Didaktisch-methodischer Hinweis*: Der „Reisebericht“ eines indischen Kaufmanns kann als Referat an Schüler und Schülerinnen vergeben werden. Dabei ist die Auswahl der europäischen Perspektive entscheidend. Eine Reise in die Niederlande (vgl. Arbeitsteil S. 145–148) betont die Unterschiede, die zwischen den politischen, wirtschaftlichen und gesellschaftlichen Strukturen Indiens und einer der am weitesten entwickelten Regionen Europas bestanden. Wenn der Darstellungstext der Seiten 164–178 als Grundlage gewählt wird, treten eher die Parallelen zwischen „Alteuropa“ und Indien hervor.

### M 7, 152
### Bericht über die Handelsmodalitäten in Bengalen (um 1760)

### M 8, 152
### Robert Clive an den englischen Premierminister (1760)

*Zur Person*: Robert Clive (1725–1774) war zunächst im Verwaltungsdienst der EIC tätig, vertrieb als General die Franzosen aus Indien und bekleidete in den Jahren 1764–1767 den Posten des Gouverneurs in Ostindien.

**Zu Aufgabe 1, 153:**
Das von den europäischen Ostindiengesellschaften praktizierte Handelssystem wies laut M 7 folgende Merkmale auf:

- Die Handelsgesellschaften stellten das Kapital zur Verfügung;
- Einheimische Makler und Kaufleute organisierten und kontrollierten den Rohstoffkauf und die Warenproduktion;
- Zwischenhändler profitierten von lukrativen Vermittlungsgebühren;
- Die Handelsgesellschaften übten die Endkontrolle aus und beeinflussten als Kapitalgeber Preise und Löhne.

Als Folgen für die indischen Märkte waren damit verbunden:
- Die Nachfrage der Handelsgesellschaften bewirkte eine Steigerung von Beschäftigung und Produktion;
- Indische Textilgewerbe gerieten in einzelnen Regionen in Abhängigkeit von der Nachfrage in Europa und den englischen, niederländischen und französischen Exportmärkten in Übersee.

Der Brief von Robert Clive (M 8) verweist auf die Ausschaltung Frankreichs als Kolonialkonkurrent (vgl. dazu M 1, 149), die den Übergang zur direkten Herrschaft der Briten in Bengalen ermöglichte. Sie erleichterte nicht nur den direkten Zugriff auf die wirtschaftlichen Ressourcen, sondern stärkte auch die Stellung Großbritanniens gegenüber den europäischen Großmächten.

**Zu Aufgabe 2, 153:**

Clive plädierte für eine Abkehr von der Politik der ‚indirekten' Einflussnahme der EIC und für die Umwandlung Bengalens in eine Kolonie ‚moderner' Art:

Mittel:
- Stationierung von Truppen (Zeile 7 f. und 23);
- Ausschaltung einheimischer Herrschaftsträger, die die britische Vorherrschaft gefährden könnten (Zeile 15 f.);
- direkte Ausübung der Herrschaft durch die EIC als Treuhänderin des Mutterlandes (Zeile 27 f.).

Ziele:
- territoriale Expansion;
- Kontrolle und Ausbeutung der kolonialen Wirtschaft zugunsten des Mutterlandes (Zeile 32f.).

### M 9, 153
### Jawaharlal Nehru über die Gründe für die territoriale Expansion der EIC (1946)

*Zur Person*: Nehru (1889–1964) war Anwalt und von 1947 bis 1964 Ministerpräsident Indiens.

### M 10, 153
### Stig Förster über die Motive der Expansionspolitik

**Zu Aufgabe 3, 153:**

Als Gründe für den englischen Machtzuwachs nennt Nehru (M 9)
- die politische Anarchie nach dem Zerfall des Mogulreiches (Zeile 9f.);
- das soziale und wirtschaftliche Elend (Zeile 27);
- die Ausnutzung lokaler Herrschaftsstreitigkeiten durch die Briten (Zeile 17ff.);
- das Fehlen eines gesamtindischen ‚Nationalgefühls' (Zeile 24).

Förster (M 10) führt den nach dem Übergang zur Territorialherrschaft sich entwickelnden „Subimperialismus" der EIC zurück auf
- das Eigeninteresse der Offiziere und Beamten der ‚militarisierten' EIC (Zeile 10 und 22 f.);
- die fehlende Kontrolle durch die Londoner Zentrale (Zeile 35).

Karrieren im Kolonialdienst dienten Angehörigen der Oberschichten dazu, ihre gesellschaftliche Position im Mutterland zu sichern oder zu verbessern. Offiziere erhielten nach erfolgreichen Feldzügen einen Großteil der Kriegsbeute als Preisgeld. Annexion und die Übernahme der Schutzherrschaft über indische Fürstentümer schufen vielfältige Aufstiegs- und Bereicherungsmöglichkeiten. Die Politik des ‚präventiven Expansionismus' lag im Eigeninteresse der kolonialen Verwaltungs- und Militärelite; gegenüber der Zentrale wurde dies mit sicherheitspolitischen Argumenten gerechtfertigt.

**Zu Aufgabe 4, 153:**

*Tafelbild S. 62* ▼

*Didaktisch-methodischer Hinweis*: Es bietet sich an, den vergleichenden Blick auf die zeitgenössische indische und nordamerikanische Entwicklung mithilfe eines Tafelbildes festzuhalten.

**Notizen**

**Tafelbild zu Aufgabe 4, 153**

## Vergleich der englischen Besiedelung Nordamerikas und der Entwicklung Indiens zur Kolonie

| Nordamerika | Indien |
|---|---|
| – keine staatliche Organisation der Ureinwohner | – alte Hochkulturen mit staatlichen, gesellschaftlichen und religiösen Traditionen |
| – Verdrängung/Vernichtung der Indianer | – kulturelle und religiöse Traditionen von Kolonialmächten respektiert |
| – Siedlungskolonien | – keine Siedlungskolonie, Europäer als Kaufleute und Herrschaftspersonal (Verwaltung, Militär) |
| – Rechts- und Verfassungstraditionen des Mutterlandes sind Grundlage des politischen Lebens in den Kolonien | |

↓

**Parallelen**

Bemühungen der britischen Regierung nach 1763 die koloniale Wirtschaft stärker an das Mutterland zu binden.

↓

**Folgen**

| | |
|---|---|
| – Unabhängigkeit der USA (‚koloniale Befreiungsrevolution') | – Übergang zur Territorialherrschaft<br>– Aufbau einer für die Kolonialimperien des 19. Jahrhunderts beispielhaften Form der Herrschaftssicherung und Verwaltung |

© 2000 Cornelsen Verlag, Berlin. Alle Rechte vorbehalten

# Kapitel 4: Die europäische Zivilisation in der frühen Neuzeit

## Auftaktseiten, Grundinformation, Darstellung

### M, 158
### Auftaktseitenbild Anonymer Kupferstich aus dem „Chymischen Cabinet" (1708)

Das Bild stammt aus Michael Maiers „Atalanta fugiens", einem 1618 erschienenen Kompendium der Alchemie und ihrer Symbolwelt. Im 18. und 19. Jahrhundert übertrug man die Aussage des Bildes auch auf die Tätigkeit des ‚modernen' Wissenschaftlers. Die junge Frau symbolisiert die Natur und die sie erforschenden Wissenschaften. Der Forscher hat bei seinen Forschungen den Gesetzen der Natur zu folgen. Stock, Brille und Laterne sind Symbole der Vernunft, der Erfahrung und der Lektüre. Das Begleitgedicht im „Chymischen Cabinet" lautet: „Ein Führer in die Natur sey / welch'r du must folgen von weiten /Williglich / anderst du jrrst / wo sich dich nicht thut leyten /Die Vernunfft sey dein Stab / und es muß stärcken die Erfahrnheit Dein Gesicht / daß du könnst sehen / was gelegt ist weit und breit /Daß Lesen sey wie ein Lamp im finstern leuchtend hell und klar /Dadurch du mögst verhüten der Sachn und Wörter Gefahr."

### M, 160
### Tabelle zur Chronologie der Entwicklung von Wissenschaft und Technik

*Didaktisch-methodischer Hinweis*: Es bietet sich an, die Tabelle im Rahmen der Bearbeitung des Darstellungstextes der Seiten 184–185 sowie der Materialien 6 (S. 190 f.) und 8 (S. 195) heranzuziehen. Bei der Analyse der Wissenschafts- und Technikgeschichte sollten die Schülerinnen und Schüler folgende Aspekte beachten: Im 17. Jahrhundert entstand die moderne Naturwissenschaft. Die für sie typische experimentell-mathematische Methode basierte auf der Mechanik (Galilei, 1609; Newton 1666). Vom Aufstieg der experimentellen Naturwissenschaften profitierte die Optik (Mikroskop, Fernrohr, Erforschung des Lichts durch Romer und Huygens, 1675/1690). In der Astronomie wurde der räumliche Aufbau des Sonnensystems geklärt (Kepler 1615–1618). Die Himmelserscheinungen begriff man als dynamisches Gleichgewicht mechanischer, mathematisch berechenbarer Kräfte. Die Entwicklung der analytischen Geometrie (Descartes 1637) und der Infinitesimalrechnung (Newton, Leibniz 1665/1672) führte zu prinzipiell neuen Methoden in der Mathematik, die man bei der Bearbeitung „außermathematischer", vor allem physikalischer Probleme heranzog. Die Mathematik wurde Grundlage der modernen Naturwissenschaften. In der zweiten Hälfte des 18. Jahrhunderts entstand die moderne quantitative Chemie. Verfeinerte Analysemethoden und die Übertragung mechanistisch-physikalischer Theorien auf Vorgänge bei chemischen Reaktionen führten zu Grundlagenentdeckungen (Cavendish, Scheele, Rutherford, Lavoisier, 1766–1780). Fast gleichzeitig begann die Entwicklung der chemischen Industrie. Mit der Entwicklung der Spinn- und der Dampfmaschine (1738, 1769) setzte die Industrielle Revolution ein. Während der ganzen Epoche erweiterten Entdeckungsreisen die geografischen Kenntnisse. Die Expeditionen Thomas Cooks schlossen die eigentliche Zeit der Entdeckungen ab – die Theorie der Existenz einer „terra australis" wurde widerlegt. Seit dem 17. Jahrhundert entstanden neue Formen wissenschaftlicher Kooperation und Kommunikation (Royal Society, 1660). Wissenschaftliche Kenntnisse wurden popularisiert (Encyclopédie, 1751–1777). Die staatliche Bildungspolitik folgte der Wissenschaftsentwicklung mit der Gründung neuer Hochschulen (Halle 1694, Göttingen 1733, Braunschweig 1745; vgl. M 8, 195). Die Verbindung zwischen „reiner" Wissenschaft, Technologie und staatlicher Wissenschafts- und Bildungspolitik war seit dem 18. Jahrhundert ein Kennzeichen der europäischen Zivilisation.

### M, 161
### Tabelle Bevölkerungsentwicklung in europäischen Ländern 1600–1800

*Didaktisch-methodischer Hinweis*: Eine sinnvolle Ergänzung der oben genannten Tabelle findet sich in M, 61 (Tabelle „Bevölkerung Westdeutschlands 600–1800"). Die demografische Entwicklung lässt sich somit differenziert nach zwei größeren Abschnitten betrachten:

a) Bevölkerungsentwicklung 600–1500:
- Die Pestkatastrophe des 14. Jahrhunderts beendet das kontinuierliche Anwachsen der Bevölkerung im Mittelalter,
- Die demografischen Verluste sind erst zu Beginn des 16. Jahrhunderts ausgeglichen,
- Ein neuer Einbruch wird durch den Dreißigjährigen Krieg verursacht.

b) Bevölkerungsentwicklung 1600–1800:
Mit Ausnahme Deutschlands – verursacht durch die Verluste des Dreißigjährigen Krieges – ist in den meisten westeuropäischen Ländern eine Plateauphase der Bevölkerungsentwicklung zu erkennen. Der Rückgang in Spanien bis 1650 ist auf Auswanderung zurückzuführen, bedingt durch Wirtschafts- und Finanzkrisen. Der Rückgang der französischen Bevölkerung wird im Allgemeinen mit der Vertreibung der Hugenotten und mit der höheren Mortalität durch Agrarkrisen erklärt.

Für die ‚Bevölkerungsexplosion' nach 1750 gibt es keine bündige Antwort. Die historische Demografie geht im Allgemeinen davon aus, dass die Bevölkerungsentwicklung in alteuropäischen Gesellschaften im Sinne eines Systems reguliert wurde, dessen bestimmende Faktoren Umweltbedingungen (Ernährungsmöglichkeiten) und der Entwicklungsstand der materiellen Zivilisation waren. Als Auslöser der ‚demografischen Revolution' werden heute diskutiert:
- die Verbesserung des Klimas (Ende der „kleinen Eiszeit" nach 1700, d. h. Anstieg der Durchschnittstemperaturen und Verbesserung der landwirtschaftlichen Erträge),

- das Ausbleiben großer Seuchenzüge und die Erreichung hygienisch-medizinischer Fortschritte;
- Agrarreformen, Verbesserung landwirtschaftlicher Techniken,
- die Verbesserung der Ernährungssituation (Kartoffelanbau),
- die Entstehung neuer Erwerbsmöglichkeiten durch vorindustrielles Wachstum (Protoindustrialisierung, vgl. Schülerband 1, S. 271).

## M, 161
## Tabelle Löhne von Bauhandwerkern und Lebenshaltungskosten in einzelnen Regionen Europas 1440–1760

*Didaktisch-methodischer Hinweis*: Auch hier bietet es sich an, eine weitere Tabelle aus Schülerband 1 – M, 61: „Getreidepreise in Mitteleuropa 1200–1560" – für eine ergänzende Betrachtung heranzuziehen. Folgende Gesichtspunkte sollten die Schülerinnen und Schüler herausarbeiten:

a) Entwicklung der Getreidepreise 1200–1520:
Der Anstieg der Preise für Getreide, d. h. für das Schlüsselprodukt der Ernährung, korreliert seit 1500 mit dem Anwachsen der Bevölkerung.

b) Entwicklung der Lohn- und Lebenshaltungskosten 1440–1760:
Bis zur Wende vom 15. zum 16. Jahrhundert liegt der Index der Lebenshaltungskosten unter dem Reallohnindex (Verbesserung des Lebensstandards im Ernährungssektor). Um 1520/30 öffnet sich die Preis-Lohnschere. Der Anstieg der Lebenshaltungskosten wird vor allem durch steigende Getreidepreise verursacht. In Augsburg und Wien steigen die Lebenshaltungskosten in Krisenzeiten (Dreißigjähriger Krieg) besonders steil an. Die Preis- und Lohnentwicklung deutet auf eine Verelendung der unteren Ränge der Gesellschaft hin, die 70 bis 80 Prozent ihres Einkommens für Nahrungsmittel aufwenden müssen. (Im 18. Jahrhundert sind in Nürnberg stets 10 Prozent der Gewerbetätigen auf Almosen angewiesen; in Mainz, Straßburg, Frankfurt und Köln gehören 16 bis 40 Prozent der Einwohner zur ‚unterbürgerlichen' Elendsschicht). Vor allem nach 1750 wächst die unter der Armutsschwelle lebende Bevölkerung an (Taglöhner, Kleinbauern, Gesellen, Gesinde). Diese strukturelle Armut wird in einigen Regionen duch die Protoindustrialisierung gemildert.

## M, 162
## Tabelle Zahl und Funktion der Dienstboten in Haushalten von Kaufleuten und Handwerkern in Oldenburg

Die Tabelle zeigt eine schichtenspezifische Nachfrage nach Dienstpersonal. Bei den Handwerkern dominierte das berufsbezogene Personal (Lehrjungen, Gesellen), bei den vermögenderen Kaufleuten die haushaltsgebundenen Dienstboten, vorrangig Mägde.

## M, 162
## Tabelle Sozialstruktur englischer Haushalte im 17. und 18. Jahrhundert

Zum sozialen Hintergrund der einzelnen Gruppen:
- Gentry: Zu dieser politisch-gesellschaftlichen Führungsschicht gehörten im 17. und 18. Jahrhundert neben dem (niederen) Adel auch Akademiker und Angehörige freier Berufe (Ärzte, Juristen, Kaufleute). Kriterium der Schichtzugehörigkeit waren Vermögen und Funktion. Insgesamt gehörten vier bis fünf Prozent der Bevölkerung zur Gentry; sie besaß zwischen 33 und 50 Prozent der landwirtschaftlich nutzbaren Fläche.
- Geistliche: Pfründeninhaber. Diese Gruppe wurde mit der Gentry gleichgestellt.
- Freisassen (Yeomen): Statusbezeichnung für vermögendere Bauern mit größerem Landbesitz. Im Gegensatz zur Gentry war Handarbeit typisch für diese Gruppe, ihr sozialer Rang entsprach dem von Angehörigen städtischer Mittelschichten.

Die Tabelle zeigt, dass die vorindustrielle Haushaltsfamilie nicht groß war. Ihre unterschiedliche Größe beruhte nicht auf der Kinderzahl, sondern auf der Anzahl des Gesindes und der im Haushalt mitwohnenden Verwandten. Es bestand ein eindeutiger Zusammenhang zwischen dem sozialen Status des Haushaltsvorstands und der Familiengröße: je höher der Status, desto größer der Haushalt. In zeitgenössischen mittel- und westeuropäischen Agrarlandschaften betrug die durchschnittliche Haushaltsgröße vier bis sechs Personen, in den Städten lag sie darunter.

## M, 162
## Tabelle Kurgäste in Bad Pyrmont 1725–1800

Während vor 1750 Vergnügungsreisen eher die Ausnahme bildeten – ausgenommen die ‚grand tours' europäischer Adliger nach Frankreich und Italien –, wurden in der zweiten Jahrhunderthälfte Badereisen in Kreisen des Adels und des vermögenden Bürgertums üblich. Zwar reicht die Tradition von ‚Badeaufenthalten' bis ins Mittelalter zurück; jetzt aber entstanden in Badeorten wie Bad Pyrmont neue Formen gesellschaftlicher Aktivitäten (Ballhäuser, Spielbanken). Badekuren verstand man seit 1780 auch als ‚Rückkehr zur Natur'. Die seit dieser Zeit in mondänen ‚Kurorten' entstehenden großzügigen Parkanlagen spiegelten damit zugleich ein neues Naturverständnis wider (vgl. dazu Schülerband 1, S. 200 ff.).

## M, 163
## Karte Netz der befestigten gebührenpflichtigen Straßen in England und Wales 1740 und 1770

Befestigte, mautpflichtige Straßen („turnpike roads") wurden seit der zweiten Hälfte des 17. Jahrhunderts von kapitalkräftigen Investoren gebaut und unterhalten. Aufgrund des entwickelten Finanzwesens und der freihändlerischen Wirtschaftspolitik erwiesen sich private Investitionen in den Ausbau der Infrastruktur als lohnende Unternehmung. Die Regionen mit der höchsten Straßendichte (West- und Nordwestengland) stellten Kerngebiete der industriellen Revolution dar. Die Straßen dienten dabei vorrangig lokalen wirtschaftlichen Bedürfnissen, nämlich der Verbindung zwischen der landwirtschaftlichen Produktion und den Zentren der Textilproduktion/Industrie. Massengüter beförderte man dagegen in der Hauptsache auf dem Kanalsystem, das zur gleichen Zeit angelegt wurde. Die Mautstraßen steigerten auch die individuelle Mobilität: So dauerte im Jahre 1766 eine Reise von Liverpool nach London per Eilkutsche weniger als drei Tage.

**M, 163**
**Tabelle Alphabetisierungsgrad der männlichen Erwachsenen im internationalen Vergleich 1600 –1800**

Der hohe Alphabetisierungsgrad, d. h. die Lesefähigkeit der Bewohner der oldenburgischen Küstenmarsch, ist wie in Schottland auf den Einfluss der protestantischen Kirche zurückzuführen (Bibellektüre).
In Oldenburg führte man 1675 die Schulpflicht ein. In ihrer Folge entstand ein dichtes Netz von Landschulen. Die vorherrschende Wirtschaftsform in der Küstenmarsch – die Viehwirtschaft – begünstigte die Bildungsbemühungen: da man die Kinder nicht für Feldarbeit benötigte, konnten sie die Schule ganzjährig besuchen. Um 1730 ging die Lesefähigkeit zunächst wieder zurück. Wesentlicher Grund dafür waren Überschwemmungskatastrophen: die verarmten Kirchspiele konnten die Schulen nicht wieder aufbauen. Deutlich wird hier erneut ein enger Zusammenhang von ökonomischer Entwicklung und Bildungsinvestitionen.
In Frankreich war der Alphabetisierungsgrad im Vergleich zu den protestantischen Ländern geringer. Um 1700 waren im protestantischen Europa 40–45 Prozent der Bevölkerung lesekundig, im katholischen nur 20–30 Prozent. Klar erkennbar wird also auch eine Beziehung zwischen Bildungsgrad und konfessioneller Ausprägung der Gesellschaft.

**M, 163**
**Tabelle Bildungsstand der erwachsenen Männer und Frauen in der oldenburgischen Küstenmarsch 1675 –1750**

Um 1750 konnten fast alle Männer und Frauen in der oldenburgischen Küstenmarsch lesen. In der Schreibfähigkeit blieben die Frauen aber hinter den Männern zurück. Der größte Abstand zwischen den Geschlechtern bestand hinsichtlich des Rechnens. Die Fähigkeiten schreiben und rechnen zu können, bildeten für Frauen Zusatzqualifikationen. Zunehmende Geldwirtschaft, Umwandlung von Dienstpflichten und Naturalleistungen in Geldabgaben, Marktorientierung und Exportbeziehungen zu den Niederlanden machten Schreiben und Rechnen zur unerlässlichen Grundqualifikation für Männer. Auch hier ist der Rückgang des Bildungsniveaus nach 1735 (vgl. Tabelle „Alphabetisierungsgrad...") zu erkennen.

**M, 163**
**Tabelle Tragfähigkeit der Handelsflotten europäischer Länder 1400 –1800**

Die Tabelle zeigt den Aufstieg des Überseehandels Englands (Navigationsakte 1651) und Frankreichs (Merkantilismus) nach 1650. Die Niederlande unterlagen der Konkurrenz der beiden Handelsmächte. Deutschland war am Überseehandel kaum beteiligt.

**M, 165**
**Kupferstich „Die Behandlung der Pest" von Jost Amann**

Die Abbildung zeigt das Interieur eines reichen Bürgerhauses. Das Ärztekollegium berät; von der traditionellen Pestbehandlung ist nur das Räucherbecken geblieben, auf das ein Arzt deutet. Der Rauch von Gewürzen und Heilpflanzen soll die ‚Miasmen' in der Luft zerstören, die Paracelsus für den Ausbruch der Krankheit verantwortlich machte.

**M, 167**
**Scherenschnitt „Familie Middendorf" von Caspar Dilly**

Das Bild zeigt die blutsverwandte Kernfamilie als dominante Sozialform in einem ‚typisch' bürgerlichen Wohnzimmer mit Sekretär, ‚Vitrine' und Familienesstisch. Wohn- und Arbeitsbereiche sind getrennt; das Porzellan- oder Fayencegeschirr deutet auf die Wohlhabenheit der Familie hin. Die Kinder werden als kleine Erwachsene dargestellt.

**M, 172**
**Ölgemälde „Der Goldwäger und seine Frau" von Quentin Massys**

Das Genrebild zeigt das Büro eines Bankiers bzw. Geldwechslers und thematisiert die unterschiedlichen Geschlechterrollen. Der Ehemann geht mit Sorgfalt seiner ‚weltlichen' Tätigkeit nach. Vor seiner Frau liegt ein Gebet- oder Stundenbuch. In der bürgerlichen Ehe verbinden sich wirtschaftliche Aktivität und Frömmigkeit.

**M, 181**
**Ölgemälde „Bänkelsängerin auf dem Lande" von Johann Conrad Seekatz**

Auf dem Land war die Lesefähigkeit im 18. Jahrhundert noch gering. Der Austausch von Informationen und Meinungen erfolgte mündlich („Kultur des Hörensagens"). Bänkelsänger waren Teil einer Volkskultur, sie berichteten meist über sensationelle Begebenheiten wie z. B. Verbrechen.

**M, 184**
**Ölgemälde „George Biggins Aufstieg in Lunardis Ballon" von J. C. Ibbetson (1785)**

Das Gemälde ist ein Beispiel für die in der zweiten Hälfte des 18. Jahrhunderts schnell wachsende Zahl von Ereignisbildern, die die zeitgenössische Entwicklung von Technik und Wissenschaft thematisierten. Der Ballonfahrer verkörpert die menschliche Entdecker- und Wagnisfreude, der Ballon ist Symbol des Fortschritts. Ibbetson hält auf seinem Bild den ersten Ballonstart in England fest. Über 100 00 Zuschauer sollen bei St. Georges' Field anwesend gewesen sein, als George Biggins und Mrs. Sge im Ballon aufstiegen.

## Basismaterialien

### M 1, 188
### Auszug aus einem Lehrbuch: Über die Bedeutung der Bevölkerung (1777)

*Tafelbild S. 67* ▼

**Zu Aufgabe 1, 189 (oben):**
Das Lehrbuch der Cameralwissenschaften wendet sich gegen Grundsätze des herkömmlichen Merkantilismus, der die Edelmetalle bzw. das Geld als zentralen Indikator wirtschaftlicher Stärke betrachtete. Die Wirtschaftskraft eines Staates – so sahen es dagegen die aufgeklärten Ökonomen – beruhte einerseits auf seiner naturräumlichen Ausstattung (Zeile 10 f.) und andererseits auf seiner Einwohnerzahl. Letztere bewirkte aus ihrer Perspektive die Nachfrage und das Wachstum im gewerblichen und agrarischen Bereich. Wachstum nutzte sowohl dem Einzelnen als auch dem Staat (Zeile 15 f.). Leibeigenschaft, Abgabendruck und konfessioneller Zwang bildeten hingegen Faktoren, die Bevölkerungsanstieg und Wirtschaftswachstum verhinderten (Zeile 38 f.). Die freie, auf Wachstum ausgerichtete Wirtschaftsordnung Englands betrachtete man als Vorbild (Zeile 33).
Die Argumentation des Lehrbuchs beruhte auf den Theorien des Physiokratismus, der die Landwirtschaft als Basis der ‚Nationalökonomie' betrachtete und für das freie Spiel der Kräfte an Stelle von staatlicher Wirtschaftslenkung eintrat.

*Didaktisch-methodischer Hinweis*: Die von den Aufklärern kritisierten Missstände sowie traditionellen Haltungen und die sich daraus ergebenden Reformforderungen lassen sich in wirtschaftlicher, gesellschaftlicher und politischer Hinsicht anschaulich in einem Tafelbild wiedergeben.

### M 2, 188 f.
### Armenarzt G. Kerner über die Lage der Bauern in der Umgebung Hamburgs (1797)

*Zur Person*: Georg Kerner (1770–1812) war Absolvent der Stuttgarter Hohen Karlsschule, lebte zwischen 1791 und 1794 in Paris und gehörte der Nationalgarde an. Nach einem Aufenthalt in der Schweiz war er ein Mitarbeiter des französischen Diplomaten und Außenministers K. F. Reinhardt, der ebenfalls aus Württemberg stammte. Seit 1803 arbeitete Kerner als Arzt in Hamburg.

**Zu Aufgabe 2, 189 (oben):**
Das von Kerner kritisierte Elend der Bauern beruhte auf
- Abgabendruck,
- niedrigem Bildungsniveau,
- Desinteresse des Staates an wirtschaftlichen Reformen.

**Zu Aufgabe 3, 189 (oben):**
Als Ursachen des wirtschaftlichen Rückstandes und der Verelendung breiter Bevölkerungsschichten sollten die Schülerinnen und Schüler nennen:
- die Leibeigenschaft und den Abgabendruck,
- die konfessionelle Intoleranz und die fehlenden staatlichen Initiativen in der Wirtschafts-, Sozial- und Bildungspolitik.

Bemühungen um Verbesserungen und Reformen scheiterten an der Realität der zeitgenössischen Ständegesellschaft, an der geringen Produktivität (technologischer Rückstand) und an dem Unwillen bzw. der Unfähigkeit der Regierungen ihre Maßnahmen nach modernen wirtschaftlichen Grundsätzen auszurichten.

**Zu Aufgabe 4, 189 (oben):**
Folgende Prinzipien der Aufklärung lassen sich aufzählen:
M 1:
- Förderung von Landwirtschaft und Gewerbe nach dem Vorbild Englands: Freihandel, marktwirtschaftliche Strukturen (Zeile 30 f.);
- der Mensch ist zur Freiheit geboren (Zeile 42);
- die fehlende Glaubensfreiheit als Hindernis wirtschaftlicher/gesellschaftlicher Reformen (Zeile 47 und 53 f.).

M 2:
- Förderung von wirtschaftlichem und sozialem Fortschritt als Aufgabe des Staates (Zeile 15 f.).

### M 3, 189
### Bevölkerungsindices für Shepsted und Bottesford (1700–1824)

**Zu Aufgabe 1, 189 (Mitte):**
Die Protoindustrialisierung (vgl. D, 271) modifizierte wichtige Merkmale der ‚alten Bevölkerungsweise' durch
- den Anstieg der Heirats- und Geburtenrate,
- das dadurch ausgelöste Bevölkerungswachstum.

**Zu Aufgabe 2, 189 (Mitte):**
Als entscheidende Indikatoren sind die Geburten- und die Heiratsrate anzuführen. Das Entstehen neuer, gewerblicher Existenzmöglichkeiten bewirkte die Veränderung dieser Grundindikatoren. Die Statik der alten Gesellschaft, die Heirat und Familiengründung nur bei ‚auskömmlichem Erwerb' gestattete, wurde durchbrochen. In den Zentren der Protoindustrialisierung sank die Abhängigkeit der Menschen vom Verlauf der Agrarkonjunktur, in einzelnen Regionen Deutschlands minderte der Zusatzerwerb durch Heimarbeit die Folgen der Agrarkrise der Jahre 1770–1774. Seit der kapitalistischen Industrialisierung wurde die hier sichtbare ‚Bevölkerungsweise' zur Regel.

### M 4, 189
### Aus einem Reisebericht von C. G. Küttner (1793/94)

*Zur Person*: Carl Gottlob Küttner (1755–1805) lebte als Schriftsteller und Hofmeister (Privatlehrer), er verfasste geografisch-statistische Werke und Reiseberichte.

### M 5, 189 f.
### Georg Forster über die Tuchproduktion (1790)

*Zur Person*: Georg Forster (1754–1794), Natur- und Völkerkundler sowie Teilnehmer an Cooks zweiter Weltumsegelung (1772–1775), schuf den wissenschaftlichen Reisebericht als

**Tafelbild zu M 1, 188**

## Aufklärerische Reformen

| | **Missstände und traditionelle Haltungen** | **Reformforderungen** |
|---|---|---|
| Wirtschaft | ➡ Besitz von Edelmetall/Gold als Indikator wirtschaftlicher Stärke des Staates<br>➡ staatliche Wirtschaftslenkung<br>➡ niedrige Produktivität<br>➡ technologischer Rückstand<br>➡ Kapitalmangel | ➡ Bevölkerungszahl und umweltbedingte Rahmenbedingungen als Indikatoren für Wirtschaftskraft<br>➡ Wachstum als Ziel der Wirtschaftspolitik<br>➡ freie Wirtschaftsordnung |
| Gesellschaft und Politik | ➡ Desinteresse des Staates an Reformen<br>➡ Leibeigenschaft, Zunftzwang, Abgabedruck<br>➡ religiöse Intoleranz<br>➡ niedriges Bildungsniveau | ➡ Staat mit der Aufgabe, Rahmenbedingungen für wirtschaftlichen und sozialen Fortschritt zu schaffen<br>➡ modernes Unternehmertum als Träger des Fortschritts |
| Sozialpolitik (Armenpflege) | ➡ Armut kein gesellschaftlicher Missstand | ➡ Bekämpfung der Armut durch Eigeninitiative<br>➡ Erziehung der Armen zu Fleiß und Disziplin<br>➡ Arbeitszwang<br>➡ Arbeitsbeschaffung durch den Staat |

© 2000 Cornelsen Verlag, Berlin. Alle Rechte vorbehalten

neue literarische Form. 1790 bereiste er mit Alexander von Humboldt Belgien, die Niederlande, Frankreich und Großbritannien. 1792 wurde er führender Jakobiner in Mainz und trat für den Anschluss der Mainzer Jakobinerrepublik an Frankreich ein.

**Zu Aufgabe 1, 190:**
Beide Autoren vergleichen die rückständige Wirtschaftsstruktur des Rheinlandes mit der der Niederlande und Englands. Forster beschreibt die Textilherstellung im ländlichen Heimgewerbe (Zeile 7f.) und in einer „Fabrik" (Zeile 52). Die höchste Produktivität erreicht die „Fabrik" (Zeile 52). Sie erzeugt den Wohlstand der Bevölkerung; der Staat muss die Rahmenbedingungen für das Wirtschaftswachstum schaffen (Religionsfreiheit, niedrige Steuern).
Der Rückstand im Rheinland ist aus der Perspektive Küttners und Forsters zurückzuführen auf:
- die mangelhafte Infrastruktur,
- den Kapitalmangel und das Fehlen großer Wirtschaftszentren,
- fehlende bürgerliche Freiheiten, alte Organisationsformen gewerblicher Produktion (Zunftzwang), religiöse Intoleranz,
- politische Zersplitterung.

Voraussetzung wirtschaftlichen Wachstums ist demnach die Beseitigung dieser Hemmnisse. Politische Freiheit bildet gemäß Forster die Grundlage wirtschaftlichen Gedeihens (Zeile 33). Beide Texte lassen aber offen, wie Reformen gegen den Widerstand der ‚Despoten' (M 5, Zeile 83) durchgesetzt werden können. Aus Forsters Ausführungen lässt sich ableiten, dass der Kaufmann bzw. Unternehmer die Aufgabe besitzt wirtschaftliche und gesellschaftliche Freiräume zu erschließen.

**Zu Aufgabe 2, 190:**
Zum Zusammenhang von Infrastruktur und wirtschaftlicher Entwicklung *siehe* oben M, 163 die Erläuterungen zur Karte „Gebührenpflichtige Straßen".

**Zu Aufgabe 3, 190:**
Forster glaubte als Vertreter des aufklärerischen Fortschrittsoptimismus, dass wirtschaftliche Aktivität vernunftgemäßen Gesetzen folgt. Sein Bild vom Kaufmann bzw. Fabrikanten lässt sich wie folgt kennzeichnen:
- Der Kaufmann bzw. Unternehmer ist der Typus des modernen ‚aufgeklärten' Menschen (Zeile 68 f.);
- Er lässt die Enge der alten Verhältnisse hinter sich; indem er seinen rational definierten Eigeninteressen folgt, schafft er Arbeit und Wohlstand für viele (Zeile 33);
- Rastlose Tätigkeit und Wissbegier sind Kennzeichen des modernen ‚homo economicus' (Zeile 58 f.).

Diese Thesen entsprechen dem Theorem Adam Smiths von der harmonisierenden Wirkung der ‚unsichtbaren Hand' des Eigeninteresses zum Wohle des Ganzen (Zeile 76). Forsters Plädoyer für eine freie Wirtschaftsordnung weist auf künftige Probleme hin:
- Forster zeichnet ein Idealbild des modernen Unternehmers, fordert aber zugleich die Bildung einer ‚arbeitsamen Klasse von Menschen', die in ‚fabrikmäßigen Anstalten' (Zeile 10 f.) einer spezialisierten Arbeit nachgehen und allein aus ihr ihren Lebensunterhalt beziehen.
- Forster betrachtet Arbeit ausschließlich als Ergebnis unternehmerischer Aktivität. Die hieraus entstehenden Probleme (wirtschaftliche Abhängigkeit, ungleiche Verteilung von Eigentum, soziale Ungleichheit) zu erkennen ist ihm in jenem historischen Moment nicht möglich.

Bezüglich der Hindernisse in der Umsetzung dieser Ideen siehe oben die Erläuterungen zu Aufgabe 1, 190. Als weitere Schwierigkeiten laut Darstellungstext S. 171–176 sollten die Schülerinnen und Schüler nennen:
- die Dominanz der Landwirtschaft (Deckung von Grundbedürfnissen);
- die Knappheit bzw. schwierige Erschließbarkeit von Ressourcen (Land, Rohstoffe, Energie);
- die Massenarmut (fehlende Nachfrage nach gewerblichen Produkten);
- die Vorherrschaft des Handelskapitals (begrenzte Investitionsmöglichkeiten in produktive Anlagen).

### M 6, 190 f.
### Karl Jaspers über Technik und europäische Zivilisation

*Zur Person*: Karl Jaspers (1883–1969), Philosoph und Psychologe, trat in der Nachkriegszeit durch kritische Analysen der gesellschaftlichen, technisch-wissenschaftlichen und politischen Entwicklung hervor. (Literatur: Die Atombombe und die Zukunft des Menschen, 1958; Hoffnung und Sorge. Schriften zur deutschen Politik, 1965; Wohin treibt die Bundesrepublik?, 1966).

**Zu Aufgabe 1, 191 (oben):**
Nach Jaspers ist Technik Hilfe zur Daseinsgestaltung. Sie entlastet den Menschen von Not und hilft ihm die „Umwelt" in eine „ihn ansprechende Form" zu verändern. Umwelt und Natur werden nur in Bezug auf den Menschen gesehen.
Jaspers besitzt ein materialistisches Geschichtsverständnis: Grundmuster historischer Entwicklung ist die Wechselwirkung von technischen Entwicklungen zur Veränderung der Natur und ihrer Rückwirkung auf den Menschen. Der Mensch verändert sich durch die Art und Organisation seiner Arbeit und durch die von ihm gestaltete Umwelt.

**Zu Aufgabe 2, 191 (oben):**
Am Ende des 18. Jahrhunderts wandelte sich nach Jaspers das bis dahin stabile Verhältnis zwischen Mensch, Natur und Technik. Die technische (industrielle) Revolution veränderte die Grundmuster des menschlichen Daseins. Die Technik (industrielle Produktionsabläufe) und die durch sie gesteigerte Naturbeherrschung entwickelten sich zur Bedrohung menschlichen Lebens und trennten den Menschen von den Grundlagen seines Daseins (Zeile 30f.).
Der Autor des Auftaktseitentextes betrachtet die Technik (Wandel der gewerblichen und landwirtschaftlichen Produktionsweisen und der Kommunikationsmöglichkeiten) dagegen als

Grundlage der Modernisierung und hebt die Anpassungsfähigkeit der europäischen Gesellschaften hervor.

Zur Diskussion beider Texte können die Schülerinnen und Schüler die Artikel „Modernisierung“ und „Zivilisation“ der Grundinformation S. 161 f. heranziehen. Kennzeichnend für den in der zweiten Hälfte des 18. Jahrhunderts einsetzenden Modernisierungsschub sind:

- die schwindende Bindungskraft der Religion in Staat und Gesellschaft (siehe unten die Erläuterungen zum Arbeitsteil Moses Mendelssohn);
- die neue Wirtschaftsgesinnung (Erläuterungen zu M 1, 188, und M 5, 189 f.);
- die Alphabetisierung und die neuen Erziehungsideale (siehe Erläuterungen zum Arbeitsteil Erziehung);
- das neue Zeit- und Raumverständnis;
- die Mobilisierungsprozesse in der ständischen Gesellschaft.

### M 7, 191
### Anonyme Radierung aus der „Einleitung zur Ceremoniel-Wissenschaft der Privatpersonen“ (1728)

**Zu den Aufgaben 1 und 2, 191 (unten):**
Die Abbildung illustriert die durch Sozialdisziplinierung bewirkte Verhaltensänderung. Links diskutieren zwei Herren in spanisch-burgundischer Hoftracht in freier, aufrechter Haltung. Ein Rang- oder Autoritätsunterschied ist nicht erkennbar. Die beiden Kavaliere rechts sind nach neuester französischer Mode gekleidet. Sie benehmen sich devot und geziert nach den Vorschriften höfischer, „von oben“ auferlegter Etikette. Die Bauten im Hintergrund unterstreichen den Gegensatz: links die unübersichtliche, kleinteilige Architektur der Vergangenheit, rechts als Symbol der Moderne eine weitläufige Barockresidenz mit französischem Garten.

## Notizen

## Arbeitsteil
## Erziehung als Programm der Aufklärung

### M 1, 192
### Normallehrplan für die preußische Landschule (1763)

### M 2, 192
### Hölderlin über den Tagesablauf im Kloster Denkendorf (1782)

**Zu Aufgabe 1, 195:**

Als pädagogische Absichten der Lehrpläne lassen sich nennen:

M 1:

Das Ziel des preußischen Landschulreglements von 1763 war die Durchsetzung der allgemeinen Schulpflicht vom sechsten bis zum dreizehnten Lebensjahr. Als Lehrmaterialien dienten Bibel, Katechismus und Gesangbuch. Durch das ‚Lehrbüchlein' erhielt die ‚Realienkunde' einen festen Platz in den niederen Schulen. Die exakte Festlegung des Lehrstoffs und des Unterrichtsgangs sollte zur Einübung von Fleiß und Disziplin beitragen. Rechnen spielte nur eine untergeordnete Rolle (*siehe* dazu auch die *Erläuterungen* zu den Materialien „Alphabetisierungsgrad" und „Bildungsstand" vorne S. 65).

M 2:

Hölderlin schildert den genau reglementierten Alltag in einer berufsbezogenen Erziehungsinstitution. Denkendorf war eine der ‚niederen' Klosterschulen Württembergs, die ihren Schülern Basiskenntnisse vermittelten. Von hier wechselten sie auf die ‚höheren' Klöster (Bebenhausen, Maulbronn), wo man sie die ‚sieben freien Künste' (Arithmetik, Musik, Geometrie, Astronomie, Rhetorik, Dialektik, Grammatik) als Grundlagen des Theologiestudiums am Tübinger Stift lehrte. Individuellen Freiraum gab es in Denkendorf kaum. Der Bücherbesitz der Schüler wurde überwacht. Verboten war beispielsweise die Lektüre von Romanen oder der Genuss von Tee und Kaffee. Trotz einzelner Reformen blieb die Unterrichtsmethode äußerst konservativ; in den ‚theologischen Lektionen' lernte man Definitionen und Beweisstellen in der Bibel auswendig. Das Fächerangebot wurde zögernd erweitert. Lektionen in ‚neuen' Fächern wie Geschichte, Geografie und modernen Sprachen konnten die Zöglinge nur in ihrer Freizeit oder im Rahmen des ‚Privatstudiums' gegen Gebühr besuchen.

*Zusatzmaterial S. 72 f.* ▼

### M 3, 192 f.
### J.-J. Rousseaus Erziehungsvorstellungen in „Emile" (1762)

*Zur Person*: Jean-Jacques Rousseaus (1712–1778) Ideal der freien Entfaltung der Persönlichkeit prägte die moderne Erziehungstheorie. Sein optimistisches Menschenbild entsprach dem Denken der Aufklärung, deren Fortschrittsglauben er aber durch seine Gesellschaftskritik infrage stellte.

### M 4, 193
### J. B. Basedows Ideen zur Erziehung (1774)

*Zur Person*: Johann Bernhard Basedow (1724–1790) war ein Hauptvertreter der deutschen Aufklärungspädagogik. Durch seine Schriften und die von ihm initiierte Musterschule (Philanthropinum) in Dessau übte er großen Einfluss auf Theorie und Praxis der Erziehung aus.

**Zu Aufgabe 2, 195:**

Zu den pädagogischen Prinzipien und Zielen:

M 3:

Revolutionär an den Ausführungen Rousseaus ist die Betonung der ‚Menschenbildung', die nicht auf die Integration des Kindes in die Welt der Erwachsenen, sondern auf die Freilegung der wahren (guten) Natur des Menschen abzielte. Rousseau hebt den traditionellen Bezug der Erziehung zur bestehenden Gesellschaft oder zu traditionellen Berufsfeldern auf (vgl. M 1 und M 2). Erziehung wird vielmehr als Macht der Veränderung verstanden, die sich außerhalb der gesellschaftlichen Konventionen definieren muss. Ihr Ziel ist die umfassende Ausbildung aller Fähigkeiten des Menschen (Zeile 5 f. und 23 ff.) sowie die Überwindung der ihn verformenden gesellschaftlichen Zwänge (Zeile 3f. und 33 ff.).

M 4:

Im Gegensatz zu Rousseau beschäftigt sich Basedow mit den Lehr- und Lernmethoden der ‚aufgeklärten' Erziehung. Diese bedeutet bei Basedow die Entfaltung des wahren Menschentums (Zeile 35 ff.). Erziehung wird als ein sozialintegrierender, „bürgerliche" Tugenden vermittelnder Prozess verstanden. Im Dessauer Philanthropinum soll eine Erziehung praktiziert werden, die auf die Natur des Kindes abgestimmt ist:
- ohne Beachtung der sozialen Herkunft der Zöglinge (Zeile 1 ff.);
- durch die Betonung praktischer Kenntnisse und Fähigkeiten (Zeile 10 f.);
- durch Selbstorganisation des Unterrichts, spielendes Lernen und Aktivierung des kindlichen Tätigkeitsdrangs (Zeile 8 ff.).

*Didaktisch-methodischer Hinweis*: Es bietet sich an, Basedows Erziehungsprogramm mit der sozialen Wirklichkeit zu vergleichen, um die revolutionäre Spannweite seines pädagogischen Ansatzes aufzuzeigen.

### M 5, 194
### Kupferstich „Fürtreffliche Bildung des Geistes und Herzens" von D. Chodowiecki (1774)

### M 6, 194
### Kupferstich „Verbesserte Erziehung" von D. Chodowiecki (1801)

*Zur Person*: Daniel Chodowiecki (1726–1801) war ein Anhänger der pädagogischen Ideale des Philanthropismus, der Erziehung als entscheidendes Mittel gesellschaftlicher Veränderung betrachtete. Chodowiecki illustrierte die Werke führender zeitgenössischer Reformpädagogen.

**Zu Aufgabe 3, 195:**

Zur Beschreibung der beiden Kupferstiche:

M 5 bildet den traditionellen Erziehungsstil ab, den die Philanthropen bekämpften (Buchgelehrsamkeit, autoritär auftretende Lehrer). Ein solcher Unterricht lässt dem Schüler, der als kleiner Erwachsener dargestellt ist, keine Möglichkeit zu selbstständiger Tätigkeit; sein Spielzeug verschwindet unter dem mit Büchern beladenen Tisch. Chodowiecki karikiert damit den bei reichen Bürgern und Adligen üblichen Einzelunterricht durch ‚Hofmeister' (Privatlehrer).

M 6 thematisiert die Idylle der Reformpädagogik. Der Lehrer ist nicht gefürchtete Autorität, sondern Freund, Ratgeber und Begleiter der Kinder, die gemeinsam spielen und lernen. Die Natürlichkeit und Naivität der Kinder, Selbsttätigkeit und Spiel müssen der Erziehung nutzbar gemacht werden.

## M 7, 194
## R. Z. Becker über die Reformen des Herrn von Mildheim (1788)

*Zur Person*: Becker unterrichtete 1782/83 am Dessauer Philanthropinum. Als Fortschrittsoptimist glaubte er, dass der Mensch durch die Verbreitung praktischer Kenntnisse und die Schilderung tugendhafter Verhaltensweisen zu vernunftgemäßem Handeln erzogen werden könne. Diesem Ziel diente das weit verbreitete „Noth- und Hülfsbüchlein".

**Zu Aufgabe 4, 195:**

Die Bauern sollten gemäß der Erzählung
- zu Vertrauen auf den Fortschritt,
- zu selbstständigem Handeln und Denken erzogen werden.

Becker sprach dem Gutsherrn die Rolle des Initiators der Reformen zu. Danach sollte dieser die Funktion des aufgeklärten Herrschers einnehmen, der für das Wohl seiner Untertanen arbeitet und auf ihre Einsicht und Mitarbeit angewiesen ist.

*Zusatzmaterial S. 74 f.* ▼

*Didaktisch-methodischer Hinweis*: Für eine Vertiefung der Grenzen und Widersprüche des aufgeklärten Absolutismus bietet sich eine Quellenarbeit mit dem „Allgemeinen Landrecht für die preußischen Staaten" an.

## M 8, 195
## Ludwig von Friedeburg über die Bildungspolitik des 18. Jahrhunderts (1989)

**Zu Aufgabe 5, 195:**

*Tafelbild S. 76* ▼

Friedeburg unterscheidet zwischen der Elementarbildung, deren Ausweitung durch den ökonomischen Bedarf wenig gefördert wurde, und der zunehmenden Wichtigkeit berufspädagogischer Spezialisierung. Sie stand im Mittelpunkt staatlicher ‚Bildungspolitik' des 18. Jahrhunderts.

*Didaktisch-methodischer Hinweis*: Es ist sinnvoll, den Wandel von Wissenschaft und Universitäten in einem Tafelbild anschaulich festzuhalten.

## Notizen

| Zu M 1 u. 2, 192 u. Aufgabe 1, 195 | Historiker Richard van Dülmen über Kindheit und Jugend in der frühen Neuzeit |
|---|---|

## Kindheit und Jugend

Die vormoderne Gesellschaft kannte keine unserem Begriff von Jugend vergleichbare Vorstellung. Jugend als Phase der Reifung war dem Europa vor der Aufklärung unbekannt.

Um das, was in der Vormoderne in Europa unter Jugend gemeint war, und um dessen Dauer näher zu bestimmen, müssen wir zweierlei bedenken: Einmal gab es im Unterschied zu anderen Gesellschaften keine zentralen Initiationsriten, die den Übergang von der Kindheit zur Jugend eindeutig signalisierten. Geschlechtsreife, politische und auch religiöse Reife fielen zumeist auseinander, nicht nur zeitlich, sondern auch in ihrem Bedeutungsgehalt. Selbst die Konfirmation war kein zentraler Übergangsritus, abgesehen davon, dass sie nur Protestanten betraf.

Das Ende der Jugendzeit ist relativ eindeutig zu bestimmen: Mit der Heirat trat man in die Welt der Erwachsenen ein, konnte einen eigenen Haushalt gründen und politische Rechte wahrnehmen. Bis zu der Heirat – und die konnte für manche noch jenseits des 28. Lebensjahres liegen – lebte der Einzelne als Knecht oder Geselle in einem Haushalt und unterstand damit der Gewalt des Hausvaters.

Schwieriger wird es, die Grenzen zwischen Kindheit und Jugend näher aufzuzeigen; denn einen mit der Heirat vergleichbaren ‚Wendepunkt' gab es wie gesagt nicht. Die religiöse Reife erlangten Mädchen wie Jungen im 14./15. Lebensjahr, mit diesem Lebensjahr etwa wurden sie auch vor Gericht erstmals wie Erwachsene behandelt. Andererseits begann aber die Ehemündigkeit bei Männern erst mit dem 18. Lebensjahr, bei Frauen gelegentlich früher. Dies gilt allgemein für alle sozialen Schichten. Der Übergang von der Kindheit zur Jugend war immer relativ gleitend, doch gibt es je nach Stand Abweichungen. Die Grenze zwischen Kind- und Jugendsein war am schwächsten im bäuerlichen Haushalt ausgebildet. Denn weder die Integration in den häuslichen Arbeitsprozess galt als Kriterium für den Übergang zur Jugend noch das Verlassen des elterlichen Haushalts. Schon 5- bis 6-jährige Kinder konnten nämlich in den häuslichen Arbeitsprozess integriert werden und viele verließen bereits vor dem 14. Lebensjahr das Elternhaus. Ein gewichtigeres Kriterium bildete allein die Aufnahme in die ländlichen Burschenvereinigungen, die weitgehend alle ledigen Männer einer Dorfgemeinschaft umfassten. Hier fand bereits ein 14 bis 15-Jähriger Aufnahme; für Mädchen gab es allerdings nichts Vergleichbares. Greifbarer sind die Grenzen im handwerklich-bürgerlichen Lebensbereich, dem das unmerkliche Hineinwachsen der Kinder in den Produktionsprozess unbekannt war. Erst ein 14-jähriger Junge konnte – und das dann ausdrücklich – als Lehrling aufgenommen werden. Die Festlegung korrespondiert mit dem Eintrittsalter in die Gesellenverbände, deren Aufnahmerituale wie auch die der ländlichen Burschenschaften den Charakter von Initiationsriten haben. Am stärksten dem modernen Verständnis verwandt war die Grenze, die im gebildeten bzw. vermögenden Bürgertum zwischen den Lebensaltern gezogen wurde. Denn hier wurden erstmals pädagogische Vorstellungen relevant. Mit dem Ende der Elementarschulzeit bzw. dem Übergang in das Gymnasium oder an die Universität hörte man auf, als Kind angesprochen zu werden. Aber auch hier schwankte dieser Zeitpunkt zwischen dem 10. und 14. bzw. dem 14. und 16. Lebensjahr.

Das Leben der jungen Leute war maßgeblich durch abhängige Arbeit geprägt, die sich allerdings kaum von der des Hofbesitzers bzw. des Handwerksmeisters unterschied. ... Herrschaftlich erlassene Gesinde- und Gesellenordnungen regelten die Arbeitsverhältnisse im Einzelnen, Arbeitszeiten, Entlohnungen sowie nicht zuletzt die Unterordnung unter den Hofbesitzer bzw. Handwerksmeister, der nicht nur das Recht hatte auf qualifizierter Arbeit und der Einhaltung der Hausordnung zu bestehen, sondern auch – und das nicht zuletzt – das sittlich-moralische Leben zu überwachen.

In der bäuerlichen Welt galt dies sowohl für die männlichen als auch für die weiblichen Jugendlichen gleicherweise, gravierende Unterschiede gab es nicht, nur wechselten die Dienstmägde nicht so häufig, blieben in nachbarschaftlicher Nähe zum elterlichen Hof und unterstanden stärkerer sozialer Kontrolle. Anders war letztlich die Situation im Handwerkshaushalt; während hier die Gesellen als ausgebildete Handwerker auf Wanderschaft gingen, wurden die Mädchen als Dienstmädchen in andere Haushaltungen verdingt, wenn sie nicht zur Unterstützung der Mutter zu Hause blieben und dort auf einen Mann warteten. Noch stärker klaffte die Welt der männlichen und weiblichen Jugend in gehobenen Ständen auseinander; während die Jungen im Studium oder in der Berufsbildung, z. T. sogar auf Reisen, reiche Erfahrungen sammeln und sich dabei zu weltgewandten Persönlichkeiten entwickeln konnten,

© 2000 Cornelsen Verlag, Berlin. Alle Rechte vorbehalten

| Zu M 1 u. 2, 192 u. Aufgabe 1, 195 | Historiker Richard van Dülmen über Kindheit und Jugend in der frühen Neuzeit |
|---|---|

*Fortsetzung*

wurden die Mädchen ausschließlich auf ihre künftige Rolle als Hausfrau hin erzogen; anstelle oder neben häusliche ‚Arbeits'-Erfahrungen trat allerdings später die häusliche Bildung.

Für die meisten Jugendlichen bestimmte die körperliche Arbeit im Hausverband ihr Leben. Nur für eine kleine Schicht vor allem der oberen Stände trat an die Stelle der Arbeit der Schulbesuch...

Zweifellos war der Jugendliche stark eingebunden in eine Hausgemeinschaft, in der allgemein die Erwachsenen den Ton angaben und der Hausherr Unterordnung unter die Hausordnung verlangte. Aber dies war nur die eine Seite seines Lebens, denn niemand lebte ausschließlich in Arbeit und Gehorsam. Die andere Seite wurde geprägt von einer mehr oder weniger autonomen außerhäuslichen Kultur der Jugendlichen in ländlichen oder städtischen Jugendverbänden, die dem Bedürfnis nach eigener Geselligkeit und eigenen kulturellen Interessen entgegenkamen. Diese Welt bildete gewisserweise eine Gegenwelt zum Haus, zur Gesellschaft der Hausväter, ohne allerdings dadurch die traditionelle Struktur der Gesellschaft zu gefährden. Im Gegenteil, derartige Verbände wurden gerade als Wahrer der Tradition in Dorf und Stadt in ihrem Bestand selbst von den Erwachsenen toleriert, wenn nicht geschützt, sosehr immer wieder Kirchen wie Obrigkeiten zumindest ihre Kontrolle durch die Hausherren verlangten. Für die Sozialisation der Jugendlichen war dieser autonome Erfahrungsraum ebenso entscheidend wie das Leben in der Hausgemeinschaft und die alltägliche Arbeit. Die außerhäuslichen Erfahrungen, wie sie bereits die Kinder gemacht hatten, wurden hier verdichtet. Unter den Mädchen eines Dorfes oder einer Stadt gab es zwar sicherlich auch lockere Verbindungen, aber davon wissen wir wenig, eigentliche Verbände sind nirgendwo bekannt; ausreichende Informationen haben wir nur über die Organisationen junger Männer.

*Zit. nach: Richard van Dülmen, Kultur und Alltag in der frühen Neuzeit, Band 1: Das Haus und seine Menschen, 16.–18. Jahrhundert, 2. Auflage, München 1995, S. 121.*

© 2000 Cornelsen Verlag, Berlin. Alle Rechte vorbehalten

| Zu Aufgabe 4, 195 | Das Allgemeine Landrecht für die preußischen Staaten (Auszug; 1794) |
| --- | --- |

**Einleitung II:**
**Allgemeine Grundsätze des Rechts**[1]

*§ 77.*
*Das Wohl des Staates überhaupt und seiner Einwohner insbesondere ist der Zweck der bürgerlichen Vereinigung und das allgemeine Ziel der Gesetze.*

*§ 78.*
*Das Oberhaupt des Staates, welchem die Pflichten zur Beförderung des gemeinschaftlichen Wohls obliegen, ist die äußere Handlung aller Einwohner diesem Zweck gemäß zu leisten und zu bestimmen berechtigt.*

*§ 79.*
*Die Gesetze und Verordnungen des Staates dürfen die natürliche Freiheit und Rechte der Bürger nicht weiter einschränken, als es der gemeinschaftliche Endzweck erfordert.*

§ 73.
Ein jedes Mitglied des Staats ist das Wohl und die Sicherheit des gemeinen Wesens nach dem Verhältnisse seines Standes und Vermögens zu unterstützen verpflichtet.

§ 74.
Einzelne Rechte und Vorteile der Mitglieder des Staats müssen den Rechten und Pflichten zur Beförderung des gemeinschaftlichen Wohls, wenn zwischen beiden ein wirklicher Widerspruch (Kollision) eintritt, nachstehen ...

§ 76.
Jeder Einwohner des Staats ist den Schutz desselben für seine Person und sein Vermögen zu fordern berechtigt ...

§ 80.
Auch Rechtsstreitigkeiten zwischen dem Oberhaupte des Staats und seinen Untertanen sollen bei den ordentlichen Gerichten nach den Vorschriften der Gesetze erörtert und entschieden werden ...

§ 83.
Die allgemeinen Rechte des Menschen gründen sich auf die natürliche Freiheit, sein eigenes Wohl ohne Kränkung der Rechte eines andern suchen und befördern zu können ...

**Zweiter Teil, 7. Titel: Vom Bauernstande**
**I. Abschnitt: Vom Bauernstand überhaupt**

§ 1.
Unter dem Bauernstande sind alle Bewohner des platten Landes begriffen, welche sich mit dem unmittelbaren Betriebe des Ackerbaus und der Landwirtschaft beschäftigen, sofern sie nicht durch adlige Geburt, Amt oder besondere Rechte von diesem Stand ausgenommen sind.

§ 2.
Wer zum Bauernstande gehört, darf ohne Erlaubnis des Staats weder selbst ein bürgerliches Gewerbe treiben noch seine Kinder dazu widmen ...

**III. Abschnitt: Von untertänigen Landbewohnern**

§ 87.
Die Verhältnisse der Gutsuntertanen auf dem Lande gegen ihre Gutsherrschaften sollen ... in den Provinzialgesetzbüchern gehörig bestimmt ... werden ...

§ 91.
Nur die Besitzer von Rittergütern können in der Regel Untertanen haben und herrschaftliche Rechte über dergleichen Leute ausüben ...

§ 93.
Kinder untertäniger Eltern werden derjenigen Herrschaft untertan, welcher die Eltern zur Zeit der Geburt unterworfen waren ...

© 2000 Cornelsen Verlag, Berlin. Alle Rechte vorbehalten

| Zu Aufgabe 4, 195 | Das Allgemeine Landrecht für die preußischen Staaten (Auszug; 1794) |
| --- | --- |

*Fortsetzung*

**Zweiter Teil, 8. Titel: Vom Bürgerstande**
**I. Abschnitt: Vom Bürgerstande überhaupt**

§ 1.
Der Bürgerstand begreift alle Einwohner des Staats unter sich, welche ihrer Geburt nach weder zum Adel noch zum Bauernstande gerechnet werden können ...

§ 2.
Ein Bürger im eigentlichen Verstande wird derjenige genannt, welcher in einer Stadt seinen Wohnsitz aufgeschlagen und daselbst Bürgerrecht gewonnen hat ...

**Zweiter Teil, 9. Titel: Von den Pflichten und Rechten des Adelsstandes**

§ 1.
Dem Adel, als dem ersten Stande im Staate, liegt nach seiner Bestimmung die Verteidigung des Staats sowie auch die Unterstützung der äußeren Würde und inneren Verfassung desselben hauptsächlich ob.

§ 2.
Zum Adelsstande werden nur diejenigen gerechnet, denen der Geschlechtsadel durch Geburt oder landesherrliche Verleihung zukommt ...

§ 35.
Der Adel ist zu den Ehrenstellen im Staate, wozu er sich geschickt gemacht hat, vorzüglich berechtigt ...

§ 37.
Nur der Adel ist zum Besitz adliger Güter berechtigt ...

[1] Die Paragraphen 77, 78 und 79 waren ursprünglich Teil des „Allgemeinen Gesetzbuches“ und wurden zum In-Kraft-Treten des „Allgemeinen Landrechtes“ im Jahr 1794 gestrichen.

*Zit. nach: Das Allgemeine Landrecht für die preußischen Staaten 1794, in: Geschichte in Quellen: Renaissance, Glaubenskämpfe, Absolutismus, hg. von W. Lautemann u. M. Schlenke, München 1976, S. 631–634*

© 2000 Cornelsen Verlag, Berlin. Alle Rechte vorbehalten

**Tafelbild zu Aufgabe 5, 195**

## Der Wandel von Bildung und Wissenschaft im 17. Jahrhundert

*Wissenschaftliche Revolution des 17. Jahrhunderts*
*Entstehung der modernen Naturwissenschaften*

**Universitäten**

- ➡ *Gründung von Reformuniversitäten*
- ➡ *Förderung von praxis- und berufsbezogenen Studiengängen*
  - *Ökonomie*
  - *Medizin*
  - *Jurisprudenz*
  - *Theologie*
  - *Bergbau*
  - *Gründung von Fachhochschulen*
  - *Förderung der Naturwissenschaften*

**Neue Formen der wissenschaftlichen Kommunikation und Kooperation**

- ➡ *Gründung von wissenschaftlichen Akademien*
- ➡ *Popularisierung neuer Erkenntnisse und Ideen (Lesegesellschaften)*

*Alphabetisierung, Leserevolution,*
*Entstehung des Bildungsbürgertums*

© 2000 Cornelsen Verlag, Berlin. Alle Rechte vorbehalten

## Arbeitsteil
## Moses Mendelssohn

### M 1, 196
### Der Historiker Chr. Prignitz über die Biografie M. Mendelssohns (1993)

*Zum Hintergrund*: Im Jahre 1671 erlaubte Kurfürst Friedrich Wilhelm fünfzig aus Wien vertriebenen vermögenden jüdischen Familien, sich in Berlin und in einigen Städten der Mark Brandenburg niederzulassen. Wie Holländer und Hugenotten sollten kapitalkräftige jüdische Händler und Unternehmer die Wirtschaft des unterentwickelten Landes voranbringen. Um 1700 gehörten Juden zu den wichtigsten Steuerzahlern in Berlin. König Friedrich Wilhelm I. (1713–1740) kehrte wieder zu einer restriktiven Judenpolitik zurück, unterband weitere Zuwanderung und gewährte Schutzbriefe nur bei Nachweis hoher Vermögen. Trotz religiöser Toleranz hielt Friedrich II. an dieser Politik fest. Das Judenreglement von 1750 vertiefte durch die Einteilung der Juden in sechs Klassen die soziale Differenzierung der jüdischen Gemeinde. Die Mitglieder der 1. Klasse (Hoflieferanten, Finanziers, Fabrikanten) waren der christlichen bürgerlichen Oberschicht faktisch gleichgestellt. Moses Mendelssohn gehörte als Ausländer und als Angestellter eines Schutzjuden der 2. Klasse zur untersten 6. Klasse. Nach der Intervention des Marquis d'Argens rückte er als ‚außerordentlicher Schutzjude' in die Klasse 3 auf, zu der in der Regel Ärzte, Anwälte und Künstler gehörten. Er konnte sein Aufenthaltsrecht und die Zugehörigkeit zu dieser Klasse seinen Nachkommen nicht vererben.

### M 2, 196
### Miniaturmalerei Moses Mendelssohn

### M 3, 196
### Schreiben von M. Mendelssohn an I. Iselin (1762)

### M 4, 196 f.
### Schreiben von Johann Mendelssohn an Chr. Fr. Nicolai (um 1800)

**Zu Aufgabe 2, 198:**
Zur Position Mendelssohns in der Auseinandersetzung um seinen „Schutzbrief": Mendelssohn akzeptierte die bestehende Rechtslage (Zeile 15f.). Er forderte keine privilegierte Stellung gegenüber seinen Glaubensgenossen, betrachtete aber die Ausgrenzung der Juden als Verstoß gegen allgemeine Rechtsgrundsätze (Zeile 30ff.).
Als Anhänger der Aufklärung ging der Marquis d'Argens von der Gleichheit aller Menschen aus. Aus seiner Sichtweise besaß Mendelssohn aufgrund seiner intellektuellen Leistungen Anspruch auf eine rechtlich abgesicherte Existenz. Der Marquis appellierte an den König sich als Philosoph über die Trennung der Religionen und die aus ihnen herrührende rechtliche und gesellschaftliche Ungleichheit hinwegzusetzen (Zeile 51f.).

### M 5, 197 f.
### M. Mendelssohn über die gesellschaftliche Stellung der Juden (um 1781)

**Zu den Aufgaben 3 und 4, 198:**
Mendelssohn wandte sich gegen die Absicht die Ausgrenzung der Juden zu verschärfen und sie als Angehörige einer fremden Nation zu betrachten. Er glaubte vielmehr, dass die Integration der Juden dem „allgemeinen Besten" diene (Zeile 12f. und 18). Als Vertreter der aufgeklärten Assimilationsidee nahm er an, dass sich das Prinzip der Toleranz durchsetzen und zur Aufhebung der Unterschiede beitragen werde (Zeile 26). Ironisch verwies er auf die Wandlungen des Christentums, das sich von einer Religion der Unterdrückten zu einer der Herrschenden gewandelt habe.

### M 6, 198
### Kupferstich „Examinierung Moses Mendelssohns am Berliner Tor in Potsdam" von M. S. Lowe (1791)

*Zum Hintergrund*: Nach dem Judenreglement Friedrichs II. galt das Schutzverhältnis für „außerordentliche Schutzjuden" wie Moses Mendelssohn nur für einen bestimmten Ort und ausschließlich für ein bestimmtes Gewerbe. Juden konnten sich nicht frei bewegen; „fremde Juden" durften Berlin nur durch das Prenzlauer und das Hallesche Tor betreten.

**Zu Aufgabe 1, 198:**
Folgende Aspekte bezüglich der rechtlichen und sozialen Position der Juden in Preußen sollten die Schülerinnen und Schüler nennen:
- Juden sind rechtlich und sozial ausgegrenzt (M 3, Zeile 15 ff.);
- Ausländischen Juden kann das Aufenthaltsrecht verweigert werden (M 4, Zeile 4);
- Das Aufenthaltsrecht hängt vom Vermögen (M 4, Zeile 42 f.) oder vom Dienst bei anerkannten Schutzjuden ab (M 4, Zeile 7 f.);
- Juden dürfen sich in Preußen nicht frei bewegen (M 6).

### M 7, 198 f.
### Brief M. Mendelssohns an einen Unbekannten (1770)

### M 8, 199
### A. H. Friedlaender über Mendelssohn und die jüdische Aufklärung

**Zu den Aufgaben 1 und 2, 199 (oben):**
Zum Religionsbegriff Mendelssohns und seiner Stellung zur jüdischen Religion lassen sich folgende Aspekte aufzählen:
- Mendelssohn war überzeugt, dass der Kern jeder Religion die universal gültige „Sittenlehre" sei (vgl. dazu Lessings „Nathan der Weise");
- Das Wesen des Christentums sei durch die institutionalisierte Kirche („christliche Rabbinen", M 7, Zeile 4) verfälscht worden; dies trage zum Unfrieden unter den Menschen bei;

- Die jüdische Religion sei vernunftgemäß und tolerant; sie entspreche den Forderungen der natürlichen Vernunftreligion (M 7, Zeile 34f.).
- Die Juden bilden deshalb die „Leibgarde Gottes“ (M 8, Zeile 17).

Als Vernunftreligion bot der jüdische Glaube laut Mendelssohn seinen Anhängern eine Basis, von der aus sie an der Kultur der Aufklärung teilnehmen und Staat und Gesellschaft von Nutzen sein konnten.
Friedlaender (M 8) argumentiert als Angehöriger der Nach-Holocaust-Generation: Die Geschichte habe den aufklärerischen Optimismus Mendelssohns und seiner Zeitgenossen widerlegt. Die europäische Gesellschaft und Kultur sei nur scheinbar ‚offen‘ gewesen (Zeile 6). Das Judentum müsse auch im betonten Hervorheben der Unterschiede seine Eigenständigkeit beweisen.

## M 9, 199
## Ölbild „Lavater und Lessing bei Mendelssohn“ von M. Oppenheim (1856)

**Zu Aufgabe 1, 199 (unten):**
Das Bild zeigt Mendelssohn (links) und Lavater am Tisch, stehend Lessing. Die Freundschaft zwischen Mendelssohn und Lessing soll beim Schachspiel entstanden sein, das man im 18. Jahrhundert als Symbol rationalen Handelns betrachtete. Lessing regte Mendelssohns schriftstellerische Tätigkeit an. Der Zürcher Pfarrer Johann Caspar Lavater (1741–1801) vertrat eine undogmatische Theologie und versuchte eine rationale Apologie des Christentums.

**Zu Aufgabe 2, 199 (unten):**
Das Bild möchte das harmonische Zusammenwirken von Judentum, christlicher Theologie und aufklärerischer Philosophie und Literatentum darstellen. Tatsächlich aber gab es erhebliche Differenzen. Lavater forderte beispielsweise im Jahre 1769 Mendelssohn ultimativ auf, die Wahrheit des Christentums zu widerlegen oder zu diesem zu konvertieren.

**Notizen**

## Arbeitsteil
## Gestaltete Natur: Park und Landschaft im 18. Jahrhundert

### M 1, 200
### Ölgemälde „Schloss und Gartenanlagen in Marly" von P. D. Martin (1722)

### M 2, 200
### Anonymer Bericht über die Parkanlage in Machern (1796)

### M 3, 201
### Plan des englischen Gartens in Machern

### M 4, 201
### J. W. von Goethe über die Parkanlagen in Wörlitz (1778)

### M 5, 201
### Bericht über die Landschaftsverschönerung im Seifersdorfer Tal (1794)

Zum Hintergrund: Der Garten, den die Gräfin Christiane von Brühl von 1781 an im Seifersdorfer Tal anlegte, kann als ein Musterbeispiel sentimentalen Naturempfindens gelten. Überall fanden sich dort „Altäre der Rührung" als Zeugnisse einer literarisch vermittelten Naturbegeisterung: so z. B. eine Amorputte für Goethe als den Dichter des Werther, eine Gedenkstätte für Sternes Tristram Shandy, ein „Altar der Tugend" und ein „Betstuhl des Einsiedlers".

**Zu Aufgabe 1, 203:**
Die Schülerinnen und Schüler sollten folgende Empfindungen Goethes und seiner Zeitgenossen nennen:

M 2:
- Die Natur wird zur sittlich-moralischen Kraft; in ihr findet der Mensch Trost (Zeile 3 f.);
- Die neue Gartenkunst verbindet menschliche Schöpferkraft und Natur zu einer idealen Einheit (Zeile 11 ff.);
- Die moderne Gartenkunst bildet die Harmonie der Natur nach und überhöht sie, während der französische Garten die Natur ‚verstümmelte' um ästhetische Wirkungen zu erzielen (Zeile 33 ff.);

M 4:
Goethe, der in Weimar mit Projekten der Gartenbaukunst befasst war, besaß eine gefühlsbetonte Einstellung zur Natur:
- Die Wörlitzer Anlagen schaffen eine allumfassende Harmonie zwischen Mensch und Natur (Paradiesvorstellung, Zeile 7);
- Diese Harmonie steht in scharfem Gegensatz zur Welt der Menschen (Zeile 13 f.).

M 5:
- Die ‚Verschönerung' der Natur (Zeile 15), die Öffnung des Landschaftsgartens zur Umgebung und für die ‚Untertanen' überwindet gesellschaftliche Unterschiede (Zeile 20 ff.);
- Die Harmonie von Mensch und Natur im Landschaftsgarten wird zum Gegenbild zur ständisch strukturierten Gesellschaft mit ihren schroffen Abgrenzungen und Konflikten.

**Zu Aufgabe 2, 203:**
Bezüglich der Gartenanlagen im Seifersdorfer Tal: Hermann der Cherusker galt als Verteidiger aufklärerischer Freiheits- und Tugendideale. Seit der literarischen Verwertung des Hermannstoffes durch Justus Möser und Klopstock verbinden sich mit ihm ein gegen den Absolutismus gerichtetes Freiheitsverständnis und das Ideal romantisch-nationaler Selbstbestimmung.
Diese Parkarchitektur diente der Selbstidentifikation des Betrachters. Durch ‚Stimmungsträger' wurde der Landschaftsgarten zu einer der ersten Stätten des Historismus und bereitete damit den Denkmalskult des 19. Jahrhunderts vor.

### M 6, 202
### Aquatinta „Der Venustempel zu Wörlitz" von Karl Kuntz (1799)

### M 7, 202
### Tuschzeichnung „Die Wörlitzer Anlagen" von G. M. Kraus (1783)

**Zu Aufgabe 3, 203:**
Bezüglich der Verwirklichung der Ziele neuer Gartenkunst lassen sich folgende Aspekte aus den Materialien ableiten:

M 1:
Schloss Marly wurde in den Jahren 1676–1686 als „Eremitage" Ludwigs XIV. erbaut. Die Gartenanlage ist durch ihre Mittelachse auf das Schloss bezogen und von der umgebenden „wilden" Natur getrennt. Alleen, Springbrunnen, Bassins und Pavillons betonen die Symmetrie. Die Natur wird der Geometrie als der reinsten Form menschlicher Vernunft unterworfen. Durch den Bezug auf das Schloss ist der Garten ein Teil der ‚Herrschaftsarchitektur' und spiegelt die hierarchisch-autoritäre Staats- und Gesellschaftsauffassung des Absolutismus wider.

M 3:
Der englische Garten in Machern wurde zwischen 1786 und 1799 von Graf Karl Heinrich August von Lindenau im Anschluss an den künstlich angelegten Schwemmteich (vgl. linke Bildhälfte) gestaltet. Symmetrie und Abgrenzung von der Umgebung fehlen. Wie in Wörlitz und im Seifersdorfer Tal gab es zahlreiche Staffagebauten (‚gotische' Ritterburg, Tempel des Äolus und der Hygieia, Mausoleum als ‚Tempel der Erinnerung').

M 6:
In den Wörlitzer Anlagen überhöht der Gegensatz zwischen der klassischen Architektur des Tempels (Antike als Symbol der Harmonie und Einfachheit), den künstlich angelegten Felsen und markanten Bäumen die Natur. Die Landschaftskomposition, die einem Szenenbild im Theater gleicht, wird zum Stimmungsträger.

M 7:
Die Wörlitzer Anlagen wurden als Abfolge von räumlichen,

den Kompositionsregeln der Landschaftsmalerei folgenden Bildern gestaltet. Architektur und Denkmäler sind in die Landschaft integriert und verschaffen dem Betrachter durch wechselnde Blickverbindungen ästhetische Erlebnisse.

### M 8, 203
### Der Historiker R. Alex über Gartenkunst und landwirtschaftliche Reformen (1988)

**Zu den Aufgaben 4 und 5, 203:**
Die Anlage des Wörlitzer Landschaftsgartens war Teil der umfassenden Reformpolitik (‚praktizierte Aufklärung') des Fürsten Leopold von Anhalt-Dessau. Er hatte in England Gartenbaukunst, landwirtschaftliche und industrielle Neuerungen kennen gelernt. Die Umsetzung dieser Vorbilder verwandelte Anhalt-Dessau zum Musterland aufklärerischer Reformen (hinsichtlich Erziehung und Schule siehe die Erläuterungen zu M 4, 193). Die ‚Landesverschönerung' diente:
- dem Ausbau der Infrastruktur (Arbeitsbeschaffung);
- der Gewinnung landwirtschaftlich nutzbarer Flächen (M 8, Zeile 10 f.);
- der Modernisierung der Landwirtschaft (neue Anbaumethoden, Abschaffung feudaler Lasten, Umsetzung physiokratischer Vorstellungen, Zeile 20 f.).

Die ‚Landesverschönerung' vereinte modernes Vernunft- und Nützlichkeitsdenken und aufklärerischen Reformeifer mit sentimentalischer Arkadiensehnsucht (vgl. die Materialien 2, 4 und 5). Die Verbindung von gartenästhetisch gestalteter und ökonomisch genutzter Landschaft zielte darauf ab, ein Musterland zu schaffen, in dem ‚das Schöne' mit dem für Individuum und Gesellschaft ‚Nützlichen' identisch sein sollte.

### Notizen

# Kapitel 5: Die Revolutionen der frühen Neuzeit: England, Amerika, Frankreich

## Auftaktseiten, Grundinformation, Darstellung

### M, 208
### Auftaktseitenbild Landschaft mit Freiheitsbaum (1792)

*Erläuterungen*: Das Aquarell ist eine Erinnerung Johann Wolfgang von Goethes an die „Campagne in Frankreich" im September/Oktober 1792. Goethe nahm im Gefolge des Herzogs Carl August an diesem Feldzug gegen das revolutionäre Frankreich teil, der nach der Kanonade von Valmy mit dem Rückzug der Interventionsarmee endete. Das Bild belegt, dass auch ein skeptischer Beobachter wie Goethe von der Stimmung im revolutionären Frankreich nicht unbeeinflusst blieb und in diesem Fall sogar die Revolution idealisierte.
Der von einer Jakobinermütze bekrönte und mit blau-weiß-roten Bändern geschmückte Freiheitsbaum am Rand der Straße trägt die Inschrift „Passans cette terre est libre" [„Gehen Sie weiter, dies Land ist frei"]. Unterstützt vom Zeigegestus der Personen, gibt dieser Freiheitsbaum dem Blick in die Landschaft eine politische Bedeutung. Es ist die Aussicht auf ein idyllisches Flusstal und auf ein kleines friedliches Dorf zwischen Hügeln und fruchtbaren Feldern. Die Landschaft wird, im Zeichen des politischen und gesellschaftlichen Aufbruchs in Frankreich, von Goethe als ‚gelobtes Land' verklärt.

### M, 210
### Karte Revolutionäre Wellen in Europa 1640–1871

Die Karte zeigt, dass sich die Revolutionen und Aufstände im Wesentlichen auf die Länder bzw. Regionen West-, Süd- und Mitteleuropas beschränkten. Skandinavien, das Russische und Osmanische Reich sowie auch die Niederlande blieben weitgehend unberührt. Die Unruhen im 17. und 18. Jahrhundert erfassten Großbritannien und Frankreich, die revolutionären Wellen in der Folge der Französischen Revolution erreichten die Iberische Halbinsel, Irland, Belgien, Deutschland, die Schweiz, Polen und Norditalien. Die Erhebungen von 1848/49 konzentrierten sich neben Frankreich vornehmlich auf Mittel- und das östliche Südeuropa und die späteren revolutionären Wellen waren hauptsächlich in der europäischen Peripherie wirksam (Irland, Spanien und Polen).

### M, 211
### Karte Entstehung der USA 1763–1795

Anschaulich wird die territoriale Ausbreitung der Vereinigten Staaten in den ersten zwei Jahrzehnten ihres Bestehens dargestellt. Dabei werden sowohl das Gebiet der amerikanischen Gründerstaaten von 1776 als auch das Staatsgebiet der USA und der spanische sowie britische Kolonialbesitz am Abschluss des Unabhängigkeitskrieges (1783) in unterschiedlichen Farben markiert. Gekennzeichnet sind ebenso die wichtigsten militärischen Vorstöße und Schlachten des Krieges wie die Siedlungsgebiete der bedeutendsten nordamerikanischen Indianerstämme.

### M, 212 f.
### Die Verfassungen Großbritanniens, der Vereinigten Staaten von Amerika und Frankreichs

*Tafelbild S. 83* ▼

Ein Vergleich der Verfassungen Englands, der USA und Frankreichs ergibt folgende Unterschiede und Gemeinsamkeiten:
- In England existierte kein zusammenhängendes Verfassungsdokument: Das Verhältnis der drei Gewalten wurde durch die Tradition von Einzelentscheidungen und Gesetzen geregelt;
- In Amerika lag dagegen ein gesamtstaatliches Verfassungsdokument vor;
- In Frankreich verabschiedete man erstmals 1791 eine Verfassung;
- In allen drei Ländern herrschte lange Zeit eine Beschränkung des Wahlrechts vor;
- Gemeinsam war der amerikanischen und der französischen Verfassung die Gewaltenteilung sowie die starke Stellung von König/Präsident (Vetorecht).

*Methodischer Hinweis*:
Die Kompetenzen der jeweiligen Verfassungsorgane können die Schülerinnen und Schüler direkt anhand der Schaubilder erarbeiten, desgleichen die unterschiedlichen Strukturen von Legislative und Jurisdiktion.
Die Fragen nach den Bezügen zentraler Verfassungselemente zum Grundgesetz (Gewaltenteilung, Struktur von Exekutive, Legislative und Jurisdiktion) können als Arbeitsaufträge für eine Gruppenarbeit formuliert werden. Hierzu eignet sich als Ausgangspunkt das Schaubild zur Verfassungsordnung der Bundesrepublik Deutschland.

### M, 228
### Aquatintaradierung „Franklin wird von der Freiheit gekrönt" von J. B. Cl. R. de Saint-Non (1788)

*Erläuterung*: Im Mittelpunkt des Bildes steht Benjamin Franklin. Philadelphia hatte sich nach 1720 zur kulturellen Hauptstadt der Festlandskolonien entwickelt. Diese Stellung der Quäker-Kolonie war eng mit der Person Franklins verbunden. Im „Poor Richard's Almanack" säkularisierte er ab 1732 calvinistische Tugenden, vermittelte Verhaltensregeln und Weisheiten, die zum Leitfaden des „Selfmademan" wurden. 1743 organisierte Franklin die „American Philosophical Society", ferner die „Library Company" als erste öffentliche Bibliothek in den Kolonien sowie das „College of Philadelphia". Nach dem Aufstieg als Buchdrucker und Zeitungsverleger zog er sich 1748 aus dem Geschäftsleben zurück und widmete sich seinen politischen und wissenschaftlichen Interessen

(Erfindung des Blitzableiters). Franklin wurde zur Leitfigur einer praktisch-gemäßigten amerikanischen Aufklärung. In Europa war er bekannt, weil er sich nach der Jahrhundertmitte lange in diplomatischer Mission in London und Paris aufhielt. So personifizierte Franklin für Europa die freiheitliche Ordnung der Neuen Welt als Gegenbild zum Absolutismus.
In der Darstellung wird Franklin mit ernsthaftem Gesichtsausdruck und schlichter Haartracht gezeigt. Im Hintergrund herrscht das helle Licht der Aufklärung, das die dunklen Wolken vertreibt und die Allegorie der Freiheit, die Franklin krönt, sowie ihn selber beleuchtet. Vor Franklin ist eine Weltkugel zu sehen, in deren Zentrum sich Amerika befindet: Amerikas Anspruch, eine für alle Länder vorbildliche Ordnung zu verwirklichen, wird hier dokumentiert. Die himmlische Gestalt, die auf der Weltkugel lehnt und ihren Kopf an Franklin schmiegt, ist bewaffnet – die neue Ordnung musste mit Gewalt durchgesetzt werden und ist immer noch in der Lage sich notfalls zu verteidigen. Weitere Symbole der Freiheit sind das Liktorenbündel im Vordergrund, das für römisch-antike Tugenden steht, sowie der Freiheitshut im Bildhintergrund.

**Notizen**

| Zu M, 212 f. | Die Verfassungsordnung der Bundesrepublik Deutschland (1990) |
| --- | --- |

● *Übernahme aus Schülerband 2, S. 296*

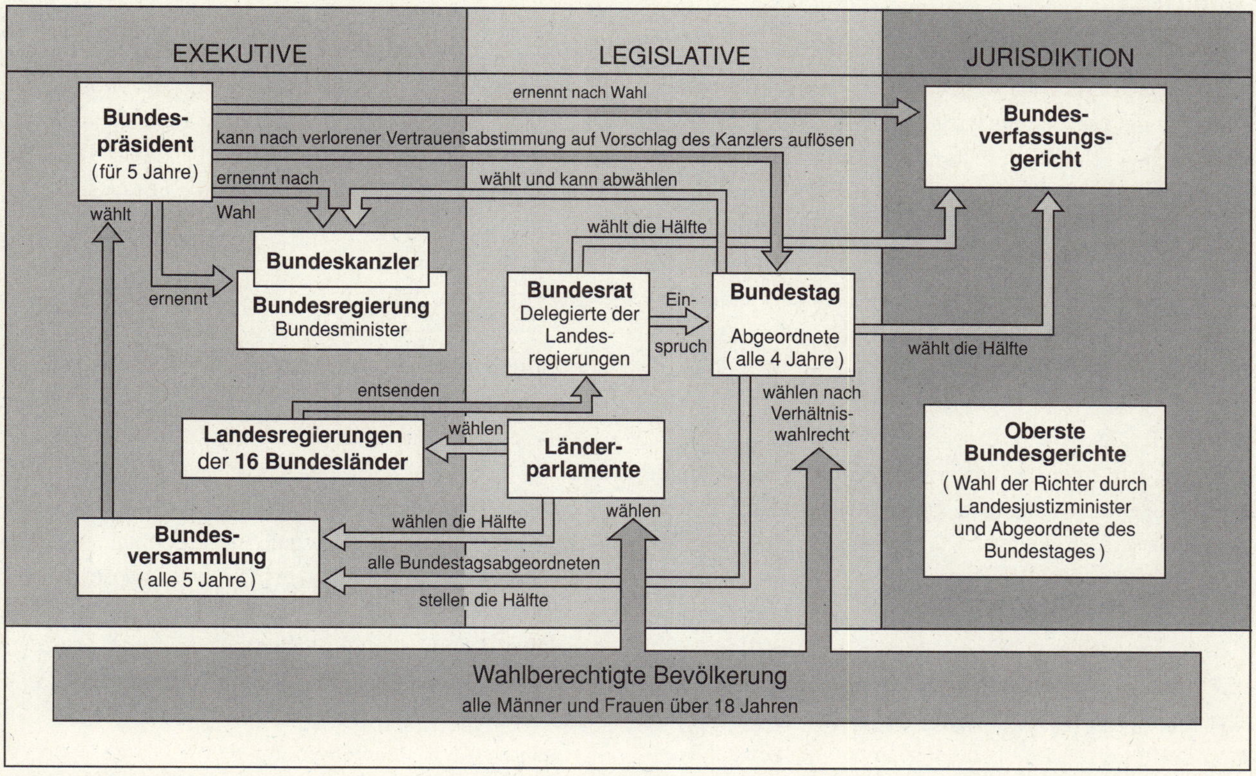


*Die Verfassungsordnung der Bundesrepublik Deutschland (mit Änderungen aufgrund der Vereinigung 1990)*

© 2000 Cornelsen Verlag, Berlin. Alle Rechte vorbehalten

## Basismaterialien

### M 1, 237
### „Propositionen“ des Langen Parlaments vom Juni 1642

Mehrmals löste Karl I. (1625–1649) die verschiedenen Parlamente auf und regierte insgesamt elf Jahre ohne parlamentarische Mitwirkung. Das „Lange Parlament“ trat 1640 zusammen und ging nach wechselvoller Geschichte mit verschiedenen Unterbrechungen seiner Tätigkeit endgültig und formell erst im Frühjahr 1660 im Vorfeld der Restauration der Stuarts auseinander. Als Karl I. führende Abgeordnete verhaften lassen wollte, wurde dieser Rechtsbruch zum Anlass für einen erbitterten Bürgerkrieg (1642–1649). In den neunzehn „Propositionen“ gab das Parlament seinen Forderungen Ausdruck.

**Zu Aufgabe 1, 238:**
Das englische Parlament beharrt auf den folgenden Rechten:
- Die Mitglieder des Staats- und Kronrates sowie hohe Beamte sollen ausschließlich nach vorheriger Genehmigung des Parlaments amtieren;
- Alle bedeutenden öffentlichen Angelegenheiten müssen im Parlament besprochen und beschlossen werden;
- Die Mitglieder des geheimen Staatsrats des Königs, die andere wichtige Entscheidungen verhandeln und beschließen, sollen mit Zustimmung des Parlaments ausgewählt werden;
- Es darf keinen Heiratsvertrag der Kinder des Königs ohne Parlamentszustimmung geben;
- Die antikatholische Gesetzgebung soll in die Praxis umgesetzt werden;
- Die Kirchenreform soll nach dem Willen des Parlaments gestaltet und durchgeführt werden;
- Bis auf weiteres soll im militärischen Bereich der Parlamentswille gelten;
- Das Parlament soll Einfluss auf die Ernennung von Festungskommandanten nehmen.

Die politische Zielrichtung der „Propositionen“ betreffend verfolgt das Parlament das Anliegen dem König grundsätzlich jede Möglichkeit einer autoritären Herrschaft zu nehmen. Seine Forderungen richten sich im Einzelnen gegen des Königs
- Religionspolitik gegenüber Schottland;
- Wirtschafts- und Finanzpolitik (angestrebt wird z. B. das Einziehen von Schiffsgeld zu verbieten);
- Einfluss auf die Justiz;
- militärische Gewalt.

Als Ergebnis der Beschneidung der königlichen Macht soll das Parlament zur dauerhaften Institution werden.

### M 2, 237
### „Bill of Rights“ vom 13. Februar 1689

Nach Cromwells Tod kam es durch einen Parlamentsbeschluss zur Restauration der Stuarts unter Karl II. (1660–1685) und Jakob II. (1685–1688). Gegen Jakobs Rekatholisierungspolitik erhob sich der Widerstand des Parlaments. 1689 erhob es Wilhelm von Oranien und seine Frau Maria, eine Tochter Jakobs II., schließlich auf den Thron. Vor der förmlichen Thronbesteigung verlas der Schriftführer des Parlaments eine „Declaration of Rights“, in der die Rechte und Freiheiten der Engländer niedergelegt waren. Noch im selben Jahr wurde sie als „Bill of Rights“ vom Parlament als Gesetz beschlossen und vom König genehmigt. Diese „Bill of Rights“ ist jedoch keine Wahlkapitulation, also eine über den Gesetzen stehende Verfassungsgrundlage, denn die Krönung fand vor ihrer Verabschiedung durch Parlament und Krone statt. Die „Bill of Rights“ besitzt vielmehr den Charakter eines Gesetzes.

**Zu Aufgabe 2, 238:**

*Tafelbild S. 85* ▼

Die königliche Macht wird in der „Bill of Rights“ dadurch eingeschränkt, dass Rechtsverletzungen durch Jakob II. beklagt und als gesetzwidrig erklärt werden. Im Einzelnen geht es dabei um:
- die einseitige Aufhebung und Durchbrechung von Gesetzen;
- die Übergriffe des Königs auf Angelegenheiten der Kirche, der Justiz und des Parlaments (So hatte Jakob II. 1686 für kirchliche Rechtsfälle widerrechtlich den „Court of Ecclesiastical Commission“ geschaffen, der zur Unterdrückung der kirchlichen Opposition und zur Kontrolle der Kirche dienen sollte);
- eigenmächtige Steuererhebungen;
- die Einschränkung des Petitionsrechts der Untertanen;
- die ungenehmigte Unterhaltung eines stehenden Heeres.

Zusammenfassend betonte die „Bill of Rights“ (vgl. Zeile 45 ff.) die besondere Rolle des neuen Königs, der die Religion, die Rechte und Freiheiten des Parlaments zu schützen habe.
*Methodischer Hinweis*:
Zum Vergleich der „Bill of Rights“ von 1689 mit den „Propositionen“ von 1642 empfiehlt es sich, mit dem Tafelbild zu arbeiten.
In Hinsicht der von den „Bill of Rights“ garantierten bürgerlichen Rechte ist zunächst zu unterstreichen, dass diese die Rechtssicherheit und Grundlagen der Rechtsgleichheit festschrieben. Grundlage dafür war:
- Im Rahmen der Anwendung von Gesetzen durfte es keine Ausnahmen geben;
- Keine außerordentlichen Gerichte durften existieren;
- Sicherheit vor zu hohen und schweren Strafen sollte herrschen;
- Der König durfte nicht alleine die Steuern festsetzen.

Weitere bürgerliche Rechte bestanden in Form
- des Petitionsrechts der Bürger;
- des Rechts der Protestanten Waffen zu führen;
- der freien Wahlen und Parlamentsdebatten;
- der Häufigkeit der Parlamentssitzungen.

Formuliert wurden damit die Grundfreiheiten der englischen Bürger, nicht allgemeine Menschenrechte.

**Zu Aufgabe 3, 238:**
Im Jahre 1689 verfolgten die englischen Führungsschichten die Absicht durch eine schnelle Thronbesetzung einen Radi-

**Tafelbild zu Aufgabe 2, 238**

## Vergleich „Propositionen" (1642) – „Bill of Rights" (1689)

| „Propositionen" 1642 | „Bill of Rights" 1689 |
|---|---|
| Das Parlament kämpft gegen die „privaten" Ratgeber des Königs | Es geht grundsätzlich um den gesetzgeberischen Einfluss des Königs |
| In dieser Hinsicht viel vorsichtigere Formulierungen (vgl. § 9) | Das Recht des Königs auf ein nicht vom Parlament genehmigtes stehendes Heer im Königreich wird aufgehoben |

↓

1689 werden prinzipiellere, weiter gehendere Forderungen als 1642 erhoben

Grund:
Das Parlament richtet sich 1642 gegen einen legitimen, regierenden König, während 1689 die Herrschaft Wilhelms von der Zustimmung zur „Bill of Rights" abhängt

© 2000 Cornelsen Verlag, Berlin. Alle Rechte vorbehalten

kalisierungsprozess zu verhindern. In der Folgezeit waren durchaus autoritäre Tendenzen Wilhelms zu konstatieren, die sich aber aufgrund des nahezu permanent andauernden Krieges gegen Frankreich nicht frei entwickeln konnten: Der König sah sich gezwungen mit dem Parlament zu kooperieren. So wurde das Parlament, auch durch eine neue „Triennial Act“ (1694), endgültig zum Teil des englischen Regierungssystems. Im Unterschied zur französischen Erklärung von 1789 bilden die Dokumente der „Propositionen“ und der „Bill of Rights“ keine Revolutionsmanifeste. Sie begründen und rechtfertigen keinen Neuanfang, sondern bekräftigen Privilegien der Vorfahren. Gemeinsam ist den Dokumenten die Absicht rechtliche Schranken gegen den Missbrauch der königlichen Gewalt aufzurichten: Das war in erster Linie gleichbedeutend mit der Verteidigung der Rechte des Parlaments. So zielten die Rechtsansprüche nur in zweiter Linie auf die Stellung des Einzelnen.

### M 3, 238
### Nordamerikanische Unabhängigkeitserklärung von 1776

Im Jahre 1776 vollzog sich in den nordamerikanischen Kolonien der entscheidende Sinneswandel. Dabei spielte Thomas Paines (1737–1809) Streitschrift „Common Sense“ eine wichtige Rolle: So erklärte Paine die Forderung, die „unnatürliche“ und unhaltbar gewordene staatliche Verbindung mit England aufzulösen, zu einem Gebot des „gesunden Menschenverstandes“. Im Mai 1776 empfahl der Kontinentalkongress allen Kolonien sich neue Verfassungen und Regierungen gemäß dem Prinzip der Volkssouveränität zu geben. Nach dem Vorstoß Virginias die Unabhängigkeit von England zu erklären, ernannte der Kongress einen Ausschuss, dem u. a. Thomas Jefferson, John Adams und Benjamin Franklin angehörten, und übertrug ihm die Aufgabe eine Erklärung auszuarbeiten, die die Gründe für die Unabhängigkeit von England darlegen sollte. Nach intensiven Verhandlungen wurde die Erklärung am 4. Juli 1776 vom Kongress angenommen. Nachdem die gesetzgebenden Körperschaften der 13 Kolonien Stellung genommen hatten, wurde das Dokument am 2. August unterzeichnet.

**Zu Aufgabe 1, 239:**
Die Begründung des Aufstands in der Erklärung besteht aus drei wesentlichen Teilen:

1. Das Naturrecht bildet den objektiven Maßstab, an dem das von Menschen gegebene Recht zu messen ist. Das führt zu den folgenden Argumenten (vgl. Zeile 1 ff.):
- Alle Menschen sind gleich geschaffen;
- Alle Menschen besitzen „unveräußerliche Rechte“ (Leben, Freiheit, Streben nach Glück);
- Die Regierungen sollen diese Rechte sichern und sind von der Einwilligung der Regierten abhängig;
- Schadet eine Regierung diesen Zielen, ist es das Recht des Volkes sie zu ändern oder abzuschaffen und eine neue Regierung einzusetzen; dieses Recht darf allerdings nur in Notlagen angewendet werden.

2. Die allgemeine naturrechtliche Argumentation wird auf die Situation in den Kolonien übertragen (vgl. Zeile 20 ff.):
- Seit langem ist die Tendenz zu erkennen einen „unbeschränkten Despotismus“ durchzusetzen;
- Die Kolonien haben geduldig gelitten, jetzt muss das Regierungssystem geändert werden;
- Es folgt der direkte Angriff auf den englischen König.

3. Im Schlussabschnitt wird die Loslösung von Großbritannien durch die Souveränitätserklärung besiegelt (vgl. Zeile 39 ff.). Die folgenden Prinzipien sollten dabei verwirklicht werden:
- Das Gleichheitspostulat („all men are created equal“);
- Alle Menschen besitzen natürliche, unveräußerliche Rechte (Leben, Freiheit, Streben nach Glück /„Pursuit of happiness“);
- Die Regierung hat diese Rechte mit Zustimmung der Regierten („consent“) zu schützen;
- Die Regierung kann abgelöst werden, wenn sie ihre Aufgaben nicht erfüllt.

**Zu Aufgabe 2, 239:**
Die schwarzen Sklaven, die von 1619 an nach Virginia gebracht wurden, waren rechtlich zunächst nicht wesentlich schlechter gestellt als die weißen Knechte, die die Kosten ihrer Schiffspassage nach Amerika abdienen mussten („indentured servants“). Seit den 1660er Jahren aber wurde der Status der Farbigen durch Urteile und Gesetze immer weiter verschlechtert, bis sich zu Beginn des 18. Jahrhunderts durchsetzte, dass Sklaven „beweglicher Besitz“ („personal property“), also eine Art Ware seien. Um 1770 lebten, bei einer Zahl von insgesamt 3 Millionen Einwohnern, circa 500 000 Sklaven in den 13 Kolonien. In den südlichen Gebieten machten sie ein Drittel der Bevölkerung aus; hier beruhte das Wirtschaftssystem auf ihrer Ausbeutung.
Jeffersons Vorwürfe an den englischen König in Verbindung mit der Sklavenfrage sind auf dem folgenden Hintergrund zu betrachten: Im Unabhängigkeitskrieg stellten die Engländer ebenso wie die Patrioten, nicht allerdings die Plantagenbesitzer in den Carolinas und Georgia, den jungen schwarzen Amerikanern, die sich ihnen anschlossen und Militärdienst leisteten, die Freiheit in Aussicht. Es kämpften etwa 5000 Farbige auf Seiten der Patrioten. Im Süden gingen dagegen viele Sklaven zu den Briten über, bei Kriegsende folgten ihnen zwischen 15 000 und 20 000. Bemerkenswert ist im Hinblick auf Jeffersons Passagen zur Sklaverei, dass er selber Herr von 2000 Hektar Land sowie von über 100 Sklaven war.
Jeffersons Argumente in Bezug auf die Sklaven lassen sich wie folgt zusammenfassen:
- Der englische König ist verantwortlich für Sklaverei und Sklavenhandel;
- Die Kolonisten werden die Verantwortung für die bestehende Sklaverei betreffend entlastet; schließlich wurden ihnen die Sklaven vom König „auch aufgedrängt“ (vgl. Zeile 77);
- Der König hat jeden Versuch verhindert den Sklavenhandel einzuschränken;
- Der König hetzt nun die Sklaven gegen die Kolonisten auf.

Die erwähnte Passage wurde aufgrund wirtschaftlicher Bedenken gestrichen, da die Kolonisten selber – so die Konsequenz aus der Argumentation Jeffersons – die Sklaverei in ihrem Gebiet hätten abschaffen müssen.

**M 4, 239**
**Jefferson an James Madison, 15.3.1789**

Einige Bundesstaaten verabschiedeten „Bills of Rights“ bzw. „Declarations of Rights“. In Massachusetts fand John Adams 1780 die Lösung die Grundrechtsartikel als ersten Teil in die Verfassung zu integrieren. Bedeutend war auch die „Virginia Declaration of Rights“, die George Mason formuliert hatte und die im Juni 1776 vom Provinzialkongress angenommen wurde. Hier fanden die Rechte und Freiheiten ihre Ergänzung in Bürgerpflichten. Diese „Virginia Declaration of Rights“ stand am Anfang einer Entwicklung, die über die französische Erklärung der Menschen- und Bürgerrechte bis zur Charta der Vereinten Nationen und den Menschenrechtskonventionen unseres Jahrhunderts reicht.
Der Verfassungskonvent von Philadelphia dagegen, der vom 25. Mai bis zum 17. September 1787 tagte, lehnte George Masons Vorschlag ab einen Grundrechtekatalog zu formulieren. Nach dem Zusammentritt des Kongresses und der Amtseinführung Washingtons am 30. April 1789 formulierten die Abgeordneten und Senatoren dann aber auf Madisons Drängen hin doch einen Grundrechtekatalog. Zehn Artikel fanden schließlich die Zustimmung und wurden im Dezember 1791 als „Amendments“ an die Verfassung angehängt.

**Zu Aufgabe 3, 239:**
Die folgenden Argumente führte Jefferson zugunsten einer verfassungsmäßigen Garantie der Menschen- und Bürgerrechte an:
- Grundrechte sind Normen, die den Gerichten als „rechtliche Kontrollmittel“ dienen: Unabhängige Gerichte, die sie sachkundig anwenden, steigern das Vertrauen in die Judikative;
- Grundrechte vervollständigen die Verfassung: „Gefährdete Rechte“ und Rechte, über die „Zweifel“ aufkommen könnten, sofern sie nicht ausdrücklich genannt werden, lassen sich auf diese Weise sichern; damit werden Legislative und Exekutive am „Machtmissbrauch“ gehindert;
- Das Ziel bleibt die Absicherung aller Rechte, Priorität besitzt jedoch eine pragmatische Vorgehensweise: Abzusichern sind so viele Grundrechte, wie es die jeweilige Situation zulässt;
- Die mit einer Grundrechtserklärung verbundenen Nachteile – die mögliche Behinderung der Exekutive – sind gegenüber denen zu vernachlässigen, die sich aus dem Fehlen einer Rechteerklärung ergeben würden, nämlich u. a. der dadurch entstehenden mangelhaften Kontrolle der Legislative, deren „Tyrannei“ zur Zeit „die ernsthafteste Bedrohung“ darstelle.

**Zu Aufgabe 4, 239:**
Die These des Autors gründet sich auf der Beobachtung H. Arendts, dass der Charakter des vorrevolutionären Regimes die Wesensart und den Verlauf der Revolution entscheidend beeinflusst. So wurden während der jakobinischen Phase der Französischen Revolution nicht zufällig die Allmacht und die Entscheidungsfreiheit des Volkes in den Mittelpunkt gestellt. Ein Beleg dafür ist in Robespierres Rede über den Prozess gegen den König (M 6, 240 f.) zu finden, ferner seine Gleichsetzung von Terror und unbeugsamer Gerechtigkeit in revolutionärer Zeit (M 7, 241). Strafe, so der Autor, verstand man hier im Rahmen einer absolutistischen Vorstellung nicht als Anwendung des Rechts, sondern als Ausdruck der Volkssouveränität: Darin lag eine Ursache der besonderen Gewaltbereitschaft der Französischen Revolution. Die englische und die amerikanische Revolution zeichneten sich dagegen entsprechend der „starken Ausrichtung ihrer [vorrevolutionären] Gesellschaften am Recht“ durch eine bemerkenswerte „Rechtskontinuität und Beachtung von Rechtsnormen“ aus. Die Materialien 1 bis 4, 237ff. bestätigen die Auffassung des Autors:

M 1:
Das Parlament versuchte auf der Grundlage seiner „Propositionen“ im Juni 1642 durch Rechtsnormen die königliche Gewalt zu beschränken.

M 2:
Die „Bill of Rights“ (1689) zählte auf einer grundsätzlichen Ebene die Verstöße der Krone gegen Rechtsnormen auf, sie ging also von einem Bruch der Rechtskontinuität durch den Monarchen aus. Diese Kontinuität war wiederherzustellen, indem der neue König die als verbindlich betrachteten Rechtsnormen beachten sollte. Das Parlament, das sich als Ergänzung und Korrelativ der Monarchie betrachtete, erblickte seine Aufgaben u. a. darin Gesetze zu verbessern, zu stärken, zu erhalten sowie „Beschwerden“ abzuhelfen.

M 3:
Als in Nordamerika die Kolonialverwaltung zusammenbrach, schritt man statt zur Einsetzung von Notstandsregierungen zur Einberufung von Verfassungskonventen. Die Unabhängigkeitserklärung (1776) begründete einen Aufstand gegen den englischen König. Dabei berief sie sich auf naturrechtliche Normen. Sie betonte ferner, ein Bruch der Rechtskontinuität sei nur im äußersten Notfall erlaubt: Ein solcher Bruch sei durch die „Kette von Missbräuchen und Anmaßungen“ des Königs provoziert worden. Dies dokumentiert deutlich den Gedanken verbriefte, aber bedrohte Rechte verteidigen zu müssen.

M 4:
Jefferson forderte Grundrechte, damit unabhängige Gerichte fortan ein Kontrollmittel zur Verfügung hätten. Im Grundrechtekatalog sollten diejenigen Rechte zusammengefasst werden, die höherrangig als normale Gesetze stünden und daher Legislative und Exekutive bänden. Es ging somit um die „Konstitutionalisierung“ oder Positivierung von Grundrechten.

**M 5, 239 f.**
**Erklärung der Menschen- und Bürgerrechte, 26. August 1789**

Die Idee einer Rechteerklärung brachte man in Frankreich schon vor dem Zusammentritt der Generalstände auf. Erste

Entwürfe finden sich in den „cahiers“ von Nemours und Paris. Das Vorbild stammte aus Nordamerika (siehe die Erläuterungen zu M 4, 239). Am 6. Juli 1789 setzte die Nationalversammlung einen Verfassungsausschuss ein. Lafayette stellte am 11. Juli den Antrag, im Zusammenhang mit der Verfassung eine Rechteerklärung anzufertigen, und legte einen Entwurf vor. Insgesamt gingen dem Ausschuss rund 20 Vorschläge zu. Die Endfassung bestand aus der Präambel und 17 weitgehend unsystematisch angeordneten Artikeln. Ludwig XVI. bemühte sich zunächst die Annahme der Erklärung vom Erhalt seiner königlichen Vorrechte abhängig zu machen. Als der Marsch der Pariser Frauen nach Versailles jedoch den Hof unter Druck setzte, akzeptierte er die Rechteerklärung in unveränderter Form am 5. Oktober. Nach dem Umzug von König und Nationalversammlung nach Paris wurde die Erklärung dort am 3. November 1789 verkündet.

**Zu Aufgabe 1, 240:**

*Tafelbild S. 89* ▼

Es bietet sich an, die Schülerinnen und Schüler in einer arbeitsteiligen Gruppenarbeit die in der Quelle angesprochenen staatlichen und gesellschaftlichen Missstände sowohl in Bezug auf die alte als auch auf die neue Ordnung hin benennen zu lassen. Dabei können die einzelnen Artikel der Erklärung als Raster dienen (vgl. Tafelbild).

**Zu Aufgabe 2, 240:**
An dieser Stelle empfiehlt es sich, die zu differenzierenden Menschen- und Bürgerrechte im Rahmen eines Unterrichtsgesprächs mittels eines Tafelanschriebs zu sammeln. Dieser sollte folgende Punkte enthalten:

TAFELANSCHRIEB

***Menschenrechte:***

- *Freiheit: besonders hervorgehoben Meinungsfreiheit, Pressefreiheit;*
- *Eigentum;*
- *Sicherheit: besonders hervorgehoben Schutz vor willkürlicher Verhaftung und Gefangenhaltung;*
- *Widerstand gegen Unterdrückung.*

***Bürgerrechte:***

- *Teilnahme an der Gesetzgebung;*
- *gleicher Zugang zu Ämtern;*
- *Steuergleichheit, Steuerbewilligungsrecht;*
- *das Recht von der Verwaltung Rechenschaft zu verlangen;*
- *Gewaltenteilung.*

**Zu Aufgabe 3, 240:**
In der Erklärung der Menschen- und Bürgerrechte werden folgende Prinzipien der Staatsverfassung festgelegt:
1. Souveränität der Nation, von der sich jede staatliche Autorität herleitet und der jeder Amtsträger rechenschaftspflichtig ist (Art. 3, 15);
2. das Gesetz als Ausdruck des Gemeinwillens und damit das Prinzip der Beteiligung aller Bürger an der Gesetzgebung (Art. 6); der gesetzgeberische Spielraum der Legislative ist begrenzt (Art. 5, 8);
3. die Notwendigkeit einer öffentlichen Macht zur Sicherung der Menschen- und Bürgerrechte (Art. 12);
4. die Pflicht der Bürger nach ihren Verhältnissen zu den Kosten der Staatsorganisation beizutragen, das Recht der Bürger öffentliche Steuern zu bewilligen und staatliche Ausgaben zu kontrollieren (Art. 13, 14);
5. die Gewaltenteilung, also die Trennung von gesetzgebenden, ausführenden und richterlichen Organen (Art. 16).

**Zu Aufgabe 4, 240:**
*Didaktisch-methodischer Hinweis*: Ein Schlüssel für die Untersuchung der Gruppeninteressen besteht darin zu analysieren, was in der Quelle unter Freiheit und Gleichheit verstanden wird. Freiheit bedeutet Sicherheit und Widerstand gegen Unterdrückung. Sie schützt den Einzelnen gegen die Mitmenschen und den Staat. Von einer Religionsfreiheit (für Protestanten und Juden) ist keine Rede, sondern lediglich vorsichtig von der Freiheit bezüglich von „Überzeugungen“ (Art. 10). Hier übte man im Hinblick auf die geistlichen Mitglieder der Nationalversammlung und die katholische Mehrheit des Landes Zurückhaltung. Da die Verteidigung der individuellen Interessen im Vordergrund stand, kam es durch das Gesetz Le Chapelier vom 14.6.1791 zum Verbot von politischen Gruppenbildungen (Koalitionsverbot).
Gleichheit ist als rechtliche Gleichheit zu verstehen. An Schritte in Richtung auf eine tatsächliche Gleichheit („égalité de fait“) wird kaum gedacht. Art. 1 erklärt alle Menschen zu juristisch Gleichen, bindet die soziale (Un-)Gleichheit aber an die gesellschaftliche Nützlichkeit („das gemeine Wohl“). Art. 6 erkennt die Gleichheit vor dem Gesetz an, ohne die Ungleichheit der Besitzverhältnisse anzutasten. Eigentum ist laut Art. 2 ein unverlierbares Naturrecht des Menschen. Dass man an eine auch im gesellschaftlichen Sinne umfassende Gleichheit nicht dachte, zeigte das bald auf die Erklärung der Menschen- und Bürgerrechte folgende Gesetz vom 22.12.1789. Dieses bewilligte das Stimmrecht nur den besitzenden Männern und teilte die Bürger in drei Kategorien auf. Die „Passivbürger“ schloss man vom Wahlrecht aus, da sie kein oder nur ein sehr geringes Eigentum besaßen. Drei Millionen Bürger wurden so ihres Wahlrechts beraubt. Die „Aktivbürger“ bildeten die rund vier Millionen, die jährlich direkte Steuern mindestens in Höhe des örtlichen Wertes von drei Tageslöhnen zahlten. Sie kamen in Urwählerversammlungen zusammen um die Gemeindevertreter und Wahlmänner zu bestimmen. Wahlmänner, jeweils einer auf 100 Aktivbürger, knapp 50 000 in ganz Frankreich, mussten Direktsteuern im Wert von wenigstens zehn Tageslöhnen

**Tafelbild zu Aufgabe 1, 240**

# Erklärung der Menschen- und Bürgerrechte, 26. August 1789

**Präambel:**

„die Unkenntnis der Menschenrechte, [ihre] Vergessenheit oder Missachtung ... als die einzigen Ursachen der öffentlichen Missstände und der Verderbtheit der Regierungen"

▼

die alte Ordnung ist auszulöschen

▼

| **Die alte Ordnung** | **Die neue Ordnung** |
|---|---|
| – Unfreiheit und Ungleichheit – der Mensch als Untertan | – Freiheit und Rechtsgleichheit, eingeschränkt durch den allgemeinen Nutzen – der Mensch als unabhängiges Individuum (Art. 1) |
| – Staatsräson | – Schutz der Menschenrechte (Art. 2) |
| – Absolutismus | – souveräne Nation (Art. 3) |
| – Beschränkung von Freiheit | – Freiheit des vernünftigerweise Erlaubten (Art. 4, 5))<br>– Bindung der Freiheit an die Rechtsgleichheit (Art. 6) |
| – Gesetzgebung durch den König | – Gesetzgebung durch den „Gemeinwillen" (Art. 6) |
| – rechtliche und politische Ungleichheit durch Geburt | – politische Gleichheit; Gleichheit vor dem Gesetz (Art. 6) |
| – Chancenungleichheit | – Chancengleichheit (Art. 6) |
| – Willkürjustiz | – Rechtssicherheit, Autorität der Gesetze (Art. 7)<br>– Verhältnismäßigkeit der Mittel; Gesetze haben keine rückwirkende Kraft (Art. 8, 9) |
| – Intoleranz gegenüber Andersgläubigen und Andersdenkenden | – Gewissensfreiheit, Meinungsfreiheit, Pressefreiheit (Art. 10, 11) |
| – unumschränkte Staatsgewalt | – Notwendigkeit der Staatsgewalt, diese ist aber dem allgemeinen Nutzen verpflichtet (Art. 12) |
| – Steuerprivilegien | – Gleichheit vor der Steuer (Art. 13)<br>– die Steuer bedarf gesetzlicher Regelung (Art. 14) |
| – unkontrollierte Verwaltung | – Kontrolle der Verwaltung (Art. 15) |
| – König als absoluter Herrscher | – Menschenrechte und Gewaltenteilung |
| – Einschränkung des Eigentums möglich | – Unantastbarkeit des Eigentums (Art. 2, 17) Einschränkung nur durch Gesetz, Entschädigung (Art. 17) |

© 2000 Cornelsen Verlag, Berlin. Alle Rechte vorbehalten

zahlen. Sie versammelten sich in den Wahlmännerkollegien der Departementshauptstädte um die Abgeordneten der Nationalversammlung, die Richter und die Mitglieder der Departementsverwaltung zu wählen. Die Abgeordneten schließlich mussten Grund und Boden besitzen und Direktsteuern im Wert von mindestens „einer Mark Silber“ (ca. 52 Livres) zahlen.

**M 6, 240 f.**
**Robespierre über den Prozess gegen den König (3.12.1792)**

**M 7, 241**
**Robespierre über die Grundsätze der politischen Moral (5.2.1794)**

*Zur Person und zu den Quellen*: Maximilien de Robespierre (1758–1794), von Beruf Jurist, wurde im Frühjahr 1789 in Arras als Abgeordneter des Dritten Standes in die Generalstände gewählt. Zu Beginn seiner politischen Laufbahn tat er sich schwer: In der Nationalversammlung war er zwar sehr aktiv, aber isoliert und wenig anerkannt. Früh nahm er eine klare und radikale Position ein: Er verteidigte die Interessen der breiten Schichten und polemisierte beispielsweise gegen das Zensuswahlrecht.
Kein Abgeordneter der Nationalversammlung durfte 1791 in die gesetzgebende Versammlung gewählt werden. Robespierre festigte deshalb seine Position im außerparlamentarischen Raum: Er übte bald beherrschenden Einfluss im Jakobinerklub aus, gewann Anerkennung, dann Bewunderung vor allem im Pariser Kleinbürgertum durch seine bescheidene Lebensführung (der „Unbestechliche“) und durch die konsequente Klarheit und Schärfe seiner politischen Argumentation. Im Konvent, der am 20. September 1792 zusammentraf, wurde Robespierre erneut Abgeordneter. Er setzte sich dort nach der Ausschaltung der Girondisten durch und trat im Wohlfahrtsausschuss an die Spitze einer starken Zentralgewalt mit uneingeschränkten Vollmachten. Bis zu seinem Sturz war er der einflussreichste Politiker Frankreichs. Für die Unerbittlichkeit, mit der Robespierre argumentierte, geben seine beiden Reden über den Prozess gegen Ludwig XVI. und die Grundsätze der politischen Moral anschauliche Beispiele wieder.

**Zu Aufgabe 1, 241:**
Robespierres Rede über den Prozess gegen den König ist auf dem Hintergrund der Entwicklung seit Juni 1791 zu sehen, als die königliche Familie aus Frankreich zu fliehen versuchte, aber bei Varennes festgenommen wurde. Danach wuchs die antimonarchische Stimmung in der Hauptstadt und im Land. Am 10. August 1792 erhoben sich Teile des Volkes von Paris gegen die Monarchie, Ludwig XVI. wurde mit seiner Familie im Temple eingesperrt. Robespierre nahm die Forderung nach Gründung einer Republik erst im Sommer 1792 auf, vertrat sie dann aber unnachgiebig. Als man im Konvent den Prozess gegen Ludwig führte, plädierte Robespierre für ein hartes Vorgehen. Für ihn stand nicht das individuelle Schicksal Ludwigs im Vordergrund, sondern die Frage um den Fortgang der Revolution: Sollte sie weiter voranschreiten oder zum Stillstand kommen? Der König war in Robespierres Augen bereits verurteilt, weil er die Hinrichtung Ludwigs, die nach langen Verhandlungen im Konvent am 21. Januar 1793 erfolgte, als unbedingte politische Notwendigkeit betrachtete: Aus der Perspektive Robespierres bildete der Tod des Monarchen für die Revolution eine existenzielle Frage.
Robespierres Rechtsauffassung war im Verfahren gegen den König durch die folgenden Gedanken geprägt:

- Es handelt sich nicht um einen Prozess im eigentlichen Sinne. Der König ist durch die Gründung der Republik abgesetzt worden. Die Frage, ob der König oder das (aufständische) Volk der Rebellion schuldig ist, wird durch den Ausgang des Machtkampfes entschieden: Ludwig ist der „Rebell“, er ist so „bereits verurteilt“.
- Wer, etwa durch einen Prozess mit einem möglichen Freispruch des Königs, die weitere Entwicklung der Revolution in Frage stellt, handelt „konterrevolutionär“. Damit traten die Rechte des Individuums gegenüber der Gesellschaft und ihrer Entwicklung eindeutig zurück.
- Die Grundsätze des „zivilen und positiven Rechtes“ stehen anders als die „Menschenrechte“ unter Umständen zur Disposition. Robespierre dachte hier an die Rechte, die dem König in der Verfassung von 1791 zugestanden worden waren (vgl. Schülerband, S. 213).
- Die Revolution muss ohne Rücksicht auf die Normen des positiven Rechts fortschreiten.
- Die aufständische Nation befindet sich gegenüber dem „Tyrannen“ im „Naturzustand“. Robespierre, der zeitlebens von rousseauistischen Gedanken ausging, sieht den „Gesellschaftsvertrag“ und damit die Verfassung von 1791 zwischen der Nation und Ludwig XVI. durch dessen „Tyrannei“ und den „Volksaufstand“ aufgehoben. Es bleiben das „Naturrecht“ bzw. die „Gesetze der Natur“.
- Für den König bestehen keine individuellen Rechte mehr, zwischen ihm und den Bürgern bleibt der „Kriegszustand“ fortbestehen.

Deutlich wird hier bereits eine Rechtsauffassung, die in der Zeit des Terrors dazu führte, die Rechte ganzer Bevölkerungsgruppen einzuschränken und aufzuheben. Früher wie später argumentierte man mit dem Fortgang der revolutionären Entwicklung. Auf dem gleichen Hintergrund gelangte Robespierre in seiner Rede über die Grundsätze der politischen Moral zu einer prinzipiellen Rechtfertigung des Terrors, der für ihn aufgrund der besonderen Situation des Landes unumgänglich geworden war.

**Zu Aufgabe 2, 241:**
Hinter der Rede Robespierres vom 5. Februar 1794 steht das Bemühen den institutionalisierten Schrecken ideologisch zu rechtfertigen. Die Argumentation ist im Kontext des Terrors, den Beauftragte in den Provinzen ausübten, und der politischen Verfahren vor dem Revolutionstribunal zu betrachten. Dieser Terror richtete sich einerseits gegen Royalisten und „erfolglose“ Heerführer. Andererseits zielte er auf Revolutionäre ab, die wie z. B. Danton abweichende Meinungen vertraten. Darüber hinaus sollte der Terror den Zwangsmaßnahmen im Wirt-

schaftsleben Nachdruck verleihen. Mit zunehmender Zeit wandte er sich aber auch gegen verdächtig gewordene „Durchschnittsbürger".

Zur Beziehung von Tugend und Terror bemerkte Robespierre:
- Grundlegendes Prinzip der Demokratie ist die Tugend. Robespierre definiert sie unter Bezug auf die Antike als „öffentliche Tugend", als „Liebe zum Vaterland und seinen Gesetzen". Hier ist an den Einsatz des Einzelnen für die Gemeinschaft gedacht, an die Zurückstellung bzw. Aufopferung individuell-selbstsüchtiger Interessen.
- In der gegenwärtigen Situation Frankreichs, das von außen angegriffen und im Innern durch den Bürgerkrieg zerrissen wird, muss die Tugend mit dem Terror einhergehen. Dieser wird angesichts der aktuellen Situation des Landes mit „Gerechtigkeit" gleichgesetzt und verhilft der Tugend zum Durchbruch („Ohne die Tugend ist der Terror verhängnisvoll, ohne den Terror ist die Tugend machtlos"). Der Terror wird zu einem beigeordneten Instrument der Tugend.
- Es ist der Zweck, also die Erhaltung der Republik, der zu jedem Mittel berechtigt. Der „Despotismus" des Jahres 1794 unterscheidet sich für Robespierre daher grundlegend von der Tyrannei der Könige.

**Zu Aufgabe 3, 241:**

*Tafelbild S. 92* ▼

In der Darstellung werden die folgenden Gründe für die Abkehr von den liberalen Anfangsprinzipien der Revolution aufgezählt:
- Die Rolle des Hofes, insbesondere des Königs, der mit seiner Familie zu fliehen versuchte und nach dem Scheitern der Flucht auf die Intervention des Auslands setzte. Vor allem die Pariser Bevölkerung distanzierte sich zunehmend vom König.
- Mit dem Krieg verbanden die unterschiedlichen politischen Gruppen verschiedene Erwartungen. Eine bedeutsame Folge der ersten französischen Niederlagen bestand in der Mobilisierung breiter Schichten in Paris. Zudem erschien der König der hauptstädtischen Bevölkerung zunehmend als hemmender, sabotierender Faktor. Am 10. August 1792 begann so mit dem Sturm auf die Tuilerien sein endgültiger Sturz.

Für den sich verschärfenden Terror werden diese Erklärungen genannt:
- Seit dem Spätsommer 1792 griff eine allgemeine Furcht vor Verrat um sich, rechtsstaatliche Grundsätze traten zurück. Ein Revolutionstribunal mit Sondervollmachten wurde errichtet, eine verstärkte Kontrolle der Bürger erfolgte. Ein erster massiver Ausbruch der Gewalt ereignete sich im September 1792, als in den Pariser Gefängnissen hunderte Inhaftierte getötet wurden.
- Die wachsende wirtschaftliche Not führte zu neuartigen monetären Maßnahmen (Assignaten), ferner zu einer radikalen sozialökonomischen Gesetzgebung (Maxima). Beiden konnte nur mit Gewalt vorübergehend Nachdruck verschafft werden.
- Anders als die Girondisten waren die Jakobiner bereit den Forderungen von Teilen der Pariser Bevölkerung nach einem Führungsanspruch der Stadt und nach Gewaltmaßnahmen zu entsprechen. Umgesetzt wurde diese Politik von den zwei Parlamentsausschüssen, Wohlfahrts- und Sicherheitsausschuss, und von in die Provinz entsandten Beauftragten.
- Die Schreckensherrschaft steigerte sich im Juni/Juli 1794, obwohl die militärische Bedrohung nachgelassen hatte. Für die „grande terreur" bildete die ideologische Komponente eine entscheidende Triebkraft. Das besonders von der Gruppe um Robespierre vertretene Ideal einer erneuerten Gesellschaft der „Tugend" sollte durch Gewalt erzwungen werden. Der Grad der Radikalisierung der englischen, amerikanischen und Französischen Revolution war unterschiedlich (vgl. Schülerband, S. 229):
- Die hinsichtlich ihrer Radikalität relativ gemäßigte amerikanische Revolution erlitt die geringfügigsten Rückschläge. Die englische und die Französische Revolution, die sich dagegen von ihren libertären Ausgangspositionen weiter entfernten, führten letztlich zu einer Restauration der Monarchie.
- Der entscheidende Grund dafür ist darin zu erblicken, dass sich die radikalen Revolutionen in den Augen vieler Menschen diskreditiert hatten. Die „Bändigung" der Revolution durch ein bonapartistisches Regime bzw. durch eine monarchische Restauration erschien nach ihren radikalen Phasen jeweils notwendig. Das erklärt auch den Sturz Robespierres und seines Systems – ein Widerstand breiter Schichten, der dies hätte verhindern können, existierte nicht.

*Methodisch-didaktischer Hinweis*: Als Einstieg in eine Diskussion von Robespierres Position bietet es sich an, mithilfe eines Tafelbildes sich sein politisches Vorgehen zu vergegenwärtigen. Auf dieser Basis kann die Ursache seines Sturzes erarbeitet werden. Damit verbindet sich die Diskussion, bis zu welchem Punkt Robespierres Vorgehen einerseits als eine Notwendigkeit betrachtet werden und ab welchem Punkt andererseits die Kritik an seiner Politik einsetzen kann.

**Notizen**

| Tafelbild zu Aufgabe 3, 241 | **Maßnahmen, Ziele und Entwicklung der Politik Robespierres** |
|---|---|

| | |
|---|---|
| *Innenpolitische Maßnahmen* | *– Ausschaltung der Royalisten*<br>*– Ausschaltung des Königs*<br>*– Ausschaltung innenpolitischer Gegner (Gironde)* |
| *Wirtschaftspolitische Maßnahmen* | *– Assignaten*<br>*– Maxima*<br>*– Landverteilung* |
| *Außenpolitische Maßnahmen* | *– Krieg gegen die europäischen Monarchen* |
| | *– Regierung durch die Ausschüsse*<br>*– Politik im Zeichen von Tugend und Terror* |
| *Politisches Ziel* | *– Erneuerung der Gesellschaft* |
| *Politische Entwicklung* | *– politische und militärische Erfolge*<br>*– Stabilisierung der Ideologie* |
| | *– Verselbstständigung der Ideologie* |
| | *– mangelnde Akzeptanz in der Bevölkerung bei Rückgang der Bedrohung der Republik* |
| | *– Sturz Robespierres* |

© 2000 Cornelsen Verlag, Berlin. Alle Rechte vorbehalten

## Arbeitsteil
## Frauen und Revolution

### M 1, 242
### Kupferstich „Jean Jacques Rousseau oder Der natürliche Mensch" (um 1785)

**Zu Aufgabe 1, 245:**
*Beschreibung des Stiches*: In einer ländlichen Idylle sitzt eine Mutter und stillt ihr Kind, während ein älterer Junge auf Rousseau weist, der zu der Mutter getreten ist und einen Blumenstrauß überreicht. Der Philosoph erkennt das vorbildliche Verhalten der jungen Frau an. Dass sie im Sinne der „natürlichen" Ordnung richtig handelt, zeigt auch ein ihr gegenüberstehendes Schaf, das sein Lamm säugt. Die Legende des Stiches verweist darauf, dass die Frauen vielfach das „natürliche" Verhalten vergessen haben, Rousseau es ihnen aber wie kein anderer wieder vor Augen führt: „Jean Jacques Rousseau oder Der natürliche Mensch / Er gibt den Müttern ihre Pflicht zurück und den Kindern das Glück / Das Leben der Wahrheit widmen".
*Erläuterung*: Mit seinem Kupferstich verleiht Le Grand der Rousseau-Verehrung Ausdruck: Er stellt den Philosophen mit einem Hirtenstab dar und weist ihm damit eine Schutz- und Führungsrolle zu. Die Aufgaben der Frau werden in Anlehnung an Rousseau definiert, der die weibliche „Natur" als soziales Heilmittel für die gesellschaftlichen Defizite betrachtete und die mütterliche Pflege des Kindes als Voraussetzung für dessen Entwicklung zum „natürlichen Menschen" pries.

### M 2, 242 f.
### John Adams an James Sullivan (26.05.1776)

**Zu Aufgabe 1, 245:**
*Zur Person*: John Adams (1735–1826) war ein Führer des nordamerikanischen Widerstands gegen England und arbeitete an der Unabhängigkeitserklärung mit. Er wirkte als Diplomat in Europa und folgte George Washington von 1797 bis 1801 im Präsidentenamt.
*Zur Quelle*: Adams geht von geschlechtsspezifischen Aufgaben der Frau aus und schlussfolgert:
- Frauen haben aufgrund ihrer „Schwäche" an den „großen Dingen des Lebens" keinen Anteil;
- Die Rolle der Frau soll sich auf ihre spezifisch weiblichen Aufgaben beschränken, die in der Kindererziehung und der Versorgung des Haushalts bestehen;
- Analog zu den Frauen besitzen Menschen ohne Eigentum die gleiche Distanz zu den „öffentlichen Angelegenheiten"; der Grund dafür erwächst aus ihrer Abhängigkeit von anderen;
- Es muss Normen geben, die das Recht der politischen Mitbestimmung regeln, z. B. durch die Errichtung einer Altersgrenze. Diese Normen dürfen prinzipiell nicht in Frage gestellt werden, da ansonsten Frauen, Jugendliche und Eigentumslose eine Wahlrechtsänderung einzufordern versuchten;
- Gesellschaftlich-wirtschaftliche „Rangunterschiede" sind erforderlich und erwünscht: Innerhalb dieser bildet die politische Zurücksetzung der Frau einen wichtigen Bestandteil.

### M 3, 243
### Marie-Jeanne Roland de la Platière über politische Zusammenkünfte bei ihrem Mann (1791)

*Zur Quelle*: Madame Roland beschäftigte sich in ihrer Jugend mit Musik, Literatur, Mathematik und Malerei. Durch das Studium der Antike wurden ihr republikanische Ideen vertraut. 1781 heiratete sie den späteren Innenminister Roland, auf den sie großen Einfluss ausübte. Seit 1791 trafen sich in ihrem Salon die Girondistenführer, denen sie mit Rat und Tat zur Seite stand. Ihre Memoiren schrieb sie im Gefängnis. Als ihr Mann von ihrer Hinrichtung erfuhr, beging er Selbstmord.

### M 4, 243
### „Erklärung der Rechte der Frau und Bürgerin" von Marie Olympe de Gouges (1791)

*Zur Person*: Marie Olympe de Gouges wurde als uneheliche Tochter eines französischen Adligen in Montauban geboren. Später lebte sie als „Femme galante" in der vornehmen Pariser Gesellschaft und widmete sich schriftstellerischen Aufgaben. 1791 erschien der abgedruckte Text in der Öffentlichkeit. An Madame Gouges statuierte die Revolutionsführung ein Exempel, wie es auch eine Meldung der Pariser Zeitung „Moniteur" berichtete: „Olympe de Gouges, geboren mit einer überspannten Fantasie, hielt ihren Wahnsinn für eine Eingebung der Natur. Ein Staatsmann wollte sie sein; das Gesetz wird diese Verschwörerin wohl dafür bestraft haben, dass sie vergessen hatte, was sich für ihr Geschlecht geziemt." Am 3. November 1793 wurde sie hingerichtet.

**Zu Aufgabe 3, 245:**
Tatsächlich schrieb Marie Olympe de Gouges die „Erklärung der Menschen- und Bürgerrechte" vom 26.08.1789 um. Vgl. dazu folgende Quelle auf Seite 94 f.

*Zusatzmaterial S. 94 f.* ▼

### M 5, 244
### Der Pariser Sicherheitsausschuss zum prinzipiellen Verbot der Frauenklubs (1793)

**Zu Aufgabe 1, 245:**
*Zur Quelle*: Ende Oktober 1793 verbat man den Frauen nicht nur offiziell politische Aktivitäten, sie erklärte man zudem zu politisch unmündigen Wesen. Die vorbildliche Republikanerin sollte im Sinne Rousseaus ihre ganze Energie ihrer Familie widmen. Vor allem sollte sie ihre Kinder zu Republikanern erziehen. Um das zu leisten war es ihr nur gestattet, als Zuhörerin und Lernende bei öffentlichen Veranstaltungen anwesend zu sein.
Der Sicherheitsausschuss setzte damit eine geschlechtsspezifische Aufgabenteilung von Mann und Frau voraus und deutete politische Folgerungen an:
- Die Frau ist „von Natur aus" zu „häuslichen Aufgaben" bestimmt, der zwischen Mann und Frau bestehende Unterschied ist Bestandteil der gesellschaftlichen Ordnung;
- Mit jedem Geschlecht ist eine eigene, klar definierte Rolle verbunden, aus der sich die folgende Aufgabenteilung

| Zu Aufgabe 3, 245 | Marie Olympe de Gouges, Feministische Version der „Erklärung der Menschen- und Bürgerrechte“ (1791) |
|---|---|

*Marie Olympe de Gouges schrieb 1791 eine feministische Fassung der „Erklärung der Menschen- und Bürgerrechte“ vom August 1789:*

Artikel I
Die Frau ist frei geboren und bleibt dem Manne gleich in allen Rechten. Die sozialen Unterschiede können nur im allgemeinen Nutzen begründet sein.

Artikel II
Ziel und Zweck jedes politischen Zusammenschlusses ist der Schutz der natürlichen und unveräußerlichen Rechte sowohl der Frau als auch des Mannes. Diese Rechte sind: Freiheit, Sicherheit, das Recht auf Eigentum und besonders das Recht auf Widerstand gegen Unterdrückung.

Artikel III
Das Prinzip jeder Herrschaft ruht wesentlich in der Nation, die nichts anderes darstellt als eine Vereinigung von Frauen und Männern. Keine Körperschaft und keine einzelne Person kann Macht ausüben, die nicht ausdrücklich daraus hervorgeht.

Artikel IV
Freiheit und Gerechtigkeit bestehen darin, den anderen zurückzugeben, was ihnen zusteht. So wird die Frau an der Ausübung ihrer natürlichen Rechte nur durch die fortdauernde Tyrannei, die der Mann ihr entgegensetzt, gehindert. Diese Schranken müssen durch Gesetze der Natur und Vernunft revidiert werden.

Artikel V
Die Gesetze der Natur und Vernunft wehren alle Handlungen von der Gesellschaft ab, die ihr schaden könnten. Alles, was durch diese weisen und göttlichen Gesetze nicht verboten ist, darf nicht behindert werden und niemand darf gezwungen werden etwas zu tun, was diese Gesetze nicht ausdrücklich vorschreiben.

Artikel VI
Das Gesetz sollte Ausdruck des allgemeinen Willens sein. Alle Bürgerinnen und Bürger sollen persönlich oder durch ihre Vertreter an seiner Gestaltung mitwirken. Es muss für alle das gleiche sein. Alle Bürgerinnen und Bürger, die gleich sind vor den Augen des Gesetzes, müssen gleichermaßen nach ihren Fähigkeiten, ohne andere Unterschiede als die ihrer Tugenden und Talente, zu allen Würden, Ämtern und Stellungen im öffentlichen Leben zugelassen werden.

Artikel VII
Für Frauen gibt es keine Sonderrechte; sie werden verklagt, in Haft genommen und gefangen gehalten in den durch das Gesetz bestimmten Fällen. Frauen unterstehen wie Männer den gleichen Strafgesetzen.

Artikel VIII
Das Gesetz soll nur Strafen verhängen, die unumgänglich und offensichtlich notwendig sind, und niemand darf bestraft werden, es sei denn kraft eines rechtsgültigen Gesetzes, das bereits vor der Tat in Kraft war und das legal auf Frauen angewandt wird.

Artikel IX
Gegenüber jeder Frau, die für schuldig befunden wurde, muss das Gesetz mit großer Strenge angewendet werden.

Artikel X
Niemand darf wegen seiner Meinung, auch wenn sie grundsätzlicher Art ist, verfolgt werden. Die Frau hat das Recht das Schafott zu besteigen. Sie muss gleichermaßen das Recht haben die Tribüne zu besteigen, vorausgesetzt, dass ihre Handlungen und Äußerungen die vom Gesetz gewahrte öffentliche Ordnung nicht stören.

© 2000 Cornelsen Verlag, Berlin. Alle Rechte vorbehalten

| Zu Aufgabe 3, 245 | Marie Olympe de Gouges, Feministische Version der „Erklärung der Menschen- und Bürgerrechte“ (1791) |
|---|---|

*Fortsetzung*

Artikel XI
Die freie Gedanken- und Meinungsäußerung ist eines der kostbarsten Rechte der Frau, denn diese Freiheit garantiert die Vaterschaft der Väter an ihren Kindern. Jede Bürgerin kann folglich in aller Freiheit sagen: „Ich bin die Mutter eines Kindes, das du gezeugt hast“, ohne dass ein barbarisches Vorurteil sie zwingt die Wahrheit zu verschleiern. Dadurch soll ihr nicht die Verantwortung für den Missbrauch dieser Freiheit in den durch Gesetz bestimmten Fällen abgenommen werden.

Artikel XII
Ein höherer Nutzen erfordert die Garantie der Rechte der Frau und Bürgerin. Diese Garantie soll zum Vorteil aller und nicht zum persönlichen Vorteil derjenigen dienen, denen diese Rechte anvertraut sind.

Artikel XIII
Für den Unterhalt der Polizei und für die Verwaltungskosten werden von der Frau wie vom Manne gleiche Beträge gefordert. Hat die Frau teil an allen Pflichten und Lasten, dann muss sie ebenso teilhaben an der Verteilung der Posten und Arbeiten, in niederen und hohen Ämtern und im Gewerbe.

Artikel XIV
Die Bürgerinnen und Bürger haben das Recht selbst oder durch ihre Repräsentanten über die jeweilige Notwendigkeit der öffentlichen Beiträge zu befinden. Die Bürgerinnen können dem Prinzip Steuern in gleicher Höhe aus ihrem Vermögen zu zahlen, nur dann beipflichten, wenn sie an der öffentlichen Verwaltung teilhaben und die Steuern, ihre Verwendung, ihre Einziehung und Zeitdauer mit festsetzen.

Artikel XV
Die weibliche Bevölkerung, die gleich der männlichen Beiträge leistet, hat das Recht von jeder öffentlichen Instanz einen Rechenschaftsbericht zu verlangen.

Artikel XVI
Eine Gesellschaft, in der die Garantie der Rechte nicht gesichert und die Trennung der Gewalten nicht festgelegt ist, hat keine Verfassung. Die Verfassung ist null und nichtig, wenn die Mehrheit der Individuen, die die Nation darstellen, an ihrem Zustandekommen nicht mitgewirkt hat.

Artikel XVII
Das Eigentum gehört beiden Geschlechtern vereint oder einzeln. Jede Person hat darauf ein unverletzliches und heiliges Anrecht. Niemandem darf es als wahres Erbteil der Nation vorenthalten werden, es sei denn, eine öffentliche Notwendigkeit, die gesetzlich festgelegt ist, mache es augenscheinlich erforderlich, jedoch unter der Voraussetzung einer gerechten und vorher festgesetzten Entschädigung.

*Zit. nach: Ute Gerhard, Menschenrechte – Frauenrechte 1789, in: Viktoria Schmidt-Linsenhoff (Hg.), Sklavin oder Bürgerin? Französische Revolution und Neue Weiblichkeit 1760–1830, Marburg 1989, S. 69–72.*

© 2000 Cornelsen Verlag, Berlin. Alle Rechte vorbehalten

ergibt: während der Mann für die „Künste“ und die „schweren Arbeiten“ prädestiniert sowie zu „tief gehenden und ernsthaften Meditationen“ geeignet ist, ist die Frau für die Kindererziehung und den Haushalt geschaffen, „im Allgemeinen“ steht sie „hohen Vorstellungen und ernsthaftem Nachdenken“ fern.

### M 6, 244 f.
### O. Hufton über ‚aufrührerische‘ Frauen im 17. und 18. Jahrhundert

**Zu Aufgabe 4, 245:**
Die Handlungssituationen und sozialen Merkmale der „aufrührerischen“ Frauen lassen sich – gemäß der Beschreibung von Olwen Hufton – anschaulich in einem Tafelanschrieb darstellen.

**TAFELANSCHRIEB**

*Handlungssituationen:*
- *Brotunruhen: Frauen, die eine Familie versorgen mussten;*
- *Politische Unruhen: breites Spektrum von Teilnehmerinnen;*
- *Ursprung: Nachbarschaft, Gespräche in den Treppenhäusern.*

*Soziale Merkmale:*
- *Auf dem Kontinent: einfache Kleidung; derbe Sprache; vorgerücktes Alter (durchschnittlich 37–40 Jahre); Lohnarbeiterinnen, Strickerinnen, Kleinhändlerinnen, Blumenverkäuferinnen, Hausmeisterinnen, Zeitungsverkäuferinnen: oft ökonomisch auf sich allein gestellte Frauen;*
- *In England: das Armenrecht verhindert die Inhaftierung von Müttern: daher oft jüngere Frauen (zwischen 20 und 40 Jahren), die für die Gemeinde sprechen.*

Die spezifische Rolle der Frau bei Aufständen und Revolten bestand darin, aufgrund der besonderen Rechtslage ihr unerschrockenes Handeln „hinter dem Bild von der unverantwortlichen und widervernünftigen Frau“ verbergen zu können: Sie nahmen eine Rolle ein, die Männer so nicht einnehmen konnten und entwickelten sich deshalb oft zum „Sprachrohr ihrer Gemeinde“.
Die Thesen des Autors lassen sich mit dem Fazit resümieren, dass die Revolutionen der frühen Neuzeit die Stellung der Frauen nur kurzfristig verbesserten:
- So nahmen in England die Frauen primär in religiösen Gruppen und in der Levellerbewegung sowie während des Bürgerkriegs eine wichtige Rolle ein;
- In Amerika lagen ebenso im Bürgerkrieg und in einer der Revolution gemeinen „antipatriarchalischen Tendenz“ die Gründe, die zu einer größeren Selbstständigkeit der Frauen führten: Hier kam es vorübergehend sogar zum Frauenwahlrecht (New Jersey);
- In Frankreich beteiligten sich die Frauen bei Lebensmittelkrawallen und anderen „Volksaktionen“ aktiv; den bemerkenswertesten Ausdruck ihres politischen Potenzials fanden die Frauen in Marie Olympe de Gouges. Der Widerstand der Männer – zu denen auch Jakobiner und Sansculotten zählten – gegen eine nennenswerte politische Partizipation der Frauen besaß verschiedene Ebenen: einerseits die den Frauen unterstellte Nähe zur katholischen Kirche und zum Adel, andererseits die von Republikanern vertretenen Vorstellungen eines „Familienideals der bürgerlichen Gesellschaft“, antiker Geschlechterrollen und eines durch Rousseau geprägten Frauenbildes. Wenn die Frauen dennoch rechtliche Verbesserungen erlangten (Ehescheidung), so waren sie allerdings nur von vorübergehender Natur.

Diejenigen Quellen, die von Frauen selbst stammen, stellen teilweise radikale Forderungen (vgl. M 4, 243 f.): Die von ihnen ausgehenden Erwartungen fanden aber in den tatsächlich erfolgten Veränderungen, vor allem in Frankreich, keine ihnen gemäße Entsprechung.
Diejenigen Quellen, die von Frauenforderungen und aufrührerischen Frauen berichten, sind oft durch eine männliche Perspektive geprägt (vgl. M 5, 244, auch M 2, 242 f.) und werden daher dem sozialgeschichtlichen Befund (vgl. M 6) nicht gerecht.

### M 7, 245
### Guaschmalerei „Patriotischer Frauenklub“ von Pierre Etienne und Jacques Philippe Lesueur (1791)

*Zur Guaschmalerei*: Nach dem Vorbild der politischen Männerklubs, von denen nur wenige die Anwesenheit von Frauen zuließen, entstanden seit 1789 ebenso Frauenvereinigungen. Selten nur entwickelten sie eigenständige frauenpolitische Forderungen, viele konzentrierten sich vielmehr auf karitative Tätigkeiten im Dienste der offiziellen Politik. Das zeigt auch das abgedruckte Bild: Bürgerinnen sammeln Spenden und informieren sich über aktuelle Vorgänge. Wichtig ist im Hinblick auf die Frauenklubs, dass die Frauen hier als Rednerinnen auftraten, Tagesordnungen entwickelten und diskutierten. Damit unternahmen sie erste Schritte sich zu „citoyennes“ zu bilden.

**Zu Aufgabe 2, 245:**
*Methodisch-didaktischer Hinweis*: Es bietet sich an, die Frage nach den Frauenrechten und dem Bild der Geschlechter mithilfe eines Tafelbildes zu beantworten.

*Tafelbild S. 97* ▼

**Tafelbild zu Aufgabe 2, 245**

## Frauenrechte und Geschlechterbilder in der Französischen Revolution

| | Madame Roland (M 3, 243) | Madame Gouges (M 4, 243f.) | P. E. und J. Ph. Lesueur (M 7, 245) |
|---|---|---|---|
| **Rechte für Frauen** | Die traditionelle „Rolle" des weiblichen Geschlechts wird akzeptiert | Ablehnung der „tyrannischen" Unterdrückung der Frau durch den Mann, sie entspricht nicht der natürlichen Ordnung; die Nationalversammlung soll Frauenrechte verabschieden, ferner Vertretung der Frauen in der Nationalversammlung | Frauen beanspruchen das Recht sich wie Männer zu versammeln: Sie haben eine Vorsitzende, nehmen Aktuelles zur Kenntnis, spenden für patriotische Zwecke |
| **Männer- und Frauenbild** | Madame Roland hat politische Interessen, sitzt jedoch abseits, wenn die Männer diskutieren; sie kritisiert die Männer, bringt ihre Ansichten als Frau aber nicht zum Ausdruck | Die Männer sind „extravagant, blind, von den Wissenschaften aufgeblasen und degeneriert"; der Aufklärung entspricht ihre Dominanz nicht; Frauen besitzen „alle intellektuellen Fähigkeiten" | Die Frauen tragen weiblich dezente Kleidung, entsprechen vom Aussehen her dem herrschenden Frauenbild – ihr Verhalten bricht jedoch mit der traditionellen Rolle |

© 2000 Cornelsen Verlag, Berlin. Alle Rechte vorbehalten

**Notizen**

# Arbeitsteil
# Revolution der Bauern und städtischen Unterschichten in Frankreich

## M 1, 246
## Bevölkerungsentwicklung und Grundbesitzverteilung in Frankreich am Ende des Ancien Régime

## M 2, 246
## Bäuerliche Sozialstruktur im nördlichen Pariser Becken

## M 3, 4, 246
## Aus den Beschwerdeschriften der Gemeinden Bears und Bouziès (1789); Aus den Beschwerdeschriften der Gemeinde Colmare (1789)

*Zu den Quellen M 3 und M 4*: Zusammen mit der Wahl der Abgeordneten zur Nationalversammlung bestand die Möglichkeit Beschwerdehefte zu übergeben. Adlige und Geistliche waren entsprechend ihrem Bildungsstand in der Lage ihre Beschwerden selbst zu verfassen. Den Bauern musste dagegen naturgemäß geholfen werden. Die Hefte der Städte und Gemeinden wurden von der Versammlung des Dritten Standes im Amtsbezirk zusammengefasst.

## M 5, 246 f.
## Der Vicomte de Noailles in der Nationalversammlung (1789)

*Zur Quelle*: Das Dekret der Nationalversammlung vom 3. Mai 1790 setzte den Wert des Rückkaufs der auf dem Land liegenden Lasten auf den zwanzigfachen Betrag der Abgabe fest, wenn sie in Geld, und auf den fünfundzwanzigfachen Betrag, wenn sie in Naturalien geleistet wurde. Konnten solche Summen nur wenige Bauern aufbringen, so machte eine weitere Bestimmung die Ablösung fast unmöglich: Der Bauer, nicht der Grundherr, hatte den urkundlichen Nachweis für die Widerrechtlichkeit der einzelnen Abgabenforderungen zu leisten.

**Zu Aufgabe 2, 247:**
Zu den Maßnahmen der Nationalversammlung, die Lage der Bauern zu verbessern, zählten:
- Einführung einer größeren Steuergerechtigkeit;
- Die Möglichkeit zur Erleichterung bzw. Umwandlung der Herrenrechte wurde geschaffen, indem sich die Bauern die Freiheit von auf dem Land liegenden Lasten erkaufen durften;
- Frondienste, Leibeigenschaft und persönliche Unfreiheit wurden ersatzlos gestrichen. Als Grund der Maßnahmen ist die Tatsache zu nennen, dass sich die Bauern gewaltsam zu befreien begannen. Hinter dem Handeln der Nationalversammlung stand also die Angst vor einer nicht mehr kontrollierbaren Bewegung.

## M 6, 247
## Petition der Bauern der Provinz Haute-Marche an die Nationalversammlung (1790)

**Zu Aufgabe 1, 247:**
Am Vorabend bzw. zu Beginn der Revolution stellte sich die Lage der Bauern wie folgt dar:
- Die Bauern bildeten mit circa 80 % die überragende Mehrheit der Bevölkerung, sie besaßen aber mit etwa 35 % nur relativ wenig Land (siehe M 1);
- Die Zahl der unabhängigen Mittelbauern nahm im Verlauf des 18. Jahrhunderts stark ab, die Zahl der Dienstboten und Knechte dagegen bedeutsam zu (siehe M 2);
- Im Jahr der Revolution klagten die Bauern sowohl über hohe Lasten als auch über einen elenden Lebensstandard (siehe M 3);
- Die Bauern erhoben Forderungen nach Abgabengerechtigkeit, nach Steuererleichterungen, nach mehr Land, nach Abschaffung von Frondiensten und bestimmten Ämtern, sowie nach der Vernichtung von Maschinen (siehe M 4);
- Die Bauern stellten überwiegend Forderungen, die sich aus ihrer realen Lage ergaben: Allgemein politische Ziele traten zurück. Das bäuerliche Verständnis von Freiheit meinte in erster Linie frei von grundherrlichen Eingriffen eigenes Land zu bebauen. Gewalt drohte, wenn ihre elementaren Wünsche nicht erfüllt wurden (siehe M 5);
- Im Ton blieben die Forderungen der Bauern oft gemäßigt (siehe besonders M 6).

**Zu Aufgabe 3, 247:**
Trotz der Beschlüsse der Nationalversammlung der Jahre 1789/90 standen die Bauern weiterhin vor andauernden erheblichen Problemen: So beklagten sie im Mai 1790 (siehe M 6), dass ihnen der Loskauf nach den geltenden Bedingungen praktisch unmöglich sei. Das galt vor allem dann, wenn gemeinschaftliche Abgaben zu entrichten waren, denn Einzelne konnten sich in diesem Falle nur freikaufen, sofern sie imstande waren die gesamte Ablösesumme für alle aufzubringen.
Im Darstellungstext wird der Widerstand der Bauern gegen die anfänglichen Regelungen zur Feudalfrage betont, zugleich jedoch unterstrichen, dass die entschädigungslose Aufhebung aller Feudalabgaben im Juli 1793 noch durch weitere Faktoren bewirkt wurde. Wesentlicher Grund hierfür lag in der Bedrohung der Revolution, einerseits durch die Angriffe des monarchischen Auslands, andererseits durch den Kampf der royalistischen Opposition im Innern. Diese Situation machte die Bauern zu unabdingbaren Bündnispartnern der Revolution.

## M 7, 247
## Radierung „Die Freiheit besiegt und zerstört die Missstände“ (1790)

*Beschreibung*: Die Radierung stellt eine weibliche Allegorie in den Mittelpunkt, nämlich die der Freiheit. Strahlend geht die Sonne (der Aufklärung) auf. Eine Mütze als Freiheitssymbol hält die Figur auf einer Stange: Dieses Symbol, das schon in der Antike verbreitet war – in Rom überreichte man den in die Freiheit entlassenen Sklaven eine solche Mütze –, wurde seinerseits auch von zahlreichen Revolutionen anderer Länder in Anlehnung an die Ereignisse in Frankreich übernommen: so beispielsweise in Folge der Mai-Revolution von Buenos Aires (1810).

**M 8, 247 f.**
**Petition der Sektion „Guillaume Tell" (1793)**

**M 9, 248**
**„Manifest der Enragés",**
**vorgetragen von Jacques Roux (1793)**

*Zur Person und Quelle*: Der Kleriker Jacques Roux ging 1790 nach Paris und fand in der „Section des Gravilliers" seine politische Heimat. Unter der Jakobinerherrschaft betätigte sich Roux politisch höchst aktiv. Am 12. Juni 1793 berief ihn der Generalrat als einen der Redakteure der „Affiches de la Commune". Roux verlas am 25. 6. im Konvent im Namen von Cordeliers sowie der Sektionen Gravilliers und Bonne Nouvelle das abgedruckte Manifest. Als die Jakobiner sich bemühten die Sansculotten und die „Enragés" als eigenständige politische Bewegung auszuschalten, geriet Roux in politische Schwierigkeiten. Robespierre griff ihn scharf an, schließlich verhaftete man ihn. Seine Lage betrachtete Roux als aussichtslos, da man auch seine Anhänger festgenommen hatte. Am 14. Januar 1794 unternahm er einen ersten Selbstmordversuch, am 10. Februar 1794 erdolchte er sich im Krankensaal des Zuchthauses von Bicêtre.

**Zu Aufgabe 1, 249**

*Tafelbild S. 101* ▼

*Methodisch-didaktischer Hinweis*: Es bietet sich an, die in den beiden Quellen angesprochenen Gegner und Vorstellungen zum weiteren Verlauf der Revolution in einem Tafelbild festzuhalten.

**M 10, 249**
**Zeitungsartikel von Camille Desmoulins (1793)**

*Zur Person*: Camille Desmoulins, ein Rechtsanwalt, war einer der Initiatoren des Sturms auf die Bastille und Mitgründer des Klubs der Cordeliers (1790). Während der Schreckensherrschaft hielt er zu Georges Danton. Obgleich Desmoulins Robespierre nahe gestanden hatte, opponierte er gegen den Terror und wurde mit Danton am 5. April 1794 hingerichtet.

**Zu Aufgabe 2, 249:**
Die Freiheitsbegriffe, die Roux und Desmoulins verwandten, können mittels eines Tafelanschriebs anschaulich gegenübergestellt werden. (Siehe Spalte rechts.)

TAFELANSCHRIEB

**Freiheitsbegriffe nach Roux und Desmoulins**

**Roux:**
– Freiheit besitzt eine wesentliche sozioökonomische Dimension: Ihr Ziel ist die gesellschaftliche Gleichheit. Solange eine „Menschenklasse" die andere ausbeutet, gibt es keine Freiheit. Voraussetzung für den Sieg der Revolution und die Errichtung einer wahren republikanischen Ordnung ist die Existenzsicherung der Bürger, Sansculotten und Armen, ihre Versorgung mit Lebensmitteln zu erschwinglichen Preisen.

⇨ Die Grundlage der Freiheit wird durch gewaltsame Maßnahmen und ein eindeutiges revolutionäres Verfassungswerk gelegt.

**Desmoulins:**
– Freiheit beruht auf Gerechtigkeit und zeichnet sich durch Rechtssicherheit aus. Die Güter der Freiheit sind die Erklärung der Menschenrechte und die republikanischen Grundsätze der Brüderlichkeit, Gleichheit und Prinzipientreue.

⇨ Die Grundlage der Freiheit kann nicht durch eine Politik des Terrors gesichert werden, dieser schafft der Republik nur Feinde. Auch zeigt die Freiheit nicht ihr wahres Wesen in jakobinisch-sansculottischen Festen und Symbolen, sondern in einer vernünftigen und sanften Ausgestaltung ihrer Verfassung. Ihren freiheitlichen Charakter kann die Revolution vor allem durch die Haftentlassung ihrer angeblichen Feinde unter Beweis stellen.

**Zu Aufgabe 4, 249:**
Laut Robespierre gehören „Tugend" und „Terror" in Zeiten revolutionärer Unruhe zusammen: Terror als Ausdruck strenger Gerechtigkeit setze die Prinzipien der Demokratie durch. Die revolutionäre Regierung habe das Recht zum Terror: „Die Revolutionsregierung ist der Despotismus der Freiheit gegen die Tyrannei" (vgl. auch M 7, 241).Desmoulins möchte dagegen die Gefängnisse öffnen und Rechtssicherheit herstellen. Auch in taktischer Hinsicht sei eine Politik des Vergebens angebracht, sie allein versöhne die Menschen mit der Revolution. Die Ideologie der Jakobiner und Sansculotten sei unmenschlich und seelenlos.

| Tafelbild zu Aufgabe 1, 249 | Integraler Nationalismus in Deutschland und Frankreich |
|---|---|

| | **Deutschland** | **Frankreich** |
|---|---|---|
| **Ursachen** | wirtschaftliche Krise der 1870er Jahre – ➡ Verunsicherungen | Niederlage im Krieg gegen Deutschland 1870/71 ➡ Krise |
| **Träger** | – Bürgertum und Kleinbürgertum<br>– konservative Eliten | – Teile der intellektuellen Elite, Jugend<br>– Katholische Kirche, Militär |
| **Ziele** | – homogenes Reich im Innern (Basis: „Volk" biologisch verstanden<br>– Kampf gegen Reichsfeinde<br>– Hegenomie in Mitteleuropa, Kolonialimperium | – Monarchie, Ablehnung des Parlamentarismus<br>– Kampf gegen „Feinde Frankreichs"<br>– Stärkung der Religion, der Kommunen<br>– ständische Organisation der Wirtschaft |
| **Gegner** | – „innere Reichsfeinde": Juden, Sozialdemokraten, Linksliberale, Polen<br>– „äußere Reichsfeinde": vor allem Frankreich | – Republikaner<br>– Juden<br>– Freimaurer<br>– Protestanten<br>– internationales Kapital<br>– Deutschland |
| **Methoden** | – Verbandsbildungen mit Massenmobilisierungen (z. B. Alldeutscher Verband, Flottenverein, Kriegervereine ect.)<br>– Propaganda<br>– Beeinflussung von Eliten | – Verbandsbildungen (z. B. „Action Française")<br>– Propaganda<br>– Zusammenarbeit mit Gleichgesinnten (vor allem in Kirche und Militär)<br>– vereinzelt auch Gewaltaktionen („Camelots du Roi") |
| **Verhältnis zum Staat** | – Beeinflussung des Staates/der Regierung<br>– „nationale Opposition" | – Ablehnung der Republik |

© 2000 Cornelsen Verlag, Berlin. Alle Rechte vorbehalten

### M 11, 249
### Radierung „Triumph der einen, unteilbaren und demokratischen Freiheit“ (1793/94)

*Bildbeschreibung*: Im Zentrum der Radierung steht die Allegorie der Gerechtigkeit. Sie stützt sich auf den Vertreter des jakobinischen Systems, der sich durch die folgenden Charakteristika auszeichnet: relativ jugendliches Alter, ernst-entschlossene Miene, revolutionäre Kleidung (die lange Hose der Sansculotten, locker geschlungenes Halstuch, offener Kragen), Schwert. Liegend vor der Gerechtigkeit und dem jungen Jakobiner befinden sich die Besiegten: der Adlige (Orden, zerbrochener Degen) und der reiche Bürger (fortgeschrittenes Alter, Perücke, elegante Kleidung, Geld, in der Hand ein Dokument), ferner in Hockstellung eine halb verhüllte, dunkel-unheimliche Gestalt, die auf die Macht der Kirche verweist. Eingerahmt ist diese Gruppe von einem Denkmal (offenbar einer zerstörten antirevolutionären Statue) mit einer Inschrift, die die politischen Zielvorstellungen der Jakobiner zum Ausdruck bringt (siehe unten). Ferner wird der Rahmen von klassizistischer Architektur geprägt, wie sie für die Entwürfe jener Zeit typisch ist.

Inschrift: „Triomphe
De la Republique
Française uné
individible et
democratique
Dedié
a la Patrie“

**Zu Aufgabe 3, 249:**

Als Ursachen für die Radikalisierung nennt der Darstellungstext:

- die Kriegssituation und die Angst vor Verrat;
- die zunehmenden gesellschaftlichen und wirtschaftlichen Probleme: Wertverfall der Assignaten, Inflation, drastische Verteuerung der Lebensmittel;
- die erhöhte politische Aktivität und Gewaltbereitschaft der Bevölkerung;
- die passive wirtschaftspolitische Rolle der Girondisten;
- den Machtkampf zwischen Jakobinern und Girondisten.

Die Quellen (M 8, 9 und 11) machen gleichfalls vorrangig soziale und ökonomische Ursachen für die Radikalisierung aus. Allerdings personalisieren und polemisieren sie stark: schuldig seien u. a. „Verschwörer“, „Blutsauger“, „Feinde“, „Spekulanten“, „Schieber“ und „Reiche“. In M 10 klingt dagegen an, die Radikalisierung beruhe auf dem Vergessen der eigentlichen Ziele der Revolution, auf ideologisch-politischen Fehlentwicklungen.

Zu den Lösungsmöglichkeiten der Revolutionsführung: Anders als die Girondisten kamen die Jakobiner den ökonomischen Forderungen der Unterschichten entgegen, vor allem durch die Verfügung des „maximum général“ (vgl. Schülerband, S. 223f.). Ferner vertraten die Jakobiner einen Zentralismus, der mit dem Führungsanspruch von Paris übereinstimmte. Auch waren sie eher als die Girondisten bereit ihre Ziele mit Gewalt durchzusetzen, dabei griffen sie auf den Wohlfahrtsausschuss zurück.

**Zu Aufgabe 5, 249:**

Die beiden Radierungen (M 7, 247 und M 11, 249) unterscheiden sich wie folgt:

- M 7 stellt die Allegorie der Freiheit, M 11 die Allegorie der Gerechtigkeit in den Vordergrund;
- In M 7 steht die Figur alleine, in M 11 in Begleitung eines kämpferischen Jakobiners;
- Beiden Radierungen gemeinsam ist auf der rechten Seite ein Denkmal mit einer Inschrift;
- In M 7 wird auf die gewalttätige, siegreiche Kraft der Revolution (vgl. links die zerstörte Bastille) Bezug genommen, in M 11 dagegen auf ihr schöpferisches, konstruktives Potenzial (vgl. die klassizistische Revolutionsarchitektur);
- In M 11 liegen die besiegten Gegner der Revolution in Form getöteter Personen im Vordergrund (Adliger, reicher Bürger, Geistlicher), in M 7 dagegen in Form vernichteter Symbole (Wappen, Hüte, Zepter, Ketten, Krone, Steuerlisten).

In der Radierung von 1793/94 ist die Aussage und damit das Selbstverständnis der (jakobinischen) Revolutionäre, so lässt sich zusammenfassen, eindeutiger, schärfer und radikaler: Die Gegner sind getötet oder verhüllen das Haupt, neben der allegorischen Figur steht der kämpferische Jakobiner im Mittelpunkt.

**Notizen**

# Arbeitsteil Die Französische Republik in Deutschland

## M 1, 250 Karte Revolutionäre Zentren in Deutschland (1789–1806)

**Zu Aufgabe 1, 253:**
In Deutschland wirkte die Französische Revolution naturgemäß stark auf das unmittelbare Grenzgebiet ein. Im Elsass, wo einige Reichsstände grundherrliche Befugnisse ausübten, verweigerten die Bauern nach den Beschlüssen der Konstituante vom August 1789 die Abgaben und Frondienste. Im Sommer erhoben sich die Bauern ebenfalls im Badischen und östlich des Oberrheins, dann in der Kurpfalz, 1790 um Aschaffenburg. Zu Unruhen kam es auch in der Reichsstadt Köln. Da es aber keine weit reichenden Verbindungen zwischen den einzelnen Aufstandszentren gab, brach die Bewegung im Rheinland schon vor der Androhung des Einschreitens der Reichsbehörde 1790 wieder zusammen. Neben diesen und den lange andauernden Unruhen in Schlesien war auch der Bauernaufstand in Kursachsen vom August 1790 von Bedeutung: Als auslösende Faktoren wirkten hier einerseits Dürre und Teuerung, andererseits ohne Zweifel das französische Vorbild (vgl. M 2, 250 f.).
Eine besondere Entwicklung nahmen die Ereignisse in Mainz, das am 21. Oktober 1792 kampflos an die Franzosen übergeben wurde. Im Verlauf der darauf folgenden Monate gründete sich die so genannte Mainzer Republik: Zunächst bildeten sich ein Jakobinerklub, die „Gesellschaft der Freunde der Freiheit und Gleichheit“ (23. Oktober 1792), und der Mainzer Nationalkonvent (Wahlen im Februar/März 1793, Zusammentritt am 17. März). Am 18. März 1793 rief der Nationalkonvent sodann den „Rheinisch-Deutschen Freistaat“ aus, der sich vom Reich lossagte. Am 21. März beschloss der Konvent die Vereinigung des neuen Staates mit Frankreich. Im Juli 1793 mussten die Franzosen allerdings vor den fürstlichen Belagerungstruppen kapitulieren, im September kehrte der Kurfürst schließlich nach Mainz zurück.

## M 2, 250 f. Aufruf des Seilers Ch. B. Geißler während des sächsischen Bauernaufstandes (1790)

*Zur Quelle*: Den Unruhen im Frühjahr und Sommer 1790 in Kursachsen gegen das feudale Jagdprivileg folgte im August ein Aufstand der Bauern, der sich über große Teile des Landes ausdehnte. Dieser Aufstand brach unter dem unmittelbaren Einfluss der Französischen Revolution aus. Die Bauern stellten die Leistung sämtlicher Abgaben und Dienste ein, wehrten sich gegen die Ausübung feudaler Privilegien, Land wurde in bäuerlichen Besitz genommen, Unterlagen über feudale Verpflichtungen vernichtet. Der Aufstand griff allerdings kaum auf die Städte über. So konnten starke Truppenverbände zusammengezogen und der Aufstand der waffenlosen und kampfunerfahrenen Bauern bis zum Oktober 1790 niedergeschlagen werden. Ein 47 Jahre alter Seiler aus Liebenstadt im Amt Pirna namens Christian Benjamin Geißler gab der Revolutionsbewegung ihr Programm. Sein Ziel war ein bewaffneter Marsch nach Dresden zum Kurfürsten. Er sandte Boten mit seiner handschriftlich abgefassten Flugschrift aus. Ein Pfarrer überlieferte den im Original verschollenen Text. Geißler wurde am 10. Juli 1790 verhaftet, von einem Arzt für irrsinnig erklärt und dann ins Zuchthaus gesteckt. Erst nach 19 Jahren erlangte er wieder die Freiheit.

## M 3, 251 F. G. Klopstock, Kennet Euch selbst! (1789)

*Zu Person und Werk*: Friedrich Gottlieb Klopstocks Epos „Messias“ war die am meisten bewunderte dichterische Leistung der Generation vor Goethe. Klopstock, der lange in Dänemark gelebt hatte und dann in die Freie Reichsstadt Hamburg übersiedelte, behauptete selbstbewusst seinen Status und seine Ideale als bürgerlicher Dichter. Damit verband sich sein Eintreten für einen deutschen freiheitlich geprägten Patriotismus, so beispielsweise im Schauspiel „Die Hermannsschlacht“. Er begrüßte die Unabhängigkeitsbestrebungen der Amerikaner und feierte die Errungenschaften der revolutionären Umwälzung in Frankreich. Mit ihm ergriff einer der namhaftesteten deutschen Autoren für die Revolution Partei. Später, als die Gewaltbereitschaft in Frankreich wuchs, kritisierte Klopstock, der 1792 französischer Ehrenbürger geworden war, die Entwicklung im Nachbarland scharf. Der antiabsolutistische Eifer des Dichters wurde dadurch jedoch nicht getrübt.

**Zu Aufgabe 3, 253:**
Das Gedicht beginnt (Vers 2–3) mit zwei lakonischen Feststellungen:
a) Die Freiheit wurde in Frankreich verwirklicht;
b) Dies ist die „edelste That“ des Jahrhunderts, die darüber hinaus zu antiker Größe und in die höchste Dimension gesteigert wird („Olympus“).

Dann (Vers 4–11) spricht der Dichter vom „Du“ und vom „wir“. Verkennt der Einzelne die Leistungen des Jahres 1789, ist er „begränzt“, von „Dämmerung“ und „Nacht“ umfangen. Aufgabe ist es, den in den „Weltannalen“ einzigartigen Rang der Französischen Revolution zu verstehen. Darauf ist von den Deutschen die Rede. Durch die Wiederholung betont (Vers 9), werden die „Brüder“, die „Franken“, den Deutschen gegenübergestellt, letztere „verstummen“. Der Hauptteil des Gedichts (Vers 11–26) stellt die entscheidenden Fragen. Das „Schweigen“ der Deutschen kann Resignation bedeuten, es kann aber auch die „Stille“ vor dem „Sturm“ sein. Das revolutionäre Geschehen wird (Vers 14 ff.) mit einem Unwetter verglichen. Dem Chaos folgt die Erholung, die Idylle eines neuen Lebens. Die „Nachtigall“ (Vers 21) leitet dann wieder zum Menschen über: Sein künftiges Leben soll von Neuanfang („Hochzeit“, „Braut“), von der Harmonie zwischen den Generationen („Knaben“ – „Mann“, „Mädchen“ – „Weib“) und, vor allem, von Freiheit geprägt sein – „kein Despot“ darf es mehr wagen andere zu verachten.
Insgesamt stellt das Gedicht damit eine poetisch eindrucks-

volle und mutige Kritik an der (Friedhofs-)Ruhe in Deutschland dar und drückt eine Bewunderung für die Französische Revolution aus, die besonders bedeutsam ist, weil sie mit Klopstock ein Repräsentant des nationalen Denkens formuliert. Am Ende steht die Beschwörung eines besseren Lebens, das aber erst nach einem Umbruch Wirklichkeit werden kann.

### M 4, 251
### Frau Reimarus über den Jahrestag des Sturms auf die Bastille in Hamburg (1790)

*Zur Quelle*: Als 1790 der Jahrestag der Erstürmung der Bastille gefeiert wurde, versammelte sich auch in Hamburg eine Gruppe von Bürgern und Intellektuellen. Die Revolutionsfeier veranstaltete ein Kreis um den wohlhabenden Kaufmann Georg Heinrich Sieveking (1751–1799) in Harvestehude bei Hamburg. Sieveking hatte 1782 Johanna Margaretha Reimarus geheiratet. Der abgedruckte Brief stammt von seiner Schwiegermutter Sophie Reimarus und ist an ihren Bruder August Ad. Friedrich von Hennings in Plön gerichtet.

### M 5, 251 f.
### Erinnerungen von Tochter Reimarus über das Hamburger Revolutionsfest (1798)

*Zur Quelle*: Der Brief aus dem Jahr 1798 stammt von Christine, geb. Reimarus, die mit ihrem Gatten Reinhard, der in Hamburg französischer Gesandter gewesen war, inzwischen in Florenz lebte. Das Zitat (Zeile 10 ff.) ist einem Lied Sievekings entnommen, dessen vollständiger Text auf S. 50–52 der genannten Biografie Sievekings abgedruckt ist.

**Zu Aufgabe 4, 253:**

*Tafelbild S. 105* ▼

*Didaktisch-methodischer Hinweis*: Es bietet sich an, die Unterschiede in den Beurteilungen der Französischen Revolution und ihrer Folgen, die sich aus der geringeren bzw. größeren zeitlichen Distanz zu den Ereignissen in Frankreich erklären, in einem Tafelbild zu verdeutlichen.

### M 6, 252
### Radierung D. Chodowiecki, Die neue Französische Constitution (1791)

*Zu Person und Werk*: Daniel Chodowiecki, in Danzig geboren und in Berlin gestorben, war mit über 2 000 Blättern der wohl fruchtbarste deutsche Illustrator seiner Zeit. Er schuf viele Buchkupfer, u. a. zu Erstausgaben von Lessing, Goethe, Schiller und Klopstock. Ein weiterer Schwerpunkt seiner Arbeit waren Illustrationen zu Kalendern. Das abgedruckte Bild erschien in der Folge „Sechs große Begebenheiten des vorletzten Decenniums" im Goettinger TaschenCalender für das Jahr 1792.

**Zu Aufgabe 3, 253:**

In der Erstausgabe heißt es zur „Erklärung" des Kupfers: „Die Freyheit triumphiert über Tyrannen (denn was da unter ihren Füßen liegt, ist kein König, sondern blos ein Tyrann) und Aberglauben: Der Letztere scheint sich wieder aufrichten zu wollen. Im Hintergrund sieht man die Ruinen der Bastille, hinter welchen die Sonne aufgeht, und ihm Vordergrunde zertrümmerte Wappen und Adelsbriefe."

Im Mittelpunkt steht eine große weibliche Gestalt und hält auf einem Stab die phrygische Mütze, das Freiheitssymbol, in die Höhe, zusammen mit zwei gekreuzten Dolchen, Symbolen patriotischer Wehrhaftigkeit. Zu ihren Füßen liegt ein Löwe, der sein Haupt zu erheben versucht, neben ihm ein zerstörtes Wappen und ein Zepter. Ferner liegt ein gefallener Krieger mit Krone und zerbrochenem Schwert vor ihr, auf den sie den Fuß setzt, wodurch sie die Überwindung der Tyrannen zum Ausdruck bringt. Daneben findet sich eine Hexengestalt mit einer Geißel und magischem Zeichen auf dem schwarzen Gewand. Sie stellt den Aberglauben dar.

Auf Chodowieckis Kupfer wird es Tag – Freiheit und Aufklärung setzen sich mit dem Jahr 1789 durch, die Sonne geht über den Ruinen der Bastille auf. Hier ist die Verbindung zu Klopstocks Gedicht zu sehen (siehe oben Erläuterung zu M 3, 251). Auch für Klopstock ist derjenige, der den Rang der Erneuerung im Nachbarland nicht erkennt, von „Dämmerung" und „Nacht" umgeben. Der Dichter und der Grafiker nehmen damit beide Partei für die Erneuerung und wenden sich gegen die bestehenden politischen Verhältnisse in Deutschland.

### M 7, 252 f.
### Flugblatt der Jakobiner von Altona (1792)

*Zur Quelle*: 1792 fand sich in Altona ein kleiner Kreis jakobinischer Bürger zusammen, der sich mehrheitlich aus der Schicht der Kleingewerbetreibenden und Ladenbesitzer rekrutierte (vgl. die Studie zur norddeutschen Jakobinerbewegung des in Österreich geborenen israelischen Historikers Walter Grab: Norddeutsche Jakobiner. Demokratische Bestrebungen zur Zeit der Französischen Revolution, Frankfurt/M. 1967, S. 40–47 und 104–106). Diese Bürger nannten sich „Echte Brüder der Freiheit und Gleichheit" sowie „Jakobinerklub echter Republikaner zu Altona". Die Jakobiner verbreiteten handgeschriebene, anonyme Flugblätter, in denen sie die Bevölkerung zum Sturz der bestehenden Ordnung und zum Kampf gegen wirtschaftliche und soziale Missstände aufriefen.

Es haben sich drei Originalflugblätter erhalten, ein viertes in Abschrift; aufbewahrt werden sie im Reichsarchiv in Kopenhagen. Vier weitere Flugblätter befanden sich im Stadtarchiv Altona, wo sie 1943 verbrannten. An der Spitze tragen sie Papierkokarden in den Farben der Trikolore. Auf einer der Kokarden (Hoheitszeichen) findet sich die Inschrift „Freyheit oder Mordt und Todt", was wohl auf die Parole „La liberté ou la mort" zurückgeht. Vielleicht hielten die Altonaer das Wort „mort" für das deutsche „Mord" und setzten „Tod" hinzu, um die Losung zu intensivieren. Das letzte erhaltene Flugblatt ist vom Anfang des Jahres 1793. Da es den Behörden nicht gelang, die Verfasser zu enttarnen, wurden sie nie dingfest gemacht.

**Tafelbild zu Aufgabe 4, 253**

## Vergleich von Beurteilungen der Französischen Revolution in Deutschland 1790/98

| 1790 | 1798 |
|---|---|
| Symbolik:<br>festliche Kleidung;<br>französische Nationalfarben;<br>die Pariser Zeit | Symbolik:<br>Erinnerung aus zeitlicher und politischer Distanz |
| Handlungen und Gefühle:<br>Gesang und Dichtung (Klopstock);<br>Salutschießen;<br>gemeinsame Mahlzeit;<br>wohltätige Sammlung;<br>kollektive Gefühle und individuelle Besinnlichkeit;<br>Rührung, Freude | Handlungen und Gefühle:<br>Schock der Schreckensepoche;<br>Mühe der Rückbesinnung |
| ▼ | ▼ |
| Ideale:<br>Verehrung der Freiheit und ihrer Helden;<br>internationaler Aspekt:<br>Frankreich, Amerika, Deutschland | Ideale:<br>Erinnerung an die einstige Hoffnung;<br>Beharren auf dieser Hoffnung:<br>dem „Bösen" wird Positives folgen, die Realisierung der Ideale von 1789 |
| ▼ | ▼ |
| Fazit:<br>Zeugnis uneingeschränkter Solidarisierung mit den Zielen der Französischen Revolution | Fazit:<br>Zeugnis des Beharrens auf früheren Hoffnungen, trotz aller Enttäuschungen |

© 2000 Cornelsen Verlag, Berlin. Alle Rechte vorbehalten

**Zu Aufgabe 2, 253:**

Tafelbild S. 108 ▼

*Didaktisch-methodischer Hinweis*: Die Ergebnisse einer vergleichenden Analyse von Wortwahl, Syntax und Orthografie sowie der aufgeführten Klagen, Argumente und Lösungsvorschläge in M 2 und 7 lassen sich anschaulich in Tafelanschrieben festhalten. Für den Vergleich mit den französischen Quellen empfiehlt es sich, auf ein Tafelbild zurückzugreifen.

TAFELANSCHRIEB

Vergleich von Wortwahl, Syntax und Orthografie in M 2, 250f. und M 7, 252f.

M 2
- Die Wortwahl ist überlegt, zeugt von Kenntnis der zeitgenössischen Philosophie und der Sprache politischer Abhandlungen; starke religiöse Prägung der Sprache; Ironie;
- ausgearbeitete, geschickte Syntax;
- die Orthografie ist korrekt;

⇨ der Text wird, so ist anzunehmen, in der vorliegenden Form kaum von einem Seiler stammen

M 7
- die Wortwahl zeugt davon, dass die Verfasser politisch informiert sind;
- unübersichtliche Syntax, grammatische Fehler;
- die Orthografie weist wie die Interpunktion viele Flüchtigkeiten und Fehler auf;

⇨ ein authentischer Text deutscher Jakobiner

TAFELANSCHRIEB

Vergleich der Klagen, Argumente, Lösungsvorschläge in M 2, 250f. und M 7, 252f.

M 2
- Klagen: Last und Druck, der vom Adel ausgeht; Unbarmherzigkeit der führenden Schichten; das Übel rührt von Fremden her, nicht vom Fürsten;
- Argumente: Göttliches und natürliches Recht verbietet die Adelsherrschaft und wirtschaftliche Ausbeutung; historisch verständliche Privilegien des Adels sind unhaltbar geworden;
- Lösungsvorschläge: Verzicht des Adels auf seine Privilegien; allgemeine Umkehr; Beschwörung besserer Zeiten bei Gottesfurcht und -gehorsam; die Position des Fürsten wird nicht angegriffen.

M 7
- Klagen: hohe Belastungen (Zoll, Kopfsteuer, Kontribution, Erbschaftssteuer);
- Argumente: Einwohner als „Staatskörper" und „Souveräne Nation", der König als „Barthaar" und „ohnmächtiger Mann", seine Umgebung als „Abschaum"; Vorbildcharakter der Französischen und nordamerikanischen Revolution;
- Lösungsvorschläge: allgemeines Erwachen und Widerstehen zugunsten der „Vernunft" gefordert; die Ziele lauten: Absetzung des Königs, „Repräsentantische Regierung" und soziale Verbesserungen.

## M 8, 253
## Freiherr von Hardenberg über die Haltung der Deutschen zur Französischen Revolution

*Zu Person und Werk*: Karl August Freiherr von Hardenberg, aus hannoverschem Adel, trat in preußische Dienste und übernahm 1790 die Verwaltung der Markgrafschaft Ansbach-Bayreuth. 1791 zum preußischen Minister ernannt, vollzog er die Vereinigung von Ansbach-Bayreuth mit dem preußischen Staat und verwaltete es als selbstständige preußische Provinz. Nach weiteren Ministerämtern war Hardenberg seit 1810 bis zu seinem Tod Staatskanzler in Preußen. Er setzte die vom Freiherrn von Stein in Gang gebrachten preußischen Reformen fort. In seine Verantwortung fallen das Regulierungsedikt vom 14. September 1811 zur Ablösung der Grundherrschaft und die Deklaration vom 29. Mai 1816, die die Ablösung für die Bauern begrenzte und mit Landabgaben verband.

**Zu Aufgabe 5, 253:**

Die vier politischen Gruppen nach Hardenberg und die sozialen und politischen Ursachen der Einstellungen lassen sich wie folgt zusammenfassen:

1. Die Gruppe der deutschen Radikalen, die angesichts der französischen Entwicklung nach 1789 – Septembermorde 1792, Hinrichtung des Königs 1793, Schreckensherrschaft

– weniger „zahlreich“ sei. Eine nicht zu gering zu schätzende politische Gefahr drohe durch die Radikalen im Falle militärischer Erfolge der Franzosen – man denke besonders an die Mainzer Republik (Oktober 1792 bis Sommer 1793) – und die Bewaffnung der Untertanen. So gab es im deutschen Südwesten Pläne die Bauern gegen die Franzosen zu bewaffnen. Die Positionen der Radikalen sind in M 2, 250 f. und M 7, 252 f. dokumentiert.

2. Die Gruppe der Anhänger einer gemäßigten deutschen Revolution, die sich innerhalb „gewisser Schranken“ bewege und nicht die „Zügellosigkeit“ der französischen Entwicklung annehme. Diese Gruppe rekrutiere sich mit vielen „Geschäftsmännern“, d. h. Beamten und Politikern, aus einer gesellschaftlich betrachtet hoch anzusiedelnden Schicht. Diese Haltung wird in M 5, 251f. reflektiert.
3. Die Gruppe der Reformer, die mit Hilfe eines schrittweisen Programms der „Mäßigung, Gerechtigkeit und Gesetze“ eine gesellschaftlich-wirtschaftliche Umgestaltung Deutschlands im liberal-aufgeklärten Sinne unter der Wahrung von Frieden, Eigentum, Freiheit, Religion und bürgerlicher Ordnung anstrebte.
4. Die Gruppe der Reaktionäre, die vorrangig darauf bedacht sei, ihre traditionellen Vorrechte zu verteidigen, und die mit einer Mischung aus „Härte, Stolz und Ungerechtigkeit“ den „Geist der Zeit“ verkenne. Zu ihren Anhängern zählten mehrheitlich Mitglieder der „privilegierten Stände“, ebenso einige „Geschäftsmänner“. Die militante Ablehnung der Revolution findet sich in der Abbildung auf S. 234 wieder.

Hardenbergs Position lässt sich aus seinen Formulierungen ableiten: Die dritte Gruppe sei „hoffentlich ... zahlreich“, sie werde „am geeignetsten“ sein den Frieden mit Frankreich herzustellen und Deutschland zu reformieren.

**Notizen**

| Tafelbild zu Aufgabe 2, 253 | Klagen und Forderungen zur Zeit der Französischen Revolution im Vergleich französischer und deutscher Quellen |
|---|---|

| Frankreich | Deutschland |
|---|---|
| **Bauern** | |
| Klagen:<br>Druck durch Feudallasten und staatliche Abgaben, soziale Not (M 3, 246); | Klagen:<br>identische Beschwerden |
| Forderungen/Lösungen:<br>Gleichbehandlung, Gerechtigkeit (M 3, 4, 246);<br>Abschaffung von Steuern, Ämtern, Frondiensten, Maschinenfeindlichkeit (M 4, 246);<br>Revision der Bestimmungen über den Loskauf von grundherrlichen Abgaben (M 6, 247) | Forderungen/Lösungen:<br>weniger detailliert – nur „Verzicht“ des Adels auf Privilegien |
| **Städtische Unterschichten** | |
| Klagen:<br>Bürger im öffentlichen Dienst haben von der Revolution übermäßig profitiert (M 8, 247 f.);<br>gegen Spekulanten, Schieber (M 9, 248) | Klagen:<br>die Beschwerden richten sich gegen den König und seinen „Abschaum“;<br>gleichfalls sozial begründete Klagen |
| Forderungen/Lösungen:<br>soziale Gleichheit, günstige Lebensmittel (M 9, 248)<br>Entsetzen und Terror als revolutionäre Vorgehensweise (M 8, 247 f.) | Forderungen/Lösungen:<br>Absetzung des Königs;<br>soziale und ökonomische Verbesserungen;<br>Ton der Gewaltbereitschaft |

© 2000 Cornelsen Verlag, Berlin. Alle Rechte vorbehalten

## Arbeitsteil
## Die frühneuzeitlichen Revolutionen im Urteil der Historiker

### M 1, 254
### R. R. Palmer, Das Zeitalter der atlantischen Revolutionen

### M 2, 254 f.
### W. Conze, Die Revolutionen als Beginn der modernen Welt

### M 3, 255 f.
### R. Reichardt, Die Französische Revolution als Kultur- und Bewusstseinsrevolution

### M 4, 256
### M. Kossok, Die bürgerlichen Revolutionen als Epoche des Übergangs vom Feudalismus zum Kapitalismus

**Zu Aufgabe 1, 257:**

*Tafelbild S. 110 f.* ▼

*Didaktisch-methodischer Hinweis:* Ursachen, Ziele und Träger der Revolutionen gemäß der Überzeugung der vier zitierten Historiker sowie die zentralen Elemente ihres jeweiligen Revolutionsbegriffs lassen sich in einem Tafelbild in kompakter und anschaulicher Form darstellen.

**Zu Aufgabe 3, 257:**
Der Autor der Darstellung relativiert die von Manfred Kossok vorgebrachte These der marxistischen Geschichtsschreibung, die ‚bürgerlichen' Revolutionen hätten den Weg für den Sieg des Kapitalismus und die Herrschaft der Bourgeoisie bereitet. Er bezweifelt auch die Auffassung, die frühneuzeitlichen Revolutionen hätten auf der Ebene der Wirtschafts-, Sozial- und Alltagsgeschichte umfassende, einschneidende Zäsuren dargestellt. Damit setzt er einen deutlich anderen Akzent als Werner Conze. Die These des Autors von den Veränderungen auf den Gebieten der Kultur- und Ideengeschichte sowie seine Betonung des „modernisierenden" Charakters der Revolutionen decken sich dagegen weitgehend mit den Ergebnissen, zu denen Robert R. Palmer und Rolf Reichardt in ihren Ausführungen gelangen. Der Autor geht aber zugleich über die Überlegungen der vier zitierten Historiker hinaus, wenn er über die Stellung der Frau, die Problematik von Radikalität und Veränderung sowie über die psychologischen Auswirkungen der Revolutionen reflektiert.

### M 5, 257
### D. Langewiesche, Die Frühneuzeitrevolutionen und der Revolutionsbegriff

### M 6, 257
### Lexikonartikel zum Stichwort „Revolution"

**Zu Aufgabe 2, 257:**
Im Lexikonartikel werden in knapper Form verschiedene Varianten des Revolutionsbegriffs definiert. Dieser bezieht sich dabei nicht spezifisch auf die frühe Neuzeit, sondern ebenso auf die Geschichte des späten 19. und 20. Jahrhunderts. Genannt werden folgende Begriffe:
- Revolution, Reform, Staatsstreich, Putsch
- Revolution von unten
- Revolution von oben
- nationale Revolution
- Konterrevolution

Der Artikel von Langewiesche befasst sich dagegen mit der historischen Entwicklung des Revolutionsbegriffs:
- 17. Jahrhundert: die „Glorious Revolution" und ihre unterschiedlichen Wertungen: Revolution als „konkrete Staatsveränderung", „unumkehrbare Entwicklung" und als „politischer Kampfbegriff" (Zeile 15–29)
- der moderne Revolutionsbegriff seit dem 18. Jahrhundert: Revolution als „Zukunftssprung" und Fortschrittsbringer; die Französische Revolution als entscheidendes Ereignis: Revolution als „Menschheitsaufgabe" und Grundprinzip der Geschichte, als geplanter und sich verselbstständigender Prozess; die „Totalrevolution" (politische und soziale Revolution); Verknüpfung mit Gewalt (Zeile 1–14 und 30–57).

**Notizen**

| Tafelbild zu Aufgabe 1,257 | Die frühzeitlichen Revolutionen im Urteil der Historiker (Teil 1) |
|---|---|

| | Ursachen | Ziele |
|---|---|---|
| M 1 (Palmer) | transatlantische Bewegungen gegen die alten Gesellschaftsordnungen mit einer Kombination aus Ursachen allgemein westlicher und spezifisch lokaler Natur | demokratische Ziele; gegen ältere Formen der sozialen Schichtung: pro „relative Gleichheit"; bessere Weltordnung |
| M 2 (Conze) | Fortschrittsgedanke, bekräftigt durch technische, soziale, wirtschaftliche und politische Neuerungen; Prinzip der Rationalität; Naturrechtsgedanke, Individualismus | der Mensch soll sich die Erde untertan machen und die Vernunft gebrauchen: das „Glück" soll realisiert werden |
| M 3 (Reichardt) | eine „neuartige originäre politische Kultur" schafft sich Raum (Frankreich) | nach 1789: „Messianismus der Freiheit und Gleichheit", „Grundsatzerklärungen, Parolen, Leitbegriffe und Symbole" |
| M 4 (Kossok) | „Übergang von der Feudalität zum bürgerlichen Zeitalter" | die Ziele der Bourgeoisie setzen sich durch; dabei ein sehr unterschiedliches Verhältnis von politisch-sozialer und industrieller Revolution in den einzelnen Ländern |

© 2000 Cornelsen Verlag, Berlin. Alle Rechte vorbehalten

| Tafelbild zu Aufgabe 1,257 | Die frühzeitlichen Revolutionen im Urteil der Historiker (Teil 2) |
|---|---|

| | Träger | Revolutionsbegriff |
|---|---|---|
| M 1 (Palmer) | Exponenten der „aristokratischen" stehen gegen die der „demokratischen" Gesellschaftsform: Konflikt „unvereinbarer Auffassungen, wie die Gesellschaft beschaffen sein sollte" | These von der „Atlantischen Zivilisation";<br>Revolutionen und Unruhen der westlichen Welt sind „eine einzige große Bewegung", eine große revolutionäre Agitation";<br>Revolution als Krieg |
| M 2 (Conze) | Ansätze im aufgeklärten Absolutismus, dann aber radikalere Forderungen durch die Vertreter der Aufklärung | naturwissenschaftliche Neuerungen und neue philosophisch-politische Überzeugungen sind als sich gegenseitig beeinflussende und bedingende Einheit zu sehen |
| M 3 (Reichardt) | aufgeklärte Menschen diskutieren, ausgehend „von naturrechtlichen und existenziellen Grundsätzen", über die „Wahrheit"; es entsteht eine neuartige Form von Öffentlichkeit; klein- und unterbürgerliche Schichten: Volkskultur | die Französische Revolution als „weltweit beachtetes Modell", als „modellhaftes Experiment der Demokratie" auf dem Hintergrund eines breiten öffentlichen politischen Kultur- und Klassenbewusstseinswandels |
| M 4 (Kossok) | Das Bürgertum konstituiert sich als „Klasse der historischen Initiative", der Adel gerät in die Defensive | Frühe Neuzeit als „Epoche der permanenten Revolution";<br>Schritt zur „Weltgeschichte im Zeichen der Bourgeoisie";<br>es entsteht der „bürgerliche Nationalstaat";<br>seit 1789 neue Alternative gesellschaftlicher Transformation in Form der Doppelrevolution (Einheit von politisch-sozialer und ökonomisch-technologischer Revolution) |

© 2000 Cornelsen Verlag, Berlin. Alle Rechte vorbehalten

# Kapitel 6: Die Herausbildung des Industriekapitalismus im 19. Jahrhundert

## Auftaktseiten, Grundinformation, Darstellung

### M, 262 Auftaktseitenbild

*Tafelbild S. 114* ▼

*Erläuterungen:* Das Schmuckblatt will in Text und Bild die Technik und ihr Fortschreiten und damit den Fortschritt schlechthin preisen. Es lässt so unmittelbar die technische Neuerung als Kern der Industrialisierung in den Blick geraten. Die Technik in Gestalt der Lokomotive, der beweglichen Dampfmaschine, wird als der sichtbare Ausdruck der Verbindung („Vermählung") von Geist und Kraft des Menschen einerseits und den Naturgewalten andererseits gesehen. Zusammen mit dem Chef der Firma Krauss, ihrem letztendlichen „Schöpfer", wird sie in Form einer Apotheose verherrlicht.

Das Schmuckblatt gliedert sich in Vorder- und Hintergrund. Der Vordergrund füllt das gesamte Bild aus; im Hintergrund sind ein Fabrikgebäude (mit den üblichen rauchenden Schloten; allerdings fast völlig von der Lokomotive verdeckt) und ein weiteres dominantes Gebäude (Verwaltungshaus oder Wohnhaus des Unternehmers) unter einem weiten, ins Unendliche weisenden Himmel zu sehen. Der Rahmen des Blattes zeigt in den oberen Winkeln rechts den Hammer als Symbol für die körperliche Arbeit bzw. die menschliche Kraft und links den Zirkel und andere geometrische Werkzeuge als Symbole für die geistige Arbeit bzw. den menschlichen Geist.

Die Bildelemente des Vordergrunds beherrschen das Schmuckblatt. Die mit Girlanden und drei Fahnen des Kaiserreichs sowie einer bayerischen und einer österreichisch-ungarischen Fahne geschmückte neueste Lokomotive der Firma zieht den Blick des Betrachters auf sich. In einem kühnen Schwung lenken die weiteren Elemente den Blick des Betrachters über die linke Seite, den Scheitelpunkt des Blattes auf die rechte obere Ecke, in der Genien (Sinnbilder der schöpferischen Kraft des Menschen) die technische Zeichnung eines älteren Lokomotivmodells entrollt halten. Dieses Modell hat auf der Weltausstellung 1867 in Paris die goldene Medaille erhalten, die der rechte Genius in der Hand hält.

Der so visualisierte Fortschritt soll dem Mann zu verdanken sein, der im Scheitelpunkt des Bildes in einem lorbeerumkränzten, hoch über der Lokomotive von anderen Genien gehaltenen Medaillon abgebildetet ist: dem Firmenchef Krauss. Er wird durch den Siegeslorbeer (Genius rechts oben am Medaillon) und die Siegespalme (Genius unter dem Medaillon) ausgezeichnet und die Apotheose dadurch vollendet.

Die Lokomotive (unten) und ihren „Schöpfer" (oben) verbindet eine dramatische Inszenierung links auf dem Blatt: Der Mensch (= Mann) setzt seinen Fuß beherrschend auf die dämonische Gestalt der fauchenden Dampfkraft. Diese ist durch den Teufelsflügel als etwas Böses gekennzeichnet und wird dementsprechend wie ein stürzender Engel ins Bild gesetzt. Der Mensch hält in seiner rechten Hand die im Gedicht als „der Naturkraft urgewaltiges Wirken" bezeichnete Dampfkraft gefesselt, aber locker, ohne gewaltsame Anstrengung. Seine linke Hand reicht er der himmlischen Engelsgestalt. Der Engel reckt die Fackel des Lichtes als Symbol des aufklärenden Wissens und der Freiheit aus dem Bild heraus nach oben und leitet den Menschen mit festem, bestimmenden Blick.

Die im Gedicht gepriesene Hochzeit von Menschengeist, Menschenkraft und der Naturgewalt des Dampfes (die in der Lokomotive als angewandter Technik ihren Ausdruck findet) ist damit sinnfällig vor Augen geführt. Die gesamte Szene wird durch den Dampf gehalten und emporgetragen. Er entströmt machtvoll der allegorischen Figur und verbindet sich schließlich mit dem Himmel als Wolken. Rechts unten im Hintergrund steigt wie ein kleines Gegengewicht der Dampf aus der Fabrik auf, verbindet sich ebenfalls am Himmel mit Dampfwolken und schließt das Bild ab.

Während die Schöpferkraft des Menschen mit Stirn und Hand durch das Schmuckblatt gepriesen wird, kommt im Gegensatz dazu die Szene am Erdboden völlig ohne Menschen aus. Dies ist eine für die Industriemalerei typische Ästhetik: Industrieanlagen ohne die in ihr tätigen Menschen darzustellen (ebenso Gemälde M 3, 297).

Dadurch wird ein grundlegendes begriffliches Problem des Kursthemas sichtbar: Die historische Betrachtung, die nur mit den Begriffen „Industrialisierung" bzw. „Industrielle Revolution" arbeitet, lenkt den analytischen Blick nur auf abstrakte Wachstumsziffern, auf Warenströme und Markterweiterungen. Herrschaftsbeziehungen, soziale Konflikte und Interessenunterschiede zwischen den Menschen hingegen werden erst durch den zu ergänzenden Kapitalismus-Begriff systematisch fassbar.

Der Begriff der „Industrialisierung" ist also in der Einstiegsphase zum Begriff des „Industriekapitalismus" zu erweitern um die Perspektive des industriellen Systems mit der der agierenden Menschen zu verknüpfen und die sich daraus ergebenden Chancen und Probleme zu thematisieren.

Transkription des Textes:

Zur Vollendung der 3000sten Lokomotive
in der Lokomotivfabrik Krauß und Comp. Actien=Gesellschaft
München und Linz a[n] d[er] D[onau]

Wo Geist und Kräfte willig sich verbünden/
Wird manches große Werk vollbracht.
Es kann die Kraft kein höhres Wirken finden/

Als zu verkörpern/ was der Geist erdacht.
Vom Menschengeiste ward auch Sie erfunden/
Von Menschenkräften ward auch Sie erbaut/
Sie/ deren Hochzeitstag wir heute feiern/
Die stolze Eisenbraut.

Ja/ ja! Zur Hochzeit seh'n wir sie bereitet. –
Das Menschenwerk/ gepanzert und gestählt/
Mit der Naturkraft urgewaltigem Wirken
Wird es an diesem Tag vermählt.
Umwindet sie mit grünenden Girlanden
und Blumenkränze flechtet auch hinein!
Der Tag/ an dem wir sie gerüstet fanden
Zur Hochzeitsfahrt/ ein Festtag soll er sein.

Und Glück zur Fahrt! Da steht sie – schön geschmücket/
Zum Fluge durch die weite Welt bereit.
Bald wird sie ihren stolzen Lauf beginnen/
Vor ihrer Schnelle schwindet Raum und Zeit.
Vom ernsten Norden/ wo das Meer erstarret
Zum heit'ren Süden/ wo die Sonne flammt/
Verkündet sie auf ihrem Siegeslaufe
Den Ruhm des Hauses/ welchem sie entstammt.

7. Juli 1894
Fritz Weinhöppel pinxit [hat es gemalt].

## M, 264
## Zeittafel zur Herausbildung des Industriekapitalismus 1700–1933

Leitende Gesichtspunkte der Daten:
- Energieträger:
  Koks, Erdöl usw.
- technische Entwicklung:
  Verbesserung der Dampfmaschine, Spinnmaschine usw.
- Periodisierung der Industrialisierung:
  Agrarrevolution, Industrielle Revolution (Deutschland, England), Zweite Industrielle Revolution (Elektrizität)
- ideengeschichtliche Entwicklungen:
  Adam Smith, Marx/Engels
- politische Entwicklung der Arbeiterbewegung:
  Anti-Gewerkschaftsgesetzgebung in England, Chartistenbewegung usw.
- politische Entwicklung allgemein:
  Französische Revolution, Deutscher Zollverein usw.
- rechtliche Entwicklung:
  Französische Revolution und Aufhebung der Stände etc., Code Napoléon in Deutschland, Reformgesetze in Preußen usw.
- Wirtschaftskrisen:
  Große Depression 1873–1895 und Weltwirtschaftskrise 1929–1933

*Zusatzmaterial S. 115* ▼

Gemessen an den in der Grafik aufgeführten Techniken ergeben sich vier Neuerungsphasen (dunkle Schattierung), die jeweils die Wachstumsphasen der Weltwirtschaft einleiten:
- bis um 1825
- Anfang 1840er bis Anfang 1870er
- um 1900 bis Ende 1920er
- Mitte 1950er bis um 1980.

Bei Bedarf ergänzende Lehrerinformation zur besonderen Entwicklung Deutschlands: In der Zwischenkriegszeit (1920er bis Anfang 1950er) stagnierten die wirtschaftlichen Wachstumsraten im Gegensatz zur weltweiten Entwicklung.
Hinweis zur Weltwirtschaftswachstumsrate: Die Kurve ist als idealtypische Linie zu verstehen, da die statistischen Möglichkeiten das Weltwirtschaftswachstum zu messen bis weit ins 20. Jh. äußerst beschränkt waren.

## M, 265
## Karte zur industriellen Entwicklung in Europa um 1850

Die Karte lässt folgende wesentliche Punkte deutlich werden:
- die weit fortgeschrittenere Entwicklung in England und Südschottland gegenüber dem Kontinent;
- die sich herausbildenden Zentren der Industrialisierung auf dem europäischen Festland in Frankreich (Lothringen und Liller Raum/Flandern), in Belgien (Wallonie/Flandern) und in Deutschland (Ruhrgebiet und Oberschlesien);
- die gewerblich-industriellen Ballungen um die Großstädte bzw. Metropolen;
- den komplexen Zusammenhang zwischen Bevölkerungswachstum und Industrialisierung.

Großbritannien hat das stärkste Wachstum zwischen 1820 und 1840; deutlich geringeres Wachstum ist in kaum oder noch nicht industrialisierten Ländern wie Österreich-Ungarn oder Spanien zu beobachten; Italien jedoch verzeichnet ein etwas stärkeres Wachstum, obwohl es noch zu den nicht industrialisierten Ländern zu zählen ist. Industrialisierung geht also dem Bevölkerungswachstum in Europa nicht voraus, es beginnt früher (siehe M, 161 die Bevölkerungsentwicklung in europäischen Ländern 1600–1800 und M, 266 die Geborenen- und Sterbeziffern in Deutschland 1815–1970), allerdings wird dann die Industrialisierung durch ein noch weiter verstärktes Wachstum der Bevölkerung begleitet (siehe D, 271 und D, 276).

## M, 266
## Grafik zur Entwicklung der Weltindustrieproduktion 1860–1913

Folgende entscheidende Entwicklungen lassen sich beobachten:
- Vorreiterrolle Großbritanniens
- Aufholen Deutschlands
- Herausbildung der USA als dominante Wirtschaftsmacht
- relative Stagnation Frankreichs
- beginnendes Wachstum in Russland
- starkes relatives Absinken des indischen Subkontinents (beispielhaft für die kolonialen Länder)

| Tafelbild zu M, 262 | Die Bildelemente des Auftaktseitenbildes |
|---|---|

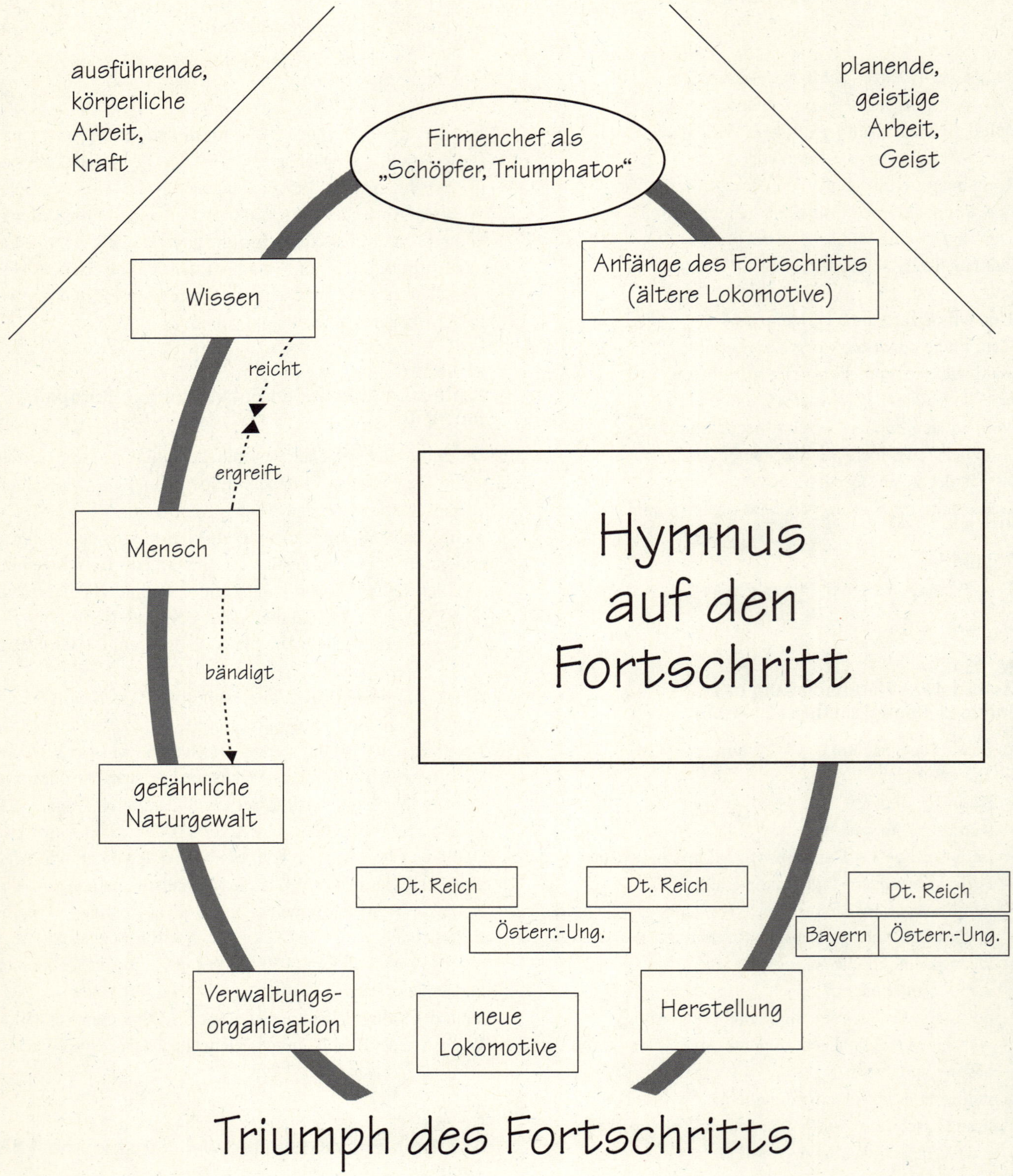


© 2000 Cornelsen Verlag, Berlin. Alle Rechte vorbehalten.

| Zu M, 264 | Technische Innovationen und Wirtschaftsentwicklung seit 1800 |
|---|---|

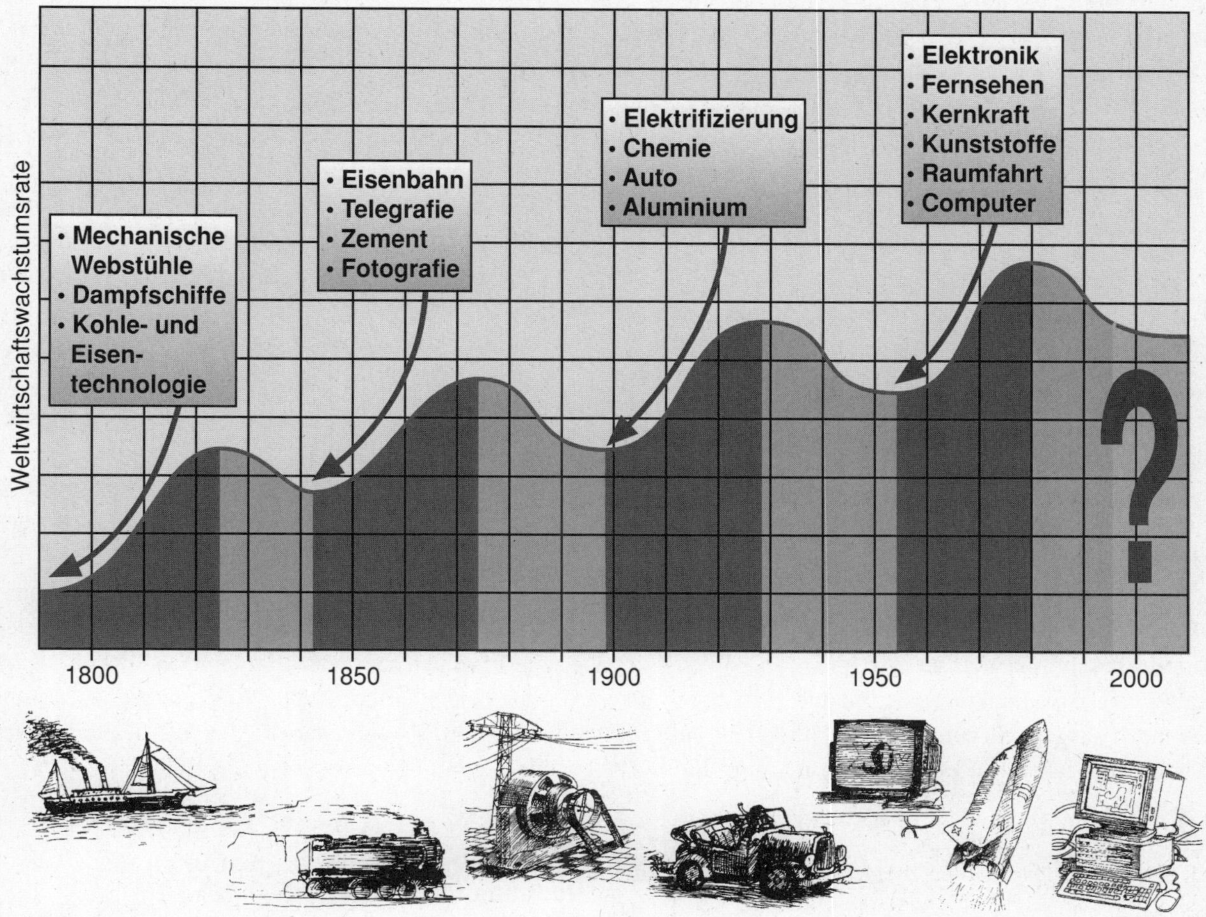


© 2000 Cornelsen Verlag, Berlin. Alle Rechte vorbehalten.

**M, 266**
**Grafik zum Nettoinlandsprodukt in Deutschland 1870–1913**

*Methodische Anmerkung*: Schülerinnen und Schüler sollten zunächst erkennen, dass hier nicht das tatsächliche Wachstum, sondern die Wachstumsrate, d.h. die jährliche Zu- bzw. Abnahme in Prozentpunkten dargestellt ist. Abgelesen werden kann die Dynamik des Wachstums, der so genannte Wachstumstrend. Analytisches Vokabular: Anstieg, Zunahme, steigende Raten, Stagnation, Nachlassen, Schrumpfen, Abschwächung, nachlassende/abschwächende Dynamik, positives/negatives Wachstum, „Minuswachstum", Fallen, Rückgang.
Entscheidend für die Interpretation sind folgende Punkte:
- Grüner Bereich: positives Wachstum; roter Bereich: negatives Wachstum (schrumpfende Wirtschaft).
- Im Kaiserreich in der Regel Wachstum als Kennzeichen der Epoche, aber:
- Nach dem Gründerboom 1871/72 folgt 1873 ff. die Gründerkrise. Sie war durch Überspekulation verursacht und äußerte sich in einem dramatischen Börsenkrach, wilder Panik und scharfen Produktions- und Absatzkrisen.
- Die Gründerkrise 1873 geht über in eine Stockungsphase, die bis 1895 anhält und durch ihren „zerhackten" Konjunkturverlauf gekennzeichnet ist.
- Seit 1895: Hochkonjunkturphase, die bis 1913 anhält und durch einen ausgeglicheneren Konjunkturverlauf auf relativ hohem Niveau gekennzeichnet ist (Ausnahme: Einbruch 1901/02).

Die Grafik spiegelt mit den beiden Trendperioden der „Großen Depression" (1873–1895) und des wirtschaftlichen Aufschwungs von 1896–1913 gleichzeitig die weltwirtschaftlichen Großperioden wider. Sie kann somit stellvertretend für die weltwirtschaftliche Entwicklung gelesen werden, trotz „erheblicher Unterschiede in Bezug auf die Datierung der Umbruchjahre und die Intensität des ungleichmäßigen Preisverfalls und der Wachstumsraten im Volumen der wirtschaftlichen Tätigkeiten" (in Österreich, Italien und den USA glich der Krisenbeginn dem dramatischen „Krach" in Deutschland, während England und Frankreich einen milderen Krisenbeginn mit zyklischen Stockungs- und Niedergangsspannen erlebten.)

**M, 266**
**Grafik Geborenen- und Sterbeziffern in Deutschland 1815–1969**

*Erläuterungen zur Grafik:* Grundsätzlich zu beachten: Die gelbgrünen senkrechten Balken markieren die veränderten Gebiete Deutschlands, auf die sich die Grafik bezieht (die territoriale Veränderung 1918/19 ist noch mitzudenken).
Erläuterungen der Begriffe:
- Sterbeziffer: Todesfälle pro 1000 Einwohner
- Geborenen- bzw. Geburtenziffer: Geburten pro 1000 Einwohner (davon zu unterscheiden: die „Fertilitätsrate", d. h. die Zahl der Lebendgeburten auf 1000 Frauen im gebärfähigen Alter)

*Interpretation:* Entscheidend für die Frage nach dem „natürlichen", d. h. realen Wachstum der Bevölkerung ist der blaue Sektor, d. h. der Abstand zwischen Sterbe- und Geborenenziffer; je größer der Abstand, desto größer das Wachstum.
Generelle Trends: In vorindustrieller Zeit zeigt sich ein hohes Niveau von Geborenen- und Sterbeziffern; spiegelbildliche Korrespondenz von hohen bzw. niedrigen Geborenenziffern und hohen bzw. niedrigen Sterbeziffern ist im Wesentlichen durch die Agrarkonjunkturen bedingt. Mit der „Industriellen Revolution" bzw. Industrialisierung werden die agrarischen Bevölkerungszyklen spiegelbildlicher Korrespondenz von Sterbe- und Geborenenziffern auf hohem Niveau außer Kraft gesetzt:
- seit 1840/50 zunächst Absinken der Sterbeziffern bei gleich bleibend hohem, in den 1870er Jahren noch deutlich ansteigendem Niveau der Geborenenziffern, d. h. starkes reales Bevölkerungswachstum;
- seit 1900 „demographischer Übergang" zu sinkenden Sterbe- und Geborenenziffern, d. h. zu einem langsameren realen Bevölkerungswachstum;
- nach dem Ersten Weltkrieg Durchsetzen der industriegesellschaftlichen demographischen Entwicklung niedriger Sterbe- und Geborenenziffern mit der Tendenz der Annäherung beider Ziffern (nach 1969/70 sogar zeitweises Unterschreiten der Geborenenziffern unter die Sterbeziffern, d. h. real schrumpfende Bevölkerungszahl).

**M, 266**
**Grafik zur Beschäftigungsstruktur in Industriestaaten 1880–1980**

Für den Industriekapitalismus als Gesamtthema ist es wichtig, den generellen Trend der Teilgrafiken vergleichend im Überblick herauszuarbeiten (d. h. nicht die die einzelnen Regionen bzw. Länder kennzeichnenden Unterschiede):
- Verlagerung der Beschäftigtenstruktur vom agrarischen zum gewerblich-industriellen und Dienstleistungssektor; deutliches Anwachsen des schließlich überall dominanten tertiären Sektors in der Spätphase der Industrialisierung (Dienstleistungsgesellschaft);
- Absinken des agrarischen Sektors; Vorreiterrolle der USA zu dem Zeitpunkt, an dem der Agrarsektor nicht mehr der (in absoluten Zahlen) größte Beschäftigungssektor ist.

**M, 267**
**Statistik Streiks und Aussperrungen in Deutschland 1900–1919 (gewerkschaftliche Erhebung)**

*Methodisch-kritische Anmerkung:* Bei der vorliegenden Statistik handelt es sich um Zahlen aus gewerkschaftlichen Erhebungen. Neben diesen gab es für den wiedergegebenen Zeitraum auch die Streik- und Aussperrungszählungen der amtlichen Reichsstatistik. Die beiden Statistiken differieren in ihren Werten zum Teil erheblich. Die Übernahme der gewerkschaftlich erhobenen Zahlen gilt es daher zu begründen (das

Folgende nach Klaus Tenfelde/Heinrich Volkmann, Streik. Zur Geschichte des Arbeitskampfes in Deutschland während der Industrialisierung, München 1981, S. 287–291):
Der amtlichen Reichsstatistik wurde von gewerkschaftlicher wie auch zeitgenössischer wissenschaftlicher Seite der Vorwurf der Parteilichkeit und Diskriminierung der Streikenden gemacht: So wurden die Zahlen von den jeweiligen Ortspolizeibehörden erhoben. Ihre Kontroll- und Disziplinierungsfunktion wurde in Kategorien wie „Beteiligung Minderjähriger“, Häufigkeit des „Kontraktbruchs“ und der Gesetzesverletzungen deutlich. Erst 1923 wurden diese kategorialen Mängel abgestellt und die Zahlen von den Arbeitsnachweisämtern erhoben.
Die gewerkschaftlichen Streikstatistiken haben bereits 1890 mit Zahlenerhebungen begonnen. Ihre Methoden wurden bald standardisiert und verfeinert und hatten so einen Vorsprung vor den amtlichen Zählungen. Gleichwohl berichteten die Gewerkschaften nur über Bewegungen, an denen sie selbst beteiligt waren. „Ihre Zahlen spiegeln daher nicht nur die Entwicklung des Arbeitskampfes in der Veränderung seiner äußeren Merkmale wie Häufigkeit, Beteiligung, Dauer usw., sie dokumentieren auch Grad und Rhythmus der gewerkschaftlichen Organisationsfortschritte und der damit verbundenen Kontrolle über das Konfliktverhalten der Mitglieder. Beide Aspekte lassen sich oft kaum voneinander trennen, was die Auswertung der Befunde erschwert.
Beiden Zahlenreihen haften also Mängel an, wobei der Parteilichkeitsvorwurf gegen die Reichsstatistik als der gravierendere gelten kann. Zudem lassen die Zahlen der Reichsstatistik auch die Tendenz erkennen die Streiks in ihrer Menge und vor allem ihren wirtschaftlichen Auswirkungen heraufzuspielen, die Aussperrungen dagegen herunterzuspielen. Die Entscheidung für die gewerkschaftlichen Zahlenangaben scheint damit gerechtfertigt.

*Interpretation:* In der horizontalen Bearbeitung der Statistik lassen sich folgende wichtige Erkenntnisse gewinnen:

a) Die jeweilige Anzahl von Streiks korrespondiert nicht mit einer entsprechenden Zu- oder Abnahme der Teilnehmerzahl, wie die Jahre 1906 und 1907 oder 1911 und 1912 zeigen. Dasselbe gilt auch für die Aussperrungen.
b) Im Vergleich der Streiks mit den Aussperrungen zeigt sich, welch mächtige Waffe die Aussperrungen in den Händen der Unternehmer im letzten Jahrzehnt des Kaiserreichs wurden. Tausende von Streikaktionen sind notwendig um insgesamt beeindruckende Teilnehmerzahlen zusammenzubringen. Aber ein Bruchteil von Aussperrungsaktionen genügte um Arbeiterinnen und Arbeiter in einem den großen Streikaktionen entsprechenden Ausmaß zu treffen. Die Durchschnittszahlen pro Streik bzw. pro Aussperrungsaktion belegen das deutlich.

In diesen Zahlen spiegelt sich die erfolgreiche Strategie der Unternehmerseite wider durch verstärkte Organisation in Unternehmerverbänden den Schwerpunktstreiks der Gewerkschaften durch flächendeckende Aussperrungsmaßnahmen entgegenzutreten. Damit sollten die Streikkassen der Gewerkschaften erschöpft bzw. ein Keil zwischen Gewerkschaftsführung und -mitgliedschaft getrieben werden.
In der vertikalen Bearbeitung der Statistik ist vor allem die Interpretation der Zahlenschwankungen in Verbindung mit der Grafik „Jährliche Wachstumsrate des Nettoinlandsproduktes in Deutschland 1870–1913“ (M, 266) ertragreich:
In den ausgesprochenen Aufschwungjahren zeigt sich eine rege Streiktätigkeit (so 1900, 1904–1907, 1910–1913); in den Jahren der Abschwünge bzw. Rezession liegt dagegen die Streiktätigkeit signifikant niedriger (1901 und 1902, 1908 und 1909). Das weist auf die Funktion von Gewerkschaften und Streikaktionen im Industriekapitalismus hin: Sie sind als „Institutionalisierung des Klassenkonflikts“ (siehe Anthony Giddens, M 5, 303) die Arbeitergegenmacht, die im Kampf um ökonomische, soziale und politische Teilhabe gegen die im System des Industriekapitalismus immanent angelegte Macht der Unternehmer auftritt. In diesem Sinne hatte sich die reformerisch orientierte Gewerkschaftspolitik vor dem Ersten Weltkrieg konsequent für den „Weg der Kooperation“ und der „rationalen Konfliktregelung“ entschieden (Klaus Schönhoven, o. a. O., S. 191).

## M, 267
## Grafik zu Dampfmaschinen und Lokomotiven in Preußen 1837–1878

*Methodische Anmerkung*: Eventuell sollten die Schülerinnen und Schüler auf die Besonderheit der Doppelgrafik mit verschiedenen Bezugsgrößen in der Vertikalen (y-Achse) hingewiesen werden. Auch wenn in der Grafik die Jahre 1862 bis 1874 ausgeblendet sind, so lässt sich doch die generelle Aussage eines dynamischen (nahezu parabelförmigen, d. h. in der Quadratzahl wachsenden) Anstiegs beider Seiten der Grafik, d. h. der Dampfmaschinen und Lokomotiven, machen. In der Realität bedeutet das: Ausbreitung der Dampfmaschine als Energievermittler in der gewerblichen Produktion und im Verkehrswesen. Die Technisierung als ein entscheidender Motor der Industrialisierung und zugleich als ein die Modernisierung bestimmender Faktor wird augenfällig.

*Zusatzmaterial S. 118* ▼

Methodisch bietet es sich an, ausgehend von den drei dargestellten zeitlichen Abschnitten folgende Fragen zu stellen:

**ARBEITS-AUFTRÄGE**

1. *Welches sind die Ausgangspunkte/Knotenpunkte der Entwicklung (unter Hinzuziehung einer zeitlich entsprechenden Industriekarte, z. B. Putzger Historischer Weltatlas, 101. Aufl., S. 97)? Treffen Sie folgende Unterscheidungen:*
   - *gewerblich-industrielle Zentren,*
   - *Handels- bzw. Umschlagplätze*
   - *Metropolen, Verwaltungszentren (z. B. Hauptstädte deutscher Klein-Staaten).*
2. *Welche Zwecke erfüllt die Vernetzung?*

| Zu M, 267 | Entwicklung des Eisenbahnnetzes in Mitteleuropa bis 1866 |
| --- | --- |

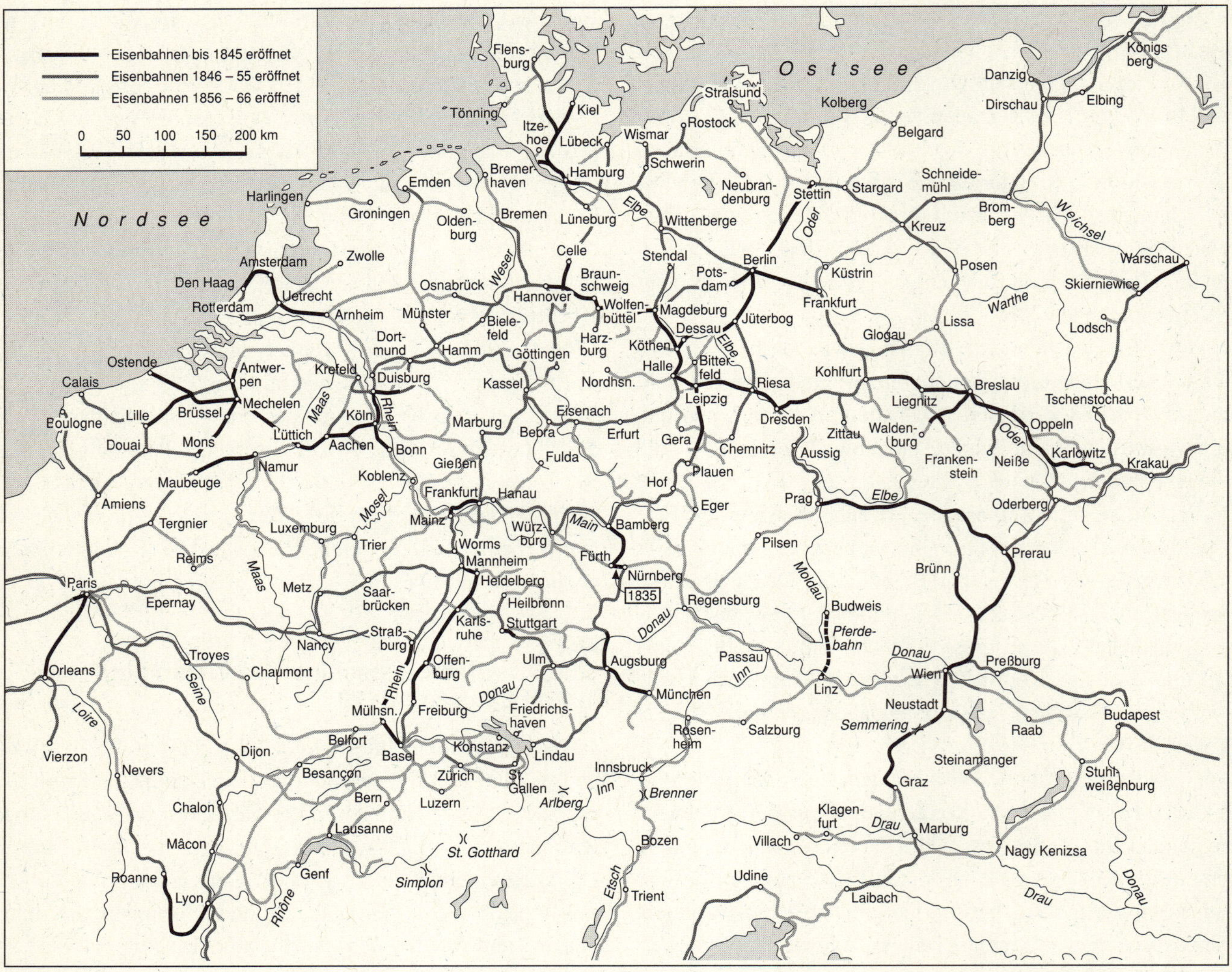


© 2000 Cornelsen Verlag, Berlin. Alle Rechte vorbehalten.

**Zu Aufgabe 1, 267:**
Auffallende Merkmale für den ersten zeitlichen Abschnitt:
- gewerblich-industrielle Zentren: z. B. Mechelen/Lüttich (Belgien); Utrecht (Niederlande); Köln/Aachen; Magdeburg/Halle/Leipzig/Riesa; Berlin; Nürnberg/Fürth; Augsburg; Oppeln/Kattowitz; Wiener Neustadt (Österreich-Ungarn); Paris; Lyon (Frankreich).
- Handels- und Umschlagplätze: z. B. Hamburg; Leipzig; Breslau; Oberrheintal; Niederrhein.
- Metropolen/Verwaltungszentren: z. B. Paris; Berlin; Wien; besonders auffällig: Braunschweig/Wolfenbüttel/Hannover/Celle.

**Zu Aufgabe 2, 267:**
Mögliche Zwecke der Vernetzung:
- Am häufigsten sind Verbindungen zwischen gewerblich-industriellen Gebieten; deutlich auch die Anknüpfung der Handelsplätze; selten sind eindeutig staatlich-bürokratische bzw. Personenbeförderungszwecke; Letzteres gilt nur für die Region Braunschweig/Wolfenbüttel/Hannover/Celle.
- Die Beschleunigung des Waren- und Güterverkehrs ist offensichtlich vorrangig; der reine Personenverkehr ist nachrangig.
- Eventuelle militärische Zwecke oder geografische Zwänge kann man mit den für Schulen zugänglichen Mitteln nicht oder nur sehr spekulativ beantworten.

*Vergleich mit England*: Ein Vergleich mit dem Kartenpaar zur Straßenentwicklung in England und Wales (M, 163) zeigt die entsprechenden Tendenzen der Verkehrsvernetzung in England, hier allerdings bereits in der zweiten Hälfte des 18. Jahrhunderts und bedingt durch den Straßen- und (nicht abgebildeten) Wasserstraßenbau (Vorsprung Englands in der Industrialisierung).

## M, 274
## Dampfhämmer im Zeitvergleich 1900 und 1925

*Tafelbild S. 120* ▼

Die linke Fotografie zeigt Stielhämmer im Eisenwerk Maffei bei München um 1900, das rechte Foto die Hammerschmiede im Eisenwerk Maffei Mitte der 1920er Jahre.
Die beiden Fotografien der Hammerwerke können auf den ersten Blick als überzeugendes Beispiel für den Fortschritt in der Technik und am Arbeitsplatz gelesen werden.
Die drei nebeneinander angeordneten Stielhämmer aus der Zeit der Jahrhundertwende (linkes Bild) unterscheiden sich in ihrer prinzipiellen Bauweise nicht von den mittelalterlichen (wasserradgetriebenen und über eine Nockenwelle gesteuerten) Eisenhämmern. Seit der Mitte des 19. Jahrhunderts wurden solche Hammeranlagen und damit sehr wahrscheinlich auch die im Foto abgebildete durch Dampfkraft angetrieben. Wegen der dicht nebeneinander angeordneten Stielhämmer war für die Arbeiter beim Schmiedevorgang die Bewegung um den Amboss herum nicht so leicht und zudem gefährlich. Das Auf und Nieder der Hämmer war recht schwerfällig, wenn auch in durchaus schneller Folge, je nach Größe des Hammers und nach Erfordernis des Schmiedens.
Die Hämmer der Schmiede aus den 1920er Jahren (rechtes Bild) sind gegenüber den Stielhämmern frei in einer großen Halle verteilt. Der Historiker Wolfgang Ruppert schreibt zu den moderneren Stielhämmern: Sie „werden über ein Rohrsystem mit Dampf versorgt, der in einer zentralen Kesselanlage erzeugt wird. An der Wand (hinten links) ist eine Herdfeueranlage zu sehen. Rechts steht der große Hammer. Drei Mann [nur zwei sind auf dem Foto sichtbar, der Hammerführer ist offensichtlich verdeckt] müssen ihn bedienen: Der Schmied hält das Werkstück mit einer großen Haltezange, die mit einem Ring festgestellt ist, in der Rechten. Um es besser drehen zu können hat er ein Eichenholzstück, einen ‚Dremel', in die Rundung der Zange gesteckt. Auf dem kleinen Dampfhammer im Vordergrund werden Flachstäbe geschmiedet. Der Hammerführer steht hinter einem Schutzschild und steuert mit dem Reguliergestänge die Geschwindigkeit und die Wucht der Hammerschläge. Der Freiformschmied muss jedoch das Kommando zum Schlag geben. Er hält sein Werkstück mit einer kurzen Zange. Wenn der Hammerführer nicht aufpasst oder einen Fehler macht, werden dem Schmied die Hände geprellt. Die Gruppe am Hammer links hinten schmiedet offenbar ebenfalls Flachstäbe, die links zu Füßen des sitzenden Hammerführers liegen. Je besser eine solche Gruppe, der Schmied und der Hammerführer – er ist dessen Helfer –, ‚eingespielt' ist, desto schneller, präziser und gefahrloser kann gearbeitet werden" (Wolfgang Ruppert, Die Fabrik, München 1983, S. 88 f.).

*Zusatzmaterial S. 121* ▼

Ziel ist es den Schülern zu verdeutlichen, dass sich die drei nebeneinander angeordneten Stielhämmer der Abbildung von 1900 (Schülerbuch M, 274, links) in ihrer prinzipiellen Bauweise nicht von den mittelalterlichen (wasserradgetriebenen, über eine Nockenwelle gesteuerten Eisenhämmern) unterscheiden (siehe dazu Hans-Werner Niemann, Vom Faustkeil zum Computer. Technikgeschichte – Kulturgeschichte – Wirtschaftsgeschichte, Stuttgart 1985, S. 75: „Das Wasserrad sitzt auf einer Welle, die mit Nocken versehen ist. Dreht sich das Wasserrad, so drückt der nächst gelegene Nocken auf das Ende des beweglich gelagerten Eisenhammers, der sich daraufhin hebt. Rutscht der Nocken bei weiterer Drehung des Wasserrades über das Ende des Hammerstiels ab, so fällt der Hammer mit vollem Gewicht nach unten auf den Amboss.")

## M, 279
## Gemälde Zug der Kohlenhauer (um 1908) von Heijenbrock

Die Szene des Kohlenhauerzuges ist in eine breite Talebene einer Berg- und Gebirgslandschaft eingebettet. Vor den Bergen im Hintergrund ist eine Stadt mit zum Teil dampfenden Fabrikschloten zu erkennen, also offensichtlich eine Industrielandschaft. Aus ihr kommt ein Menschenstrom, der sich in der Ebene des Bildvordergrundes ausbreitet. Männer und Frauen, auch Kinder am Bildrand links, ziehen wohl vor eine Kohlen-

| Tafelbild zu M, 274 | Dampfhämmer im Zeitvergleich 1900 und 1925 |
|---|---|

| Technischer Fortschritt? | Fortschritt am Arbeitsplatz? |
|---|---|
| • freiere Anordnung der Hämmer<br>• einzelne Steuerung durch zentrale Dampfversorgung ohne gemeinsame Nockenwelle<br>• werkstückgemäßere Hammergrößen<br>• bessere technische Ausrüstung der einzelnen Hämmer<br>• Arbeit in der Gruppe, im Team | • größere Bewegungsfreiheit am Arbeitsplatz<br>• Arbeitsschutzmaßnahmen (Schutzschild für Hammerführer)<br>• Arbeit in der Gruppe, im Team |
| jedoch:<br>• gleiche Energiequelle Dampf<br>• weiterhin Gefährlichkeit der Arbeit<br>• Qualität der Arbeit abhängig von der Gruppe und ihrer Zusammenarbeit | jedoch:<br>• gleiche gebückte Haltung des Schmiedes<br>• kein besserer Schutz für den Schmied<br>• Abhängigkeit vom Hammerführer<br>• sitzende Tätigkeit auch an den Stielhämmern möglich und üblich |

Ergebnis: Dieser Vergleich zeigt, dass technischer und sozialer Fortschritt kein genereller bzw. linearer Vorgang ist. Es kann sich auch nur um partielle Verbesserungen handeln. Andere Bereiche oder Teilbereiche können stagnieren oder sich gar verschlechtern.

© 2000 Cornelsen Verlag, Berlin. Alle Rechte vorbehalten.

| Zu M, 274 | Mittelalterliche Hammerschmiede |
|---|---|

*Foto: Deutsches Museum München*

© 2000 Cornelsen Verlag, Berlin. Alle Rechte vorbehalten.

zeche – die Lore mit den Kohlestücken links im Vordergrund deutet dies an. Der Zug scheint auf jemanden zuzumarschieren. Deutlich haben die weit ausschreitenden Männer und die Frau an der Spitze jemanden – den Grubenherrn? – im Blick. Sie schauen bestimmt und finster. Sie halten Werkzeuge und Grubenlampe oder haben die Hände in den Hosentaschen vergraben. Jeder kann erkennen, dass sie nicht kommen um zu arbeiten. Eine eher drohende Haltung geht von den Menschen aus. Aber kein offener, sprechender oder zum Sprechen bereiter Mund ist zu sehen. Es ist ein stummer Protest. Zugleich ist es aber auch ein Protest, dem man sich (als Betrachter zunächst, dann aber auch übertragbar in die Realität des Geschehens) nicht entziehen kann.
Heijenbrock verdeutlicht so die Kraft der sich solidarisch organisierenden Arbeiterschaft im industriekapitalistischen System: Arbeiterinnen und Arbeiter treten unübersehbar auf den Plan, sie klagen ihre Berücksichtigung im Industriekapitalismus und ihren Anteil an ihm ein (siehe M, 262 und D, 263; siehe auch die Abbildungen M 4–M 7, 298 f. zum Problem der Beziehung von Mensch und Industriearbeit). Sie demons-trieren als Masse ihre Kraft, Männer und Frauen setzen sich gemeinsam für ihre Ziele ein. So ist dieses Gemälde auch ein Bild der sich um die Jahrhundertwende herausbildenden Massengesellschaft der Moderne (siehe dazu die Darstellungen im Geschichtsbuch Oberstufe, Schülerband 2, S. 26 ff.).
*Informationen zu Heijenbrock*: Der Niederländer Hermann Heijenbrock, anfangs Dekorationsmaler und Pressezeichner, wählte später die industrielle Arbeitswelt zum bevorzugten Thema seiner Gemälde, vor allem die Großindustrie mit ihren Hochöfen und Stahlwerken. Seine bedeutendste Schaffenszeit als Industriemaler fällt in die Jahre 1900 bis 1915. In den zwanziger Jahren gründet er das Museum der Arbeit in Amsterdam. Die Wiederentdeckung seines Werkes begann in den 1980er Jahren.

### M, 281
### Karikatur zur Eisenbahnreise (1860)

*Vorbemerkung*: Die Karikatur erschließt sich in ihrer grundsätzlichen Bedeutung für die Veränderung von Sehgewohnheiten im Industrialisierungsprozess am überzeugendsten in der gemeinsamen bzw. vergleichenden Interpretation mit M 1–3, 296 f.
Der Zeichner der Satirezeitschrift „Kladderadatsch“ hat mit seiner Karikatur über das Erlebnis der Eisenbahnreise und des Blickes aus dem Abteilfenster eine doppelte Botschaft über die Revolution des Reisens durch die Eisenbahn hinterlassen: erstens eine bewusste, d. h. kritische Botschaft gegenüber der schnellen Eisenbahn und zweitens eine wohl eher unbewusste, d. h. wahrnehmungs- bzw. mentalitätsgeschichtliche des Sehens und des Betrachters.

1. Der Rahmen der Karikatur ist entsprechend dem Abteilfenster des Schnellzuges dreigeteilt. Sie ähnelt damit einem Triptychon, einem alten, feierlichen Bildschema in der Malerei. In diesem alten ehrwürdigen Bildaufbau „verpackt“ der Zeichner ironisierend seinen neuen karikierenden Inhalt. Der imaginäre Reisende sieht eine dahinfliegende, ja im Stürzen begriffene Szenerie: eine Baumreihe mit einem Kirchturm (in der Mitte) im Hintergrund über die drei Bildteile hin, ein Haus im Vordergrund links und in der Mitte ein Mann im guten Anzug (Bauer? Viehhändler?); seine Beine sind durch den unteren Bildrand abgeschnitten. Der Mann führt eine Kuh mit der rechten Hand an einem kurzen Seil und hält in der linken eine Peitsche – alles in der stürzenden Schräge. Die Kuh scheint sogar wirklich den Boden unter den Füßen zu verlieren, wenn man die rechten Hufe betrachtet. Am oberen Bildrand hängt eine Telegrafenleitung, die sich über das gesamte Bild erstreckt; auch sie ist in das allgemeine Stürzen einbezogen; ein schräg stehendes Stück Mast links oben in der Ecke vermittelt diesen Eindruck.
   Die Welt wird den Augen des betrachtenden Reisenden geradezu entrissen, sie verliert ihren festen Grund und Haltepunkt für den Blick. Die Eisenbahnfahrt im Schnellzug, die offensichtlich als Schwindel erregend rasende Fahrt empfunden wird, zerstört die sichere Wahrnehmung der Welt draußen. Die altbekannte langsame Beziehung zwischen reisendem Menschen als Schauendem und der Umwelt ist zerschnitten (siehe hierzu auch D, 280 f.). In seiner offenen Botschaft greift der Karikaturist die Eisenbahn in ihrer zerstörerischen Bedeutung für die Beziehung des Menschen zu seiner Umwelt an und verleiht damit einem weit verbreiteten technikkritischen Gefühl der Zeit seinen – allerdings ironisch abgemilderten – Ausdruck (sofern man den Rahmen wie oben als Ironie deuten will).
2. Schnellzüge fuhren zu Beginn der zweiten Hälfte des 19. Jahrhunderts eine Geschwindigkeit, die uns heute als überaus gemütliches Dahinzockeln vorkäme und die wir höchstens noch zum nostalgischen Freizeitvergnügen mit einer Museumseisenbahn akzeptierten: 1855 fuhren Schnellzüge durchschnittlich 53 km/h, 1880 waren es 70–80 km/h (siehe Hans-Werner Niemann, Vom Faustkeil zum Computer, Stuttgart 1985, S.165). Wir heute hätten die Wahrnehmungsempfindung des Zeichners, wenn überhaupt, vielleicht erst bei den angestrebten 400 km/h der Hochgeschwindigkeitszüge.

Unsere Sehgewohnheiten müssen sich also in der Zwischenzeit radikal verändert haben. Auch für uns heutige Betrachter zerfließt, wenn wir aus einem schnell fahrenden Zug bzw. Gefährt herausblicken, der nahe Bereich in dahineilende Linien, flieht förmlich, lässt keine Einzelheiten mehr erkennen. Auch wir können die nähere umgebende Welt mit unserem Blick nicht festhalten. Der Zeichner der Karikatur hat diese Wahrnehmung des zerfließenden Vordergrunds in wohl unbewusster Deutung wiedergegeben, indem er den unmittelbaren Vordergrund, die Beine des Mannes, durch den Bild-/Abteilfensterrahmen wegschneiden lässt. Darin könnte die zweite, verborgene Botschaft des Bildes liegen.
Aber uns ergreift heute beim schnellen Fahren nicht mehr das Gefühl des Schwindels, des Wankens und Stürzens der Welt. Wir wissen, dass der Blick in die Ferne wieder einzelne Dinge erkennbar werden lässt, sie bewegen sich langsamer an unserem Auge vorbei, wir können sie wieder festhalten. Also

überspringen wir konsequenterweise den die Sinne verwirrenden, dahinrasenden Vordergrund und suchen Halt und Erkennen in der Ferne: Wir sehen die Welt als Ausschnitt im Überblick – als „Panorama". Wir, als Betrachter selbst in Bewegung gesetzt, erfahren auch die Welt in Bewegung und Veränderung. Sie als dauerhafte oder feste begreifen zu können ist uns entzogen. Wir lassen daher den Blick in die Weite schweifen, „flanieren" mit dem Blick (wie der Flaneur in den Straßen der Metropolen des 19. Jahrhunderts) und interessieren uns weniger für das einzelne Detail. Das Ensemble der äußeren Reize, das Empfindungen in uns auslöst, bestimmte das neue Sehen. Dieses Sehen der Moderne erforderte „einen anpassungsfähigen, autonomeren und produktiveren Betrachter. Er musste [...] einer umfassenden Vermehrung indifferenter und wandelbarer Zeichen und Bilder entsprechen. Die Moderne führte zu einer Neubewertung und Deterritorialisierung des Sehens" (Jonathan Crary, Techniken des Betrachters. Sehen und Moderne im 19. Jahrhundert, Dresden u. a. 1996, S. 151 f.).

Diese Neubewertung des Sehens durch einen selbstständig entscheidenden Betrachter weist auf den positiven Effekt der Geschwindigkeit moderner Verkehrsmittel hin: Der „flüchtige Blick" aus dem Eisenbahnfenster wird zu einem bis dahin völlig unbekannten ästhetischen Reiz, der neue Malweisen erschließt. Der Lehrer kann hierzu das folgende Zitat aus einem amerikanischen Reisebericht über England von 1853 in den Unterricht einbringen:
„Die Schönheiten Englands, die traumhaft sind, sollen entsprechend flüchtig sein. Sie erscheinen am attraktivsten, wenn man mit vierzig Meilen dahinrast, angehängt an eine Lokomotive. Der Weg verlangt keinerlei Aufmerksamkeit oder meditative Versenkung, und obwohl die nahe gelegenen Gegenstände rasant vorbeizuflattern scheinen, entziehen sich die entlegeneren Felder und Bäume durchaus nicht der Betrachtung, sie verharren lange genug im Blickfeld um einen bleibenden Eindruck zu hinterlassen. Alles ist so ruhig, so frisch, so wie zu Hause, es gibt kaum einzelne Gegenstände, die das Auge fesseln oder die Aufmerksamkeit von dem entzückenden Ganzen ablenken, sodass ich mich durch diese sanften Schönheiten träume, während ich durch die Luft segle, schnell wie auf einem Tornado reitend" (zit. nach: Wolfgang Schivelbusch, Geschichte der Eisenbahnreise, Frankfurt/M. u. a. 1977, S. 58 f.).
Ein eindrucksvolles Beispiel literarischer Umarbeitung des Themas Reisen mit neuen Verkehrsmitteln im 19. Jahrhundert bietet der Bericht Hans Christian Andersens „Die Eisenbahnreise" von 1842. Was der Maler Turner und der Karikaturenzeichner des Kladderadatsch als gewandelte bildnerische Ästhetik wiedergeben, der Historiker Schivelbusch aus der wissenschaftlichen Distanz einordnet und beurteilt, wird hier in Form des Erlebnisberichts nachvollziehbar gemacht.

**Notizen**

## Basismaterialien

### M 1, 286
### Reformen in Preußen:
### Auszug aus dem Oktober-Edikt von 1807

**Zu Aufgabe 1, 286:**
Die Quelle zu den so genannten preußischen Reformen Steins und Hardenbergs, durchgeführt nach der Niederlage gegen Napoleon 1806/07, gehört in den Zusammenhang des Darstellungsteils über die „defensive Modernisierung“ des preußischen Staates (D, 272). Der neben dem König wichtigste Unterzeichner des Edikts ist der Erste Minister der preußischen Regierung, der Freiherr vom Stein, der diese Position nach der Entlassung Hardenbergs seit dem 30. Sept. 1807 bis zum 24. Nov. 1808 innehatte. Die Reformen werden dann später durch den am 1. Juni 1810 wieder zum Ersten Minister ernannten Hardenberg fortgeführt. Das Oktoberedikt stellt einen Teil der großen inneren Reformen der Verfassung (Staatsverwaltung und Städteordnung), des Wirtschaftslebens, der Gesellschaftsordnung, der Bildung und des Heeres dar. Schrötter war Leiter des ostpreußischen Provinzialdepartements.
Für den Zusammenhang mit dem Industriekapitalismus ist dieses Dokument von grundlegender Bedeutung: Um die zerrütteten Staatsfinanzen zu sanieren und die Kontributionen an Frankreich leisten zu können benötigte der Staat dringend Steuereinnahmen. Dazu musste unbedingt das Wirtschaftsleben angekurbelt werden. Dem Staat aber fehlten dazu die Mittel (Zeile 7 ff.). Deshalb sollte die private Initiative und Investitionsbereitschaft, vor allem auch im industriellen Gewerbe, einspringen.
Dazu diente das Konzept der Liberalisierung der Wirtschaft (Zeile 4–26), d. h. die Beseitigung aller Hindernisse für die wirtschaftliche Betätigung und private Aneignung (besonders Zeile 13–15) um den allgemeinen Wohlstand und die Linderung der materiellen Not der Einzelnen zu beheben und infolgedessen die Steuereinnahmen zu steigern. So weit die politische Proklamation.

**Zu Aufgabe 2, 286:**
In der ökonomischen und gesellschaftlichen Konkretisierung bedeutet das:
1. Aufhebung aller ständischen Beschränkung und persönlichen Festlegung von Besitztümern, vor allem Grundbesitz (§1, Zeile 28–46);
2. Einführung der Gewerbefreiheit ohne ständische bzw. zünftische Beschränkungen (§2, Zeile 47–51) und
3. Beseitigung der Gutsuntertänigkeit und damit die Gewährleistung der persönlichen Freiheit (§10 und 11, Zeile 52–62).

Das Edikt leitete die Durchsetzung der rechtlichen Gleichheit (einschließlich der Gleichberechtigung der Juden vom 11. März 1812) und der freien Konkurrenz im Wirtschaftsleben ein. Diese Prinzipien wurden im weiteren Verlauf durch das Edikt vom 2. Nov. 1810 fortgeführt, durch das die Vorrechte der Zünfte beseitigt wurden, die Gewerbefreiheit bestätigt und eine allgemeine Gewerbesteuer eingeführt wurde. Die „Bauernbefreiung“ vom 14. Sept. 1811 vollendete das Reformwerk.

**Zu Aufgabe 3, 286:**
Das Edikt ist ein Beispiel für die staatliche Durchsetzung und Lenkung von „Modernisierung“, indem das Vorbild der kapitalistischen freien Konkurrenzwirtschaft in England nachgeahmt wird. Die Wirtschaftstheorie von Adam Smith ist unverkennbar in das Edikt und die weiteren Maßnahmen eingeflossen: Hebung des allgemeinen Wohlstandes durch freie Konkurrenz.
*Gegenwartsbezug*: Das Oktoberedikt kann auch zu einer aktualisierenden Diskussion eingesetzt werden. Die Deregulierungsbestrebungen und -maßnahmen im Wirtschafts- und Sozialbereich am Ende des 20. Jahrhunderts könnten zu einem Vergleich der Situationen und möglichen Maßnahmen dienen. Dabei ermöglicht die Kenntnis der positiven wie negativen Folgen der preußischen Reformen eine kritische Einschätzung der gegenwärtigen Entwicklungen.

### M 2, 286 f.
### Preußische Industriespionage in England (1823)

**Zu Aufgabe 1, 287 (links):**
Dieses Schreiben gehört zusammen mit der vorherigen Quelle (M 1, 286) in den Rahmen der „defensiven Modernisierung“ des preußischen Staates. Die hier geschilderte Industriespionage ist direkt staatlich gefördert und gezielt eingesetzt. So zeigt diese Quelle, dass Industriespionage die Modernisierungsstrategien von Anfang an begleitet und ein wichtiges Mittel in den technischen „Aufholjagden“ darstellt. Denn es geht um die Auskundschaftung neuester Techniken der Produktion und des Maschinenbaus und zwar möglichst auch schon in ihren frühesten Diskussionsstadien.

**Zu Aufgabe 2, 287 (links):**
Die Industriespionage war keineswegs ungefährlich, da schwerste Strafen – zeitweise sogar die Todesstrafe – angedroht waren. Dennoch, die politischen und gesellschaftlichen Veränderungen seit der Französischen Revolution und den napoleonischen Kriegen mit all ihren materiellen Folgen erzwangen in Preußen die wirtschaftliche Erneuerung. Hatte die Blockade gegen England wirtschaftlich noch eine Zeit lang Schutz gegen die englische Konkurrenz geboten, so war dieser mit der Niederlage Napoleons endgültig vorbei. „Industrietourismus“ (siehe D, 272) und Industriespionage waren die Mittel zur Durchsetzung wirtschaflicher Modernisierungen. Die Bedeutung der Industriespionage zeigt sich nach 1945 am japanischen Beispiel und schließlich wieder an der „Lopez-Affäre“ 1993–1997, bei der sich (auf der höchsten Managementebene zweier führender Industriestandorte) General Motors/Opel und die Volkswagen AG gegenüberstanden.

*Zusatzmaterial S. 126–129* ▼

*Didaktische Vorbemerkung*: An Hand der „Lopez-Affäre“ lassen sich erstens die Methoden der modernen Industriespionage mit der am Beginn der preußisch/deutschen Industrialisierung vergleichen, zweitens die öffentliche Einschätzung solcher Vorgehensweisen diskutieren, drittens die Wege ihrer rechtlichen und moralischen Beurteilung vergleichen und viertens das Verhalten der beiden Kontrahenten im Rahmen globaler Wirtschaftsverflechtung einschätzen und beurteilen.

### M 3, 287
### Friedrich Engels, Flussbeschreibung (um 1840)

### M 4, 287
### Karikatur zur Flussverschmutzung (1858)

*Didaktischer Hinweis*: Diese beiden Materialien zur ökologischen Dimension des Industriekapitalismus sind in Verbindung mit D, 280–282 zu sehen. M 3, 287 ist der berühmten und sozialgeschichtlich für das 19. Jahrhundert wegweisenden Schrift von Friedrich Engels über „Die Lage der arbeitenden Klasse in England“ und die Karikatur M 4, 287 der wohl bekanntesten englischen Satirezeitschrift „Punch“ entnommen. Zeitlich stammen die beiden Materialien aus der schon entwickelten Phase der englischen Industrialisierung – Bilder, die den kontinentaleuropäischen Ländern in der Regel noch bevorstanden.

**Zu den Aufgaben 1 und 2, 287 (rechts):**
Wichtige Punkte:
- Die Flüsse und deren Verschmutzung stehen im Mittelpunkt der Umweltkritik im 19. Jh. In die Flüsse nämlich werden die Industrieabwässer zusammen mit den Abwässern der Stadtbewohner eingelassen. Die Flüsse als Kloaken sind in Beschreibung und Bild plastisch dargestellt.
- Die Flüsse werden als Gefährdungen für die Menschen gesehen, hier die Angst vor gesundheitlicher Gefährdung, ja vor unmittelbarer Vergiftung durch die so genannten Miasmen (die zeitgenössische Einschätzung dieser Miasmen jedoch zeigt, dass solche als wissenschaftlich geltenden, jedoch unzutreffenden Ansichten die daraus abgeleiteten Gefährdungen verzerren; die Möglichkeit zur Behebung könnte dadurch erschwert werden).
- Die Umweltverschmutzung wird unmittelbar mit sozialen Folgen des Industriekapitalismus in Verbindung gebracht: die verschmutzten Viertel sind die Wohnorte der Arbeiter, der Armen, d. h. der unteren Klassen; hier steht auch das „Arbeitshaus“, d. h. die Zwangsarbeitsstätte für Obdachlose, Bettler oder auch Kriminelle. Hier also werden die sozialen Konflikte zusammengeballt.

### M 5, 288
### Max Weber, Klasse und Stand

*Zur Person*: Max Weber kann als der bedeutendste Soziologe an der Wende von der ersten Phase der Moderne zur zweiten, der Herausbildung der Massengesellschaft (nach Peter Wagner auch „eingeschränkte liberale Moderne“ bzw. „organisierte Moderne“), bezeichnet werden. Seine Klassentheorie stellt heute noch eine entscheidende Grundlage der Betrachtung und Beurteilung der Entwicklung industriekapitalistischer Gesellschaften dar. Entsprechend prägt sein Ansatz D, 277–280.

**Zu Aufgabe 1, 288:**
Entscheidender Unterschied zwischen „Klasse“ und „Stand“ ist bei Weber die ökonomische Beschränkung des Begriffs der „Klasse“ in den drei eingangs genannten Punkten (Zeile 1–7): gemeinsame spezifische Lebenschancen, der Besitz von Produktionsmitteln und die Existenz des Marktes als verknüpfendes Element zwischen Arbeitsplatzbesitzern und Arbeitsanbietern. Der Klassenbegriff bietet dadurch eine präzise unterscheidende und zuordnende Anwendungsmöglichkeit im Gegensatz zur offeneren („amorphen“) Art des Begriffs „Stand“ mit seinem gesellschaftlichen Begriff von „Ehre“, d. h. der Ehre zu einer abgesonderten Gemeinschaft zu gehören (siehe Ute Frevert, Ehrenmänner. Zur Funktion des Duells in der bürgerlichen Gesellschaft, München 1994). So ermöglicht der Klassenbegriff erstens eine eindeutige Zuordnung der Menschen zur Klasse der Unternehmer/innen oder zur Klasse der Arbeiter/innen sowie zweitens eine klare Beurteilung der „Klassenlage“ über die „Marktlage“, d. h. welche ökonomische Position und Machtstellung beide Seiten am Markt innehaben.

**Zu Aufgabe 2, 288:**
Die unterschiedliche Marktpositionierung von Kapitalbesitzern und Arbeitsanbietern wurde jedoch durch die privatkapitalistische Marktorganisation nicht ausgeglichen, sondern führte in der Regel zu größerer sozialer Ungleichheit. Zwar konnten Qualifikation und Arbeitskräfteknappheit die Marktposition der Arbeiter verbessern, aber ein entscheidender Schritt gelang erst durch das organisierte „Gemeinschaftshandeln“. Erst dadurch wurden Arbeiter zur „wirklichen Klasse“, dass sie sich ihrer gemeinsamen Lage und Interessen bewusst wurden und sie in Taten umsetzten.

**Zu Aufgabe 3, 288:**
In den Kriterien zur Bestimmung von Klasse, Klassenlage und Klassenbewusstsein stimmen Weber und Marx (M 2, 301) überein. Aber ein zentraler Unterschied besteht in der Frage der Veränderung der Marktposition. Marx unterstellt für die Arbeiter/innen die ständige Verschlechterung dieser Position mit dem Endpunkt der sozialen Revolution und Veränderung der Besitzverhältnisse an den Produktionsmitteln, d. h.: Bei Marx steht ein geschichtliches Entwicklungsbild hinter seiner Einschätzung. Bei Weber dagegen dient die Definition von „Klasse“ zur Beschreibung und Einschätzung der jeweiligen Klassenlage bzw. Marktposition, die je nach Marktsituation sich zwischen den beiden Polen Kapital und Arbeit verschieben kann, ohne dass ihr eine bestimmte Richtung unterstellt ist.

| Zu Aufgabe 2, 287 (links) | Briefwechsel zwischen General Motors und VW (1997) |
|---|---|

*Briefwechsel zwischen dem US-Konzern General Motors und der deutschen Volkswagen AG zur Beilegung der López-Affäre (Januar 1997).*

*a) Brief von VW an GM:*

**Q** Sehr geehrte Herren,
dieser Brief ist Teil unserer Vereinbarung die Zivilverfahren zwischen Volkswagen AG einerseits und General Motors Corporation und Adam Opel AG andererseits zu vergleichen. Wir bestätigen, dass Volkswagen den Rücktritt der Herren López und Gutierrez mit Wirkung zum 29. November 1996 akzeptiert hat. Die Herren Alvarez und Piazza werden spätestens bis Ende Januar 1997 zurücktreten oder beurlaubt werden. Durch die Anklage sind die Herren López, Gutierrez, Alvarez und Piazza vor einem deutschen Gericht wegen rechtswidriger Handlungen angeschuldigt. Im Hinblick darauf erkennt Volkswagen die Möglichkeit an, dass es zu rechtswidrigen Handlungen dieser Personen gekommen sein kann. Die Anschuldigungen müssen bewiesen oder entkräftet werden.
Volkswagen hat Verständnis für die Besorgnis von GM/Opel hinsichtlich möglicher unrechtmäßiger Handlungen der Angeschuldigten. Volkswagen erkennt aber gleichermaßen das verfassungsmäßige Recht dieser Personen an als unschuldig angesehen zu werden, solange sie nicht rechtmäßig verurteilt worden sind.
Sie haben uns wissen lassen, dass die Einleitung von Rechtsverfahren sowie öffentliche Erklärungen durch GM/Opel nicht darauf gerichtet waren, das Image von Volkswagen zu schädigen oder Volkswagen bzw. das Volkswagen-Management zu verleumden. Wir akzeptieren diese Klarstellung und nehmen gegenteilige Erklärungen unsererseits zurück.
Volkswagen bedauert Erklärungen, die dahingehend ausgelegt worden sind nahe zu legen, dass GM/Opel Beweise untergeschoben oder vorgetäuscht haben. Wir glauben nicht, dass die Handlungen von GM/Opel einen Angriff auf den Standort Deutschland dargestellt haben. Volkswagen begrüßt es, dass dieser Brief und die damit im Zusammenhang stehenden Maßnahmen es ermöglichen, die zivilrechtlichen Auseinandersetzungen zu beenden. [...]
Die erreichte Vereinbarung zwischen GM/Opel und Volkswagen schafft zukünftige Geschäftsmöglichkeiten für beide Seiten als Mitbewerber in der Automobilindustrie.

Mit freundlichen Grüßen
Dr. K. Liesen Dr. F. Piëch

*Zit. nach: Schaumburg-Lippische Landes-Zeitung, 11. Januar 1997.*

*b) Antwort von GM:*

**Q** Sehr geehrte Herren,
dieser Brief ist unsere Antwort auf Ihren Brief, den Sie uns als Bestandteil unserer Vereinbarung gesandt haben die zivilrechtlichen Auseinandersetzungen über die López-Angelegenheit zwischen unserem Management und dem Management von Volkswagen zu vergleichen und zu beenden.
Es ist bedauerlich, wie Sie sagen, dass die Auseinandersetzung zwischen unseren Gesellschaften in einem solchen Ausmaß eskaliert ist. Die Umstände machten es erforderlich, dass wir auf die zivilrechtlichen Anspruchsgrundlagen des U.S.-Rechts zurückgreifen mussten. Wir haben unsere Anwälte angewiesen die gegen Herrn Dr. Piëch und Herrn Dr. Neumann erhobene Klage zurückzuziehen und gemäß der getroffenen Vereinbarung auch die Klageverfahren gegen die anderen Beklagten zu beenden.
Unsere Zivilklage gegen Volkswagen und einige Ihrer Vorstandsmitglieder beinhaltete keine strafrechtlichen Vorwürfe. Wir werden weiterhin mit den Ermittlungsbehörden in vollem Umfang zusammenarbeiten, soweit dies von diesen erbeten wird. General Motors und Opel werden selbstverständlich die Ergebnisse der Ermittlungsverfahren und die Bewertungen der Ermittlungsbehörden akzeptieren und respektieren.
Wir begrüßen es, dass Volkswagen anerkannt hat, dass unsere Besorgnisse berechtigt waren und dass unsere Gesellschaften eine zufrieden stellende Basis für die Beendigung der anhängigen zivilrechtlichen Verfahren gefunden haben. Wir sehen einer Zukunft entgegen, die von den Auswirkungen dieser Angelegenheit unbelastet ist.

Mit freundlichen Grüßen
Smale, Smith

*Zit. nach: Hannoversche Allgemeine Zeitung, 11. Januar 1997.*

© 2000 Cornelsen Verlag, Berlin. Alle Rechte vorbehalten.

| Zu Aufgabe 2, 287 (links) | Karikatur zur Industriespionageaffäre VW – General Motors (1997) |
|---|---|

*Karl-Heinz Schoenfeld, „In Sachen General Motors gegen VW rufe ich auf …“, Karikatur vom Januar 1997*

© 2000 Cornelsen Verlag, Berlin. Alle Rechte vorbehalten.

| Zu Aufgabe 2, 287 (links) | **Kurs der VW-Stammaktie 26. Nov. 1996 – 10. Jan. 1997 (in DM)** |
|---|---|

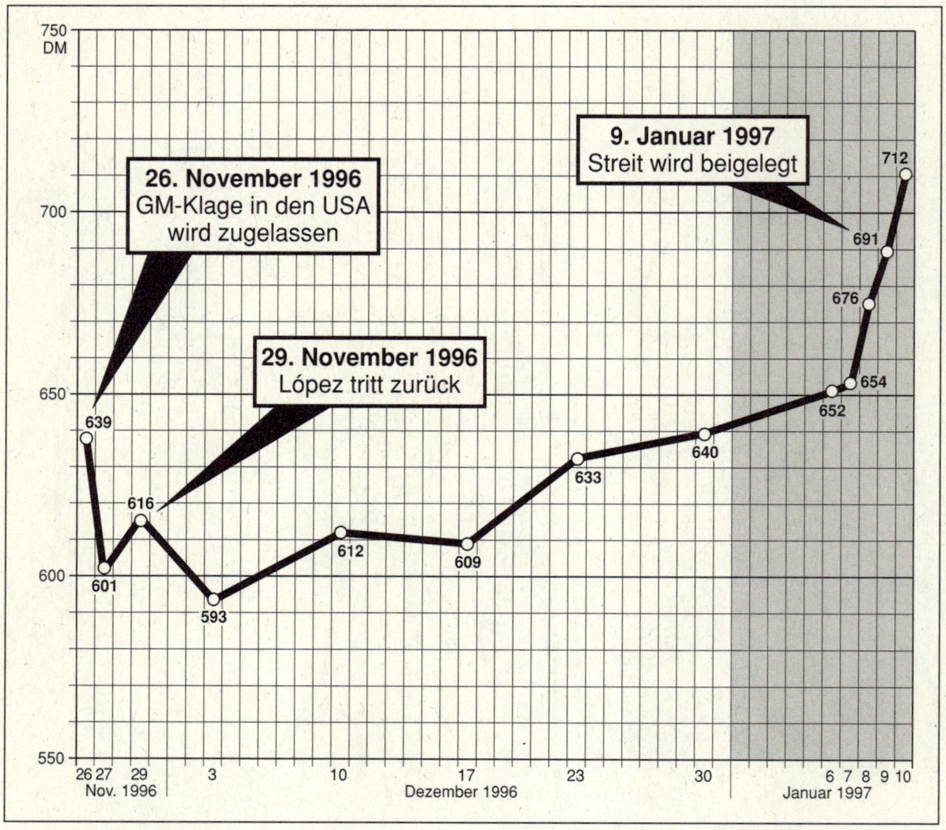


© 2000 Cornelsen Verlag, Berlin. Alle Rechte vorbehalten.

| Zu Aufgabe 2, 287 (links) | Die Kleinaktionäre von VW zum Vergleich mit GM (1997) |
|---|---|

*Meldung in der „Frankfurter Rundschau" vom 13. Januar 1997 über die Reaktion der Kleinaktionäre von VW zum Vergleich mit General Motors:*

Q FRANKFURT a. M. (rtr). Die außergerichtliche Einigung im Streit zwischen VW und General Motors erntet nicht nur Beifall. Es sei zwar zu begrüßen, dass ein langjähriger Prozess abgewendet wurde, sagt Reinhild Keitel von der Schutzgemeinschaft der Kleinaktionäre. „Doch stellt sich die Frage, wer die 100 Millionen Dollar eigentlich bezahlen soll." [1] Ohne ein gerichtliches Urteil sei es für die freien Anteilseigner schwierig, auf die Verantwortlichen durchzugreifen. Die Schutzgemeinschaft erwäge Vorständen und Aufsichtsräten auf der VW-Hauptversammlung die Entlastung zu verweigern.

Die VW-Eigentümer hätten durch das Abkommen mit General Motors einen erheblichen Substanzverlust zu beklagen. Der jüngste Kursanstieg an der Börse sei dafür kein Ausgleich: „Die Aktien waren lange Zeit durch den Prozess belastet. Nun holen sie lediglich die entgangene Kursentwicklung nach." Auch der Würzburger Wirtschaftsprofessor Ekkehard Wenger sprach von einer sehr unbefriedigenden Lösung. „Der Vorstand wird auf der Hauptversammlung einigen Erklärungsbedarf decken müssen."

1 Abmachung zwischen VW und GM/Opel für 100 Mio. Dollar Ersatzteile von GM/Opel zu kaufen.

*Frankfurter Rundschau, 13. Januar 1997.*
*(Quelle: Nachrichtenagentur Reuters)*

© 2000 Cornelsen Verlag, Berlin. Alle Rechte vorbehalten.

### M 6, 288 f.
### Fabrikarbeiter Bromme über sein Familienleben (um 1900)

*Zur Quelle*: Der Auszug ist dem autobiografischen Buch Brommes entnommen, das als „proletarischer Entwicklungsroman“ gelten kann. Diese literarische Gattung kam gegen Ende des 19. Jahrhunderts auf, als das Interesse des Bürgertums an der Lage der Arbeiter zunahm, unter anderem gefördert durch das Theaterstück „Die Weber“ von Gerhart Hauptmann.

1903 schrieb Bromme seine Lebenserinnerungen als tuberkulosekranker Frühinvalide in einer thüringischen Lungenheilanstalt nieder. Das Werk gehört in eine Reihe anderer Arbeiterautobiografien, wie z. B. die des ehemaligen Handwerkers und späteren Eisenbahnbau- und Stahlarbeiters Carl Fischer, die der ehemalige evangelische Pfarrer Paul Göhre – seit 1899 Mitglied der SPD und Angehöriger des reformerisch/revisionistischen Flügels der Partei – angeregt und schriftstellerisch begleitet hatte.

Wichtig für die Quelleneinschätzung sind folgende Punkte:

- Bromme gehört zu den wenigen Arbeitern, die in der Lage waren sich umfangreich schriftlich zu äußern. Er ist damit eine Ausnahme innerhalb der Arbeiterschaft.
- Bromme selbst ist 1903 aktives Mitglied der Sozialdemokratie, später Funktionär und Zeitungsredakteur der SPD, zählt in diesen Funktionen also zur so genannten „Arbeiteraristokratie“. Bromme ist zum reformerischen Parteiflügel zu rechnen. Das Buch ist also einerseits Ausdruck der klassenbewussten Arbeiterschaft im wilhelminischen deutschen Kaiserreich und hat darin seinen besonderen Wert. Andererseits ist es in seinem Aussagewert begrenzt durch die Zugehörigkeit Brommes zur reformerischen Parteielite.
- Die Autobiografie ist zwar von Bromme selbst verfasst, jedoch zumindest sprachlich von dem Herausgeber Göhre nach seinen eigenen Aussagen redigiert. Göhre hat allerdings die für damalige Zeiten sehr gewagten sexuellen Beschreibungen nicht weggelassen oder verändert, sondern nur davor gewarnt, sie Kinder oder Jugendliche lesen zu lassen, was für einen hohen Authentizitätsgrad des Buches spricht.
- Bestimmt ist das Buch vor allem auch für die bürgerliche Leserschicht um diese mit den proletarischen Lebensverhältnissen bekannt zu machen. Daher heißt es: „Lebensgeschichte eines modernen Fabrikarbeiters“; Göhre hatte bewusst den Begriff „sozialdemokratisch“ vermieden um bürgerliche Leser nicht schon durch den Titel zu verschrecken. Brommes Werk ist also kein proletarisch-revolutionäres, aber gleichwohl bleibt es Ausdruck des auf Beseitigung des Klassenstaates gerichteten Handelns der klassenbewussten Arbeiterschaft.

Der Auszug ist einem der besonders gelungenen Teile der Autobiografie entnommen, dem ersten Abschnitt über das Ehe-, Familien- und Sexualleben, überschrieben „Verheiratet“. Dieser zählt neben dem Schlusskapitel zu den wichtigsten erfahrungs- und alltagsgeschichtlichen schriftlichen Quellen zu diesem Thema aus der Arbeiterschaft dieser Zeit, denn gerade diese beiden Abschnitte zeichnen sich durch eine eindringliche und überzeugende Sprache aus – im Gegensatz zur sonst manchmal angelesen, lehrhaft, ja etwas pathetisch wirkenden Darstellung –, unterstreichen so die Authentizität und berechtigen zu der Annahme, dass diese Passagen besonders verallgemeinerungsfähig sind. Deshalb vermag dieser Auszug als quellenmäßige Veranschaulichung des Darstellungsteils über die Arbeiterfamilie (D, 283 f.) zu dienen.

**Zu den Aufgaben 1 bis 5, 289:**

Die Arbeiterfamilie ist nicht der Rückzugshort idyllischer bürgerlicher Vorstellung und Prägung.

- Sie ist nicht unbedingtes Ziel für einen klassenbewussten Proletarier wie Bromme (S. 222 ff. in der zitierten Ausgabe berichtet er, dass er lieber für sein politisches Engagement gearbeitet hätte, aber durch seine Frau immer wieder daran gehindert wurde; später wurde sie zu Brommes großer Freude doch noch selbst Mitglied im Textilarbeiterverband).
- Sie ist durch Mangel geprägt, auf die Mitarbeit der Ehefrau zwangsweise angewiesen.
- Sie ist von der Überbelastung der Ehefrau gekennzeichnet, was zu negativen Folgen für die Kindererziehung und das Zusammenleben führt.
- Die Sorge vor zu vielen Kindern führt zu bewussten Planungsversuchen durch Verhütungsmethoden, über die jedoch Ungewissheiten bestehen.
- Sie entspricht strukturell der bürgerlichen Familie, besonders deutlich an der Stellung des Ehemannes zu erkennen, der es seiner Frau „verbietet“, die Kinder zu schlagen, mit ihr aber nicht darüber redet. Die klassenbewusste Arbeiterfamilie zielt bei aller strukturellen Ähnlichkeit mit der bürgerlichen Familie auf Veränderung ihrer Lage durch organisiertes Handeln, verteidigt nicht wie die bürgerliche einen Ort der Geborgenheit und Aufgehobenheit vom Arbeitsleben draußen. Die Binnen- und die Außenwelt bleiben in Verbindung.

### M 7, 289
### Tabelle Bevölkerungswachstum und Wirtschaftsentwicklung in Deutschland 1816–1913

Die Statistik ist in Verbindung mit D, 275 zu sehen, wo es um zunehmende räumliche Mobilität der Bevölkerung und den so genannten Wanderungsgewinn der industriellen und gewerblichen Regionen gegenüber den ländlichen geht.

**Zu den Aufgaben 6 und 7, 289:**

Zu beachten ist:

- Das Wachstum der Bevölkerung in den 16 bzw. 17 abgedruckten Regionen des Reiches verändert sich in den zwei wiedergegebenen Phasen im Einzelnen sehr deutlich: so fällt Pommern vom 2. Rang auf den 16. Rang der prozentualen Zunahme zurück, Ost-/Westpreußen vom 3. Rang auf den 17. bzw. 15. Rang. Hannover dagegen steigt vom 16. auf den 8. Rang, Westfalen (Ruhrgebiet!) vom 11. auf den 3., die Rheinprovinz vom 9. auf den 5. und Hamburg (wichtigster

Außenhandelsplatz seit der Reichseinigung!) vom 8. auf den 1. Rang. Das bedeutet: Das Wachstum in den ländlichen Regionen nimmt in hohem Maße ab und in den Industrieregionen und großstädtischen Räumen stark zu, im Übrigen fällt der Wandel weniger stark aus.

- Der Vergleich der zweiten Wachstumsphase 1871–1910 mit dem Pro-Kopf-Einkommen in Prozent des Reichsdurchschnitts 1913 zeigt, dass sich die Rangfolgen weitgehend decken: Die Statistik macht in überzeugender Weise deutlich, dass reiche Regionen die Menschen in verstärktem Maße anziehen und diese durch Industrie (Ruhrgebiet!) oder durch Handel (Hamburg!) geprägt sind.
- Das Wachstum der Gesamtbevölkerung verteilt sich – allerdings sehr unterschiedlich – auf alle Regionen, seien sie ländlich, städtisch oder industriell geprägt.
- Die Höhe des Wachstumsgrades verschiebt sich von den eindeutig ländlich strukturierten Räumen zu den industriell bzw. vom Handel bestimmten Räumen (siehe auch die Darstellung D, 271 zum Zusammenhang von Protoindustrialisierung und ländlichem Bevölkerungswachstum: Letzteres ergibt sich aus der erhöhten Heiratshäufigkeit und wird als älteres Muster des Bevölkerungswachstums bezeichnet, während das Bevölkerungswachstum der Industrialisierungsphase als „natürliches" bezeichnet wird – siehe D, 276 –, da es sich durch höhere Geburten- gegenüber Sterbeziffern auszeichnet.) Das heißt: Die ländlichen Räume dünnen bevölkerungsmäßig nicht aus. Wenn also dahinter das Phänomen der „Landflucht" steckt, dann nur in dem Sinn, dass ein – allerdings großer – Teil des Zuwachses an Bevölkerung in die einkommensstärkeren Räume zieht.

### M 8 a–c, 289 f.
### Tabellen zum Wandel der Beschäftigungsstruktur in Deutschland 1882–1989

Die Statistiken in M 8 beziehen sich (ebenso wie M 10, 290) auf den Darstellungsteil D, 275 „Veränderungen in der Wirtschafts- und Berufsstruktur", allerdings für einen zeitlich weiter gesteckten Rahmen um die Langzeittrends bis in unsere nähere Gegenwart sichtbar werden zu lassen.

### M 9, 290
### Wandschmuck „Mann der Arbeit, aufgewacht"

*Didaktischer Hinweis*: Der Wandschmuck ist kennzeichnend für den klassenbewussten, sozialdemokratischen Arbeiterhaushalt des späteren 19. Jahrhunderts. Er ist als bewusstseinsgeschichtliche Quelle im Zusammenhang mit D, 280 zum „Klassenhandeln" und „Arbeiterorganisationen" zu sehen:

Beschreibung und Bedeutung für die Arbeiterschaft: Mit nur drei, jedoch ganz zentralen Merkmalen wird dieses Klassenbewusstsein gekennzeichnet: (1) in der Mitte August Bebel (1840–1913), die unumstrittene und tief verehrte Führungspersönlichkeit der SPD des Kaiserreichs, umgeben von Blumen- und Blättergirlanden; (2) umrahmt von der Strophe des „Bundesliedes" von Georg Herwegh „Mann der Arbeit", die das wachsende Selbstbewusstsein der Arbeiterschaft im 19. Jahrhundert in konzentriertester Weise signalisiert und wohl am weitesten bekannt war; (3) flankiert von den roten Fahnen der sozialistischen Arbeiterbewegung.

*Allgemeine politische Bedeutung*: August Bebel steht schlechthin für die sozialdemokratische Arbeiterbewegung sowie für die (marxistisch orientierte) Eisenacher Tradition der „Sozialdemokratischen Arbeiterpartei" von 1869; das „Bundeslied" für die lassalleanische Tradition des 1863 gegründeten „Allgemeinen Deutschen Arbeitervereins", für den es von Herwegh verfasst worden war; die roten Fahnen für den Sozialismus und die Internationale. Der Wandschmuck bündelt also in knappster Form das politische Bewusstsein und dessen schon entwickelte Tradition.

Kulturelle, mentalitätsgeschichtliche Bedeutung: Der Wandschmuck ist in der klassischen Tradition religiöser, handwerklich-zünftischer und politischer Vereinsfahnen gefertigt: aufwendige Stickerei unter hervorstechender Verwendung von Goldfäden neben der roten Signalfarbe des Sozialismus. Der Wandschmuck reiht sich so in die Linie der Gesinnungsdemonstration ein: Neben und gegen die religiöse Prozessionsfahne und den „Herrgottswinkel" im Hause zum Zeichen der „richtigen Religion", neben und gegen die Nationalflagge als Zugehörigkeitssymbol zur „einen Nation" treten Wandbehang bzw. Fahne des Sozialismus und der Sozialdemokratie als Zeichen der Zugehörigkeit zur internationalen Arbeiterklasse.

### M 10, 290
### Tabelle zur Branchenstruktur im gewerblich-industriellen Sektor Deutschlands 1800–1913

**Zu Aufgabe 1, 290:**

Zu beachten ist:

- Verschiebung der Struktur von den alten Industrien – Textil und Leder – zu den neuen der Metallbranche;
- gleichwohl bleiben Textil/Leder weiterhin beschäftigungsintensiv;
- im Gefolge des industriellen Wachstums Zunahme der Beschäftigten im Bergbau, beim Bau und bei Steine/Erden, auch in der Feinmechanik;
- gleich bleibende Tendenz in den übrigen Gewerbebereichen.

**Zu den Aufgaben 2 bis 4, 290:**

Zu beachten ist:

- der wachsende Anteil der weiblichen Erwerbstätigen an allen Erwerbstätigen um ca. 10 Prozent, d. h. von gut 29 auf fast 39 Prozent;
- die Verringerung der Selbstständigen um die prozentuale Größe, um die der Frauenanteil steigt;
- der hohe Anteil und zeitweise Anstieg der „mithelfenden Familienangehörigen", der sehr spät einsetzende drastische Rückgang dieser Berufsgruppe sowie der überproportionale Anteil weiblicher mithelfender Familienangehöriger (ein wichtiger Zusammenhang: Mitarbeit in den bäuerlichen Betrieben und deren zunehmender Rückgang!);
- bei den Wandlungen zunächst entscheidende Verschiebung zu Arbeiter/innen, dann in zunehmendem Maße zu Ange-

stellten und Beamten bis zur Umkehrung des Verhältnisses in der zweiten Hälfte des 20. Jahrhunderts;
- Durchbruch für die weiblichen Angestellten und Beamtinnen erst nach 1950: ca. die Hälfte aller hier Berufstätigen sind jetzt weiblichen Geschlechts;
- der Arbeiterberuf ist wenig attraktiv für weibliche Erwerbstätigkeit: nie mehr als ein Drittel aller Arbeiter/innen bei sinkendem Anteil von rund 33 auf gut 27 Prozent.

## M 11, 291
## Tabelle Nettolöhne, Lebenshaltungskosten, Reallöhne in Europa 1883–1913

**Zu Aufgabe 1, 291:**
Vergleich der Löhne und Lebenshaltungskosten:
- Die Nominallöhne steigen in allen Vergleichsländern, am stärksten in Deutschland;
- Die Lebenshaltungskosten steigen im ersten Vergleichszeitraum nur in Deutschland ganz leicht an, in den anderen Staaten sinken sie; im zweiten Zeitraum steigen sie in allen Ländern deutlich an, am stärksten in Deutschland;
- Die Reallöhne steigen im ersten Zeitraum in allen Ländern deutlich an, allerdings muss hier die vorausgehende schwere Krise der Wirtschaft berücksichtigt werden. Die stärkeren Anstiege der Reallöhne seit 1883 könnten demnach auch ein Aufholeffekt sein (schlüssige Vergleichswerte für die Zeit vor 1883 fehlen); im zweiten Zeitraum schwächt sich für alle Länder der Anstieg erheblich ab; in England und Frankreich sinken sogar die Reallöhne.

Insgesamt spiegelt die Statistik in der Lohnentwicklung die beiden stark wachsenden Volkswirtschaften der USA und Deutschlands vor dem Ersten Weltkrieg wider: Im Gegensatz dazu steht das langsamere Wachstum in Frankreich und England, die beide von den USA und Deutschland überrundet werden.

**Zu Aufgabe 2, 291:**
Mit Sicherheit kann angenommen werden, dass zunächst einmal die Nominallöhne am stärksten auf das Bewusstsein einwirken, da sie konkret sichtbar gezahlt werden. Die Lebenshaltungskosten hingegen ergeben sich aus einer Zusammenstellung und Berechnung verschiedenster kurz- und langlebiger Güter des täglichen Bedarfs und stellen eine abstrakte Kunstgröße dar.
Die wachsende Kaufkraft des Geldes und damit auch die Reallohnentwicklung sind dementsprechend künstliche Berechnungsgrößen, die nicht unmittelbar sichtbar werden. So wirken sie auch nicht so schnell und wahrnehmbar auf das Bewusstsein von der eigenen Lebenslage, zumal wenn der Anstieg der Lebenshaltungskosten nicht so rasant ist und von wachsenden Nominallöhnen verwischt wird. Jedoch kann durch politische Aufklärung seitens der interessierten Parteien und Verbände/Gewerkschaften das Bewusstsein für das Sinken und Steigen der Lebenshaltungskosten und damit auch die Entwicklung der Reallöhne geschärft werden und dann entsprechende Wirkung entfalten.

**Zu Aufgabe 3, 291:**
*Methodisch-kritische Anmerkungen*: Die Statistik basiert auf hoch aggregierten Daten. Das heißt, sie zeigt langjährige, individuelle Entwicklungen nivellierende Durchschnitte im Ländervergleich, die auf sehr unterschiedlichen Erhebungsmethoden basierten. Sie gehört in die Reihe der statistischen Zusammenstellungen, mit deren Hilfe nachgewiesen werden soll, ob – gemessen am Reallohn – vor dem Ersten Weltkrieg eine Verschlechterung oder Verbesserung des Lebensstandards der Arbeiterschaft stattgefunden hat. Waren die Einschätzungen in der Forschung lange Zeit durchaus gegensätzlich, so hat sich für Deutschland mittlerweile durch überzeugende Berechnungen die Auffassung durchgesetzt, dass während des 19. Jahrhunderts und selbst vor dem Ersten Weltkrieg die Reallöhne tendenziell angestiegen sind.
Bei der Interpretation der durchschnittlichen Reallohnentwicklung muss man berücksichtigen, dass die örtlichen und beruflichen Lohnunterschiede zum Teil sehr groß waren, dass es viele saisonal und konjunkturell bedingte Arbeitsunterbrechungen gab und dass teilweise Löhne noch in Naturalien gezahlt wurden. Die Berechnungsgrundlagen der Reallöhne bezogen anfänglich nur die Nahrungsmittel und Mieten ein. Desai und in der Folge Gömmel rechneten auch Kleidung, Brennstoff und Beleuchtung dazu und stellten so die Berechnung auf eine breitere, „realistischere“ Grundlage.
Weiterführende Informationen: bei Gerhard A. Ritter/Klaus Tenfelde, Arbeiter im Deutschen Kaiserreich, Bonn 1992, S. 469–474: Lohn und Lebensstandard; hier auch ausführliche Informationen für eine kritische Einschätzung der in M 11 zitierten Daten; für die deutsche Entwicklung siehe Dirk Hoffmann u. a., Industrialisierung – sozialer Wandel – soziale Frage, München 1988, S. 107 f.: dort die statistischen Angaben Gömmels und Desais zur Reallohnentwicklung in Deutschland von 1810 bzw. 1871–1913 und ihre jeweiligen kritischen Einschätzungen.

## M 12, 291
## Grafiken zu den Ausgaben von Arbeiterfamilien 1800–1985

Die drei Grafiken zum Ausgabeverhalten von Arbeiterfamilien sollen einerseits neben M 11, 291 (Löhne, Lebenshaltungskosten) den Darstellungsteil zur Klassenlage und Familie der Arbeiterschaft (D, 280 und D, 283 f.) hinsichtlich des Lebensstandards abrunden. Andererseits sollen sie die gesetzmäßige Entwicklung verdeutlichen, die besagt, dass bei steigenden Einkommen der prozentuale Anteil der Ausgaben für Nahrungsmittel sinkt (in den Kreisgrafiken durch den orangebraunen Außenbogen hervorgehoben).

**Zu Aufgabe 4, 291:**
Wichtige Punkte der Beschreibung sind:
- augenfällige Bestätigung des sinkenden Anteils der Ausgaben für Nahrungsmittel;
- zunehmende Differenzierung der Ausgaben, besonders auffallend von 1800 auf 1907: Vermögensbildung, Steuern,

Sozialbeiträge, Übertragungen (das sind vor allem Schuldendienste, Zinsen für Kredite usw.);
- Verschiebung des Schwergewichts der Ausgaben auf die 1907 neuen Sparten, die 1985 mit 39,2 Prozent das Ausgabeverhalten dominieren.

**Zu Aufgabe 5, 291:**

Das „Engelsche Konsumgesetz" besagt (laut Brockhaus Enzyklopädie, 19. Aufl., 1988), dass bei steigenden Einkommen die absoluten Ausgaben für Nahrungsmittel steigen, jedoch anteilmäßig zurückgehen.
- Die fünfköpfige Maurerfamilie von 1800 hatte ein jährliches Einkommen von ca. 104 Talern, d. h. mit der Umrechnung auf die Mark von 1871 ca. 312 Mark, davon sind 72,7 Prozent 226,82 Mark.
- Die fünfköpfige Arbeiterfamilie im Deutschen Reich von 1907 hatte ein Jahreseinkommen von 1835,06 Mark, davon sind 52,9 Prozent 970,75 Mark.
- Der 4-Personen-Arbeitnehmerhaushalt mit mittlerem Einkommen in der alten Bundesrepublik von 1985 hatte ein Jahreseinkommen von 43188 DM, davon sind 15,6 Prozent 6737,33 DM. Auf die lange Zeitspanne von knapp 200 Jahren hin bestätigt sich also das „Engelsche Gesetz" bis heute.

*Didaktischer Hinweis*: Für eine weitere sinnvolle Überprüfung der Gültigkeit des „Engelschen Gesetzes" im Sinne eines handlungs- und produktorientierten Unterrichts wäre es noch möglich, die Einkommen von verschiedenen Haushaltstypen (Rentner; Arbeitnehmer; Beamte; Unternehmer usw.) hinsichtlich des Ausgabeverhaltens für Nahrungsmittel zu vergleichen. Das Zahlenmaterial ist durch die „Statistischen Jahrbücher für die Bundesrepublik Deutschland" in ihrer jeweils neuesten Ausgabe gut zugänglich.

**Notizen**

# Arbeitsteil
# Männerarbeit – Frauenarbeit

## M 1, 292
## Tabellen zur Erwerbsarbeit von Frauen und Männern in Deutschland 1882–1907

## M 2, 292
## Tabelle zur Erwerbstätigkeit in diversen Gewerben nach Geschlecht und Stellung im Beruf 1895–1907

*Didaktischer Hinweis*: Die beiden Statistiken sind im Zusammenhang mit M 8 a–c, 289 f. zu sehen, können aber auch unabhängig davon bearbeitet werden. Zur Einordnung siehe D, 283 f.

**Zu den Aufgaben 1 und 2, 292:**
Wichtige Vergleichspunkte sind zu M 1:
- Generell liegt die weibliche Erwerbsquote weit unter der männlichen (siehe Ernährerlohnfrage in D, 284);
- Frauen übernehmen immer stärker die landwirtschaftliche Arbeit, wo sie traditionell quotenmäßig stärker repräsentiert sind als die Männer;
- Männer finden sich immer mehr in Industrie und Handwerk;
- Eine weibliche Domäne ist und bleibt der „häusliche Dienst", allerdings mit abnehmender Tendenz;
- Handel und Verkehr, d. h. also die Dienstleistungen im engeren Sinne, ziehen Männer und Frauen in zunehmendem Maße an, wobei die Männer noch stärker repräsentiert sind (Umschlag erst nach 1950, siehe M 8, 289).

Wichtige Vergleichspunkte sind zu M 2:
- Die Textilindustrie ist und bleibt Domäne der Frauen für alle Berufspositionen mit einer gewissen Einschränkung bei den Selbstständigen, aber auch diese im Vergleich zu anderen Gewerben signifikant höher im Frauenanteil.
- In allen drei ausgewählten Gewerben finden sich die Schwerpunkte für Frauenerwerbsarbeit bei der Heimarbeit, den ungelernten Arbeitern und in gewissem Maße noch bei den kaufmännischen Angestellten.

Fazit: Frauen sind also hauptsächlich in die Arbeitsbereiche verwiesen, wo die Arbeitsbedingungen schlecht, die hierarchische Unterordnung am stärksten und die Qualifikationsanforderungen sowie die Bezahlungen gering sind.

## M 3, 293
## Einschränkung der Frauenarbeit (Enquete von 1877)

*Zur Quelle*: Die Enquete ist vom Bundesrat des Reiches initiiert und vom Reichskanzleramt veröffentlicht. Sie kann also Gültigkeit für das gesamte Kaiserreich der 1880er Jahre in Anspruch nehmen und ist durch die Befragten in breiter Weise untermauert. Die Quelle spiegelt die Motive der Unternehmerseite, der die Handelskammern auch zuzuordnen sind.

**Zu Aufgabe 1, 293 (oben):**
Die Motive der Unternehmerseite Frauenarbeit zu fordern sind:
- größere Geschwindigkeit und Fertigkeit der Frauen in spezifischen Berufen (inwieweit die genannten überzeugen, müsste diskutiert werden);
- zu geringes männliches Arbeitspotential, vor allem Landwirtschaft (siehe statistische Angaben in M 1, 292 mit dem hohen Anteil weiblicher Arbeitskräfte in der Landwirtschaft und in M 8 b und c, 290 bei den mithelfenden Familienangehörigen);
- wichtige Zusammenarbeit von Männern und Frauen an den Maschinen, Frauen als Helferinnen nötig (siehe untergeordnete Funktion der Frauen M 2, 292; M 8, 294; M 11, 295);
- Verteuerung der Löhne (siehe die teurere Männerarbeit, d. h. kein gleicher Lohn für gleiche Arbeit, M 5 und 6, 293).

## M 4, 293
## Tabelle zu Motiven weiblicher außerhäuslicher Erwerbsarbeit (1899)

*Zur Quelle*: Diese Angaben sind nicht mit der Reichweite in M 3, 293 unmittelbar vergleichbar. Dennoch kann die Anzahl der befragten Frauen mit insgesamt 1253 aus einer engeren Region des Reiches als repräsentativ gelten. Zudem kommt ihnen durch die Erhebungspersonen ein hoher Aussagewert zu. Es handelt sich um Befragungen durch Fabrikinspektoren, d. h. zwar Angehörige einer staatlichen Institution, die aber bei den Arbeitern und Arbeiterinnen in der Regel hohes Vertrauen genossen, da die Inspektoren Zutritt zu allen Betriebsbereichen hatten und mit den Arbeitern und Arbeiterinnen auch vertraulich sprechen konnten. So gingen schon früh Initiativen für Arbeitsschutzmaßnahmen vor allem auf Untersuchungen und Erkenntnisse von Fabrikinspektoren zurück.

**Zu Aufgabe 2, 293 (oben):**
Die Motive der Arbeiterinnen lassen sich in etwa zwei größere Gruppen zusammenfassen und folgende Einstellungen der Arbeiterinnen erkennen:
- im Wesentlichen Zuverdienst zum nicht ausreichenden „Ernährerlohn" des Mannes (dazu sind die Punkte 1, 2, sicherlich auch 4 und 7 zu zählen);
- äußere Zwänge der Familienbedingungen (die Punkte 3, 5 und 6).

Das heißt, insgesamt scheinen die Frauen nach diesen Aussagen nur unter dem Druck der Lebensverhältnisse zur außerhäuslichen Arbeit bereit zu sein (siehe D, 283 f.). Motive, die die Selbstständigkeit der Frauen, gar ihre Emanzipation betonen, fehlen erstaunlicherweise – was man erwartet hätte, wenn man die zeitgenössischen Klagen über Frauenarbeit liest, in denen unter anderem gerade dies immer wieder kritisch hervorgehoben wird. Es könnte nun vermutet werden, dass die Frauen gegenüber den Fabrikinspektoren ihre wahre Meinung nicht immer wiedergegeben hätten, da sie ja wussten, dass solche Vorstellungen in der Öffentlichkeit als familienfeindlich und unweiblich denunziert wurden. Dennoch sprechen die

Verhaltensweisen der Frauen, die in großer Mehrheit danach strebten zu heiraten, eine Familie zu gründen und für diese zu sorgen, für die Richtigkeit der Aussagen und die Folgerung einer doch weitgehend erzwungenen weiblichen Erwerbsarbeit (siehe M 6, 288 f., ebenso auch wissenschaftliche Untersuchungen).

### M 5, 293
### Tabelle Löhne in Bielefeld (1860er Jahre)

### M 6, 293
### Tabelle Wochenlöhne in der Spinnindustrie (1913)

*Zu den Quellen*: Anhand dieser beiden Materialien soll die Lohnsituation von Männern und Frauen knapp gekennzeichnet werden. Zeitlich wird dabei zwischen 1860 und 1913 ein großer Raum umfasst, wodurch Entwicklungen sichtbar werden können. M 5 gibt die Möglichkeit Löhne in verschiedenen Berufen sowie Frauen- und Männerlöhne zu vergleichen, M 6 Löhne der Männer und Frauen ausschließlich im Spinnereigewerbe, jedoch an verschiedenen Orten des Reiches. Die Konzentration auf die Textilbranche bei den Materialien ist durch die Dominanz der Frauenarbeit in diesem Gewerbe bedingt und hat dadurch besonderen repräsentativen Wert.
Für die Einschätzung der Statistiken hinsichtlich der Aussagekraft über das ungleiche Verhältnis von Männer- zu Frauenlöhnen ergibt sich das Problem, dass nicht mit Sicherheit aus den angegebenen Fundorten ersichtlich wird, ob die Entlohnungen für wirklich gleiche Arbeiten gegenübergestellt werden (Schlagwort: gleicher Lohn für gleiche Arbeit). Allerdings ist festzuhalten, dass gerade in der Textilbranche die Arbeit von Frauen wegen ihrer besonderen Eignung (siehe M 3, 293) von den Unternehmern gefordert wurde. Die Statistik der Erwerbstätigen nach Geschlecht und Stellung im Beruf (siehe M 2, 292) bestätigt dies zahlenmäßig für dieses Gewerbe, wo ein auffallend hoher Prozentsatz der Frauen auch gelernte Arbeiterinnen sind. Nachfrage und Qualifikation der Arbeiterinnen im Textilgewerbe müssten gerade hier tendenziell zu gleichen Löhnen für Männer- und Frauenarbeit führen.

**Zu Aufgabe 1, 293 (unten):**
Der statistische Befund zu Männer- und Frauenlöhnen im Vergleich ist eindeutig: ungleicher Lohn auch bei gleicher Arbeit und Qualifikation (siehe Quelleneinschätzung). So erhalten Textilarbeiterinnen und Näherinnen 1860 in Bielefeld maximal den geringsten Lohn eines Tagelöhners (!); in Leipzig verdient 1913 eine Spinnerin weit weniger als die Hälfte des Lohnes eines männlichen Kollegen.

**Zu Aufgabe 2, 293 (unten):**
Zur vergleichenden Interpretation der „wirtschaftlichen Lage" von Männern und Frauen müssten unter anderem folgende Indikatoren hinzugezogen werden: Qualifikationsmöglichkeiten, Aufstiegschancen, Ernährerlohnfrage/Zuverdienst (siehe M 4, 293), Möglichkeit eines auskömmlichen Jahreseinkommens, Doppelbelastung der Frauen durch Hausarbeit und Kindererziehung, Gesundheit (siehe dazu D, 284 und den Überblick bei Ute Frevert, Frauen-Geschichte, Frankfurt/M. 1986, S. 80–92).

**Zu Aufgabe 3, 293:**
Ein heutiger Vergleich führt immer noch zu dem Ergebnis, dass Frauen im Durchschnitt weniger verdienen als Männer, weil Frauen immer noch in der Mehrheit in unterbezahlten, schlecht bezahlten, niedrigen Positionen arbeiten oder einer Teilzeitbeschäftigung nachgehen um Hausarbeit, Kinderbetreuung, Berufsarbeit und häusliche Versorgung des Mannes gleichzeitig bewältigen zu können.

### M 7, 294
### Frauenarbeit (Erhebung von 1877)

**Zu den Aufgaben 1 und 2, 294:**
*Siehe die Erläuterungen* zu M 8, 294 und M 11, 295.

### M 8 und M 11, 294f.
### Abbildung zur Stahlfederfabrikation (1885); Angestellten-Tätigkeiten: Werbeplakat „Im Kontor" (um 1905)

Bei M 8 handelt es sich um eine Darstellung der Herstellung von Schreibfedern aus Stahl. M 11 erhält seine besondere Bedeutung durch die Darstellung von Männer- und Frauenarbeit in der neuen Berufsgattung der Angestellten, wo Frauen verstärkt Arbeit fanden (siehe Statistiken M 1, 292 sowie M 8b und c, 290).

**Zu Aufgabe 1, 294:**
Zur Frage nach der Struktur der Arbeitsplätze und den Folgen für das Geschlechterverhältnis:
- so genannte einfache, unqualifizierte, jedoch auch feine, besondere Geschicklichkeit erfordernde Arbeiten durch Frauen (besonders deutlich in M 8);
- Maschinenbedienung und so genannte „Schwerarbeit" durch Männer;
- Frauen als Zuarbeiterinnen und Helferinnen der Männer an den Maschinen;
- zum Teil räumliche Trennung von Männern und Frauen bei der Arbeit;
- hierarchische Unterordnung der Frauen unter die Männer;
- Männeraufsicht auch in reinen Frauenarbeitsbereichen;
- im Büro und Kontor Frauen ausschließlich als Schreibkräfte (allerdings in der werbenden Idealvorstellung von Plakat M 11).

Zur Erörterung dieser strukturellen Bedingungen ist es unter anderem notwendig, auf die herrschenden Frauenbilder (Eigensicht und Männersicht, heimliche und offizielle Erziehung usw.), die beruflichen Entfaltungsmöglichkeiten von Frauen, ihre Stellung in der Familie, die Bildungsmöglichkeiten von Frauen usw. einzugehen (siehe dazu M 9, 294 f.).

### M 9, 294 f.
### Else Lüders zur Zukunft der Frauenarbeit (1913)

*Zur Person*: Marie Elisabeth Lüders wurde 1878 in Berlin geboren und starb dort 1966. Sie war seit 1901 in der deutschen Frauenbewegung tätig; während des Ersten Weltkriegs arbeitete sie in der Sozialfürsorge unter anderem als Leiterin der Frauenarbeitszentrale beim preußischen Kriegsministerium; schloss sich nach dem Krieg der linksliberalen DDP an, war Mitglied der Nationalversammlung und Reichstagsabgeordnete bis 1930; 1933–1945 Ausschluss aus dem politischen Leben und zeitweilig in Haft; seit 1945 Mitglied der LDPD, später FDP in Berlin; 1953–1961 Mitglied des Deutschen Bundestages. Ihre Haupttätigkeit als Politikerin vor und nach dem Zweiten Weltkrieg lag auf dem Gebiet der Gleichberechtigung und Gleichstellung der Frauen in Politik und Gesellschaft.

**Zu Aufgabe 1, 295:**

Mögliche Entwicklungslinien der Frauenarbeit:
- steigende Tendenz der Verbindung von Beruf und Ehe/Familie; Gründe: ökonomische Notwendigkeit des Zuverdienstes bei steigenden Lebenshaltungskosten (zur Einschätzung des Arguments siehe M 11, 291) und politische Ursachen (z. B. Gleichheitsforderungen);
- politische Maßnahmen zur Abmilderung der Schwierigkeiten der außerhäuslichen Erwerbsarbeit von Frauen als Ehefrauen und Mütter: vor allem Sicherung der Gesundheit wegen Erhalt der Gebärfähigkeit;
- Hoffnung auf positive wirtschaftliche Entwicklungen und binnenkolonisatorische Maßnahmen zur Ermöglichung der häuslichen Frauenarbeit und damit deren Aufwertung als „produktiv" (gleichwohl bleibt auch bei Lüders die weibliche Hausarbeit ökonomisch unsichtbar, indem sie die Produktivität der häuslichen Frauenarbeit doch in Anführungszeichen setzen muss und ihr damit eine andere Qualität verleiht als der bezahlten Erwerbsarbeit; siehe zu diesem Problem D, 284).

Grundsätzlich stellt Lüders die außerhäusliche Erwerbstätigkeit der Frauen nicht infrage, allerdings schränkt sie diese Position doch wieder erheblich ein: einerseits durch die Hoffnung, dass die Ehefrauen und Mütter in der Zukunft sich wieder auf innerhäusliche Arbeit konzentrieren, andererseits durch ihr Frauenbild, das durch die Gebärfunktion der Frau bestimmt zu sein scheint.

Man mag diese Position mit Recht als bürgerlich, anpasserisch und versöhnlerisch kritisieren; man muss aber auch die Vermutung gelten lassen, dass Lüders diese Vorsicht walten lässt um nicht als emanzipatorisch „denunziert" und damit sofort aus dem (öffentlich noch männerbestimmten) Diskurs gestoßen zu werden. Es liegt ihr offensichtlich daran, dass ihre Sichtweise wenigstens diskutierbar bleibt und damit die Möglichkeit zu politischer Wirkung behält.

**Zu Aufgabe 2, 295:**

Unter Hinzuziehung der Basismaterialien wird die „Doppelbelastung" der verheirateten Frauen durch Haushalt, Kindererziehung und gewerbliche Tätigkeit deutlich:
- in M 4, 293, wo klar die Abneigung der Frauen gegen die Fabrikarbeit zum Ausdruck kommt;
- in M 10, 295, wo die erhöhte gesundheitliche Belastung bzw. Gefährdung der Arbeiterinnen zum Ausdruck kommt;
- in M 6, 288 f., wo Bromme von den schweren Belastungen seiner Frau durch die Erwerbstätgkeit berichtet. Lüders hofft auf Entlastung der Frauen zunächst durch Sozialmaßnahmen seitens des Gesetzgebers, für die fernere Zukunft aber auch durch Entlastung der Frauen von der außerhäuslichen Arbeit durch das, was sie „produktive" häusliche Arbeit nennt.

**Zu Aufgabe 3, 295:**

Ein Forderungskatalog könnte unter anderem enthalten:
- das ökonomische Ziel: gleicher Lohn für gleiche Arbeit;
- Öffnung von so genannten Männerberufen für die Frauen;
- Arbeitsplatzsicherung und -verbesserung im Sinne des Gesundheitsschutzes der Frauen selbst, nicht vorrangig wegen ihrer Gebärfunktion;
- Aufstiegschancen im Beruf; Enthierarchisierung des Verhältnisses von Männern und Frauen am Arbeitsplatz;
- Bildungschancen für die Frauen: Berufsbildung und vor allem auch weiterführende Schulen;
- Entlastung der Frauen von der ständigen Kinderbetreuung durch Kindergärten bzw. -horte in den Betrieben.

**Zu Aufgabe 4, 295:**

Inwieweit die Maßnahmen heute verwirklicht sind, wäre bei entsprechender Unterrichtsplanung durch ein Projekt (Befragung von Arbeiterinnen und Arbeitern sowie Unternehmern) oder eine Untersuchung von entsprechenden Materialien der Gewerkschaften und Unternehmerverbände zu erarbeiten (siehe den „Projektvorschlag" in den weiterführenden Unterrichtshinweisen).

## M 10, 295
## Krankheitsindikatoren der Versicherten ausgewählter Krankenkassen 1896–1905

*Zur Quelle*: Bei den Versicherten dieser Statistik handelt es sich in allen drei Teilen, Bremen, Leipzig und Reich insgesamt, um Pflichversicherte, d. h. also Arbeiterinnen und Arbeiter, die unter das Krankenversicherungsgesetz von 1883 fallen. Die Zahlen sind also trotz der verschiedenen Bezeichnungen der Krankenkassen vergleichbar.

**Zu Aufgabe 5, 295:**

Die Statistik macht vor allem Folgendes deutlich:

1. Der Reichsdurchschnitt aller Gewerbe zeigt, dass die Männer häufiger erkranken, die Frauen dagegen durchschnittlich um 1,7 Tage länger.

Mögliche Ursachen für diesen Befund:
- Männerarbeit ist gesundheitlich belastender/gefährlicher.
- Erkrankungen der Frauen sind schwerer.
- Frauen bleiben später oder nur bei schwereren Erkrankungen der Arbeit fern (Zwang zum lebensnotwendigen Zuverdienst; besonders hohe Entlassungsgefahr wegen meist ungelernter/unqualifizierter Arbeit; siehe M 4, 293 Motive; M 7, 294 Arbeitsplätze; M 2, 292 Statistik; M 6, 288 f. Arbeiterbiografie; siehe auch Adelheid Popp, Jugend einer Arbeiterin, Bonn 1983, S. 60 ff.).

2. Im Textilgewerbe dagegen sind die Arbeiterinnen häufiger und länger erkrankt als ihre männlichen Kollegen (bei den einzelnen Fällen eklatant und bei der Krankheitsdauer bis auf Jute Bremen zum Teil sehr deutlich sichtbar).

Mögliche Ursachen für diesen anderen Befund gegenüber dem Reichsdurchschnitt:

- Textilarbeit ist für die Frauen besonders gesundheitlich belastend, da sie trotz generell gefährdeterer Arbeitsplätze länger und häufiger (im Gegensatz zum Reichsdurchschnitt) krank werden als die männlichen Textilarbeiter. (So weisen auch die zeitgenössischen Berichte immer wieder auf die vermehrten Lungenerkrankungen, die Wasserödeme in den Beinen und die vielfältigen Arbeitsverletzungen vor allem an den Händen bei den Textilarbeiterinnen hin.)

3. Der häufige Vorwurf, die Frauen seien anfälliger oder empfindlicher, der bis heute in der Debatte um die außerhäusliche Frauenarbeit zu hören ist, trifft nicht zu; denn der Vergleich zwischen dem Textilgewerbe und dem Durchschnitt aller Gewerbe macht deutlich, dass offensichtlich in erster Linie die Arbeit für die Erkrankungen verantwortlich ist und nicht eine Disposition der Geschlechter.

**Notizen**

## Arbeitsteil
## Industrialisierung in der Malerei

### M 1, 296
### Gemälde von Turner zur Eisenbahnreise (1844)

**Zu den Aufgaben 1 bis 3, 296:**

Einstieg zur Interpretation evtl. über die im Bildtitel genannten Elemente „Regen, Dampf, Geschwindigkeit“.

Das Gemälde „Regen, Dampf und Geschwindigkeit“ zählt zu den berühmtesten Turners und der die Industrialisierung thematisierenden Malerei überhaupt. Darüber hinaus ist es eine der frühesten Darstellungen einer Eisenbahn. In seiner typischen Malweise, die Farbe und Licht von der reinen Gegenstandsbezeichnung befreien, löst Turner fast alle Konturen auf. So nimmt er impressionistische Seh- und Malweisen des späten 19. Jahrhunderts mit seinen so zahlreichen Bildern der Eisenbahnen, Bahnhöfe und Großstädte voraus. Nur wie durch einen Schleier taucht die (vermutete) Realität schemenhaft auf bzw. scheint noch durch die Farben durch, ein Umstand, der auch für die Interpretation dieses Bildes von besonderer Bedeutung ist.

Das Gemälde besteht fast ausschließlich aus leuchtenden goldgelben Farben, im Vordergrund mehr in Verbindung mit dunkelgelbroten bis hin zu braunen und schwarzen Tönungen (Lokomotive!), die von weißgelben Tönen überstrahlt werden. Es scheint, als ob Turner hier alle Färbungen des schmelzenden Eisens eingebracht hat. Das Bild vermittelt dadurch den Eindruck kochender, brodelnder Dynamik, von etwas vulkanhaft Bedrohlichem.

Den Vordergrund des Bildes beherrschen die Themse und die Eisenbahnbrücke.

Aus dem Mittelgrund „rast“ die Eisenbahn auf der nach rechts im Bild versetzten Brücke, die aus dem linken unteren Bildrand herausführt, heran. Das erweckt den Eindruck, dass sie an den Betrachtern vorbeisaust und gleich ihren Blicken entschwinden wird. Die Bahn gleicht einem Geschoss, einem dahinschießenden Projektil, genau so, wie es viele Zeitgenossen als Bahnreisende beobachtet und empfunden haben. Links von der Eisenbahnbrücke am mittleren Bildrand ist deutlich eine andere, kleinere und zierlichere Brücke zu erkennen. Rechts davon wird das Ufer der Themse sichtbar, lassen sich Bäume und sogar winkende Menschen ausmachen. Am Berg hinauf scheinen weitere Bäume bzw. Wäldchen zu stehen, man meint auch einige Häuser wahrzunehmen. Rechts von der Brücke, ebenfalls im Mittelgrund, dehnen sich weitere Baumgruppen und Wäldchen sowie Wiesen- oder Feldflächen aus. Im Hintergrund des Bildes geht die Landschaft kaum unterscheidbar in den hell strahlenden Himmel über, aus dem blaue Stellen hervorleuchten (linker Rand) bzw. graublaue Wolken (Regenwolken?) sich auflösen bzw. aus dem Bild verschwinden. Man meint auch an der Strichführung des Himmels Regenfahnen erkennen zu können und damit wäre auch der erste Teil des Bildtitels, der Regen, sichtbar gemacht. Dennoch erweckt verblüffenderweise das Gemälde insgesamt alles andere als den Eindruck von dunklem Regenwetter. Im Gegenteil: Die lichte Helligkeit strahlt eine im Ganzen optimistische Stimmung aus.

Das Bild enthält noch weitere verblüffende Elemente: Die Lokomotive zieht zwar eine Dampfwolke hinter sich her, diese ist aber relativ klein und entfährt überhaupt nicht dem Dampfrohr. Der Dampf, zweiter Teil des Bildtitels, wird im Bild zum unbedeutenden Element. Während um die Eisenbahn und ihre Brücke kaum etwas deutlich zu erkennen ist, fährt oder liegt auf der Themse nahe der älteren Brücke in beschaulicher Ruhe klar erkennbar ein Boot mit zwei Personen (hält eine davon einen Regenschirm?). Die Ruhe des Bootsfahrens steht hier im Gegensatz zur schnellen Zugfahrt, d. h. der Geschwindigkeit, dem dritten Bildtitel. Will Turner damit bei allem Optimismus im Gesamteindruck auch auf die unwiderruflichen Verluste hinweisen, die der industrielle Wandel mit sich bringt?

Mitten auf der Eisenbahnbrücke zwischen den Schienen, etwa auf der Mitte vom rechten unteren Bildrand und der Lokomotive, tritt ein dunklerer brauner Farbfleck hervor, den viele Interpreten als einen kleinen geduckt sitzenden Hasen deuten. Der heranrasende Zug wird ihn gleich mit dem feurig glühenden „Rachen“ der Lokomotive überfahren und verschlingen. Das Bedrohliche der neuen Technik würde in dieser Interpretation damit unübersehbar.

Turner mischt so die Stimmungen und offensichtlich auch die Reaktionen der Zeitgenossen im Anblick der Eisenbahn: Optimismus und Bedrohung sowie neue Möglichkeiten des Verkehrs durch bis dahin ungeahnte Geschwindigkeit, Verdrängung der alten, ruhigen Beschaulichkeit gegen hetzende Schnelligkeit.

Durch die aufgelösten Konturen eröffnet uns Turner die Möglichkeit das Bild des fahrenden Zuges und der umgebenden Landschaft so zu sehen, als säßen wir selbst im dahinfahrenden Zug (Aufgabe 2, 296). Schauten wir aus dem Fenster, dann sähen wir in der Nähe nur vorbeifliegende Linien, keine mit den Augen festzuhaltenden und damit klar auszumachenden Einzelheiten. Wir müssten Haltepunkte suchen und wir wissen es aus Erfahrung: Man muss sie in der Ferne suchen (die alte Brücke links im Bild, das Boot auf der Themse?). Und unsere heutige Geschwindigkeitswahrnehmung ist auf Empfindungen der Zeitgenossen der ersten Eisenbahnen übertragbar. Ein Tempo, das wir heute als beschauliche Langsamkeit bezeichnen würden, war für viele Beobachter in der ersten Hälfte des 19. Jahrhunderts Schwindel erregend, ja krank machend.

Indem der Vordergrund einer Umgebung vom fahrenden Fahrzeug aus gesehen sich auflöst und damit der sicheren Wahrnehmung entzogen wird, wird er in diesem Sinne gleichzeitig „vernichtet“. Turner steigert diese Empfindung durch den heranrasenden Zug, der den Vordergrund des Bildes geradezu „aufzufressen“ droht (Aufgabe 3, 296).

*Informationen zu Turner*

Joseph Mallord William Turner, geb. 1775 in London als Sohn eines Friseurs, gest. 1851 in Chelsea (bei London). Turner bereiste zahlreiche Landschaften in England und Wales. Nach 1795 wandte er sich von der Aquarelltechnik ab und begann

Gemälde in Öl zu malen. Er war stark beeinflusst von der niederländischen Landschaftsmalerei des 17. Jahrhunderts sowie von N. Poussain und Claude Lorrain, mit deren Gemälden er 1802 auf einer Reise durch Frankreich und die Schweiz in Berührung kam. 1809 wurde Turner Professor für Perspektivlehre. 1804 unternahm er eine zweite Reise auf dem europäischen Kontinent, 1819 und 1828 folgten zwei Italienreisen. Die beiden letzten Reisen ließen ihn die formverändernde Wirkung des Lichts erfahren. Lichtdurchflutete Landschaftsimpressionen und visionäre Bildschöpfungen mit teilweise symbolischem Charakter chrakterisierten fortan sein Werk.

### M 2, 297
### Gemälde Landschaft mit Fabriken (1887) von Tilmann

### M 3, 297
### Gesamtansicht der Bayer AG (1911/20) von Bollhagen

Im Vergleich der beiden Gemälde wird der Wandel des Blickes unter dem Einfluss des „panoramatischen Sehens“ (M 1, 296) in der Industriemalerei deutlich.

**Zu den Aufgaben 1 und 2, 297:**
Das ganz in der Tradition der Landschaftsmalerei des 18./19. Jahrhunderts stehende Gemälde Tilmanns „versteckt“ die Fabriken, die sogar ein Teil des Titels sind, in der Gesamtheit der Landschaft. Ein idyllisch ausgestalteter, durch Menschen und Tiere belebter Vordergrund mit Fluss, Bäumen und Gebüsch leitet zum bebauten Mittelgrund des Bildes über. Stadt und Fabriken werden von Höhenzügen beinahe „schützend“ umgeben und darüber „thront“ herrschend das Schloss. Alles strahlt Ruhe aus (selbst der Rauch aus den Fabrikschloten steigt kerzengerade auf, Tilmann setzt den das dynamische Schaffen symbolisierenden, seitwärts wehenden Rauch offensichtlich bewusst nicht ein!). Ein freundlicher Himmel dehnt sich über Landschaft, Stadt und Fabriken und rundet so die Idylle ab.
Das monumentale Gemälde Bollhagens, eines der bedeutendsten Auftragsmaler von Industriebildern (siehe Lars U. Scholl, Der Industriemaler Otto Bollhagen 1861–1924, Herford 1992), könnte in Umkehrung des Bildtitels bei Tilmann „Fabrik mit Fluss und Landschaft“ lauten. Bollhagens Fabrikvedute ist aus der Vogelperspektive gemalt. So beherrscht die Fabrik hier alles: Ohne Vordergrund beginnt das Werk Leverkusen mit den Verwaltungsgebäuden direkt am unteren Bildrand und scheint sich endlos bis an den Horizont zu erstrecken. Der Rhein und die Ländereien sind an die Ränder des Bildes gerückt, der Himmel ist nur ein schmales Band in der Ferne. Menschen finden sich nicht in dieser riesigen Weite. Die Siedlungen am Rande sind mit dem Werk nahezu verschmolzen, die noch als getrennt vom Werk auszumachenden Wohngebiete liegen schon in Reichweite der Fabrik. Durch die Vogelperspektive ist das „Ende des Vordergrundes“ (Wolfgang Schivelbusch, Geschichte der Eisenbahnreise, Frankfurt/M. 1979, S. 61) noch gesteigert. Die Landschaft wird zum Tableau, d.h. der Betrachter ist nicht mit der umgebenden Welt kontinuierlich durch einen Vordergrund in das Bild eingebunden, sondern davon in seinem dahinfahrenden Zug, Ballon oder Zeppelin radikal getrennt.
Im Gegensatz zur Betonung der Ruhe in Tilmanns Landschaftsgemälde verzichtet Bollhagen nicht darauf, in seinem Fabrikbild (das in seiner minutiösen und geometrischen Exaktheit ganz und gar statisch wirkt) den Qualm der Schlote und Dampfschiffe auf dem Rhein in scharfen, meist rechten Winkeln wegwehend zu malen; er baut sie damit in die Statik des Gesamteindrucks der Ikone industrieller Dynamik (siehe M, 262) ein.

**Zu Aufgabe 3, 297:**
Ist in Tilmanns Gemälde alles in die Landschaft eingefügt, also auch der Mensch in ihr aufgenommen und aufgehoben, und ist bei Bollhagen der Mensch aus dem Industriebild verschwunden bzw. alles auf die Produktion selbst (hier in Gestalt der Produktionsstätten) sowie den Handel (Schifffahrt und Eisenbahn) konzentriert, so wird in einem dritten Bild von Hermann Heijenbrock, „Zug der Kohlenhauer“ (M, 279), der Mensch als Handelnder in eigener Sache zur alles beherrschenden Figur. Die Kohlenhauer und ihre Frauen treten hier in schier endloser Masse selbstbewusst ausschreitend auf den Plan der industriellen Welt, die in ihrer technisch-produktiven Perspektive allzu schnell die Menschen übersieht und übergeht (beachte hierzu auch den Begriff „Industriekapitalismus“ in D, 268).

*Informationen zu Tilmann*
Heinrich Arnold Tilmann (1820–1913) war Sohn eines Schustermeisters aus Hohenlimburg. Er wurde Maler für die Hohenlimburger Drahtweberei, für die er und seine Künstlerkollegen dekorative Bemalungen lieferten. Daneben fertigte er auch Industriegemälde als Auftragsarbeiten (siehe Siegfried Kessemeier [Hg.], Industrie im Bild. Gemälde 1850–1950, Ausstellungskatalog, Lengerich 1990, S. 95 f.).

*Informationen zu Bollhagen*
Otto Bollhagen (1861–1924) entstammte kleinbürgerlichen Verhältnissen. Er absolvierte in Berlin eine Anstreicherlehre und besuchte daneben die Kunstgewerbeschule. Nach einer Tätigkeit als Dekorationsmaler für Villenneubauten in Hamburg wurde er von einer Bremer Firma als Kunstmaler eingestellt. Seit 1892 selbstständig malte er für den Norddeutschen Lloyd. 1908 wurde er mit seinen Gemälden von Werftanlagen bei der Berliner Schiffsbauausstellung bekannt. Er erhielt nun große Aufträge zu Firmenjubiläen der deutschen Großindustrie wie Stinnes, Lanz, Henschel, Krupp und Bayer/Leverkusen und malte für weitere Firmen wie die Gutehoffnungshütte in Oberhausen und die Badische Anilin- und Sodafabriken/BASF.

### M 4, 298
### Innenansicht eines Hammerwerkes (um 1913) von Bollhagen

### M 5, 298
### Gemälde „Werkstückkontrolle“ (1903) von Wladimiroff

*Vorbemerkung*: Das Bild von Wladimiroff wurde geringfügig am oberen Rand beschnitten. Der Gesamteindruck ist nicht beeinträchtigt.

**Zu Aufgabe 1, 298:**
Zwei nur zehn Jahre auseinander liegende Gemälde spiegeln zwei sehr verschiedene Stadien industrieller Entwicklung wider. Während das Bild des Russen Wladimiroff von 1903 noch den kleinen, jedoch maschinisierten und offensichtlich elektrifizierten Gewerbebetrieb mit wenigen Arbeitern zeigt, stellt Bollhagen 1913 eine weite, mit mächtigen Schmiedepressen ausgestattete Fabrikhalle dar, in der eine größere Anzahl von Menschen zu erkennen ist, die aber in der Größe des Raumes nur wenig Bedeutung gewinnen. Anfänge der Industrialisierung in Russland und Hochindustrialisierung in Deutschland bzw. Westeuropa sind hier gegenübergestellt und damit die „Gleichzeitigkeit des Ungleichzeitigen“ im Prozess der Industrialisierung.

**Zu Aufgabe 2, 298:**
Die Beziehungen der Menschen in den beiden Bildern sind in charakteristischer Weise unterschiedlich. Im kleinen Betrieb werden direkte Beziehungen zwischen den Personen erkennbar, jede für sich ist durch spezifische persönliche Züge, Haltung und auch Kleidung identifizierbar: der helfende, kleine Lehrling, der konzentriert an der Werkbank mit dem Werkstück beschäftigte Arbeiter (die Werkstücke gehen noch unmittelbar durch die Hände der Produzierenden!) und der durch elegante Kleidung und lässig bestimmte Haltung hervorgehobene kontrollierende Chef (der die Zigarre trotz seiner Kontrollarbeit im Mund behalten darf!).
Die Anordnung und Höhe der Personen enthält eine „soziale“ Perspektive und verdeutlicht die Herrschaftsverhältnisse: Der Lehrling ist der Kleinste und steht bescheiden wartend im Hintergrund. Arbeiter und Chef sind zwar gleich groß, aber der Arbeiter steht im Raum weiter vorne und damit im Bild „unter“ dem Chef. Dieser wirkt dadurch größer. Er blickt von oben auf den etwas vorgebeugten Arbeiter herab und beherrscht dadurch die Szene. Wohin der Blick des Kontrolleurs aber genau gerichtet ist, bleibt vage: mehr auf das Werkstück oder mehr auf die Hände des Arbeiters? Es geht also nicht nur um die Kontrolle des Werkstücks, sondern auch um die Kontrolle des Arbeiters. Gleichwohl, das Werkstück steht im Mittelpunkt des Bildes (die Diagonalen schneiden sich exakt – auch im Gesamtbild – an der rechten Seite des Werkstückes) und rückt das industrielle Gewerbe symbolhaft ins Zentrum.
Das Gemälde Bollhagens kommt ganz der technisch-industriellen Perspektive entsprechend (siehe M 3, 297) ohne die persönlichen Beziehungen zwischen den Personen im Bild aus. Sie verschwinden in der Industriehalle, die von den riesigen Maschinen und Werkstücken beherrscht wird. Eine der Schmiedepressen mit einem rotglühenden Werkstück zieht den Blick an sich und bildet das Zentrum des Gemäldes. Die Werkstücke und auch rechts die mächtige Antriebswelle lassen die Menschen winzig erscheinen. Die Arbeiter sind in ihren Tätigkeiten kaum identifizierbar, Über- und Unterordnung ist nicht zu erkennen. Nur eine Person ist als leitende durch Kleidung und Bowlerhut auszumachen: vorn im Bild der Kommerzienrat Hugo Jacobi, dem ein Arbeiter (Meister?) die Konstruktionspläne erläutert. Beide sind von der Hauptszene des Bildes abgewandt, als gehörten sie nicht dazu.
Aber hätten wir nicht die Erläuterung des Malers zu diesen Personen, wir wüssten nicht, was die beiden da studieren; es könnte ebenso gut eine Zeitung sein; und weiter wüssten wir schon gar nicht, dass es sich bei dem Herrn mit dem Bowlerhut um den Kommerzienrat Jacobi handelt.
Das Industriegemälde Bollhagens anonymisiert das Geschehen, distanziert die Menschen von Werkstück und Arbeit, lässt die Menschen gegenüber den Maschinen und Werkstücken klein und unbedeutend erscheinen. Die Maschine produziert scheinbar von selbst.
Im Bild Wladimiroffs dagegen werden persönliche Beziehungen zwischen den Arbeitenden deutlich. Der Mensch legt noch direkt Hand an den Gegenstand der Bearbeitung, ohne ihn kann, was deutlich sichtbar ist, auch die Maschine nichts zu Stande bringen.
*Informationen zu Wladimiroff*
Iwan Alexejewitsch Wladimiroff (1870–1947) studierte von 1891 bis 1897 an der St. Petersburger Kunstakademie. Er wurde Kriegszeichner des russisch-japanischen Krieges 1904/05, des Balkan-Krieges 1912/13 und des Ersten Weltkrieges. Teilnahme an der revolutionären Bewegung und Entwicklung zum Genremaler von Schlachten und revolutionären Ereignissen.

### M 6, 299
### Gemälde Rüstungsarbeiterinnen (1916) von Detering

**Zu Aufgabe 1, 299:**
Oskar Deterings Darstellung der Arbeit von 1916 führt uns im Gegensatz zu Bollhagens Bild von 1919 (M 7, 299) deutlich die Schwere der Arbeit vor Augen. Deterdings Bild ist im Wesentlichen düster gehalten. Nur die Kleidung der zwei mittleren Frauen und das Kopftuch der rechten beleben die Szene etwas. Auch der im Licht weißblau aufscheinende Schnee hellt zwar die beherrschende Düsternis auf, bringt aber zudem noch die geradezu spürbare Kälte des Winters hinzu. Die vereinte Menschenkraft von fünf Arbeiterinnen bewegt die mit schweren Rohren (Granathülsen?) beladene kleine Lore vorwärts.

**Zu Aufgabe 2, 299:**
Für die interpretierende Einordnung des Bildes ist seine Entstehungszeit von 1916, also mitten im Ersten Weltkrieg, entscheidend. Es dient offenbar der Kriegspropaganda (der Titel „Hinter der Front“ deutet unmissverständlich darauf hin) und zur Stärkung des Durchhaltewillens: Frauen leisten schwere Männerarbeit. Sie können also, wenn es sein muss, die Männer ersetzen, auch wenn es zum damaligen gedanklichen All-

gemeingut zählte, dass Frauen für solche Arbeiten nicht geschaffen seien. Die gemeinsame vorwärts drängende Kraftanstrengung der Frauen hat heroische Züge. Ihrer Zielsicherheit (= Siegesgewissheit?) kann sich nichts in den Weg stellen – trotz aller widrigen Umstände des Krieges, versinnbildlicht durch die düstere, kalte Winterzeit. Sie kann auch als gemeinsame Kraftanstrengung der im Krieg geeinten Nation interpretiert werden.
Bei Detering wie bei Bollhagen bilden Menschen das Zentrum der industriellen Arbeit; jedoch sind die dargestellten Frauen „hinter der Front" nicht als indiviuelle Personen wahrnehmbar. Sie sind alle vom Betrachter abgewandt und dadurch gesichtslos. Sie sind im Äußeren ähnlich gekleidet, das Kopftuch haben sie gleich gebunden, die Farbe der Tücher ist weiß, bis auf die dem Betrachter am nächsten stehende Arbeiterin mit rotem Rock und rotem Kopftuch. (Sollte die Farbe des Sozialismus gemeint sein? Reihte sich auch die sozialistische Arbeiterin in den Kampf der Nation ohne Unterschied ein? Sollte der Burgfrieden von 1914 auch 1916 gelten?)

### M 7, 299
### Gemälde Arbeit in der Chemiefabrik (um 1919) von Bollhagen

**Zu Aufgabe 1, 299:**
Bei Bollhagen tritt nach dem Krieg die bei Detering bildlich hervorgehobene Schwere der Arbeit – trotz der Gefährlichkeit chemischer Großproduktionsprozesse – wieder völlig in den Hintergrund (Ammonsulfat ist neben Salpeter einer der wichtigsten Grundstoffe für künstlichen Dünger, Salpeter aber auch für Sprengstoff! Die Herstellung von Ammonsulfat soll hier offensichtlich als Friedensprodukt in den Blick gerückt werden!). Keiner der Arbeitenden scheint sich anstrengen zu müssen. Die Arbeit wird wieder ausschließlich von Männern geleistet. Die Arbeiter selbst erscheinen wieder mehr als Teile eines Produktionsprozesses denn als ihn bestimmende Personen (siehe auch den Vergleich von M 4 und 5, 298). Gefährlichkeit, Schwere bzw. das Belastende der Arbeit ist wieder gänzlich vom wirklichen Geschehen abstrahiert und damit anonymisiert.

**Zu Aufgabe 2, 299:**
Während Detering Schwerarbeit leistende Frauen darstellt, wie es die Kriegssituation verlangte (die Männer sind an der Front, die Frauen müssen die Kriegsproduktion übernehmen), ist bei Bollhagen die traditionelle Arbeitsteilung wieder hergestellt: Die Männer sind von der Front zurück, ihre Arbeitslosigkeit soll verhindert werden. Außerhäusliche, bezahlte Erwerbsarbeit wird wieder von Männern geleistet; die Frau ist im industriellen Produktionsprozess nicht mehr zu sehen – und unausgesprochen wieder zur häuslichen, nicht bezahlten Arbeit zurückgekehrt.

*Informationen zu Detering:* Oskar Detering (1872–1928) studierte an der Kunstakademie in Düsseldorf und arbeitete dort. Genrebilder, Historien und Landschaf-ten waren seine Themen. Fresken im Sitzungssaal der Maschinen- und Kleineisen-Genossenschaft in Düsseldorf und im Kasino der „Rheinmetall" in Düsseldorf stammen von ihm.

**Notizen**

## Arbeitsteil Industriekapitalismus – Soziale Ungleichheit – Klassenkonflikte: Orientierung durch theoretische Deutungen

### M 1, 300
### Adam Smith, Über Natur und Ursachen des Wohlstands der Nationen (1776)

*Zu Person und Werk*: Smith war der Sohn eines schottischen Zollbeamten und hatte sich nach seinem Theologiestudium der Philosophie zugewandt. Von dieser wissenschaftlichen Grundlage aus entwickelte er seine nationalökonomische Lehre (Hauptwerk „Inquiry into Nature and Causes of the Wealth of Nations"). Smith gilt als der Begründer der klassischen Nationalökonomie. Er sieht das Wesen des Reichtums in der Arbeit aller Menschen, nicht nur der Landwirtschaft, wie die Physiokraten lehrten, oder im Geldmarkt und Außenhandel, wie der Merkantilismus behauptete. Der Wert der Güter wird nicht vom Gebrauchswert, sondern vom Tauschwert bestimmt. Auf die Dauer gleicht sich der Marktpreis dem Kostenpreis an. Voraussetzung dafür ist der freie Wettbewerb. Daher lehnt Smith jeden Eingriff des Staates in die Wirtschaft ab. Im Selbstinteresse des Einzelnen sieht Smith die Quelle allen Reichtums und sozialen Fortschritts. Smith' Lehre ist mit ihrer liberalen Theorie eine Kampfansage an die staatlich gelenkte merkantilistische Wirtschaftspolitik.
Die Grundvoraussetzung für jegliche Trennung von Kapital und Arbeit ist die Durchsetzung der Arbeitsteilung als allgemeines Prinzip des Produktionsprozesses.

**Zu Aufgabe 1, 300:**
Das Verhältnis Kapital – Arbeit ist nach Smith bestimmt durch folgende Faktoren:
- Private Personen/Unternehmer setzen Kapital zur Deckung der Kosten für Rohstoffe/Werkzeuge (Produktionsmittel) und aufzuwendende menschliche Arbeit (Produktivkräfte) ein, d. h.: Es stehen sich Unternehmer als Kapitalbesitzer und Arbeiter/innen als Nicht-Besitzer von Kapital gegenüber.
- Der Kapitalbedarf muss wachsen um das Rohstofflager vergrößern zu können, was infolge der Produktivitätserhöhung durch Maschinisierung nötig geworden ist; im Maximalfall bleibt dabei der Aufwand für Lebensmittel gleich (vorausgesetzt, man will die gleiche Zahl von Arbeitern weiterbeschäftigen). Das bedeutet: Kapitalwachstum bei den Kapitalbesitzern und im besten Fall Stagnation des Verdienstanteils bei den Nicht-Besitzern, also: Entwicklung sozialer Ungleichheit.
- Die Kapitalbildung bei den Kapitalbesitzern wird infolge der Effektivierung des Einsatzes der Arbeitskräfte durch Fortschritte in Technik und Arbeitsverteilung vorangetrieben, d. h. Beschleunigung der sozialen Ungleichheit.
- Die Gewinnorientierung des jeweiligen unternehmerischen Einzelinteresses steigert das Volkseinkommen und fördert damit automatisch das Allgemeinwohl, d. h. nach Smith auch das Wohl der Arbeiter/innen.
- Das Wachstum des Volkseinkommens und damit des Allgemeinwohls ist nur bei Verhinderung von Eingriffen des Staates und seiner Bürokratie in den Wirtschaftsprozess bzw. in die Beziehungen von Kapital und Arbeit gesichert. Sozialmaßnahmen oder Abbau sozialer Ungleichheit durch Kapitalumverteilung sind demnach im Industriekapitalismus ordnungswidrig.

**Zu Aufgabe 2, 300:**
Zum Problem der „unsichtbaren Hand", die nach Smith das „allgemeine Wohl" garantiere, lässt sich wie folgt Stellung nehmen: Smith betrachtet die wachsende inländische Kapitalbildung als Ergebnis eines automatischen Regelkreises („unsichtbare Hand"): Die Teilnehmer am Produktionsprozess und Markt sichern unbewusst durch ihre betrieblichen Einzelentscheidungen (zur beabsichtigten eigenen Gewinnmaximierung) unbeabsichtigt das Allgemeinwohl auf nationaler Ebene.
Diese Sichtweise überzeugt nur bedingt:
- wegen der notwendigen Geschlossenheit des nationalen Raums zur Kapitalinvestition bzw. -bildung ohne Ausfuhr des Kapitals nach außen;
- wegen der ungleichen Startbedingungen bei der primären Kapitalakkumulation;
- wegen der Voraussetzung der privaten Anhäufung von Kapital, nicht der gesellschaftlichen;
- wegen der fehlenden Berücksichtigung der zunehmenden Einflusschancen auf die politischen Entscheidungen, die durch wachsende ökonomische Macht entstehen;
- wegen der tatsächlichen historischen Entwicklung: Das Volkseinkommen hat sich zwar tatsächlich erhöht, aber bei wachsender ungleicher Verteilung;
- wegen der zyklischen Krisen mit ihrer Kapitalvernichtung;
- weil Kapital nur die anhäufen können, die Geld zum Sparen haben; dies traf auf die Arbeiter im 18./19. Jahrhundert generell nicht zu (Smith selbst geht von der gleichen notwendigen Lebensmittelmenge als Kapitalvorschuss für die Arbeiter bzw. für die Wiederherstellung der Arbeitskraft bei wachsendem Kapitaleinsatz für Maschinen/Werkzeuge aus).

**Zu Aufgabe 3, 301 (oben):**
Nach Smith müsste die Bürokratisierung die Verteilung und den Einsatz von Maschinen/Werkzeugen sowie Arbeitskräften effektivieren und die Marktübersicht steigern. Jedoch werden die unternehmerischen betrieblichen Einzelentscheidungen durch die Aufstellung allgemeiner, räumlich weit reichender Prinzipien für den Produktionsprozess und die dadurch zunehmende Trennung von Marktentscheidung und Unternehmensführung erschwert. Die Produktion großer Konzerne wird durch die Bürokratisierung gleichmäßiger und weniger krisenanfällig, gleichzeitig aber wird die Reaktionsfähigkeit auf Verbraucherbedürfnisse schwerfälliger. Die Auseinandersetzung um Regulierung und Deregulierung am Ende des 20. Jahrhunderts hat darin einen seiner wesentlichen Gründe.

### M 2, 301
### Karl Marx/Friedrich Engels, Bourgeoisie und Proletariat (1847/48; Kommunistisches Manifest)

**Zu Aufgabe 1, 301:**
Rolle der Bourgeoisie und des Proletariats in der Entwicklung der kapitalistischen Gesellschaft:
- Bourgeoisie und Proletariat werden von Marx/Engels beide als revolutionäre Kräfte interpretiert: die Bourgeoisie ist unter dem Druck des Konkurrenzkampfes zur ständigen Entfaltung und Entfesselung der Produktivkräfte und zum Wandel der Gesellschaft getrieben; dieser Wandel wird begleitet von zyklischen Krisenschüben; das Proletariat wird unter dem Druck der isolierenden Konkurrenz um Lohnarbeit zur Beseitigung der Konkurrenz und damit zum grundlegenden Wandel der Gesellschaft durch Assoziation/Vereinigung/Vergesellschaftung gedrängt.

**Zu Aufgabe 2, 301:**
Vergleich Smith – Marx/Engels:
Smith geht von einem grundsätzlich harmonischen Verhältnis von Kapital und Arbeit aus, das gekennzeichnet ist durch:
- wechselseitige Steigerung des Allgemeinwohls durch das Eigeninteresse des einzelnen Unternehmers bzw. Arbeiters;
- gezielte, planvoll herbeigeführte Gewinnmaximierung durch betriebliche Einzelentscheidungen des Unternehmers/Kapitalisten;
- selbstregulierendes System der „unsichtbaren Hand“.

Marx/Engels gehen von einem grundsätzlich gegensätzlichen (antagonistischen) Verhältnis privater Aneignung und Anhäufung von Kapital und der proletarischen Konkurrenz um den lebensnotwendigen Lohn aus. Das heißt, sie gehen von einem Klassengegensatz aus, der gekennzeichnet ist durch:
- Verschlechterung und Verunsicherung der Lage der Arbeiter durch wachsende Ungleichheit der Kapitalverteilung und zyklische Krisen;
- planlose, willenlos dem kapitalistischen Systems ausgelieferte Einzelentscheidungen der Unternehmer;
- zunehmende willentliche, planvolle Assoziation der Arbeiter zur krisenfreien Entwicklung (d. h. der geplanten Steuerung) des Produktionsprozesses;
- zunehmendes revolutionäres Potential zwischen der schrumpfenden Bourgeoisklasse und der wachsenden Arbeiterklasse (hervorgerufen durch den Konzentrationsprozess infolge von Krisen und Kapitalvernichtung).

**Zu Aufgabe 3, 301:**
Beurteilung der Marx/Engelsschen Klassentheorie in Bezug a) zur Beschäftigungsstruktur in Westeuropa und b) zu Max Webers Klassenverständnis:

a) Beschäftigungsstruktur (siehe auch Statistiken in M, 266 und M 8, 289):
   - Theorem der stetig wachsenden Arbeiterklasse und gleichzeitig schrumpfenden Bourgeoisklasse bestätigt sich langfristig nicht:
   - wachsende Gruppe der Dienstleistungsberufe (Beamte/Angestellte) ohne das auf grundlegende Veränderungen abzielende bzw. revolutionäre Klassenbewusstsein der Arbeiter;
   - neue Gruppe der Manager als angestellte Unternehmer;
   - Rückgang der Selbstständigen wird durch den Rückgang der landwirtschaftlich Beschäftigten stark beeinflusst;
   - weiterhin bestehendes Kleinunternehmertum im Handwerk.

   (Siehe hierzu auch die Grafik aus Friedrich-Wilhelm Henning, Die Industrialisierung in Deutschland 1800 bis 1914, 8. Aufl., Paderborn 1993, S. 23.)

b) Klassenverständnis Weber – Marx/Engels:
   - Die theoretische Fassung des Begriffs der „Klasse“ ist bei Marx/Engels und Weber gleich (siehe D, 277 f.).
   - Weber nimmt allerdings eine innere Differenzierung der Klassen vor, die aus der jeweiligen Marktlage resultiert (während Marx/Engels annehmen, dass sich die Klassen homogenisieren): z. B. gibt es verschiedene Mengen von Kapitalbesitz oder auch verschiedenartige Qualifikationen der Arbeiter, was schlussendlich zu einer Ausdifferenzierung des Klassenbewusstseins führt.

### M 3, 301 f.
### Bruno Hildebrand, Industrie und Arbeiter (1848)

*Zu Person und Werk*: 1841 Professor der Staatswissenschaften an der Universität Marburg, 1848/49 Mitglied der Frankfurter Nationalversammlung und des Stuttgarter Rumpfparlaments als Vertreter der demokratischen Linken, Flucht in die Schweiz und 1851 Professor in Zürich, später in Bern und seit 1861 wieder in Deutschland (Jena); 1872 Mitbegründer des „Vereins für Sozialpolitik“, dessen aus der Wissenschaft stammende Mitglieder als „Kathedersozialisten“ bezeichnet wurden. Hildebrand suchte im Sinne der „älteren Historischen Schule der deutschen Nationalökonomie“ einen eigenen Weg zwischen der klassischen Nationalökonomie von Adam Smith und dem Sozialismus zu gehen. Ein Nationalökonom hatte für Hildebrand den entwicklungsgesetzlichen Fortschritt in Kenntnis der unterschiedlichen nationalen Voraussetzungen zu fördern. Als Hilfe für Arbeiter und proletarisches Handwerk verlangte er Arbeiterassoziationen, Produktionsgenossenschaften und Kreditinstitute. Im Unterschied zu den liberalen Allheilmitteln der Handels- und Gewerbefreiheit forderte er eine realistische, auf historische Einzelforschung und statistische Untersuchung gestützte Wirtschaftspolitik.

**Zu Aufgabe 1, 302 (links):**
Vergleich Smith – Hildebrand: Smith:
Arbeitsteilung als Voraussetzung der Trennung von Kapital und Arbeit; daraus resultierende Möglichkeit: Kapitalwachstum und Steigerung des Allgemeinwohls durch die harmonisierende „unsichtbare Hand“.
Hildebrand: sieht die Arbeitsteilung (und ihre technischen Folgen) einerseits als Grundlage der „Kulturentwicklung der Menschheit“. Andererseits macht die Arbeitsteilung den (schon immer verdeckt) vorhandenen Gegensatz von Arm und Reich sichtbar. Das geschah dadurch, dass die Arbeitsteilung

auf der einen Seite das Elend und auf der anderen Seite Besitz/Bildung/Moral konzentrierte. Dies wiederum war die Voraussetzung dafür, dass die Kräfte der Armen mobilisiert wurden um den Gegensatz von Arm und Reich zu beheben.
Die Folgen:
- Hervorbringung der disziplinierten Arbeiterschaft (Maschinisierung!);
- Entwicklung von Selbstvertrauen der Arbeiter durch Horizonterweiterung (erzwungene Mobilität infolge von Krisen und Berufs-/Ortswechseln), d. h. Ausbildung von Klassenbewusstsein;
- Entwicklung von Selbstbewusstsein der Arbeiter durch Gemeinschaftsbildung/Assoziation, d. h. Klassenhandeln;
- Befreiung von niederen, geisttötenden Arbeiten zur Befriedigung der physischen Bedürfnisse und Freisetzung zu geistiger und sittlicher Bildung.

Bei Hildebrand ist das Verhältnis von Kapital und Arbeit durch die zeitweise Konzentration und Polarisierung von Besitz und Armut bestimmt, die jedoch langfristig im Sinne des Fortschritts zum Motor für die Überwindung bzw. Abmilderung dieses Gegensatzes führt.

**Zu Aufgabe 2, 302 (links):**
Stellungnahme zu Hildebrands Fortschrittsoptimismus:
In der historischen Entwicklung ist unter anderem als positiv festzuhalten:
- Herausbildung der Arbeiterbewegung (Parteien, Gewerkschaften) als bester Beleg für die Befreiung der Arbeiterinnen und Arbeiter durch Selbstorganisation, Bildungstätigkeit, politische und wirtschaftliche Programmentwicklung und zunehmende Mitbestimmung:
- Arbeitszeitverkürzung und damit Freisetzung für andere Tätigkeiten als nur Lohnarbeit (z. B. Engagement in der Arbeiterbewegung);
- Einkommensverbesserung, die auch den Arbeitern die Möglichkeit zu längerfristigen Ersparnissen eröffnete;
- Zwang auf Staat und Gesellschaft sozialpolitische Maßnahmen zu ergreifen (siehe Bismarck, der die Sozialgesetzgebung gerade unter dem Eindruck der wachsenden Sozialdemokratie forcierte);
- Ausbau von Bildung und Berufsqualifikationen auch für die Arbeiterschaft. Allerdings ist diese positive Bilanz auch einzuschränken, z. B. wegen:
- der weiter bestehenden Bedrohung des Status und der sozialen Lage der Arbeiterinnen und Arbeiter durch die Krisen des Kapitalismus (z. B. Große Depression 1873–1895, Weltwirtschaftkrise 1929–1933 und schließlich die Krise am Ende des 20. Jahrhunderts);
- der stärkeren Prägung der Politik der Arbeiterbewegung durch die höheren Schichten der Arbeiterschaft (Facharbeiter);
- der weiter bestehenden Defizite in der Gleichstellung zwischen Frauen und Männern;
- der Entwicklung hin zur so genannten Zwei-Drittel-Gesellschaft in unserer Gegenwart.

Insgesamt gesehen ist unter dem Aspekt der Menschenwürdigkeit des kapitalistischen Industrialisierungsprozesses der (lineare) Fortschrittsoptimismus eines Hildebrand im heutigen Bewusstsein zutiefst gebrochen. Spannungsverhältnisse wie die Ambivalenz von Technisierung und Maschinisierung stehen im Vordergrund, die den Menschen in ständige Entscheidungssituationen zwingen:
- Qualifizierung gegen Dequalifizierung;
- aufbauendes gegen zerstörerisches Potential (vor allem in den Weltkriegen sichtbar geworden: Auschwitz und Hiroshima);
- Befreiung gegen Fesselung durch Maschinen und Arbeitsprozesse;
- wachsende Entfaltungsmöglichkeit eines Teils der Gesellschaft gegen zunehmende Marginalisierung von Randgruppen.

## M 4, 302
## Werner Sombart, Das Wirtschaftssystem des Kapitalismus (1928)

*Zu Person und Werk*: bedeutender Nationalökonom und Sozialwissenschaftler, seit 1890 Professor in Breslau, später in Berlin. Ursprünglich war er stark von Karl Marx beeinflusst, wurde aber allmählich zu einem immer entschiedeneren Gegner des Marxismus. Er erstrebte eine Nationalökonomie auf historisch-soziologischer Grundlage. Als Mitglied des „Vereins für Sozialpolitik“ (siehe auch Hildebrand M 3, 301 f.) zählte er zu den so genannten „Kathedersozialisten“, die durch sozialpolitische Maßnahmen den Kapitalismus zu reformieren und die Arbeiterbewegung in den Staat zu integrieren suchten. Sombarts politische Haltung war wechselhaft. So näherte er sich schließlich in seinem Buch „Deutscher Sozialismus“ von 1934 den Nationalsozialisten an. Dieses politische Anpassungsverhalten kann aber wichtige Erkenntnisse seines Werkes über die Struktur des Kapitalismus nicht entwerten.

**Zu Aufgabe 1, 302 (rechts):**
Das Verhältnis von Kapital und Arbeit bei Sombart ist bestimmt durch:
- die prinzipielle Trennung von Wirtschaftssubjekten (Produktionsmittelbesitzern) und Wirtschaftsobjekten (besitzlosen Nurarbeitern; Zeile 1 ff.); darin liegt ein grundlegender Unterschied zum Handwerk (des 19. Jahrhunderts!), das diese Trennung in leitenden Unternehmerarbeiter und ausführenden Nurarbeiter nicht kennt (Zeile 15 ff.);
- den Markt als Vermittler zwischen Kapital (bzw. Wirtschaftssubjekten) und Arbeit (Wirtschaftsobjekten; Zeile 7 und 19 f.);
- die gemeinsamen Prinzipien (1.) des Erwerbs zur ausschließlichen Vermehrung einer Geldsumme, nicht zur Bedarfsbefriedigung (Zeile 8 und 21 ff.), und (2.) des ökonomischen Rationalismus; Letzterer umfasst die weit reichende Planung, das zweckgerichtete unternehmerische Handeln und die rechnerische Erfassung aller wirtschaftlichen Einzelerscheinungen in einem Gesamtsystem (Zeile 9 und 26 ff.).

**Zu Aufgabe 2, 302 (rechts):**
Siehe Erläuterungen zu Aufgabe 3 von M 5, 303 (Giddens).

### M 5, 303
### Anthony Giddens, Kapitalistische Gesellschaft und Klassenkonflikte (1973)

*Zu Person und Werk*: Anthony Giddens ist Professor für Soziologie an der Universität Cambridge (England). Seine Analyse der modernen industriekapitalistischen Gesellschaften ist die derzeit letzte, die eine geschlossene Klassentheorie enthält. Der abgedruckte Auszug entstammt diesem Hauptwerk Giddens'.

**Zu Aufgabe 1, 303:**
Bedeutung der „Institutionalisierung des Klassenkonflikts" für die demokratische Gesellschaft des Kapitalismus:
Giddens deutet in der Nachfolge von Karl Marx und Max Weber das Grundverhältnis von Kapital und Arbeit bzw. von Unternehmer und Arbeiter als einen Klassenkonflikt, wobei auch hier der Grundsatz Max Webers vorauszusetzen ist, dass Klassenlage gleich Marktlage ist:
- Die Eingliederung der Arbeiterschaft in die politische Ordnung des Nationalstaats des 19./20. Jahrhunderts und die damit gleichzeitig einhergehende „Institutionalisierung des Klassenkonflikts" stabilisieren die kapitalistische Ordnung (Zeile 21–30) und führen nicht zu deren Destabilisierung, wie Marx bzw. die Marxisten angenommen haben (Zeile 12–21).
- Die politische Eingliederung der Arbeiterschaft und die Institutionalisierung des Klassenkonflikts ermöglichen bzw. führen zur Intervention des Staates in die ökonomische Sphäre.
- Die Institutionalisierung des Klassenkonflikts vermittelt somit zwischen der politischen und der ökonomischen Sphäre, die in der kapitalistischen Ordnung als getrennt betrachtet werden.
- Der Klassenkonflikt hat in seiner Institutionalisierung in Gestalt von Parteien und Gewerkschaften (d. h. bei Giddens „Sozialdemokratie" in einem sehr weiten Sinn) eine Vermittlungsfunktion zwischen Kapital und Arbeit.
- Die Institutionalisierung des Klassenkonflikts ist damit kein revolutionärer Prozess (Zeile 71 f.), sondern wesentliches Funktionsmerkmal einer entwickelten kapitalistischen Gesellschaft (Zeile 75 f.).

**Zu Aufgabe 2, 303:**
Politische Wandlungsmöglichkeiten auf der Basis von Giddens Sicht:
Da der Klassenkonflikt von Giddens nicht als systemsprengend, sondern als systemimmanent, also zum System dazugehörig, gedeutet wird, wird er geradezu zum Motor gesellschaftlichen Wandels:
- Reformierbarkeit des politischen Systems durch Ausweitung politischer Mitbestimmung auf untere Schichten der Gesellschaft (hier der Arbeiterklasse);
- Reformierbarkeit des ökonomischen Systems des Kapitalismus ohne sein inneres Wesen zu zerstören durch die Institutionalisierung des Klassenkonflikts;
- Ermöglichung der steuernden Einwirkung des Staates auf den liberalen kapitalistischen Wirtschaftsprozess;
- Problem an der Wende zum 21. Jahrhundert: Die derzeit zu beobachtende Erosion der politischen und gesellschaftlichen Großorganisationen, wie der Parteien und Gewerkschaften, stellt bei weiterem Fortschreiten das Modell von Giddens in Frage: Denn die Institutionalisierung des Klassenkonflikts funktioniert auf der Basis dieser Organisiertheit der Gesellschaft; sie garantierte bisher die „Mündigkeit" der Massen. Frage: Wie ließe sich unter den veränderten Bedingungen gesellschaftlicher Konflikt im Rahmen von Institutionen lösen?

**Zu Aufgabe 3, 303:**
Überprüfung von Reichweite und Gültigkeit der theoretischen Ansätze:
*Methodische Hinweise:* Für die Schülerinnen und Schüler im Grundkurs wäre sicher Max Webers theoretischer Ansatz als Ausgangspunkt für den Vergleich sinnvoll, da seine Theorie bis in die heutige Gegenwart grundlegenden Charakter behalten hat.
Für die Schülerinnen und Schüler im Leistungskurs wäre eher von Giddens auszugehen, da er die jüngste Klassentheorie der kapitalistischen Gesellschaft entworfen hat. Die Gültigkeit für heute wäre aus diesem Vergleich abzuleiten.
Giddens' Theorie als Ausgangspunkt des Vergleichs (die Umsetzung auf den Vergleich mit Max Weber als Ausgangspunkt lässt sich hieraus ableiten):
- mit Smith: Trennung von Kapital und Arbeit als Grundlage der kapitalistischen Ordnung;
- gegen Smith: Fehlen der „unsichtbaren Hand" als harmonisierender Vermittlungsinstanz zwischen dem Kapital und der Arbeit;
- mit Marx/Engels: Verhältnis von Kapital und Arbeit als Klassenkonflikt;
- gegen Marx/Engels: Klassenkonflikt in der liberalen industriekapitalistischen Gesellschaft ohne revolutionäres Potential;
- mit Hildebrand: Möglichkeit der „kulturellen" Integration der Arbeiterschaft;
- gegen Hildebrand: Integration nicht als Überwindung des Klassenkonflikts, sondern als ständiger Motor gesellschaftlichen Wandels;
- mit Weber: Verhältnis von Kapital und Arbeit als Klassenkonflikt, d. h. als Kampf um Marktpositionen zwischen Unternehmern/Kapitalisten und Arbeiterschaft;
- gegen Weber: Fehlen der Institutionalisierung des Klassenkonflikts in Form der Organisierung;
- mit Sombart: Gegensatz Kapital – Arbeit (= Unternehmerarbeiter – Nurarbeiter) und ihre marktgesteuerte Vermittlung im Produktionsprozess;
- gegen Sombart: Fehlen der Institutionalisierung des Klassenkonflikts, reine ökonomische Ausrichtung auf das

Erwerbsprinzip (Vermehrung einer abstrakten Geldsumme als Ziel des Produktionsprozesses).

*Gültigkeit für heute*: Rückgriff auf Adam Smith durch die Deregulierungsstrategie der Kapitalbesitzer/Untenehmer z. B. in dem Satz: „Die beste Sozialpolitik ist die Investition der Kapitalbesitzer zur Schaffung neuer Arbeitsplätze.“ Dieser Satz als Ausgangspunkt der Diskussion im Unterricht müsste die Bedeutung der einzelnen theoretischen Ansätze für heute zur Sprache bringen. (Hier ist auch der Rückgriff auf die oben in Aufgabe 2 aufgeworfene Problemstellung zu Giddens möglich.)

**Notizen**

# Kapitel 7: Parlamentarisierung und Demokratisierung im 19. Jahrhundert

## Auftaktseiten, Grundinformation, Darstellung

### Auftaktseitenbild, 308
### Anonymus, Versammlung eines Pariser Volksclubs, Holzschnitt (Ausschnitt), 1848

Überall dort, wo es 1848 zu Umstürzen gekommen war, fanden sich verschiedene gesellschaftliche Gruppen zusammen um zu debattieren und ihre Forderungen kundzutun. In Volksversammlungen, Demonstrationen, Proklamationen nahmen sich die Revolutionäre das Recht sich in politischer Absicht zu versammeln und auseinander zu setzen. Die Vereine, Debattierklubs, Lesezirkel waren – als erste polische Organisationsformen – Foren der Willensbildung und Vorläufer demokratischer Parteien.
Der französische Holzstich aus dem Revolutionsjahr 1848 gibt den Blick in den Innenraum einer Kirche wieder, in welchem Debattierende zusammengekommen sind. Der Blick des Betrachters wird auf einen Mann rechts der Bildmitte gelenkt, dessen Standort durch den Lichtschein einer hinter ihm platzierten Kerze sofort auffällt. Er ist in den Mittelgang der Kirche vor einen Tisch getreten, an dem offenbar die Versammlungsleiter Platz genommen haben, und spricht – den Umsitzenden zugewendet – mit theatralischer Geste. An einer Wand sind oberhalb seines Kopfes (sowie ausschnitthaft an weiteren Stellen des Raumes) als Schriftzüge deutlich die Ziele der Französischen Revolution, „Liberté – Egalité – Fraternité", zu lesen, für die er sich zu engagieren scheint. Die ihn umgebenden Bänke sind gefüllt, am linken Bildrand stehen sogar Zuhörer, sodass sich der Eindruck von Raumfülle ergibt. Die Versammelten verfolgen den Vortrag mit kritischem Gesichtsausdruck, ihre Körpersprache vermittelt Involviertheit. Man kann erwarten, dass nach Beendigung der Rede ein anderer Teilnehmer nach vorn tritt und seine Position kundtut. Unter den Teilnehmenden sind auch Frauen, doch sitzen sie abseits auf den an den Bildrändern im oberen Bereich der Abbildung zu erkennenden Emporen. Ihre Körperhaltungen deuten zwar ebenfalls auf lebhaftes Interesse hin, doch während sich die unten um den Tisch versammelten Männer aktiv an dem Geschehen beteiligen können, kommt den Frauen offensichtlich der Rang passiver Zuhörerinnen zu.
Die deutliche räumliche Trennung aktiver Männer von passiven Frauen gibt Anknüpfungspunkte für die Auseinandersetzung mit dem Essay von Ute Gerhard: „Wo sie das Volk meinen, da zählen die Frauen nicht mit" (vgl. Schülerband, S. 346 ff.). In Frankreich etwa erhielten Frauen – obwohl sie bereits Ende des 18. Jahrhunderts an der Französischen Revolution beteiligt waren – erst 1944 das Wahlrecht!

### M, 311
### Karte Europäische Verfassungen bis 1914

Die Karte verdeutlicht den Schülerinnen und Schülern das „Verfassungsgefälle" zwischen dem „fortschrittlicheren" Westeuropa und den hinsichtlich der Verfassungsentwicklung hinterherhinkenden Staaten Ost- und Südosteuropas. Insbesondere das russische Zarenreich, das erst 1906 – nach dem verlorenen Krieg gegen Japan von 1905 und der ersten Russischen Revolution – mit der ersten, machtlosen Reichsduma Ansätze einer Verfassungsentwicklung erlebte, ist hier zu nennen.
Gleichermaßen zeigt die Karte die weit zurückreichende Verfassungsentwicklung der „Vorreiter" Großbritannien (Magna Charta von 1215 und Bill of Rights 1689) und Frankreich mit der Französischen Revolution und der republikanischen Verfassung von 1791. Die Entwicklung in der geografischen Mitte Europas nimmt auch zeitlich eine mittlere Stellung ein: Vor allem im deutschen Kulturraum begann – durch die napoleonischen Einflüsse befördert (Code Napoléon in Baden und in den linksrheinischen Gebieten) – die Einführung verfassungsmäßiger Rechte erst nach dem Wiener Kongress 1815 und in Preußen und Österreich erst nach 1848.

### M, 312
### Grafik Entwicklung des Parteiensystems

Bei der Betrachtung der Grafik sollten die Schülerinnen und Schüler vor allem erkennen, dass die im Vergleich zu Großbritannien relativ späte Entwicklung von Parteien in Deutschland eigentlich erst im Zuge der Revolution von 1848 erfolgen konnte, wobei der Boden für diese Form organisierter Interessenvertretung und Meinungsbildung durch die nach dem Wiener Kongress einsetzende Konstitutionalisierung vorbereitet wurde.
Eine wichtige Grundlage für die Parteienentwicklung war auch die ab Mitte des 19. Jahrhunderts verstärkt einsetzende Industrialisierung in Deutschland mit den sich verändernden sozialen Verhältnissen: Der Sozialprotest der Arbeiter organisierte sich im sozialistischen Lager; vor allem das politische und wirtschaftliche Ideal des freien Unternehmertums fand seine Interessenvertretung im parteipolitisch organisierten Liberalismus.

### M, 312 und 313
### Grafiken „Männliche Wahlbevölkerung" und „Frauen im deutschen Parlament"

Beide Grafiken veranschaulichen den im Text (Schülerband, S. 312) angesprochenen Entwicklungsprozess, der vom 19. bis zum 20. Jahrhundert sukzessive zu einer Ausweitung des Wahlrechts führte.
Deutlich können die Schülerinnen und Schüler in der Grafik (S. 312) die prozentuale Zunahme der männlichen Wahlbevölkerung über 20 Jahre erkennen, die freilich selbst im Mutterland des Parlamentarismus noch im Jahre 1918 nicht einmal

die Hälfte der angegebenen Population umfasste. Aufgrund des an bestimmte Steuerleistungen geknüpften Wahlrechts blieben die ärmeren Teile der Bevölkerung von der politischen Mündigkeit ausgeschlossen. Das Gleiche galt für die Frauen, die in Deutschland erst durch die Weimarer Verfassung 1919 zu vollberechtigten Wahlbürgerinnen erklärt wurden.
Die Grafik von S. 313 zeigt den – trotz zeitweiliger Abwärtsbewegungen – langfristigen Aufwärtstrend hinsichtlich des Frauenanteils in deutschen Parlamenten. Signifikant ist hier der – nach der in dieser Hinsicht fortschrittlichen Phase der Weimarer Republik – Rückgang 1933, der freilich mit dem traditionellen Frauenbild als „Mutter und Hausfrau" zu erklären ist, welches die Nationalsozialisten ideologisch propagiert und praktisch durchgesetzt haben. Bedeutsam auch der Abfall der Frauenanteile in den 60er-Jahren, der auf konservative gesellschaftliche Grundtendenzen schließen lässt. Erst die durch die 68er-Protestbewegung beförderte Frauenbewegung führte in den 70er-Jahren zu einem schrittweisen Anstieg der weiblichen Abgeordneten im Bundestag, wobei ihr Anteil von über 25% für das Jahr 1994 bei weitem noch nicht ihrem Anteil an der wahlberechtigten Gesamtbevölkerung entspricht.

### M, 313
### Karten „Regierungsformen in Europa"

Die Karten lassen den Entwicklungsprozess erkennen, der in Europa zwischen 1815 und 1914 schrittweise von der absoluten Monarchie über die konstitutionelle und parlamentarische Monarchie bis hin zu ihrer gänzlichen Abschaffung, z. B. in Frankreich, führte. (Die Schweiz war ja spätestens seit der formaljuristisch begründeten Unabhängigkeit im Rahmen des Westfälischen Friedens 1648 eine Republik.) Wichtig ist bei der Analyse der Karten, dass es sich um eine sukzessive Abgabe der uneingeschränkten Machtbefugnisse eines einzelnen Monarchen handelte, die bis hin zu seiner Funktion als einer mehr oder minder machtlosen Repräsentationsfigur in der parlamentarischen Monarchie führte (Großbritannien nach 1689, Norwegen und Schweden um 1914) oder ihn gänzlich überflüssig werden ließ (Frankreich 1914).
Dabei sollte darauf hingewiesen werden, dass das Vereinigte Königreich von Großbritannien und Nordirland keine geschriebene Verfassung kennt und die Verfassungsordnung zu einem großen Teil auf ungeschriebenem Recht oder einzelnen Gesetzen beruht: Magna Charta libertatum (1215), Petition of Right (1628), Habeas Corpus Act (1679), Bill of Rights (1689), Act of Settlement (1700), Representation of the People Acts (1832 und 1928), Parliament Acts (1911 und 1949). Überdies gelten zu Verfassungsfragen getroffene Gerichtsentscheidungen, das Gewohnheitsrecht und die Conventions, die ungeschriebenen Regeln des Verfassungsrechts (vgl. Schülerbuch, S. 212).
In Frankreich ist die Verfassungsentwicklung nach der Konstitution der Republik von 1791 und dem Kaiserreich von 1804 – trotz immer wieder aufflackernder absolutistischer Tendenzen – von der Schaffung einer konstitutionellen Monarchie 1815 bis 1848 geprägt. 1848 wurde nach der Revolution die 2. Republik ausgerufen, die sich unter Napoleon III. 1852 in das 2. Kaiserreich verwandelte. Im Zuge der Niederlage Frankreichs im preußisch-französischen Krieg 1870/71 entstand die 3. Republik (1870–1940).
Für das Gebiet des Deutschen Bundes ging der Entwicklungsprozess hin zu einer „Konstitutionalisierung" von Südwestdeutschland aus (Königreich Bayern, Großherzogtum Baden 1818, Königreich Württemberg 1819) und erreichte mit der Verfassung von 1848 Preußen, die 1849 jedoch konservativ modifiziert wurde. Das 2. Deutsche Kaiserreich von 1871 war eine konstitutionelle Monarchie mit starken absolutistischen Zügen (z. B. besaß der Kaiser, nicht das Parlament, das Recht den Reichskanzler zu bestimmen.)
Zur Klärung der politikwissenschaftlichen Begrifflichkeit sollte vor der Beschreibung der Karten die Lektüre der Definition „Monarchie" (Schülerband, S. 310) stehen.

### M, 317
### Karikatur zu den Auseinandersetzungen um die Wahlrechtsreform 1832

Die Reform des „borough system", der Wahlkreisordnung, wurde Anfang der 30er-Jahre zum zentralen Thema der Auseinandersetzungen zwischen den gemäßigten Whigs um Lord Grey und den konservativen Tories.
Das englische Unterhaus, bis 1832 ausschließlich Angehörigen des Adels zugänglich, setzte sich aus Vertretern der verschiedenen „counties" (Grafschaften) und „boroughs" (Wahlkreisen) zusammen. Üblicherweise entsandten die boroughs zwei gewählte Vertreter ins Unterhaus. Aufgrund von Bevölkerungsbewegungen im Rahmen der Industrialisierung Englands galten jedoch bis zum Beginn des 19. Jahrhunderts rund 70 Wahlkreise als verlassen („rotten boroughs"). Da eine Wahl von Parlamentsmitgliedern in den rotten boroughs nicht mehr möglich war, lag es in der Macht der hochadligen Grundherren, diese frei zu bestimmen. Demgegenüber hatten viele städtische Industriezentren keinen Wahlkreisstatus und waren nur über die Grafschaftsebene im Parlament repräsentiert, sodass die mittelständischen Stadtbewohner deutlich benachteiligt waren. Nach Vorstellung der Whigs sollten die rotten boroughs abgeschafft werden zugunsten der neuen Industriestädte ohne Parlamentssitze (ausführlich dazu der Autorentext, Schülerband, ab S. 314).
Die Abbildung präsentiert die von links ins Bild kommenden Whigs mit Äxten („choppers") bewaffnet und sehr entschlossen, den „Umsturz" herbeizuführen. Das Wahlkreissystem wird symbolisiert von dem rechts der Bildmitte platzierten abgestorbenen, bereits halb abgeschlagenen hohlen Baum, der unnatürlicherweise noch eine große Anzahl von Nestern beherbergt. Sie tragen die Namen verschiedener boroughs – zu erkennen sind etwa Oxford, Appleby, Whitchurch, Westburg, Heyden, Midborough. Die auf den Nestern brütenden Vögel verlassen ihre bedrohten Nester nicht, sondern versuchen sich kreischend gegen die Angreifer zu wehren. Unterstützt werden sie von den Tories, die auf der anderen Seite den stürzenden Baum mit all ihrer Kraft wieder aufzurichten versuchen. In einer Sprechblase über ihren Köpfen ist ihr Argument für den Erhalt der alten Ordnung zu lesen:

„You take our house when you do take the prop that dost sustain our house – You take our lives when you do take the means whereby we live.“ (Ihr nehmt unser Haus, wenn ihr den tragenden Balken nehmt – Ihr nehmt unser Leben, wenn ihr die Mittel nehmt, von denen wir leben.)
Dass das Bemühen der Tories aus seiner Sicht vergeblich ist, unterstreicht der Zeichner auch formal: Die Whigs treten in „Leserichtung“ des Bildes ins Geschehen, sodass der Betrachter einen Platz auf ihrer Seite zugewiesen bekommt.
Auf einem Hügel im Hintergrund – er symbolisiert die umkämpfte Verfassung (= „constitution bill“) – verfolgen Angehörige der adligen Gesellschaft den Kampf. Ein Herbeistürmender scheint sich neben ihnen seinen Platz auf dem Hügel sichern zu wollen. Tatsächlich strebte die Wahlrechtsreform auch nicht eine Machtumverteilung zugunsten des Bürgertums an, sondern war als Erweiterung der Rechte auf die bürgerlichen Mittelschichten gedacht.

**M, 324**
**Karikatur aus dem Jahr 1847**

Die Abbildung karikiert die Haltung des Königs Friedrich Wilhelm IV. zur parlamentarischen Bewegung in Preußen. Als Arbeitsmaterial ist sie geeignet, an die politischen Bedingungen zu erinnern, unter denen sich 1848/49 die bürgerliche Revolution in Preußen vollzog.
Dem Betrachter bietet sich eine Szene, in der der in der Bildmitte platzierte preußische König, unterstützt durch einen uniformierten Mitstreiter (es ist vermutlich der General von Wrangel), unter Aufbietung aller Kräfte versucht eine Gruppe von Männern auszusperren. Diese haben die Tür des Raumes, in welchem sich der König und der General befinden, bereits leicht geöffnet und drängen hinein. Der Anlass des Gerangels scheint das Schriftstück zu sein, das der Mann vorn an der Tür in der Hand hält und dem König überreichen will. Der Schriftzug „PETITION“ ist zu erkennen.
Der König und sein General behalten offenbar – zumindest für den Moment – die Oberhand: Der Zeichner lässt sie den größten Teil der Bildfläche einnehmen, den – auch proportional sehr viel kleiner dargestellten – Eindringenden wird nur ein schmaler Streifen am linken Bildrand gewährt. Während diese jedoch weitgehend naturalistisch aufgefasst sind, verlieh der Zeichner König und General stark karikierende Züge und bezieht damit Stellung: Friedrich Wilhelm IV. erscheint als „aufgeblasene“ Figur mit viel zu großem Kopf, der dürre, knochige General von Wrangel wirkt neben ihm wie ein schwächliches Männlein, als Unterstützung kaum geeignet.
Friedrich Wilhelm IV., der seit 1840 regierte, hatte bei Regierungsantritt mit der Beendigung der Demagogenverfolgung und Lockerung der Zensur zunächst große Hoffnungen im Lager der Liberalen ausgelöst. Doch zeigte sich schnell, dass er konservativ dachte, das Königtum als Gottesgnadentum verstand und eine demokratische Verfassung ablehnte. Insbesondere sein machterhaltendes Lavieren in den Jahren 1847 und 1848 wurde scharf kritisiert und vielfach von zeitgenössischen Karikaturisten verhöhnt.
Die Karikatur Isidor Poppers verbildlicht ironisch eine Äußerung Friedrich Wilhelms IV. aus dem Jahr 1847. In der Eröffnungsrede des ständischen „Vereinigten Landtages zu Berlin“ am 11. April drückte der Monarch seine Haltung zum Parlamentarismus in dem Satz aus: „Kein Stück Papier soll sich zwischen den Herrn Gott im Himmel und dieses Land drängen wie eine zweite Vorsehung, … um uns mit seinen Paragrafen zu regieren.“ Im November 1848 war es General von Wrangel, der die preußische Nationalversammlung sprengte und damit die Märzrevolution beendete.

**M, 325**
**Karikatur aus „Der wahre Jacob“ vom April 1906**

„Der wahre Jacob“, ein nach Aufhebung der Sozialistengesetze erschienenes sozialdemokratisch orientiertes Satireblatt, karikiert mit der vorliegenden Abbildung die Situation der europäischen Monarchen angesichts der zunehmenden Demokratisierungsbestrebungen und Umsturzversuche. Die Monarchen sind sich einig in ihrem Bestreben, die Reste ständischer Gesellschaftsordnung erhalten zu wollen. Doch, so der Zeichner, Hilfe von „außen“ gibt es nicht. Seit den bürgerlichen revolutionären Bewegungen im 19. Jahrhundert hatte sich die Form der politischen Meinungsbildung stark verändert, darüber hinaus wurde gegen das Zensus- und Dreiklassenwahlrecht (siehe dazu Schülerband, S. 326, 334) ebenso vehement gekämpft wie für das Frauenwahlrecht. Die ratlosen Herren am Schalter des Versicherungsbeamten müssen erkennen und sich damit abfinden, dass die Monarchie ausgedient hat und die „Massen“ an der politischen Willensbildung immer größeren Anteil gewinnen.

**Notizen**

## Basismaterialien

### M 1, 328
### Vier Staatsformen, Anonyme Karikatur von 1895

Die international – in Holland, Frankreich und Deutschland – verbreitete Karikatur auf die verschiedenen Staatsformen war Ende des 19. Jahrhunderts von großer Bekanntheit. In den ursprünglichen Veröffentlichungen trugen die Bilder folgende Beschriftungen: „Absolutismus", „Konstitutionelle Monarchie", „Bürgerliche Republik" und „Sozialistischer Zukunftsstaat". Die Tendenz des Zeichners, der die jeweiligen Staatsformen mit dem Leben der Schweine verglich, ist eindeutig: Unterdrückung und Konkurrenzverhalten weichen im „Sozialistischen Zukunftsstaat" Gerechtigkeit und Gleichheit.
Bild 1: „Mein Wille ist das einzige Gesetz." – Ein fettes Mastschwein sitzt – als Verkörperung des absolutistischen Herrschers – schwerfällig im Futtertrog, dessen Umgebung vorsichtig von sehr wenigen weiteren Schweinen – den adligen Ministern – nach Resten abgesucht wird. Durch einen im Hintergrund errichteten Zaun ist das Volk weiträumig vom Herrscher und seinem wirtschaftlichen Luxus getrennt. Auf einem Schild ist zu lesen: „Das Berühren dieser Barriere ist ein Verbrechen des Hochverrats."
Bild 2: „Einige sind die Herren." – Der „Monarch" steht nur noch mit den Vorderfüßen im Futtertrog und teilt bereitwillig mit einigen weniger Mächtigen, die sich um das Vorrecht an der Herrschaft teilzuhaben streiten. Zwar erscheint das Volk auch hier als abgegrenzte Masse, doch ist es dem Herrscher bereits sehr viel näher gerückt. Zutritt zu seinem Bereich erhalten, so sagt es das Schild, die Privilegierten.
Bild 3: „Freie Concurrenz" – Die Barrieren sind gefallen und der Kampf um einen Platz am Futtertrog ist in vollem Gang. Erreichen wird ihn, wer die anderen verdrängen kann.
Bild 4: „Jedem sein Theil" – Jedes Tier – ob stark oder schwach – hat seinen sicheren, ihm zugewiesenen Platz, Gerechtigkeit ist eingekehrt und mit ihr Ruhe.

### M 2 und M 3, 328
### Wahlreform und Wählerschaft; Zusammensetzung des britischen Unterhauses

Die Zahlen (M 2) machen den Schülerinnen und Schülern nochmals (vgl. Schülerband, S. 312) die absolute und prozentuale Zunahme der männlichen Wahlbevölkerung und die mit den Reformen gesetzten Zäsuren der Veränderung deutlich.
Auch zeigt sich der Charakter des Parlaments (M 3) als eines vor allem durch die politischen und ökonomischen Interessen der adligen Grundbesitzer geprägten Gremiums, in dem auch die schrittweise zunehmenden und ökonomisch wichtiger werdenden Interessengruppen von Industrie, Handel und Gewerbe maßgeblichen Einfluss haben. Die arbeitende Bevölkerung bleibt – trotz der Anstrengungen der Chartistenbewegung (vgl. Schülerband, S. 318f.) – bis 1885 völlig ausgeschlossen.
Es bietet sich an, beide Statistiken in enger Anbindung an die Bearbeitung des Darstellungstextes (Schülerband, S. 317–322) zu analysieren.

### M 4, 329
### Thomas Babington Macaulay (1800–1859) im britischen Unterhaus am 2. März 1831

Baron Macaulay of Rothley (1857), war britischer Historiker, Essayist, Dichter und liberaler Politiker. Zwischen 1830 und 1856 übte er mit Unterbrechung Unterhaus-Mandate aus, zwischen 1834 und 1838 war er Mitglied des obersten Rats von Indien in Kalkutta, von 1839 bis 1841 Kriegsminister. Als Verfasser der unvollendeten „History of England from the accession of James II." 1849–1861 wurde er zum populärsten liberalen Schriftsteller seiner Zeit.
Zwar erkennt der Redner die Not der arbeitenden Klassen in England an, wobei er deren (greifbare) Ursachen ins Dunkel hüllt und lakonisch behauptet: „Manche Ursachen ihres Elends entziehen sich … jeder Regierungskontrolle." Weil diese Not das Urteilsvermögen trübe, so die schlichte Argumentation, spricht er sich quasi für einen Ausschluss der beschriebenen sozialen Gruppen von der politischen Mitbestimmung aus. Macaulay komplettiert dann seine Elite-Theorie für politische Partizipation mit dem Argument, dass selbst kluge Menschen in widriger sozialer Lage „ungeduldig, einsichtslos und leichtgläubig" seien – um wie viel mehr träfe das für die ärmeren Klassen Englands zu. Gleichwohl vertritt der Redner – unter Beibehaltung der Bindung des Wahlrechts an den Besitz – eine gewisse Demokratisierung und Öffnung des Unterhauses für die aufsteigenden bürgerlichen Mittelschichten – als Konzept zur Vermeidung einer Revolution.
Methodisch bietet sich eine enge Anbindung der Quellenlektüre an die Bearbeitung des Darstellungstextes (Schülerband, S. 317) an.

### M 5, 329 f.
### Der britische Premierminister Robert Peel (1788–1850) im „Tamworth-Manifest" von 1835

Peels Aufruf zielt darauf, den Geist des Reformgesetzes von 1832 – unter Korrektur gewisser Missstände – beizubehalten, ohne sich dabei freilich von „vorübergehende[r] Modemeinung" leiten zu lassen. Dem Tory geht es in fast moderner massendemokratischer Manier darum, sich durch das Manifest an breite Volksschichten – ausgenommen freilich die Arbeiter – zu wenden, um für seine Politik zu werben und sich dabei als Parteichef zu profilieren. Dabei tritt – trotz aller elitärer Bezogenheit auf die besitzenden Klassen – ein neues Politikverständnis zutage, das durch einen regelrechten Wahlkampf, Wahlaufruf an die Öffentlichkeit und die Rückbindung der Politik an den Wählerwillen, insbesondere bürgerlicher Mittelschichten, geprägt ist.
Zwar scheiterte er in den Wahlen, aber auch die Krone mit ihrem Versuch, gegen die Mehrheit eine Regierung ins Amt zu bringen. Das Unterhaus, als demokratisches Forum, gewann in der Folge weiterhin an Bedeutung.

### M 6, 330 f.
### Eingabe der „London Working Men's Association" von 1837

Die wichtigste Forderung ist die politische Partizipation „der Masse des Volkes" über die Beteiligung an der Gesetzgebung. In der quasi-naturrechtlichen Begründung spricht man sich gegen Besitz als Kriterium für politische Mitbestimmung aus und prangert den Ausschluss einer breiten Masse von Menschen vom politischen Leben an. Spitzt man die Argumentation zu, so sei nur denjenigen Gesetzen Folge zu leisten, an deren Zustandekommen man beteiligt gewesen sei. Auch zeigen sich in den Argumenten der „Association" utilitaristische Elemente eines Jeremy Bentham (1748–1832) oder John Stuart Mill (1806–1873), die zuvor bereits in der amerikanischen Verfassung zutage getreten sind: „Glück aller Menschen" (bzw. „Pursuit of Happiness").
Die Träger der späteren Chartisten-Bewegung waren Arbeiter in traditionellen Handwerksberufen und in der Landwirtschaft, aber zu geringerem Teil auch in den neuen Industrien und Großbetrieben. Die Reformbewegung scheiterte vor allem, weil sie programmatisch und organisatorisch zersplittert war und weil sie auf eine Staatsmacht traf, die entschlossen die politischen (und ökonomischen) Besitzstände von Adel, Bürgertum und Mittelschichten verteidigte. Insbesondere in Zeiten der wirtschaftlichen Prosperität ab Mitte des vorigen Jahrhunderts verloren die Chartisten an Bedeutung.
Trotz des „Scheiterns" des Chartismus hat er zur Demokratisierung beigetragen, indem er den ideologischen und politischen Boden für das Entstehen zunächst einer gewerkschaftlich (Trade Union Congress von 1868) und dann parteipolitisch organisierten Interessenvertretung (Labour Party 1893/1906) der Arbeiterschaft vorbereitet hat, die dann in einem über Generationen dauernden Prozess demokratische Partizipation erzielen konnte.

### M 7, 331
### Weibliche Parlamentsabgeordnete in Großbritannien 1918–1992

Zwar gibt es – trotz mittelfristiger Rückschritte – zwischen 1918 und 1992 einen langzeithistorischen Anstieg des Frauenanteils im britischen Parlament. Aber die Statistik macht auch den im Vergleich zu Deutschland (Schülerband, S. 313) geringeren prozentualen Anteil von weiblichen Parlamentsabgeordneten deutlich. Sowohl in den 40er- als auch noch in den 90er-Jahren dieses Jahrhunderts ist die „Frauenquote" im englischen Parlament teilweise erheblich geringer. Hinzu kommt, dass der Anteil der wirklich gewählten weiblichen Kandidaten 1992 nur über 10 Prozent betragen hat und Frauen im gleichen Jahr nur etwa 19 Prozent aller Kandidaten gestellt haben.

### M 8, 331 f.
### Untersuchung des britischen Wahlrechts im 19. Jahrhundert (1990)

Das Hauptargument von Männern gegen das Frauenwahlrecht war, dass die Frauen nicht in der Lage seien, ihr eigenes politisches Urteil zu fällen, sich deshalb dem Urteil ihrer Ehemänner oder Väter anschlössen, welche dann praktisch über zwei Stimmen verfügten.
Auch behalf sich die männliche Lobby mit grammatischen ‚Tricks' und sprachlichen Spitzfindigkeiten.
Methodisch bietet sich im Zusammenhang mit der Bearbeitung dieser Quelle eine grundsätzliche Diskussion über die Bedeutung des Frauenwahlrechts als Indikator für eine Demokratisierung von Gesellschaft an, in der vor allem auf die moderne Definition von Staatsbürger bzw. Staatsbürgerin einzugehen ist, welche durch gleichberechtigte Teilhabe am politischen Geschehen und Mitbestimmung, gleiche Rechte und Pflichten im Gemeinwesen geprägt ist – unabhängig von Geschlecht, Religion, ethnischer und sozialer Herkunft. (In diesem Zusammenhang könnte auch das im Mai 1999 veränderte deutsche Staatsbürgerschaftsrecht herangezogen werden.)

### M 9, 332
### Suffragettendemonstration in London im Juni 1910, zeitgenössische Fotografie

Die Demonstration stand unter dem Motto „Vom Gefängnis zum Bürgerrecht": 617-mal waren Suffragetten bis dahin im Gefängnis, und deshalb trugen 617 Frauen einen Stab als Zeichen der Gefängniskleidung.
In Anbetracht der Erfolglosigkeit des jahrzehntelangen Kampfes um politische Rechte hatte im Oktober 1903 die britische Frauenrechtlerin (engl.: „sufragette") Emmeline Pankhurst, Ehefrau eines angesehenen Juristen, mit ihren Töchtern in Manchester die „Women's Social and Political Union" (WSPU) gegründet. Der Verein war aus einer von Christabel Pankhurst geführten Kampagne unter Textilarbeiterinnen hervorgegangen, doch traten ihm Frauen aus allen Gesellschaftskreisen bei. Seit 1906 war London Sitz der WSPU. Die Strategie des Vereins bestand darin, das Kabinett in London durch Mobilisierung der Massen unter Druck zu setzen und zur Vorlage und Verhandlung von Gesetzesentwürfen zum Frauenstimmrecht zu bewegen.
Die Demonstration der Suffragetten am 21. Juni 1910 in London zählte zu einer Serie von Kundgebungen als Reaktion der WSPU auf die Weigerung des Parlaments, eine „Kompromissbill" zum Frauenwahlrecht, die in erster und zweiter Lesung bereits angenommen worden war, zur – entscheidenden – dritten Lesung zuzulassen. Der Gesetzesvorschlag hatte vorgesehen, dass Frauen, die das Kommunalrecht besaßen, also Steuerzahlerinnen waren, wie die Männer das politische Wahlrecht bekommen sollten. Innenminister Gladstone begründete die Ablehnung des Entwurfs damit, dass hinter der Forderung der Frauen noch keine Massen stünden. An der Demonstration im Juni nahmen 250 000 Menschen teil, der Beweis, dass ein Großteil der Bevölkerung die Ziele der Suffragetten unterstützte. Die auf der Fotografie zu erkennende Masse von Menschen, die den friedlichen Zug der Suffragetten begleitet, ist ein Beleg für die Unterstützung durch die Öffentlichkeit. Auch die Mitgliederzahl der WSPU spricht für sich: In Manchester 1903 gegründet und 1906 nach London verlegt, gehörten 1910 bereits 50 000 Mitglieder der Organi-

sation an (in 105 Ortsgruppen mit 110 bezahlten Arbeitskräften).
Nachdem die Regierung in London im Jahr 1910 auch auf die Massendemonstrationen nicht reagierte, kam es vermehrt zu blutigen Ausschreitungen, bei denen auch zwei Demonstrantinnen getötet wurden. 1912 gingen die Suffragetten dazu über, schärfere Mittel anzuwenden: Sie unternahmen Bombenattentate, Brandstiftungen, zerstörten Kunstwerke, um durch den Druck auf Versicherungsgesellschaften, die Schäden in Millionenhöhe zu begleichen hatten, die Regierung zu Zugeständnissen zu zwingen. Letztlich jedoch erlangten – mit Einschränkungen – erst 1918 britische Frauen das Stimmrecht.

**Notizen**

## Arbeitsteil
## Politischer Massenmarkt

### M 1 und M 2, 333
### Reden der Parlamentarier Georg Waitz (1813–1886) und August Ziegert (1810–1882)

Während Waitz (M 1) die „große Masse" als eine willenlose, politisch unbewusste Herde beschreibt, welche dem einen oder anderen Führer folgt, spricht der „linksliberale" Ziegert (M 2) dem „Volk" politische Reife zu, die es insbesondere in der revolutionären Bewegung „des vorigen Jahres" erworben habe. Aus der an Macaulay erinnernden Argumentation (vgl. M 4, Schülerband, S. 329) von Waitz ergibt sich zwingend die Beschränkung des allgemeinen Stimmrechts, wobei das Recht auf politische Mitbestimmung nicht „der Person unmittelbar und eigentümlich anhaftet", sondern einer Elite vorbehalten bleibt („Beste der Gesamtheit"). Ziegert sieht gerade in der Beteiligung auch der „arbeitenden Klasse" an der Gesetzgebung, eine unerlässliche Bedingung zur Lösung der sozialen Frage und zur Herstellung des sozialen Friedens.

### M 3, 334
### Kundgebung der SPD gegen das preußische Dreiklassenwahlrecht, Fotografie, um 1913

Die Fotografie zeigt den Blick über einen weiträumigen Platz, offenbar in einem Park. Dicht gedrängt scharen sich die Teilnehmer der Kundgebung um den erhöht stehenden Redner, der ihre volle Aufmerksamkeit zu genießen scheint. Der Standort des Redners ist, angeschnitten, im Vordergrund am rechten Bildrand festgehalten. Die Zuhörerschaft umgibt die Bühne von allen Seiten, sodass der Eindruck von außerordentlicher Fülle der Veranstaltung entsteht. In der linken unteren Bildzone sind die ein wenig abgehärmt wirkenden Gesichter einzelner Kundgebungsteilnehmer zu erkennen.

In zweierlei Hinsicht kann die Fotografie als Zeugnis für den Eintritt der Massen in die Politik verstanden werden: Zum einen entstand sie anlässlich einer Veranstaltung gegen das Dreiklassenwahlrecht in Preußen, das die Wählerschaft nach der Höhe ihrer Steuerleistung in drei Klassen einteilte, die jeweils die gleiche Anzahl von Wahlmännern bestimmten. Der kleinen Gruppe der Höchstbesteuerten kam – als erster Klasse – ein überproportionaler Einfluss auf die Repräsentativorgane zu. Die Gegner des Dreiklassenwahlrechts kämpften für das Recht der gleichwertigen Teilnahme der so genannten „unteren Klassen" am politischen Willensbildungsprozess (vgl. M 2), die Befürworter argumentierten, Besitz, Fleiß und Intelligenz dürften nicht der „unreifen Masse" zum Opfer fallen (siehe dazu auch M 1).

Darüber hinaus ist die Kundgebung als Möglichkeit der öffentlichen Bekanntmachung politischer Positionen selbst Zeichen für den Eintritt der Massen in die Politik. „Karlsbader Beschlüsse", „Zensur", „Demagogenverfolgung", „Geheimbünde" sind Stichwörter, die auf die Barrieren der ständischen Gesellschaft verweisen. Die öffentliche Kundgebung ist – wie auch die Demonstration – als gesellschaftlich tolerierte Form politischen Handelns erst seit der Revolution von 1848 denkbar (siehe auch Schülerband, S. 326: Demonstration vor dem preußischen Abgeordnetenhaus am 10. Januar 1908 anlässlich der Debatte um das preußische Dreiklassenwahlrecht).

### M 4–7, 334 f.
### Die Affäre Dreyfus

Im Darstellungstext von Reekens (M 4) und insbesondere im Presse-Aufmacher der „Libre Parole" (M 5), der auf Grundlage eines anonymen Briefs erfolgt ist, zeigt sich die Massen mobilisierende und hier manipulierende Kraft der Presse. Bei Bearbeitung dieser Quellen sollte den Schülerinnen und Schülern vor allem deutlich werden, dass die Presse in demokratischen Gesellschaften einerseits ein unerlässliches Instrument zur Bildung der öffentlichen Meinung (und auch zur Kontrolle von Regierungshandeln) darstellt, andererseits bei unvernünftigem Gebrauch dieses Machtinstruments, wie im Fall Dreyfus geschehen, zu einem bloßen Mittel der Propaganda und der Massenbeeinflussung verkommt. Zum besseren Verständnis der Dreyfus-Affäre und der Rolle der Massen ist freilich auch – im Vorgriff auf Kapitel 8 – auf das von bisweilen militantem Nationalismus und Antisemitismus geprägte Klima (nicht nur) in der Dritten Republik in Frankreich zu verweisen.

Emile Zola (M 6, M 7) hatte sein Hauptwerk im Romanzyklus „Die Rougon-Macquart. Natur- und Sozialgeschichte einer Familie unter dem 2. Kaiserreich" (20 Bde., 1871–1893), in der er die zeitgenössische Vererbungs- und Milieutheorie (H. Taine, C. Darwin, C. Bernard) zu einem umfassenden Bild der französischen Gesellschaft verarbeitete. Nach seinem offenen Brief „J'accuse" (1898) zur Dreyfus-Affäre entzog er sich der Verhaftung durch die Flucht nach England (bis 1899). Der berühmte französische Schriftsteller und Begründer des Naturalismus sieht in der Verurteilung des unschuldigen Dreyfus die „Schändung aller Wahrheit, aller Gerechtigkeit" und im Agieren der Presse eine „ungeheuerliche Propaganda" und Massenmanipulation. In Berufung auf ebenjene Wahrheit und Gerechtigkeit fordert er eine wirkliche Aufklärung der verzerrten und irregeführten öffentlichen Meinung. Nach Zola ist es vor allem dem schädlichen Einfluss der Presse zu verdanken, dass das Volk mit dem einst „guten Herzen und dem guten Verstande" von Blindheit und Intoleranz geschlagen wurde. Der Einfluss der Presse wiege umso schwerer, da „die Masse der Armen und Geringen" nicht selbstständig in der Lage sei, „sich Dokumente zu verschaffen oder nachzuprüfen".

### M 8–10, 336
### Die preußische Wahlrechtsdemonstrationen

Eduard Bernstein (M 8) schloss sich 1872 den Sozialdemokraten an, war führend an der Ausarbeitung des Gothaer Programms von 1875 beteiligt und hatte ab 1887 in London Kontakt zu Friedrich Engels. Er kritisierte 1899 („Die Voraussetzungen des Sozialismus und die Aufgaben der Sozialdemokratie") den Marxismus und begründete damit den „Revisionismus", der statt einer revolutionären Veränderung der Gesellschaft einen evolutionären Weg vorsah. 1902–1906, 1912–1918 und 1920–1928 war er Mitglied des Reichstages, zeitweilig

(1917–1920) Mitglied der USPD. Auffällig ist in dieser Quelle, dass gerade der Theoretiker der Sozialreformen innerhalb der bestehenden gesellschaftlichen Ordnung auf ein zentrales revolutionäres Kampfmittel zurückgreifen möchte, die Straßendemonstrationen der Massen, und dass gerade Bernstein, der Verkünder des „Legalismus“, das Parteivolk der Sozialdemokratie für „ungeheuer lammfromm“ hält.
Im Unterschied zu Bernstein sieht Eduard Adler (M 9) den Straßenkampf als Revolution an, „die wir nicht machen wollen“, und verweist warnend auf das preußische Vereinsgesetz.
In den Materialien 8–11 zeigt sich das (schon im Keim bei Peel – vgl. Schülerband, S. 329f. – zutage getretene) veränderte Politikverständnis, welches insbesondere seit dem letzten Drittel des 19. Jahrhunderts die Massen mit einbezieht, sie teilweise zur Manövriermasse (siehe Dreyfus-Affäre und Nationalismus) politischer Eliten werden lässt, welche „das Volk“ in ihrem Sinne manipulieren und mit der Drohung von Massendemonstrationen (so Bernstein) Druck ausüben und gesellschaftliche Zugeständnisse erreichen wollen.
Die Statistik von Material 10 beschreibt in abstrakten Zahlen den Massencharakter der Wahlrechtsdemonstrationen gegen das preußische Dreiklassenwahlrecht; Quelle 11 deutet den ungeheuren emotionalen Eindruck an, den ein Massenaufmarsch – wie eine elementare Naturkraft – auf einen Beobachter haben kann („und der Zug schwillt unüberschaubar“). Hierin klingt allerdings auch schon die „Hauptgefahr“ solcher Massendemonstrationen an: die psychologische Massenbeeinflussung, die sich die diktatorischen Regime des 20. Jahrhunderts zur Durchsetzung ihrer Ideologie zunutze gemacht haben und die Gustav Le Bon in seinem berühmten Werk („Psychologie der Massen“) bereits 1895 vorausschauend beschrieben hat.
In Bearbeitung der Quellen sollte deutlich werden, dass „erfolgreiche“ Politik seit damals (und bis heute) nicht ohne den Appell an die Massen ausgekommen ist, der sich entweder sehr direkt in Massendemonstrationen auf der Straße umgesetzt oder weniger direkt durch die Massenbeeinflussung in Pressekampagnen oder in Parlamentsdebatten geäußert hat.

**Notizen**

## Arbeitsteil
## Europäische Arbeiterbewegung im 19. Jahrhundert

### M 1–4, 337 f.
### Gewerkschaftliche Entwicklung

Obwohl Deutschland als industrieller „Spätstarter" um 1850 im Vergleich zum „fortschrittlicheren" Frankreich und vor allem zum „Vorreiter" Großbritannien einen geringeren Industrialisierungsgrad aufwies (M 1), hat es die – mit dem dann steigenden industriellen Wachstumstempo – zunehmende moderne Industriearbeiterschaft relativ schnell geschafft sich zentral zu organisieren: Nicht viel später als in England, aber früher als in Frankreich gelang es in Deutschland 1869/70 (M1), den ersten gewerkschaftlichen Zentralverband, den „Allgemeinen Deutschen Arbeiterkongress", zu gründen.

Obwohl es in Frankreich u. a. auf Druck der Arbeiterbewegung schon 1848 möglich wurde, dass über 50 % der Männer wahlberechtigt waren (in Deutschland erst 1871 und in Großbritannien gar erst 1885), organisierten sich die Arbeiter in Deutschland recht schnell auch parteipolitisch (in Frankreich 1880/1905, in Großbritannien 1900/1906) und konnten dank des damit einhergehenden „Klassenbewusstseins" früher als in Großbritannien und Frankreich Wahlerfolge verbuchen und Mitglieder im Parlament stellen – trotz des anfänglich geringeren gewerkschaftlichen Organisationsgrades, der dann aber bis 1910 sich enorm steigerte (M 4), wobei Frankreich bei weitem und Großbritannien geringfügig übertroffen wurden.

Aus M 2 gehen die Hauptunterscheidungsmerkmale hinsichtlich der gewerkschaftlichen Organisationen in Großbritannien, Deutschland und Frankreich hervor: In Deutschland entwickelte sich – noch stärker als in Großbritannien – eine straffe, einheitliche Gewerkschaftsorganisation (Monopolisierung) ohne Konkurrenz, mit guter Finanzausstattung und mit reformistischem Ansatz, wohingegen in Frankreich die gewerkschaftlichen Kräfte, zersplittert und mit geringer Finanzkraft, von der politischen Ausrichtung weit radikaler als in Deutschland und Großbritannien der sozialistischen Ideologie verpflichtet waren.

M 3 unterstreicht – allein schon anhand der Mitgliederzahlen in wichtigsten Gewerkschaften und Arbeiterparteien – die Tatsache, dass in Deutschland ein „klassenbewusstes" Proletariat entstand, dessen zahlenmäßige Stärke 1914 fast die des industriell weiter entwickelten Großbritannien erreichte, die von Frankreich aber übertraf. Nicht ganz zu Unrecht setzten deshalb die radikalen russischen Revolutionäre um Lenin 1918 auf Deutschland als Zentrum der Weltrevolution, allerdings in gewisser Verkennung des doch tief verwurzelten „reformistischen Geistes" (vgl. Äußerung von Kautsky, Schülerband, S. 338) und seines „Patriotismus". In diese Richtung hatte bereits der „Burgfrieden" der deutschen Sozialdemokratie mit den herrschenden politischen Kräften 1914 gewiesen, wobei das „klassenbewusste" Proletariat in Deutschland – ähnlich wie das in Großbritannien und Frankreich – dann in den Krieg gezogen ist (vgl. M 9 und 10 Schülerband, S. 340f.).

### M 5, 338
### Programm der Sozialdemokratischen Partei Deutschlands von Erfurt (1891)

Karl Kautsky (1854–1938), Gründer des SPD-Organs „Die Neue Zeit" und Hauptverfasser des Erfurter Programms der SPD, bekämpfte sowohl den Revisionismus Eduard Bernsteins als auch den revolutionären Radikalismus Rosa Luxemburgs und lehnte später auch den Bolschewismus ab. Seine nicht als Kritik gemeinte Beurteilung der Sozialdemokratie spiegelt sich sehr gut im Programm wider, in dem – anders als bei der Sozialistischen Partei Frankreichs (M 6) – das Wort „Revolution", also der grundlegende Umsturz der gesellschaftlichen Verhältnisse, nicht fällt. Zwar ist die Rede von – im marxistischen Sinne – sinnvoller Umgestaltung der ökonomischen Grundlagen (Verwandlung des kapitalistischen Privateigentums in gesellschaftliches Eigentum etc.), und aus dem Programm spricht humanistisch-sozialistisches Pathos („Abschaffung der Klassenherrschaft und der Klassen selbst"), aber die angestrebten Veränderungen werden auf dem sozialreformerischen Weg angestrebt. Dafür spricht der Katalog der vergleichsweise maßvollen, ja im Sinne der Französischen Revolution von 1789 „bürgerlichen" Ziele (Wahlrecht, Gleichberechtigung der Frau, Meinungsfreiheit, Säkularisation), die auf dem Weg der Gesetzesänderungen, also im Rahmen der staatlichen Grundlagen, erreicht werden sollen und die durch Forderungen nach Arbeiterschutz ergänzt werden.

### M 6 und M 7, 339 f.
### Programmatische Äußerungen der SFIO und der Independent Labour Party

Die im Vergleich zur Programmatik der Sozialdemokratischen Partei (M 5) und der britischen Labour Party (M 7) weit kämpferischere und aggressivere Rhetorik der SFIO (M 6) zielt im Unterschied zu den „Bruderparteien" auf „Klassenkampf" und Revolution („aufständische Gewalt"), wobei kurzfristig orientierte Reformschritte nur als Ausgangspunkt für eine langfristig grundlegende Veränderung der gesellschaftlichen Verhältnisse angesehen werden. Umgekehrt erscheint die bei der deutschen Sozialdemokratie und bei der britischen Arbeiterpartei vorhandene marxistische Rhetorik (Verwandlung von Privateigentum in Gemeineigentum) nur als Ausgangspunkt für das dann folgende sozialreformerische Programm, dem es u. a. um Arbeiterschutzbestimmungen oder um den Aufbau eines Sozialstaats geht (vor allem M 7).

Während die deutsche Sozialdemokratie – zumindest rhetorisch und in Widerspruch zu pragmatischer Reformpolitik und zunehmender Einbindung in das Staatswesen – noch die „Abschaffung der Klassenherrschaft" auf ihre Fahnen schreibt, fehlen solche Formulierungen bei der Labour Party, die als wichtige Ziele stattdessen z. B. Vollbeschäftigung, gerechte Besteuerung und das Frauenwahlrecht einfordert.

### M 8, 340
### Der Historiker Peter Lösche über die I. Internationale

1864 wurde in London die Internationale Arbeiterassoziation gegründet (Erste Internationale, unter dem Einfluss von Karl Marx), die durch die unüberbrückbaren, inhaltlich begründeten Gegensätze zwischen Marx und dem Anarchisten Bakunin, also aus Gründen der Zersplitterung in Fraktionen und (nicht nur nationalen) Parteiungen, schwach war und 1872 scheiterte. 1889 entstand auf Anregung der deutschen Sozialdemokraten in Paris die Zweite Internationale, die im Ersten Weltkrieg – aufgrund ihrer opportunistischen „vaterländischen" Politik der nationalen Arbeiterparteien – auseinander brach und 1923 wieder hergestellt wurde; sie bestand bis 1940. Nach dem Sieg der Bolschewiki in Russland kam es 1919 in Moskau zur Gründung der Dritten Internationale (Kommunistische Internationale, Komintern); sie wurde 1943 aufgelöst, 1947 als Kominform neu gegründet, 1956 wieder aufgelöst. Danach waren die kommunistischen Parteien unter straffer Führung der KPdSU bestrebt auf internationalen kommunistischen Konferenzen eine gemeinsame politische Linie zu finden. Leo Trotzki gründete in Paris 1938 die Vierte Internationale, die ohne Bedeutung blieb.

Der Zusammenschluss der Arbeiterparteien erklärt sich vor allem aus der theoretischen Analyse, die von einem die nationalen Grenzen sprengenden, internationalen Klassenkampf ausging, wie im „Manifest der Kommunistischen Partei" 1848 von Marx und Engels dargelegt. Zur Koordination der einzelnen Arbeiterbewegungen und ihres Kampfes im Sinne des Endziels „Weltrevolution" sollte die Internationale dienen, wenngleich die unterschiedlichen, bisweilen sich auf das Messer befehdenden Strömungen – z. B. die Marxisten und Anarchisten in der Ersten Internationale – im Widerspruch standen zum Ideal einer einheitlichen und zentral gelenkten Weltbewegung.

### M 9 und 10, 340 f.
### Die „vaterländische" Haltung der deutschen und französischen Arbeiterparteien 1914

In der Quellenanalyse soll den Schülerinnen und Schülern vor allem deutlich werden, dass die mit der Gründung der II. Internationale abgelegten „internationalistischen Solidaritätsbekundungen" und die zitierte Stuttgarter Resolution von 1907 mit revolutionärer Zielsetzung zum Zeitpunkt des Ausbruchs des Ersten Weltkriegs zu bloßen Phrasen einer Schönwetterperiode verkamen, weil die nationalen Arbeiterparteien, hier Frankreich (M 9) und Deutschland (M 10), unter Aufbietung nationalistischer Feindbilder („der germanische Imperialismus", „russischer Despotismus") für die imperialistischen Ziele ihrer Regierungen in den Krieg gezogen sind. Im „vaterländischen Taumel" zeigte sich vor allem die Massen mobilisierende und integrative Kraft des Nationalismus, die schwerer wog als Jahrzehnte der „proletarischen Erziehung" durch die Arbeiterparteien – auch wenn die deutsche Sozialdemokratie zur Zeit des von ihr mit getragenen Krieges internationalistische und pazifistische Phraseologie im Munde führte (vgl. M 10, Zeilen 41–50).

Ob es nun die französische Schuldzuweisung an die imperialistische Politik Deutschlands war oder die scheinheilige sozialdemokratische Argumentation, dass durch die Bewilligung der Kriegskredite „unermessliche Not" gelindert werde und das Vaterland in einem Verteidigungskrieg insbesondere vor dem mit Frankreich verbündeten „russischen Despotismus" beschützt werde – die nationale Zugehörigkeit und die Solidarität mit den eigenen Regierungen erwies sich stärker als die internationalistische „Klassensolidarität".

Der in der „L'Humanité" (ebenfalls scheinheilig!) angeführte französische Sozialist Jean Jaurès, Begründer des genannten Blattes, wurde übrigens am 31. Juli 1914 in Paris ermordet, weil er als Pazifist für eine deutsch-französische Verständigung eintrat.

### Notizen

## Arbeitsteil
## Die deutsche Geschichte im 19. und 20. Jahrhundert – ein „Sonderweg" in Europa?

### M 1 und M 2, 342 f.
### Die Historiker Heinrich von Treitschke (1834–1896) und Otto Hintze (1861–1940)

Zu den Personen: Heinrich von Treitschke, ab 1886 Nachfolger Leopold von Rankes als Historiograf des preußischen Staates und von 1866 bis 1869 Redakteur der Preußischen Jahrbücher, galt als „Herold der Reichsgründung". Zwischen 1871 und 1884 war er Mitglied des Reichstages (nationalliberal, ab 1879 parteilos). Mit seinem politisch-erzieherisch angelegten Hauptwerk (Deutsche Geschichte im 19. Jahrhundert, 5 Bde., 1879–1894) sowie seiner obrigkeitsstaatlichen, antisozialistischen und antisemitischen Grundhaltung prägte er das Geschichtsbild von deutschem Bürgertum und deutschem Nationalismus.
Otto Hintze war von 1899 bis 1920 als Professor in Berlin ein bedeutender Vertreter der vergleichenden Verfassungs- und Verwaltungsgeschichte, die er in den Zusammenhang sozialgeschichtlicher Forschung stellte.
Nach Treitschke (M 1) unterscheidet sich die deutsche Verfassungsentwicklung durch ein starkes Königtum, das (angeblich) über den sozialen Gegensätzen stehe. Das von ihm begrüßte Prinzip einer monarchischen, nicht vom Parlament abhängigen Regierung hebe sich wohlwollend von den englischen Verhältnissen ab; auch unterschieden sich die (angeblich) gesünderen sozialen Zustände in Deutschland von der stärkeren Ausprägung der Klassengegensätze in Frankreich.
Bei Hintze (M 2) hat sich – vor dem Hintergrund der Parlamentsentwicklung in Deutschland – zumindest die Auffassung durchgesetzt, dass die „allmähliche Demokratisierung des Staatslebens ein unabwendbares Geschick der modernen Welt" sei. Gleichwohl hat er wie Treitschke, aber in geringerem Maße, Vorbehalte gegen eine solche Entwicklung: Er schlägt einen langsamen Fortschritt vor, wohl wie sein Kollege aus der Furcht vor der „Tyrannei der Mehrheit" (Treitschke). Hintze „begründet" seinen Standpunkt metaphorisch und bringt den Vergleich des Staatswagens, bei dem die Bremse versagt, sprich: die politische und soziale Bewegung eine (revolutionäre?) Eigendynamik gewinnt. Hintze hat sicherlich mit seiner These der mangelnden inneren Einheit in Deutschland Recht, auch damit, dass die deutschen Parteien deswegen – im Unterschied zu England – keinen eigentlich politischen Charakter (wohl im Sinne von Allgemeinwohl und „staatstragend"?) haben entfalten können, Partikularinteressen verfechten und weltanschaulich zersplittert sind – ein Zeichen der Schwäche der bürgerlichen Gesellschaft gegenüber dem Staat.

### M 3, 343
### Ralf Dahrendorf (geb. 1929) zum Problem der „verspäteten Nation"

Wie schon Hintze (M 2) betont Dahrendorf (M 3) die Schwäche der bürgerlichen Gesellschaft gegenüber dem von Preußen geprägten Staat, dessen autoritäre Strukturen – neben der auch von Hintze genannten inneren Zersplitterung – als ein wichtiges Element zur Erklärung des Phänomens „verspätete deutsche Nation" angeführt werden. Hintze freilich nennt den zentralen Inhalt solcher „preußischen Strukturen" beim Namen: Preußen als ein eminent „militärischer Staat".
Während Heinrich von Treitschke (M 1) im Verweis auf das monarchische Prinzip den politischen Liberalismus ablehnt und ihm eine „Ermäßigung" empfiehlt, hält Hintze (M 2) die Verwirklichung der politischen Ziele des Bürgertums im Sinne von „Demokratisierung" in einer längerfristigen Perspektive für wahrscheinlich, ohne sie zu begrüßen und wohl wissend um die Schwäche der deutschen Bourgeoisie. Auch Dahrendorf sieht die zaghafte Rolle des deutschen Bürgertums, die er aus den spezifischen Bedingungen des preußischen Staates ableitet (verspätete Industrialisierung mit starkem Eigengewicht des Staates, dynastisches Erbe, innere Zersplitterung etc.): „In diesen Strukturen war kein Platz für eine breite, politisch selbstbewusste Bourgeoisie."

### M 4– M 6, 343–345
### Für und wider die These vom deutschen „Sonderweg"

Während Eley (M 4) betont, dass die politische Allianz des deutschen Bürgertums „mit den Großgrundbesitzern" keineswegs als ein Indiz für das Scheitern der Bourgeoisie und damit als ein deutscher Sonderweg zu werten sei, unterstreicht sein Kollege Winkler (M 5) gerade wegen Deutschlands – im Unterschied zu Frankreich und England! – Unvermögen, „Einheit und Freiheit" herzustellen, die deutsche Sonderrolle – und dies gerade vor dem Hintergrund „kultureller Gemeinsamkeiten" des Deutschen Reichs mit Westeuropa. Nach Eley sei die bürgerliche Revolution nicht gescheitert, sondern die Interessen des Bürgertums seien – aufgrund der veränderten politischen und sozioökonomischen Bedingungen („Revolution von oben", Rolle des Staates, „beschleunigte kapitalistische Entwicklung") – auf andere Weise, in einer Art „Klassenbündnis", verwirklicht worden. Also nur die Mittel, nicht die Ziele der bürgerlichen Revolution und der Durchsetzung entsprechender Interessen hätten sich unterschieden.
Ausgangspunkt der in den Quellen dargestellten Kontroverse ist freilich das Phänomen „Nationalsozialismus", genauer: die These von der Singularität, d. h. Einzigartigkeit oder zumindest Spezifik, d. h. die mit anderen Staaten Westeuropas nicht zu vergleichende Entwicklung zwischen 1933 und 1945 in Deutschland. Dies bildet gleichfalls die „Folie", vor deren Hintergrund die Historiker in der deutschen Geschichte auf die Suche nach Sonderfaktoren und Strukturen gehen, welche den „Bruch" und die „Exzesse" im so genannten „Tausendjährigen Reich" „erklären" (helfen).
Helga Grebing (M 6) bietet eine die kontrahierenden Positionen vermittelnde Deutung, die im Anschluss an Bracher die deutsche Sonderrolle auf die Zeit des Nationalsozialismus beschränkt, welche aber gleichermaßen (und vorsichtiger formuliert) seit den 70er-Jahren des 19. Jahrhunderts eine „deutsche Eigenproblematik" erkennt. In ihrer differenzierteren

Sicht unterscheidet sie – ohne einen Determinismus zu postulieren – zwischen der „schwarzen Linie“ von langfristigen Kontinuitäten in der deutschen Geschichte bis hin zum Nationalsozialismus und einer „weißen Linie“, also Entwicklungen in Richtung auf „Selbstbefriedigung und Selbstbestimmung des Individuums“. Fruchtbar ist dieser Ansatz vor allem deshalb, weil er die auch gegenwärtig verstärkt gestellte Frage nach der nationalen Identität mit einbezieht – vor allem auch im Hinblick auf die Vermittlung und „Versöhnung“ unterschiedlicher Geschichtsdeutungen der Zeit des Nationalsozialismus. (Die gesellschaftliche Relevanz dieser Frage wurde gerade 1999 sehr deutlich: im Streit zwischen dem Schriftsteller Martin Walser und dem Vorsitzenden des Zentralrats der Juden, Ignatz Bubis, in dem es um die Deutung des Nationalsozialismus ging.)

An die Bearbeitung der Quellen sollte sich auch eine Diskussion darüber anschließen, inwieweit die zeitgeschichtlichen Umstände die Urteile eines Historikers beeinflussen (können). Als ein markantes Beispiel politischer Loyalität zu und Parteinahme für Preußen bis hin zur Verklärung der „Verpreußung Deutschlands“ könnten Auszüge aus Treitschkes „Deutscher Geschichte“ angeführt werden. Treitschke selbst hat ja als Motto seiner Geschichtsschreibung dem Grundsatz gehuldigt: „cum ira et studio“.

**Notizen**

## Essay, 346–349

### M, 346
### Plakat der englischen Frauenwahlrechtsbewegung von 1905

Der ernste Blick einer jungen Frau mit Doktorhut begegnet dem Betrachter. Sie befindet sich in einem Pferch, zusammen offenbar – darauf verweist das am Zaun angebrachte Plakat – mit Geisteskranken und Verbrechern. Der Text „Convicts And Lunatics Have No Vote For Parliament“ weist auf die Art der Barriere hin: Ähnlich wie in den Karikaturen auf Seite 328 (Schülerband) grenzt sie die Menschen ohne Mitbestimmungsrecht von den Machthabern ab. Insbesondere der hervorgehobene hohe Bildungsgrad der Frau lässt die Tatsache, dass sie allein aufgrund ihres Geschlechts mit Menschen auf eine Stufe gestellt wird, denen aus gesundheitlichen oder moralischen Gründen das Recht der Wahlbeteiligung abgesprochen wurde, grotesk erscheinen.

Das Plakat greift ein patriarchalisch orientiertes Vorurteil über die Unfähigkeit der Frauen zu politischer Tätigkeit auf. Ein extremer Vertreter des Patriarchalismus, der französische Frühsozialist Pierre Joseph Proudhon, hatte 1858 über „die Frau“ formuliert:

„Von Natur aus unproduktiv, passiv, ohne Aktivität noch Verstandeskraft, ohne Gerechtigkeitssinn noch Schamgefühl, braucht sie einen Vater, einen Bruder, einen Liebhaber, einen Ehegatten, einen Herrn, kurz gesagt: einen Mann, der ihr die magnetische Kraft gibt, die sie zu männlichen, sozialen und intellektuellen Tugenden befähigt.“ (Zit. nach: Romina Schmitter, Die Frauenbewegung im 19. Jahrhundert in den USA und in Europa, Stuttgart 1981, S. 45.)

Im Jahr 1905 sahen sich die britischen Suffragetten vermehrt Repressionen ausgesetzt. Eine Welle von Verhaftungen ging auf die Mitglieder der WSPU nieder, die Mittel des Kampfes verschärften sich.

### M, 347
### Die Führerinnen der englischen Suffragettenbewegung auf einer Polizeistation, Fotografie

Zwei Jahre nach Gründung der WSPU in Manchester 1905 (siehe Kommentar zu M 9, 332), kam es zu Zwischenfällen, die die britischen Suffragetten plötzlich international bekannt machten:

„Annie Kenney macht auf einer öffentlichen Versammlung von der allgemein üblichen Möglichkeit Gebrauch, Fragen an den Redner zu stellen: ‚Wird die liberale Regierung den Frauen das Stimmrecht geben?‘ Als auch die dritte Frage ohne Antwort bleibt, steigt sie auf einen Stuhl und stellt ihre Frage so laut wie möglich. In diesem Moment stürmen Saalordner herbei, stürzen die Fragende vom Stuhl und treiben sie und die ihr zu Hilfe gekommene Christabel Pankhurst aus dem Saal. Danach erst erläutert der liberale Politiker Edward Grey, er habe die Frage nicht beantwortet, weil sie keine Regierungsfrage sei und es wohl hoffentlich niemals werde …

Vor dem Saal halten die Frauen eine Protestversammlung ab. Nach wenigen Minuten werden sie verhaftet und mit einem Gefolge von Hunderten Frauenrechtlerinnen ins Stadthaus gebracht.

Am nächsten Morgen wird Christabel Pankhurst zu 10 Schilling Buße oder sieben Tagen Haft verurteilt, Annie Kenney zu 5 Schilling oder drei Tagen Haft … Der offizielle Grund der Verhaftung war nicht, dass beide Frauen Zwischenfragen gestellt haben, sondern dass sie im Gerangel Polizisten bespuckt hätten.“ (Zit. nach: Die Chronik der Frauen, Hg. Annette Kuhn, Dortmund 1992, S. 395.)

Das abgebildete Foto, welches drei der Gründerinnen der WSPU auf einer Polizeistation zeigt, belegt, dass die Frauenrechtlerinnen offenbar entschlossen waren die Verhaftung unbeeindruckt über sich ergehen zu lassen: Während Emmeline Pankhurst eher verstockt wirkt, blickt ihre Tochter Christabel feindselig auf den vor ihr stehenden Beamten. Bis zum Jahr 1910 hat es über 600 Verhaftungen von Frauenrechtlerinnen der WSPU gegeben.

**Notizen**

# Kapitel 8: Nationalismus und Nationalstaatsbildung im 19. Jahrhundert

## Auftaktseiten, Grundinformation, Darstellungen

### Auftaktseitenbild, 350 Schützenscheibe (1862)

Im Jahre 1862 fand in Frankfurt am Main das erste deutsche Schützenfest unter Teilnahme von 8000 Schützen und Tausenden von Ortsansässigen statt. Es kennzeichnete den Aufschwung des nationalen Vereinswesens, der Ende der 1850er-Jahre eingesetzt hatte, wobei mit den scheinbar unpolitischen Vereinen und Festen die politischen Versammlungsverbote in den Bundesstaaten unterlaufen werden konnten. Sänger-, Turn- und Schützenvereine bildeten sich überall im Lande und erlebten einen steigenden Zulauf, sie organisierten und versammelten sich verstärkt auf nationaler Ebene: 1861 fand in Nürnberg das erste deutsche Sängerfest statt, ein Jahr später folgte das Frankfurter Schützenfest, 1863 das Deutsche Turnfest in Leipzig und 1865 das Deutsche Sängerfest in Dresden. Während Turn- und Männergesangvereine schon Produkte der ersten Phase der deutschen Nationalbewegung seit den Befreiungskriegen waren, stießen die Schützenvereine als alte Traditionsvereine erst jetzt zur Nationalbewegung hinzu. Die 1861/62 gebildeten nationalen Dachorganisationen der drei Vereinsbewegungen zählten jeweils mehrere zehntausend Mitglieder, die vor allem aus dem Bürgertum stammten. Die Mitglieder der Turner, die sich sogar auf knapp 170 000 Personen beliefen, und Sänger rekrutierten sich aber auch in nicht unerheblichem Maße aus Angehörigen der unteren sozialen Schichten.

Alle drei Vereinsbewegungen hingen eng miteinander zusammen: „Kommunikativ vernetzt war das ‚Kleeblatt' der Sänger, Turner und Schützen auf mehreren Ebenen: Die Sänger traten häufig auf den Festen der Turner und Schützen auf, die Turner leisteten auf den Nationalfesten Ordnerdienste und personelle Verflechtungen gab es auf der Vereins- wie der Verbandsebene" (Klenke, Nationalkriegerisches Gemeinschaftsideal, S. 410f.). „Die Nationalfeste trugen beträchtlich zur Stärkung des gesamtdeutschen Zusammengehörigkeitsgefühls bei. Im Zeremoniell der Feste fand der nationale Gemeinschaftsgedanke seinen sinnfälligsten Ausdruck. [...] Der Gefühlsüberschwang suggestiver Masseninszenierungen entwickelte sich zu einem neuartigen Faktor in der Politik" (Klenke, Singen, Turnen, Schießen, S. 27).

Auf der Schützenscheibe vertreten drei Männer mit entsprechenden Symbolen (Gewehr, Notenblatt) die drei Teile der Vereinsbewegung; außerdem tauchen die jeweiligen Symbole auch in den beiden oberen Ecken (Armbrust und Schützenscheibe, Musikinstrument, Schwert) auf. Die mehrfach abgebildeten Farben schwarz-rot-gold (Adler, Fahnen, Schärpe) sind die Farben der „deutschen Trikolore", der nationalgesinnten bürgerlichen Opposition der ersten Jahrhunderthälfte, und symbolisieren den Wunsch der Bewegung nach nationaler Einheit und Freiheit; die Fahne hatte bei den großen nationalen Festen (Wartburgfest 1817, Hambacher Fest 1832) und in der Revolution 1848 eine zentrale Rolle gespielt. Der Doppeladler ist das Wappentier des alten Reiches, an dessen Untergang 1806 hier bewusst erinnert wird. Die Schriftzüge links und rechts wandeln die populären Verse von Ernst Moritz Arndt („Was ist des Deutschen Vaterland? ... Das ganze Deutschland soll es sein!") aus den Befreiungskriegen leicht ab. Insgesamt betrachtet ist die Schützenscheibe Ausdruck des Selbstverständnisses und der Zielsetzungen der deutschen Nationalbewegung in den frühen 1860er-Jahren, in denen zumindest plakativ Einheit und Freiheit als gleichberechtigte Ziele erschienen und Optimismus sowie Zuversicht das politische Bewusstsein prägten. Ausgrenzungen und Feindbilder, wie sie den integralen Nationalismus kennzeichnen, kommen in diesem Bild nicht zum Ausdruck, obwohl sie, wie die neueren Forschungen zeigen (Klenke, Nationalkriegerisches Gemeinschaftsideal), in der Reaktion auf die europäische Krise von 1859/60 und die daraus resultierenden Bedrohungsängste durch Frankreich auch in der bislang als „liberal", „demokratisch" apostrophierten Nationalbewegung schon zu diesem Zeitpunkt eine Rolle spielten.

Weiterführende Informationen:

Düding, Dieter, Organisierter Nationalismus 1808–1847. Bedeutung und Funktion der Turner- und Sängervereine für die deutsche Nationalbewegung, München u. a. 1984.

Klenke, Dietmar, Nationalkriegerisches Gemeinschaftsideal als politische Religion. Zum Vereinsnationalismus der Sänger, Schützen und Turner am Vorabend der Einigungskriege, in: Historische Zeitschrift 260, 1995, S. 395–448.

Ders., Singen, Turnen, Schießen. Die „vaterländischen" Vereine und die Entwicklung des deutschen Nationalbewußtseins seit 1859/60, in: Praxis Geschichte 4/1996, S. 26–29 (mit Unterrichtsmaterialien).

### M, 352 Tabelle zur Chronologie der europäischen Nationalstaatsbildungen 1801–1921

Die Tabelle reiht chronologisch wichtige Ereignisse und Entwicklungen der Nationalbewegungen in ganz Europa auf, sodass sie räumlich und zeitlich historisch genau eingeordnet werden können, die Zusammenhänge zwischen den Ereignissen in den verschiedenen Ländern deutlich werden (besonders eindeutig bei den Jahren 1830 und 1848) und Vergleiche möglich sind. Einen besonderen Schwerpunkt bildet dabei die deutsche Entwicklung. Außerdem sind folgende Staaten bzw. Nationalbewegungen mit den zentralen Stationen ihrer Nationalstaatsbildungen erwähnt:

– Irland (1801–1921): Seit 1800 war Irland nach der Aufhebung des irischen Parlaments vollständig mit England in einer Realunion verbunden. In einem mehr als hundertjährigen Kampf gegen diese Union bemühten sich irische Politiker um die Autonomie („Home Rule") oder vollständige nationale Unabhängigkeit ihres Landes. Sichtbar wurden diese Bemühungen auf verschiedenen Ebenen: Verstärkung der nationalen kulturellen Identität, vor allem durch die Förderung der bis dahin weitgehend verschwundenen gälischen Sprache, Förderung antibritischer Aufstände, politisches Handeln im Londoner Parlament, in welchem die irischen Abgeordneten häufig die Rolle eines „Züngleins an der Waage" innehatten. Nach dem Ersten Weltkrieg rief ein Untergrundparlament die Irische Republik aus und nach zweijährigen Kämpfen gegen die Engländer setzten sich die irischen Republikaner durch, mussten allerdings die Teilung des Landes in Irland und Nordirland hinnehmen.

- Spanien (1808–1814): siehe Schülerband, S. 358.
- Griechenland (1821–29): siehe Schülerband, S. 358.
- Frankreich (1830, 1848, 1870/71, 1894–1906): Besonders wichtig für das Thema ist hier die Niederlage im Deutsch-Französischen Krieg und der als Reaktion hierauf entstehende integrale Nationalismus, der sich vor allem in der Anti-Dreyfus-Bewegung der 1890er-Jahre formierte.
- Polen (1830/31, 1846, 1848, 1863): siehe Schülerband, S. 358f. und S. 381–384.
- Italien (1830/31, 1848, 1859–1870): siehe Schülerband, S. 359.
- Belgien (1830/31): Die früheren Spanischen bzw. Österreichischen Niederlande gehörten nach mehreren Besitzwechseln zwischen 1790 und 1815 seit dem Wiener Kongress zum Königreich der Niederlande. Nach der französischen Julirevolution probten sie den Aufstand gegen die reaktionäre Politik der Holländer und erklärten nach dem Erfolg des Aufstands die Unabhängigkeit, was auch von den europäischen Großmächten anerkannt wurde. Belgien wurde zur konstitutionellen Monarchie erklärt und erhielt nach dem Vorbild der Schweiz einen neutralen Status. Problematisch für den neuen Nationalstaat blieb die Tatsache, dass er sprachlich in einen wallonischen und einen flämischen Teil zerfiel, zu dem seit 1919 auch noch eine deutschsprachige Minderheit kam.
- Österreich-Ungarn (1848, 1866): siehe Schülerband, S. 377–380.
- Schweiz (1848): Die Schweiz bildet ein deutlich von den west- und mitteleuropäischen Entwicklungen abweichendes Modell der Nationalstaatsbildung: Hier formierte sich seit dem 15. Jahrhundert ein eigenes Schweizer Nationalbewusstsein, das sich politisch zunächst in einer „Eidgenossenschaft" souveräner Kantone, also einem Staatenbund, ausformte. In der ersten Hälfte des 19. Jahrhunderts wandelte sich dieser Staatenbund in einem Prozess ständiger Konflikte und schließlich eines Krieges, des „Sonderbundkrieges" 1847, zu einem Bundesstaat autonomer Kantone, einem schweizerischen Nationalstaat (1848), der trotz der Existenz mehrerer Sprachen (Deutsch, Französisch, Italienisch, Rätoromanisch) und Konfessionen (Katholisch, Reformiert) stabil und homogen erscheint (vgl. auch den Arbeitsteil in: Günther-Arndt, Hilke/Kocka, Jürgen (Hg.), Geschichtsbuch 3. Neue Ausgabe, Berlin 1995, S. 155–158).
- USA (1861–1865): Der amerikanische Bürgerkrieg wird in der Literatur manchmal auch als zweite Staatsgründung bezeichnet, weil nach seinem Ausgang das Zusammenwachsen von Nord- und Südstaaten zu einer Nation einen erheblichen Schub erhielt, auch wenn die wirtschaftlich-sozialen Unterschiede und das anhaltende Rassenproblem noch lange, teilweise bis heute, Ursache für zahlreiche Spannungen und Konflikte blieben.
- Dänemark (1864): Die Niederlage im Krieg löste in dem Staat eine Krise aus, die u. a. den Verzicht auf eine äußere Machtpolitik und eine Demokratisierung im Innern zur Folge hatte. An der Grenze zu Deutschland gab es in den folgenden Jahrzehnten nach wie vor einen Nationalitätenkonflikt.
- Rumänien, Serbien, Montenegro, Bulgarien (1878): Die Staaten wurden zwar auf dem Berliner Kongress 1878 gegen den Widerstand Russlands gegründet (siehe Schülerband, S. 411), blieben aber anhaltende Krisenherde, weil sie gegenüber ihren Nachbarländern bzw. Österreich-Ungarn aufgrund eigener nationaler Minderheiten dort Ansprüche besaßen bzw. das politisch zunehmend schwache Osmanische Reich aus Europa verdrängen wollten. Mehrere kleinere und größere Kriege waren die Folge bis zum Ersten Weltkrieg, der ebenfalls dort seinen Ausgang nahm.
- Norwegen (1905): Nach der Niederlage Frankreichs unter Napoleon eroberte Schweden das bislang (seit 1380) zu Dänemark gehörende Norwegen und zwang ihm die Personalunion auf (1814). 1905 beschloss das norwegische Parlament die Personalunion zu lösen und traf hiermit kaum auf Widerstände.

## M, 353
## Nationalitäten im Deutschen Kaiserreich

**ARBEITSAUFTRÄGE**

1. *Benennen Sie die Konfliktregionen des Nationalitätenproblems nach 1871; ziehen Sie hierzu auch die Karte auf S. 355 heran.*
2. *Welche politischen Probleme ergaben sich aus dieser Konstellation? Differenzieren Sie die Problemlage und mögliche Lösungsansätze nach den verschiedenen Nationalitäten.*

**Zu Aufgabe 1:**
Als Hauptkonfliktregionen benennt der Text den Osten Preußens mit Posen, Westpreußen und Oberschlesien, Elsass-Lothringen sowie Nordschleswig. Hier lebten jeweils größere und kleinere nationale Minderheiten (Polen bzw. Franzosen und Dänen).

**Zu Aufgabe 2:**

- Nordschleswig: Hier lebte eine relativ kleine dänische Minderheit, eine Lösung des Nationalitätenkonfliktes wäre eventuell durch die Abtretung kleinerer Gebiete an Dänemark zu lösen gewesen. In diesem Sinne war 1866 ursprünglich auch eine Abstimmung vorgesehen gewesen, deren Zusage Bismarck aber fallen ließ. Eine Abtretung kleinerer Gebiete an das Nachbarland geschah nicht, vielmehr entstanden als Folge einer verschärften Integrationspolitik – hauptsächlich durch Versuche zur Verdrängung der dänischen Sprache – Nationalitätenkonflikte.
- Elsass-Lothringen: Die 1871 gegen ihren Willen annektierte Bevölkerung sprach zwar mehrheitlich deutsch, wollte aber politisch zu Frankreich gehören.
  Die Politik Deutschlands konzentrierte sich darauf, „die angeblich gewaltsam französisierten Bewohner des ‚Reichslands‘ von ihrer unverjährbaren Zugehörigkeit zur deutschen ‚Kulturnation‘ zu überzeugen und zu einer Bejahung ‚ihres‘ Nationalstaats zu bewegen. Anders als im Osten vertraute sie auch auf das zunehmende nummerische Gewicht der Reichsdeutschen und die einsichtigen Vorteile der wirtschaftlichen Verflechtung“ (Wehler, Gesellschaftsgeschichte Bd. 3, S. 961).
- Polen: Während die kleineren nationalen Minderheiten (Kaschuben, Masuren, Sorben und Litauer) relativ erfolgreich integriert wurden, setzte man die größte nationale Minderheit, die Polen, einem zunehmend sich verschärfenden Germanisierungskurs aus (vor allem auf den Gebieten der Sprache und des Agrarrechts), der allerdings auf einen selbstbewussten und sich steigernden polnischen Nationalismus traf. Angesichts der Gemengelage der Nationalitäten im Osten kam eine deutliche geografische Trennung nach Ethnien kaum einem sinnvollen Lösungsansatz für das Problem gleich.

### M, 354
### Karte Vom Deutschen Bund zum Deutschen Reich 1815–1871

Die Karte zeigt die territoriale Entwicklung in insgesamt vier Stufen: dem Deutschen Bund (1815), den preußischen Erwerbungen bis 1866, dem Norddeutschen Bund (1867) und schließlich dem Deutschen Reich 1871. Folgende grundlegende Einsichten lassen sich gewinnen:

- Der Deutsche Bund als Staatenbund politisch souveräner Einzelstaaten (siehe Begriffserläuterungen, Schülerband, S. 352) umfasste etwa das gleiche Gebiet, das auch das Heilige Römische Reich gebildet hatte. In nationaler Hinsicht wies dieses Gebiet problematische Aspekte auf: Die ihm angehörenden fünf wichtigsten Monarchien hatten große Gebiete oder sogar ihren politischen Schwerpunkt außerhalb des Bundes: Österreich, Preußen, Dänemark (für Holstein), die Niederlande (für Luxemburg) und der englische König als König von Hannover. Zur Erklärung der Karte: Das Gebiet westlich von Luxemburg gehörte ursprünglich zu Luxemburg, war aber überwiegend wallonisch und wurde bei der Staatsgründung Belgiens diesem zugesprochen; 1839 kam es dann endgültig zu Belgien, während der deutschsprachige kleinere Rest zum Deutschen Bund gehörte.
- Die beiden größten Staaten innerhalb des Bundes bildeten Preußen und Österreich, es bestand damit eine Doppelhegemonie.
- Verschiedene Nationalitätenprobleme bzw. potenzielle Konfliktherde existierten vor dem Hintergrund, dass Österreich nur mit der „deutschen Hälfte“ im Deutschen Bund vertreten war (Gefahr für Reichseinheit?); Westpreußen und Posen als ehemalige polnische Gebiete zeitweise dabei waren (siehe auch gegenüberliegende Karte S. 355); Schleswig kein Mitglied des Bundes bildete, aber teilweise deutschsprachig war; Eupen-Malmédys Zugehörigkeit zu Preußen (seit dem Wiener Kongress) umstritten war (nach dem Ersten Weltkrieg wurde es Belgien zugesprochen, obwohl seine Bevölkerung laut Volkszählung von 1910 zu 81,7 Prozent deutschsprachig war).
- Wichtig war für die Entwicklung ebenso die Gründung des Deutschen Zollvereins 1834 (die in der Tabelle, jedoch nicht in der Karte Erwähnung findet), der Österreich ausschloss und damit bereits eine „kleindeutsche“ Lösung andeutete (siehe Schülerband, S. 365f.).
- Preußen wurde durch die Erwerbungen bis einschließlich 1866 deutlich größer und mächtiger.
- Der Norddeutsche Bund umfasste Preußen und die anderen norddeutschen Staaten ungefähr nördlich der Mainlinie; dabei besaß Preußen die Rolle einer eindeutigen Vormacht. Unter nationalen Gesichtspunkten war der Norddeutsche Bund eine unvollkommene Lösung, weil er die süddeutschen Staaten ausschloss und hier – aus preußisch-norddeutscher Sicht – Einflussnahmen durch Österreich und vor allem Frankreich zuließ.
- Dem Deutschen Reich von 1870/71 gehörten der Norddeutsche Bund und die süddeutschen Staaten an, nicht aber Österreich; ein neuer Konfliktherd erwuchs in der Eingliederung Elsass-Lothringens.

### M, 355
### Karte Nationalstaatsbildungen in Europa bis 1913

Die Karte zeigt zum einen die Nationalstaaten, wie sie zum Abschluss des Nationalstaatsbildungsprozesses 1913/14 in Europa (mit Ausnahme des äußersten Nordens und Westens) bestanden, zum anderen die geografische Verbreitung der jeweiligen Nationalsprachen. Da sich das gleichzeitige Vorkommen verschiedener Sprachen innerhalb einer Region technisch nur schwer darstellen lässt, findet man dort nur die jeweils dominante Sprache abgebildet. Zu erkennen sind sprachlich vergleichsweise homogene Nationalstaaten – siehe Niederlande, Frankreich, Italien, Dänemark – wie beispielsweise ebenso ein bunter Flickenteppich in Ost- und Südosteuropa. Auch das Kriterium Sprache ist als alleiniges Indiz für eine Nationalität nicht unproblematisch: spielt es beim subjektiven Nationsbegriff ohnehin nur eine untergeordnete Rolle, können politische, historische, religiöse oder andere Bedingungen auch dazu führen, dass Menschen gleicher Sprache zu verschiedenen Nationen gehören.

**Zu Aufgabe 1, 355:**

Die Materialien zeigen die Nationalstaatsbildung als europäischen Prozess, der nach der Französischen Revolution begann, sich „wie eine Kettenreaktion verbreitete“ (Peter Alter, Nationalismus, Frankfurt/M. 1985, S. 64) und im Wesentlichen 1870/71 mit der italienischen und deutschen Einheit abgeschlossen war. Ausnahmen bildeten Norwegen und Irland, die erst 1905 bzw. 1921 souverän wurden, und Polen, dessen Name in der Karte gar nicht, dagegen in der Tabelle mehrfach auftaucht. Deutlich wird aus der Tabelle, dass erfolgreiche Nationalstaatsbildungen häufig in Zusammenhang mit Kriegen oder Revolutionen standen (z. B. Spanien, Griechenland, Belgien, Italien, Schweiz, Deutschland), dass eine solche Verbindung aber nicht zwangsläufig war (z. B. Norwegen) und darüber hinaus Kriege bzw. Revolutionen keine Garantie für eine erfolgreiche Nationalbewegung bildeten (z. B. Polen). Auch die Hauptkonfliktherde lassen sich mit Hilfe der Materialien schnell erfassen: z. B. die Gemengelage verschiedener Sprachen bis hin zu winzigen Sprachinseln vor allem in Ostmittel-, Ost- und Südosteuropa. Zu erarbeiten sind schließlich die Staaten, die kaum oder gar nicht von dem Nationalstaatsbildungsprozess des 19. Jahrhunderts betroffen waren: Großbritannien, Frankreich (obwohl sie indirekt natürlich durch die irische Frage bzw. Elsass-Lothringen doch beteiligt waren). Beide Länder hatten diesen Prozess bereits im Wesentlichen hinter sich, auch wenn der moderne Nationalismus in der zweiten Hälfte des 18. Jahrhunderts gerade in Frankreich geboren wurde. Theodor Schieder hat drei Phasen der europäischen Nationalstaatsbildung unterschieden, deren erste Phase eben durch Staaten wie Frankreich und Großbritannien gebildet wird, bei denen der Nationalstaat „aus der gemeinsamen politischen Vergangenheit und aus der revolutionären Umgestaltung des absolutistischen Fürstenstaates“ entstand. In der zweiten Phase formierten sich Nationalstaaten durch die Vereinigung bislang getrennter Partikularstaaten (Deutschland, Italien), in der dritten „durch Abspaltung von den multinationalen Großreichen“ wie dem Osmanischen Reich oder der Habsburgermonarchie (Alter, Nationalismus, S. 101f.)

*Methodischer Hinweis:*

Es empfiehlt sich, zunächst mit der Karte auf S. 355 (Nationalstaatsbildungen in Europa bis 1913) zu beginnen, die vorhandenen Nationalstaaten nennen zu lassen und zu fragen, wann und wodurch die jeweiligen Staaten entstanden sind. Diese Fragen können dann z. T. mit der Tabelle auf S. 352 beantwortet werden. Offene Fragen sollten zunächst (z. B. auf einer Wandzeitung) notiert werden um sie dann entweder in den folgenden Stunden wieder aufzugreifen oder zu einem geeigneten Zeitpunkt durch Schülerkurzreferate unter Angabe von knapper Literatur zu beantworten.

*Literatur für Schülerreferate:*

*Der große Ploetz. Auszug aus der Geschichte, 29. Aufl. Würzburg 1980 o. später, S. 738–832.*

*Geiss, Imanuel, Geschichte griffbereit. Bd. 5: Staaten. Die nationale Dimension der Weltgeschichte, Reinbek bei Hamburg 1980.*

*Schieder, Theodor (Hg.), Handbuch der europäischen Geschichte. Bd. 5, Stuttgart 1981 (betrifft den Zeitraum von der Französischen Revolution bis ca. 1870), und Bd. 6, Stuttgart 1968 (betrifft den Zeitraum von 1870 bis 1918).*

In den genannten Werken sind Länderbeiträge zu allen europäischen Staaten enthalten.

**Zu Aufgabe 2, 355:**

*Zusatzmaterial S. 166* ▼

Der Arbeitsauftrag lässt sich mit Hilfe von M, 352 (Chronologie) und M, 354 (Karte) beantworten; Lernform: arbeitsgleiche Partnerarbeit mit dem Zusatzmaterial.

**M, 363**
**Bild „Freiheitsweste“ (1832)**

Die schwarz-rot-goldenen Farben waren im Deutschen Bund bald nach dem Handwerkerfest 1832 verboten. Auf der Weste prangen diese Farben in langen Streifen und tragen auf dem schwarzen Untergrund in goldenen Lettern das Wort „Freiheit“.

**M, 365**
**Bild „Kein Österreich! ein Preußen oder: ein Hessen-Darmstadt“ (1848/49)**

„Mit starrem Blick den Betrachter fixierend zerreißt Heinrich Wilhelm August von Gagern (1799–1880) eine Landkarte Deutschlands auf seinen Knien. Er trennt den mit ‚Österreich‘ beschrifteten Teil von ‚Preußen‘ und zerstört damit symbolisch die Einheit des Deutschen Reichs. Die Haare stehen ihm zu Berge und sein grimmiger Gesichtsausdruck flößt wenig Vertrauen ein. Von Gagern wurde im Mai 1848 zum Präsidenten der Frankfurter Nationalversammlung gewählt. Er befürwortete die Errichtung einer konstitutionellen Monarchie und bemühte sich, den König von Preußen zur Annahme der Kaiserkrone zu bewegen. Im Dezember 1848 stellt er den Antrag einen engeren Bundesstaat unter Preußens Führung zu errichten, zu dem Österreich in ein bloßes Unionsverhältnis treten sollte. Es ist möglich, dass sich die Lithografie von Halm direkt auf diesen ‚Gagernschen Antrag‘ bezieht oder aber allgemein die Position des Abgeordneten zur Frage der deutschen Einheit kommentiert. Die Bildunterschrift spielt auf eine dem Erbherzog Johann von Österreich in den Mund gelegte Äußerung an, die dieser während der Kölner Dombaufeier 1842 getan haben soll: ‚Kein Österreich, kein Preußen, sondern ein einiges großes Deutschland, fest wie seine Berge.‘ Von Gagern wird ein Partikularismus unterstellt, der ihn sogar ein unabhängiges ‚Hessen-Darmstadt‘ – er war hessischer Abgeordneter – fordern lässt.“ (Gerhard Langemeyer u. a., Bild als Waffe. Mittel und Motive der Karikatur in fünf Jahrhunderten, München 1984, Nr. 166).

**M, 366**
**Bild Wislicenus: Die Wiedererstehung des Reiches 1871 (1880–1882)**

*Tafelbild S. 167* ▼

*Zu Person und Werk:* Hermann Wislicenus (1825–1899), Maler, seit 1868 Professor für weltliche Historienmalerei an der Düsseldorfer Akademie, erhielt 1878 den Auftrag zur Ausmalung des großen Saalbaues des Kaiserhauses in Goslar aus dem 11. Jahrhundert, Beginn der Arbeit 1879, Abschluss 1897. Die Restaurierung der mittelalterlichen Goslarer Kaiserpfalz war noch vor 1871 lediglich auf kunsthistorisches Interesse gestoßen, dieses änderte sich nach 1871 grundlegend. Nun erkannte man in Berlin zunehmend die Bedeutung des Ortes für eine historische Legitimation des neuen Reiches, die anstehenden Restaurierungskosten finanzierte man aus dem Staatshaushalt und dem persönlichen Dispositionsfonds des Kaisers. Schon in der Ausschreibung des Wettbewerbs zur Ausmalung des Goslarer Kaisersaals war die Kaiserproklamation in Versailles als Thema vorgesehen, sie erhielt daher in dem gesamten Bildzyklus den zentralen Platz. Wislicenus war im Gegensatz zur herrschenden Kunstrichtung des Realismus ein Vertreter „eines bis zu einem gewissen Grade antirealistischen Monumentalstils" (Monika Arndt, Die Goslarer Kaiserpfalz als Nationaldenkmal. Eine ikonographische Untersuchung, Hildesheim 1976, S. 13), er stellte die Kaiserproklamation deshalb nicht realistisch, sondern allegorisch dar. Ziel war die Verherrlichung des Kaiserreiches, das mit der Abbildung zahlreicher mittelalterlicher Kaiser in die Tradition des ersten Reiches gerückt und so historisch legitimiert und überhöht wurde. Darin bestand eine beliebte Methode des Nationalismus auch in anderen Staaten, eine „invention of traditions": Man berief sich dabei auf die – vermeintliche – ruhmreiche Vergangenheit in erfolgreichen Staatsgebilden wie dem Römischen Reich (Italien), dem Byzantinischen Reich (Griechen), dem Großmährischen Reich (Tschechen) oder den keltischen Königreichen (Iren) oder beschwor die „Heldenzeiten" des eigenen Volkes (z. B. die Rekonquista bei den Spaniern, die Hussitenkriege bei den Tschechen oder die Türkenabwehr bei den Polen).

*Erläuterung des Bildes:* Im Zentrum des Bildes steht die Reitergruppe Kaiser Wilhelms I. und des Kronprinzen Friedrich Wilhelm; Ersterer in Uniform, geschmückt mit dem Orden Pour le Mérite und dem Eisernen Kreuz. Rechts sind die Kaiserin Augusta und die Kronprinzessin Viktoria abgebildet, die dem Kaiser Palmwedel entgegenstrecken, daneben kniet oder steht Prinz Wilhelm, der spätere Kaiser Wilhelm II. Links neben den beiden Hauptfiguren stehen Bismarck, Moltke und (zu Pferde im Hintergrund) Roon, wobei Bismarck als „Baumeister des Reiches" mit dem Hammer in der Hand dargestellt ist und Moltke und Roon die militärische Seite der Reichsgründung symbolisieren. Auf den beiden Seitenflügeln erscheinen die Fürsten der deutschen Staaten. Besonders hervorgehoben ist König Ludwig II. von Bayern: „Als Symbol für die Bereitschaft der Fürsten zu einem Zusammenschluss ihrer Länder und zur Errichtung eines kleindeutschen Kaiserreiches wählte Wislicenus die Darstellung der Kronenübergabe durch den bayerischen König Ludwig II. Dieses Motiv ist gänzlich unhistorisch: weder hatte jemals eine Krönungszeremonie stattgefunden noch überhaupt die Krone des Zweiten Reiches existiert (sie wurde nur als heraldisches Zeichen verwendet)" (Arndt, Kaiserpfalz, S. 180). Oberhalb der wie durch einen Triumphbogen reitenden Gruppe sind die bedeutendsten Herrscher des Mittelalters abgebildet: ganz oben links Karl der Große mit Schwert und Buch (vermutlich die Bibel; Karl der Große hatte nach dieser Interpretation also mit dem Schwert das Christentum durchgesetzt), darunter von links nach rechts: Ludwig der Deutsche, Otto I., Heinrich III. und IV., Konradin, Friedrich I. Barbarossa (mit dem wehenden Mantel; er weist mit der Rechten genau auf Wilhelm I., seinen „Nachfolger"!), Rudolf I. und Maximilian I. (mit der habsburgischen Fahne). Inmitten der Kaiser ist die im 19. Jahrhundert außerordentlich populäre Königin Luise zu erblicken, die, auf Wolken schwebend und von dem Dichter Theodor Körner und dem preußischen Feldmarschall Blücher umgeben, als Nationalheilige erscheint. Damit wird die Reichsgründung auch in die Tradition der Befreiungskriege gestellt, Luise bringt ihrem Sohn die Kaiserkrone dar. Oberhalb des Bogens schließlich sind die Fürsten der Hohenzollern-Dynastie abgebildet: Vom Großen Kurfürsten ganz links über Friedrich I. zu Friedrich Wilhelm I. auf der linken Seite; auf der rechten Seite von rechts Friedrich der Große, Friedrich Wilhelm II., Friedrich Wilhelm III. und Friedrich Wilhelm IV. Auch Friedrich der Große blickt – ähnlich wie Barbarossa – nach unten in die Mitte des Bildes. Rechts neben der Reitergruppe personifizieren zwei Frauengestalten Elsass und Lothringen, also die neuen Reichsgebiete, die dem Kaiser die Wahrzeichen ihrer beiden Hauptstädte (Straßburger Münster und Metzer Dom) darbringen; neben ihnen steht Prinz Friedrich Karl, der an den entscheidenden Schlachten des Deutsch-Französischen Krieges beteiligt gewesen war. Unterhalb der Reitergruppe schließlich sitzen „Vater Rhein" – der eine zentrale Rolle in der Abgrenzung der deutschen Nationalbewegung gegenüber Frankreich, spätestens seit der Rheinkrise von 1840, spielte – und die Figur der „Sage", die die Verbindung zu anderen Gemälden in der Kaiserpfalz herstellt, nämlich dem „Dornröschen-Zyklus" und dem „Erwachen Barbarossas", und so wiederum die Reichsgründung als Erfüllung der alten Hoffnungen auf eine Wiederaufrichtung des Reiches seit dem Tode Friedrichs II. darstellte (zu weiteren Allegorien und ikonographischen Traditionen: Arndt, Kaiserpfalz, S. 180–188). Insgesamt verfolgt das Gemälde – auch in seiner Monumentalität (vergleiche die Größenangaben) und seinem Ort – drei Ziele: a) eine Verherrlichung des neuen Reiches und seines Monarchen, b) die Betonung der Bedeutung Preußens als Vorkämpfer der Reichseinigung und c) die historische Legitimation des Kaiserreichs durch die Kontinuität zum mittelalterlichen Reich.

*Didaktisch-methodischer Hinweis:*
Angesichts der zahlreichen Allegorien auf diesem Bild empfiehlt es sich neben die Abbildung das Tafelbild zu legen, das die wichtigsten dargestellten Personen entschlüsselt. Im Unter-

richt müssen die Schülerinnen und Schüler sodann erarbeiten, was Wislicenus mit der Darstellung der Personen und ihrer Anordnung aussagen wollte (vgl. auch den Methodenarbeitsteil im Schülerband S. 448–454).

### M, 368
### Postkarte des Alldeutschen Verbands (um 1900)

*Beschreibung:* Der Adler als Wappentier des Deutschen Reiches sitzt mit der Krone auf dem Kopf auf einem Felsen, an dem sich die Wellen des Meeres brechen. Den Felsen schmücken ein als Grenzpfahl zu erkennender Fahnenmast und eine Fahne mit den Farben schwarz-weiß-rot – den Farben der Reichshandelsflagge, seit 1892 gleichzeitig auch der deutschen Nationalflagge.

Erläuterung: Das Bild symbolisiert zusammen mit der Aufschrift „So weit die deutsche Zunge klingt!“ – eine Anspielung auf das Arndt-Lied aus den Befreiungskriegen „Was ist des Deutschen Vaterland?“ – den Anspruch des Reichsnationalismus auf die Übereinstimmung von Volkstumsgrenzen (hier durch das Zentralmedium Sprache symbolisiert) und politischen Grenzen des Deutschen Reiches, was angesichts der Verbreitung der deutschen Sprache (siehe Schülerband, Karte S. 355) eine agressive Volkstumspolitik gegenüber den Nachbarstaaten mit deutschstämmiger Bevölkerung als Vollendung des „unvollendeten Nationalstaats“ implizierte. Der Adler stellte gemeinsam mit dem Fels, an dem sich jeder Widerstand bricht, das Zeichen für den unbändigen Willen der Nationalisten dar, dieses Ziel zu erreichen. Als Postkarte hatte das Bild die Funktion, für die Ziele des Verbands zu werben und seine politische Position zu verbreiten.

### Notizen

| Zu Aufgabe 2, 355 | Arbeitsblatt zur deutschen Nationalstaatsgründung 1803–1871 |
|---|---|

| Jahr | Ereignis | Folgen |
|---|---|---|
| | | |
| | | |
| | | |
| | | |
| | | |
| | | |
| | | |
| | | |
| | | |

© 2000 Cornelsen Verlag, Berlin. Alle Rechte vorbehalten

| Tafelbild zu M, 366 | Erläuterung zu Wislicenus „Die Wiedererstehung des Reiches 1871“ |
|---|---|

1 Kaiser Wilhelm I.
2 Kronprinz Friedrich Wilhelm
3 Kaiserin Augusta
4 Kronprinzessin Viktoria
5 Prinz Wilhelm (Kaiser Wilhelm II.)
6 Ministerpräsident und Reichskanzler Otto von Bismarck
7 Chef des Generalstabs Helmuth von Moltke
8 Kriegsminister Albrecht von Roon
9 König Ludwig II. von Bayern
10 Karl der Große
11 Ludwig der Deutsche
12 Otto I.
13 Heinrich III.
14 Heinrich IV.
15 Konradin
16 Friedrich I. Barbarossa
17 Rudolf I.
18. Maximilian I.
19 Königin Luise
20 Theodor Körner
21 Feldmarschall Gebhard Leberecht Blücher
22 Friedrich Wilhelm, der Große Kurfürst
23 Friedrich I.
24 Friedrich Wilhelm I.
25 Friedrich der Große
26 Friedrich Wilhelm II.
27 Friedrich Wilhelm III.
28 Friedrich Wilhelm IV.
29 Frauengestalt alias Elsass
30 Frauengestalt alias Lothringen
31 Prinz Friedrich Karl
32 Männergestalt alias „Vater Rhein“
33 Figur der „Sage“

© 2000 Cornelsen Verlag, Berlin. Alle Rechte vorbehalten

## Basismaterialien

### M 1, 372
### Fichtes Reden an die deutsche Nation (1807/08)

*Zur Person:* Johann Gottlieb Fichte (1762–1814): Philosoph, seit 1794 Professor in Jena, Entlassung 1799, danach Privatgelehrter in Berlin, seit 1805 Professor in Erlangen, seit 1810 Professor in Berlin. Fichte besaß mit seinen vielfältigen Publikationen und seiner Vorlesungstätigkeit bereits um die Jahrhundertwende eine große öffentliche Wirkung. In seinen „Reden an die deutsche Nation", einer Berliner Vorlesung, propagierte er die Erneuerung des politisch-gesellschaftlichen Lebens im Sinne nationaler Freiheit.

**Zu Aufgabe 1, 372:**
Fichte skizziert zwei Zukunftsmöglichkeiten für die Deutschen:
1. Die Deutschen könnten so weitermachen wie bisher, d. h. an der Zersplitterung ihrer Nation in Einzelstaaten festhalten. Dies hätte zur Folge, dass die Deutschen zunächst – von den von Fichte nicht ausdrücklich genannten Franzosen, so muss man hinzufügen – gedemütigt und unterdrückt, dann zunehmend verdrängt würden, allmählich ihre Nationalität und Sprache aufgäben und schließlich als Volk ausgelöscht würden.
2. Sie könnten sich „ermann(en) zum Aufmerken" – eine sehr vorsichtige Formulierung Fichtes, der hier nicht zum offenen Aufruhr oder Ähnlichem aufruft. Dennoch hätte dieses Aufmerken nachhaltige Wirkungen; es würde nämlich den Aufstieg des deutschen Volkes noch in der jetzigen Lebenszeit seiner Zuhörer „zum glorreichsten unter allen Völkern" bedeuten – eine zwar allgemeine, in der Kürze der Zeitperspektive aber doch sehr konkrete Utopie.
Fichtes Eintreten für den zweiten Weg, den Weg der nationalen Regeneration, ist offensichtlich und kommt schon in seiner Wortwahl zum Ausdruck (so benutzt er zahlreiche negative Begriffe bei der Beschreibung der ersten Alternative, positive dagegen bei der zweiten). Die Entscheidung für einen der beiden Wege müsse jetzt fallen und könne nicht auf die Zukunft verschoben werden. Obgleich das erst wenige Jahre zuvor aufgelöste Reich keineswegs ein Nationalstaat gewesen war, dient dabei die Erinnerung an dieses als Mahnung an die Einheit Deutschlands. Damit deutet sich hier bereits die Verklärung des Reiches an, die sich in den folgenden Jahrzehnten fortsetzte und schließlich in der erklärten Kontinuität der Reichsgründung zum alten Reich gipfelte (siehe auch Erläuterungen zu M, 366).
Für den Fall, die Deutschen entschieden sich für die zweite Alternative, skizziert Fichte folgenden Weg: Die Deutschen sollten zunächst über ihre Lage und die Handlungsmöglichkeiten nachdenken, sich eine Meinung bilden, dieser Meinung – die nach Überzeugung Fichtes nur im Sinne seiner zweiten Alternative ausfallen konnte – treu bleiben, sie auch äußern, also verbreiten und eine politische Öffentlichkeit herstellen, und so eine breite Übereinstimmung unter den Deutschen erzielen. Alles Übrige würde sich dann von selbst ergeben. Fichte hoffte auf ein entsprechendes politisches Handeln, rief hierzu aber nicht direkt auf. In der Situation des Jahres 1807/08 war diese Vorsicht angesichts der politisch-militärischen Überlegenheit des napoleonischen Frankreich durchaus angebracht.

**Zu Aufgabe 2, 372:**
1807 war Preußen „als europäische, ja als deutsche Großmacht ausgeschieden, war zu einer Macht dritten Ranges herabgesunken" (Thomas Nipperdey, Deutsche Geschichte 1866–1918. Zweiter Band: Machtstaat vor der Demokratie, München 1992, S. 16 ); Es hatte große Teile seines Staatsgebietes verloren und litt unter den ihm auferlegten Kriegskontributionen. Militärisch schien zunächst kein Ausweg aus dieser Lage möglich. Wie die preußischen Reformer hatte auch Fichte erkannt, dass an dieser Lage nicht zuletzt die mangelnde Beteiligung breiter, vor allem bürgerlicher Kreise am öffentlichen politischen, gesellschaftlichen und wirtschaftlichen Leben schuld war. Eine solche Beteiligung war aber nur möglich, wenn das Bürgertum bereit war sich hier zu engagieren. Ein geistiger Aufbruch, ein mentaler Umbruch war deshalb nötig. Fichtes Vorschlag besaß in diesem Kontext durchaus einen realistischen Kern und ist mit dem Konzept der „organischen Arbeit" zu vergleichen, das ein halbes Jahrhundert später in Polen entstand. Problematischer allerdings war die Frage, ob beim Meinungsbildungsprozess angesichts von unterschiedlichen Interessen und möglichen Widerständen – in Wirklichkeit handelte es sich bei der Trägerschaft der frühen Nationalbewegung nur um eine vergleichsweise kleine Minderheit – sich gleichsam automatisch die gleichen Ziele und Handlungsperspektiven entwickelten und alles Übrige sich tatsächlich von alleine ergäbe. Schließlich ist auch die von Fichte skizzierte Zeitperspektive als wenig realistisch zu betrachten: Die Erwartung, die deutsche Nation würde noch innerhalb der Lebensspanne seiner Zuhörer an die Spitze der Nationen aufsteigen, war sicher vermessen. Diese konkrete Utopie diente jedoch dazu – so ist gleichfalls zu bedenken – die Bereitschaft seiner Zuhörer zu wecken, sich trotz der schwierigen politischen Lage für das Ziel einer deutschen Nation einzusetzen.

**Zu Aufgabe 3, 372:**
Der Darstellungstext S. 361f. zeigt, dass der Resonanzboden für Fichtes Ausführungen vorhanden war. Dazu gehörten:
- der kulturelle Nationsbildungsprozess seit dem Ende des 18. Jahrhunderts,
- die 1807 beginnende preußische Reformpolitik,
- Erbitterung über die militärische Niederlage und zunehmende Unzufriedenheit mit der französischen Herrschaft,
- das wachsende Selbstbewusstsein des Bürgertums,
- die publizistische Tätigkeit gleichgesinnter Schriftsteller und Wissenschaftler (Arndt, Schleiermacher etc.).

### M 2, 372 f.
### Pfizer über den Liberalismus (1832)

*Zur Person:* Paul Achatius Pfizer (1801–1867), Jurist, politischer Schriftsteller; seit 1831 Landtagsabgeordneter in Württemberg, führend in der liberalen Opposition des Landes. Pfizer plädierte 1831 für die Trennung Österreichs von Deutschland und den Vorrang Preußens als nationale deutsche Vormacht; deshalb wurde er später auch als Prophet der Reichsgründung von 1870/71 angesehen. 1848 war Pfizer Kultusminister im Märzministerium Württembergs und Abgeordneter sowohl im Vorparlament als auch in der Frankfurter Nationalversammlung.

**Zu Aufgabe 1, 373:**
Die Ziele des liberalen Nationalismus lauteten:
- Freiheit im Innern (persönliche Freiheit), garantiert durch eine Verfassung,
- Unabhängigkeit nach außen (Nationalität), garantiert durch den Nationalstaat,
- eigene Rechte der Völker, nicht nur der Fürsten,
- nicht Weltgesellschaft, sondern gleichberechtigte Nationen.

**Zu Aufgabe 2, 373:**
Pfizer sieht die Franzosen im Gegensatz zur franzosenfeindlichen Stimmung des Frühnationalismus der Befreiungskriege und eines Teils der Nationalbewegung als „die Führer und Leiter der Zivilisation" und das „tonangebende Volk in Europa", weil bei ihnen seit der Französischen Revolution Freiheit und Nation, also die beiden Ziele des liberalen Nationalismus, gleichberechtigt verwirklicht worden seien. Auch die europäische Vorreiterrolle Frankreichs bei der Julirevolution 1830 spielte dabei für Pfizer eine wichtige Rolle. Deutschland könne daher nur in die Schule der Franzosen gehen. Diese Haltung erklärt sich aus der Überzeugung des liberalen Nationalismus bzw. zumindest seines linken Flügels in den 1830er-Jahren, dass die Nationalbewegung eine internationale Bewegung war, die in vielen europäischen Staaten die gleichen Ziele verfolgte und mit der Durchsetzung ihrer Ziele keine Entzweiung der Nationen herbeiführen würde. Bereits in der Revolution von 1848/49 und hier besonders in der Haltung zur polnischen Nationalbewegung zeigte sich aber die Brüchigkeit dieser Überzeugung des „Risorgimento-Nationalismus".
Allerdings ist auch Pfizers Bild von Frankreich und Deutschland nicht frei von nationalen Stereotypen: die Franzosen werden als Land der Bewegung und des äußeren Lebens, die Deutschen dagegen als Heimat des Gemüts, des Gedankens und der Innerlichkeit angesehen. Diese nationalen Stereotype waren potenzielle Quellen neuer Vorurteile und Feindschaften, die bei Bedarf mobilisierbar waren. Frankreich war für Pfizer zwar ein Vorbild hinsichtlich des eigenen politischen Handelns, doch Frankreich und Deutschland bildeten seiner Ansicht nach zugleich einen offenbar unüberwindlichen Gegensatz.

*Didaktisch-methodischer Hinweis:*
Zur Veranschaulichung der Ausdrucksformen des liberalen Nationalismus, der sich nicht nur auf literarische Erörterungen beschränkte, sondern seine Gesinnung auch nach außen öffentlich dokumentierte, kann neben dem Auftaktseitenbild (siehe oben) auch das Bild auf S. 363 herangezogen werden: Die „Freiheitsweste" mit den schwarz-rot-goldenen Streifen, die bald nach dem Hambacher Fest im Deutschen Bund verboten waren, und dem Wort „Freiheit" in goldenen Lettern auf dem schwarzen Streifen.

## M 3, 373 f.
## Heinrich Claß zu den Zielen des Alldeutschen Verbands (1912)

*Zur Person:* Heinrich Claß (1868–1953), Justizrat, studierte u. a. bei Treitschke (siehe Erläuterungen zu M 1 und M 2, 342f.); seit 1897 im Alldeutschen Verband tätig, seit 1902 dessen stellvertretender Vorsitzender und seit 1908 Vorsitzender. 1917 war Class Mitgründer der Vaterlandspartei, einer nationalistischen Partei mit über 1,2 Millionen Mitgliedern, die gegen einen Verständigungsfrieden und eine innere Demokratisierung des Reiches opponierte. Von 1918 an arbeitete er als Redakteur der „Deutschen Zeitung" und zog 1933 für die NSDAP in den Reichstag ein, ohne dass er im Dritten Reich irgendwelche politische Bedeutung gehabt hätte.
*Zur Quelle:* Über die Schrift „Wenn ich der Kaiser wär" urteilt Hans-Ulrich Wehler folgendermaßen: „[Claß verlangte] eine plebiszitär abgestützte Führerdiktatur, eine hierarchisch aufgebaute Volksgemeinschaft, ‚Lebensraum' als Ergebnis von Landeroberung, dazu die Bekämpfung der Großstädte, des Finanzkapitals, vor allem aber der Juden, deren Zugehörigkeit zur zivilisierten Menschheit er radikal in Frage stellte. Um mit dem Antisemitismus endlich Ernst zu machen forderte Claß judenfeindliche Ausnahmegesetze, die in mancher Hinsicht den ‚Nürnberger Gesetzen' des ‚Dritten Reiches' ähnelten. Deshalb gingen diese innenpolitischen Ziele und die Expansionspläne der ‚Alldeutschen' nicht nur in die Kriegszielplanung nach 1914 über, sondern lebten auch im Kontinentalimperialismus des Nationalsozialismus weiter, der an ihre Utopie eines rassereinen Herrenmenschentums in einem germanischen Großreich fugenlos anknüpfte".
(Hans-Ulrich Wehler, Deutsche Gesellschaftsgeschichte. Dritter Band: Von der „Deutschen Doppelrevolution" bis zum Beginn des Ersten Weltkrieges 1849–1914, München 1995, S. 1075)

**Zu Aufgabe 1, 374:**
Die wichtigsten Programmpunkte des Claßschen Reichsnationalismus lauteten:
- der Kampf gegen sozialistische und anarchistische Strömungen in Wirtschaft, Politik und Kultur,
- die Ausschaltung der SPD durch die Ausweisung ihrer Funktionäre und Abgeordneten,
- die Gewinnung der sozialdemokratischen Anhängerschaft nicht durch die Fortsetzung der Bismarckschen Sozialgesetzgebung, sondern durch vielfältige geistig-kulturelle Propagandamaßnahmen (wie die Ausgabe neuer, billiger, populistischer Tageszeitungen, die Organisation „nationaler" Versammlungen und „vaterländischer" Feste, die Abhaltung geschichtlicher Vorträge von Soldaten),
- die Bekämpfung des jüdischen Einflusses,
- der Kampf gegen die Polen mit allen Mitteln,
- das Inbetrachtziehen eines deutschen Angriffskrieges gegen Polen zur Durchsetzung nationaler Interessen, der aus der

Sicht Claß' allerdings einem Verteidigungskrieg gleichkam (Präventivkriegsthese).

**Zu Aufgabe 2, 374:**
Claß repräsentierte mit seiner Stellungnahme keinen offiziellen Standpunkt des Kaiserreichs. Obgleich seine unter Pseudonym erschienene Programmschrift zwar offiziösen Charakter besaß, da Claß in ihr als Vorsitzender des Alldeutschen Verbands seine Stimme erhob, bildete der Verband mit seinen knapp 23 000 Mitgliedern doch nur eine vergleichsweise kleine politische Organisation in Deutschland. Mit seinen radikalen Forderungen stand der Alldeutsche Verband zudem selbst in Opposition zur Reichsregierung, die nationalen Zielen und Mitteln ja prinzipiell keineswegs abgeneigt war. Die Ideologie des Verbands bzw. einzelne ihrer Elemente waren gesellschaftlich betrachtet dennoch stark verbreitet. Ein nationales Netzwerk politischer Vereine existierte, die den Charakter von Massenorganisationen besaßen, so in der Hauptsache die Kriegervereine und -verbände mit fast drei Millionen Mitgliedern und der Flottenverein mit weit über einer Million Mitgliedern. Hinzu kamen zahlreiche kleinere Verbände wie die Deutsche Kolonialgesellschaft, der Deutsche Ostmarkenverein und der erst 1912 gegründete Deutsche Wehrverein – dem schon bald 360 000 Mitglieder angehörten –, in denen sich vorrangig eine bildungsbürgerliche Elite sammelte.
Die Attraktivität des Reichsnationalismus muss vor allem als Reaktion auf die Krisen und Belastungen des raschen Modernisierungsprozesses verstanden werden. Da die traditionellen Sinngebungsinstanzen, vor allem die christliche Religion, von immer weniger Menschen als Deutungsmonopolist akzeptiert wurden, stieß der Nationalismus in eine Sinn- und Sozialisationslücke. Deshalb und zudem aufgrund seiner (pseudo?)religiösen Erscheinungsformen, wird er in der neueren Forschung häufig auch als „politische Religion" bezeichnet (vgl. Wehler, Gesellschaftsgeschichte Bd. 3, S. 943f.).

**Zu Aufgabe 3, 374:**
Zu „Reichsfeinden" zählten nach Auffassung von Claß vor allem die Sozialdemokratie, die Polen und Juden. Zu diesen könnte man ferner noch die Katholiken rechnen, da sie aufgrund des Ultramontanismus in nationalistischen Kreisen ebenfalls als national „unzuverlässig" galten. Demgegenüber war der Katholizismus allerdings seit den 1890er-Jahren bemüht „durch einen demonstrativen, hypertrophen Nationalismus die Zuverlässigkeit der ‚nationalen Gesinnung' zu beweisen" (Wehler, Gesellschaftsgeschichte Bd. 3, S. 960). Während die Judenfeindschaft schon in Teilen des früheren, „linken" Nationalismus eine gewisse Rolle gespielt hatte, zeugt die Polenfeindschaft gegenüber der ausgesprochenen Polenfreundschaft der liberalen Nationalbewegung der 1830er-Jahre von einem deutlichen Wandel des Nationsverständnisses. Allerdings hatte sich dieser Wandel schon in den Diskussionen der Frankfurter Nationalversammlung von 1848 angedeutet. Auch die Benennung der Sozialdemokratie als inneren Reichsfeind zeigte eine veränderte Situation auf, hatte es eine sozialdemokratische Bewegung in der ersten Jahrhunderthälfte doch noch gar nicht gegeben. Diese Abgrenzung nach „links" stellte jedoch ebenfalls keine völlig neue Entwicklung dar, da sie sich bereits zuvor in der Spaltung der Nationalbewegung in einen demokratischen und einen „volkstümlichen" Flügel angedeutet hatte, wobei Letzterer zum Vorläufer des gewendeten Reichsnationalismus wurde. Für den Reichsnationalismus kamen die Ab- und Ausgrenzungen einer identitätsstiftenden Notwendigkeit gleich. Die auf Polen und Juden bezogene Ausgrenzung besaß ihre Ursache vor allem in der neuen Qualität eines zunehmend biologistisch fundierten Volksbegriffes, weshalb hier auch scharfe Kampfmaßnahmen propagiert wurden, während die Anhänger der Sozialdemokratie durch entsprechende propagandistische Mittel gewonnen werden sollten.

**Zu Aufgabe 4, 374:**
Wie die „Karriere" von Heinrich Claß zeigt (siehe oben), führt eine direkte ideologische und politische Linie von den Zielen der Alldeutschen zu den Nationalsozialisten: die oben skizzierten Zielsetzungen der Alldeutschen bestimmten auch das politische Handeln der NSDAP. Zwar beinhalteten die Forderungen von Claß keine physische Auslöschung von Juden und anderen Bevölkerungsgruppen und ebenso wenig einen Eroberungsfeldzug im Osten, doch ist zu berücksichtigen, dass beide Punkte von den Nationalsozialisten vor ihrer Machtübernahme – und auch danach! – nie offen propagiert wurden. Der Nationalsozialismus erscheint wie die politische Umsetzung und weitere Radikalisierung des Claßschen Programmes.

### M 4, 374 f.
### Georg Ledebour zur sozialdemokratischen Auffassung von „Nation" (1913)

*Zur Person:* Georg Ledebour (1850–1947), Politiker, seit 1891 Mitglied der SPD (vorher linksliberal), war einer der schärfsten Kritiker des Kaiserreichs und ein kompromissloser Gegner der Zusammenarbeit mit den bürgerlichen Parteien. In den Jahren 1900–1918 und 1920–1924 Abgeordneter des Reichstags; Mitglied der Redaktion der Parteizeitung „Vorwärts"; seit 1913 gehörte er dem SPD-Fraktionsvorstand an.

**Zu Aufgabe 1, 375:**
Die internationalistisch eingestellte SPD, die die Solidarität der Völker auf ihre Fahnen schrieb, stellte sich in der Rede Ledebours in die Tradition des frühen deutschen Nationalismus, wie ihn u. a. Fichte repräsentiert hatte. Die Sozialdemokratie knüpfte zugleich an die Tradition der Befreiungskriege an, womit sie deren sehr populäre Tradition für sich einzuvernehmen suchte – im Jahre 1913 beging man vielerorts Hundertjahrfeiern der Befreiung Deutschlands von napoleonischer Herrschaft. Im Einklang mit dieser Tradition forderte Ledebour die unauflösbare Verbindung von Nation und innerer Freiheit in Deutschland und den anderen Ländern. Demgegenüber käme die Haltung der politischen Gegner in Deutschland – Regierung und Konservative – eher einer Entartung des nationalen Gedankens gleich, einem Werkzeug der Unterdrückung. Mit dieser Stellungnahme deutete sich eine freiheitliche Alternative zum integralen Nationalismus an (siehe auch Schülerband, S. 371), die

aber angesichts seiner Dominanz – auch in anderen europäischen Staaten – nur wenig Aussicht auf Verwirklichung besaß. Eine solche Alternative stand im Übrigen auch innerhalb der Sozialdemokratie auf brüchigem Grund, wie das weitere Verhalten im Jahre 1914 zeigte.

**Zu Aufgabe 2, 375:**
Die deutsche Sozialdemokratie bewilligte im August 1914 nach Beginn des Ersten Weltkriegs die von der Regierung geforderten Kriegskredite und stellte damit ihre internationalistische Haltung zumindest teilweise in Frage (ebenso wie die französischen Sozialisten, die kurz zuvor das Gleiche getan hatten). Zwei Momente spielten hierbei eine zentrale Rolle:
– Zum einen schien der begonnene Krieg aufgrund der besonderen politischen Situation im Juli/August 1914 aus Sicht der Sozialdemokraten ein Verteidigungskrieg zu sein, den man vorrangig gegen das reaktionäre Russland führte. Eine solche Sichtweise geht ebenso aus der Erklärung der sozialdemokratischen Reichstagsfraktion vom 4. August 1914 hervor (siehe Schülerband, S. 341, M 10).
– Zum anderen erfolgte die Bewilligung auf dem Hintergrund einer längeren sozialdemokratischen Entwicklung. So gab es, wie Nipperdey formulierte, „ein Vierteljahrhundert Hineinwachsen der Sozialdemokratie in das, was wir früher den Normal-Nationalismus genannt haben, unter oder vor aller internationalistisch-antinationalen Rhetorik. Das kam in einer nationalen Krise jetzt zum Tragen, die Einbindung, die jene Ausgrenzung und Diskriminierung untergründig immer begleitet hatte" (Nipperdey, S. 781f.).

### M 5, 375
### Charles Maurras über die Ziele der nationalistischen Politik (1899)

*Zur Person:* Charles Maurras (1868–1952), Schriftsteller und Politiker; Mitbegründer und führender Ideologe der „Action Française", einer rechtsradikalen Bewegung, die Ende 1898/99 gegründet wurde und einen integralen Nationalismus – von ihm stammt auch dieser Begriff – vertrat. In den 1940er-Jahren unterstützte Maurras die Kollaborationsregierung Pétain.

**Zu Aufgabe 1, 376:**
Maurras' politische Vorstellungen richteten sich gegen die traditionellen Prinzipien der Französischen Revolution. Er verlangte deren Überwindung und die Schaffung einer Monarchie. Letzteres war Maurras' genuine Forderung, die er allmählich innerhalb der „Action Française" durchsetzte. Vor dem Hintergrund einer Idealisierung des Ancien Régimes forderte er die Stärkung der Familie, der Kommune und der Provinzen sowie die Schaffung einer berufsständischen, korporativen Gliederung der Wirtschaft. Seine Ziele hoffte er durch den Zusammenschluss gleich gesinnter Eliten und Organisationen zu erreichen. Maurras dachte dabei in erster Linie an die katholische Kirche und die Armee – hier baute er ein Netz von Verbindungen auf. Seine politischen und gesellschaftlichen Gegner erblickte Maurras in den Liberalen, Sozialisten, Juden, Protestanten und Freimaurern, zum Teil auch in der Hochfinanz sowie den Nachbarstaaten Deutschland und England.

### M 6, 375 f.
### Maurice Barrès über den Nationalismus (1902)

*Zur Person:* Maurice Barrès (1862–1923), Schriftsteller und nationalistischer Politiker aus Lothringen; betrachtete Deutschland seit dem Deutsch-französischen Krieg als Feind, an den er noch Kindheitserinnerungen besaß; gemeinsam mit Maurras (siehe oben) war er der geistige Führer der Rechtsopposition gegen die Dritte Republik und der antisemitischen Kräfte in der Dreyfus-Affäre; Wegbereiter der „Action Française"; als Romancier, Essayist und Journalist übte Barrès beträchtlichen öffentlichen Einfluss aus.

**Zu Aufgabe 3, 376:**
Hinter den Prinzipien der „Erde" (a) und der „Toten" (b) standen folgende Vorstellungen:
a) die Bindung an den Boden, das Land: Dies beinhaltete eine Absage an Mobilität, Urbanität und Industrialisierung, also zentrale Prozessen der Modernisierung;
b) die Bindung des Einzelnen und der Gesellschaft an die Geschichte, Traditionen und Vorfahren. Verknüpft war damit gleichzeitig eine Absage an künftige Veränderungen, Reformen und Revolutionen, die nicht durch die Geschichte und Traditionen legitimiert waren. Damit verbunden war ferner eine Idealisierung der früheren Zustände in Frankreich, des Ancièn Régimes und einer ethnischen Homogenität. Anders als Maurras war Barrès allerdings kein strikter Gegner der Französischen Revolution, er versuchte sie vielmehr vor allem national zu interpretieren. Schließlich forderte Barrès die Unterordnung des Individuums unter die Nation.
Beide Prinzipien waren primär irrationaler Art, sie appellierten in entsprechender Weise vorrangig an die Gefühle der Franzosen, nicht an ihre rationalen Interessen. Barrès' Nationalismus nahm in diesem Zusammenhang die Form eines mystischen Kultes, eines Religionsersatzes an.
Barrès' und Maurras' potenzielle Gegner waren alle „fremden Elemente": Damit meinten die beiden nationalistischen Politiker in der Hauptsache die Juden, aber auch die Republik und ihre Institutionen sowie das moderne liberalkapitalistische Wirtschaftssystem repräsentierende Personen.

**Zu Aufgabe 2, 376:**
Die Dreyfus-Affäre war von zentraler Bedeutung für die Herausbildung des integralen Nationalismus in Frankreich und die Entstehung zweier nahezu unversöhnlicher politischer Lager. Für Maurras und Barrès war die Affäre ein Katalysator des politischen Selbstfindungsprozesses, zumal in der Person von Dreyfus der potenzielle Einfluss der Juden im Herzstück der französischen Nation, der Armee, und in seinem vermeintlichen Verrat militärischer Geheimnisse an Deutschland die zweite Gefahr für die französische Nation, die erneute Demütigung durch Deutschland ein Vierteljahrhundert nach der militärischen Niederlage im Deutsch-Französischen Krieg, zusammenkamen. Auf der anderen Seite bildete der Dreyfus-

Prozess 1894 auch einen Auslöser für die Formierung eines jüdischen Nationalbewusstseins: Theodor Herzl, der Verfasser des „Judenstaats" und Vorkämpfer des Zionismus, begleitete den Prozess als Beobachter einer Wiener Zeitung.

## M 7, 376
## Angriffslied der „Camelots du Roi"

**Zu Aufgabe 4, 376:**

Das von Maurras verfasste Angriffslied diente zur Mobilisierung der eigenen Mitglieder und zur Dokumentation der Ziele und Dynamik des eigenen Handelns nach außen, d.h. gegenüber den Feinden und den noch passiven, aber potenziell mobilisierbaren gesellschaftlichen Gruppen. Auf inhaltlicher Ebene dominierte ein antisemitischer Geist, der die Juden zur alleinigen Ursache der zeitgenössischen Probleme Frankreichs erklärte.

Als Gegenwehr propagierte das Lied das „Erwachen" Frankreichs und die Einsetzung eines Königs. Die dritte Strophe zeichnete zudem eine Zukunftsvision, die Frankreich nach Durchsetzung der Ziele des integralen Nationalismus in einem positiven, glücklichen Zustand sah, wobei die Strophe gleichzeitig die dafür notwendige nationale Opferbereitschaft (Grab) betonte. Methodisch sinnvoll erscheint es, die Wortwahl zu untersuchen und die positiv bzw. negativ besetzten Wörter (Frankreich, zu Haus, König, Führung, Weizen, Wein versus Jude, geraubt, unverschämt, Verrat) einander gegenüberzustellen.

Die „Camelots du Roi" wurden 1908 aus der Empörung über die republikanische Justiz gegründet, sie bestanden vorwiegend aus Studenten und verstanden sich als eine Art Orden. Nolte urteilt über sie: „Es ist gezeigt worden, dass in den frühesten Unternehmungen der Camelots du Roi die Wesenszüge des faschistischen Terrors bereits deutlich erkennbar sind. Wie bruchlos sich die Lieder einfügten, ließ sich nicht übersehen. Was fehlte, waren gewisse Nachkriegsmerkmale: Massenaufmärsche in Uniform, vormilitärische Erziehung, Fahnenweihe und Paraden" (Ernst Nolte, Der Faschismus in seiner Epoche, Sonderausgabe 1979, S. 140).

**Zu Aufgabe 5, 376:**

*Tafelbild S. 173* ▼

Für den ersten Teil der Frage empfiehlt sich die vergleichende Gegenüberstellung der Ergebnisse der Gruppenarbeiten zu Deutschland und Frankreich in einem Tafelbild. Beim zweiten Teil der Frage sollten auch die im Darstellungstext erwähnten Fallbeispiele Großbritannien und Russland einbezogen werden um zu verdeutlichen, dass es sich beim integralen Nationalismus nicht nur um ein deutsches und französisches Phänomen handelte.

**Notizen**

**Tafelbild zu Aufgabe 5, 376**

# Integraler Nationalismus in Deutschland und Frankreich

| | **Deutschland** | **Frankreich** |
|---|---|---|
| **Ursachen** | wirtschaftliche Krise der 1870er Jahre – ➡ Verunsicherungen | Niederlage im Krieg gegen Deutschland 1870/71 ➡ Krise |
| **Träger** | – Bürgertum und Kleinbürgertum<br>– konservative Eliten | – Teile der intellektuellen Elite, Jugend<br>– Katholische Kirche, Militär |
| **Ziele** | – homogenes Reich im Innern (Basis: „Volk" biologisch verstanden<br>– Kampf gegen Reichsfeinde<br>– Hegenomie in Mittel-europa, Kolonialimperium | – Monarchie, Ablehnung des Parlamentarismus<br>– Kampf gegen „Feinde Frankreichs"<br>– Stärkung der Religion, der Kommunen<br>– ständische Organisation der Wirtschaft |
| **Gegner** | – „innere Reichsfeinde": Juden, Sozialdemokraten, Linksliberale, Polen<br>– „äußere Reichsfeinde": vor allem Frankreich | – Republikaner<br>– Juden<br>– Freimaurer<br>– Protestanten<br>– internationales Kapital<br>– Deutschland |
| **Methoden** | – Verbandsbildungen mit Massenmobilisierungen (z. B. Alldeutscher Verband, Flottenverein, Kriegervereine ect.)<br>– Propaganda<br>– Beeinflussung von Eliten | – Verbandsbildungen (z. B. „Action Française")<br>– Propaganda<br>– Zusammenarbeit mit Gleichgesinnten (vor allem in Kirche und Militär)<br>– vereinzelt auch Gewalt-aktionen („Camelots du Roi") |
| **Verhältnis zum Staat** | – Beeinflussung des Staates/der Regierung<br>– „nationale Opposition" | – Ablehnung der Republik |

© 2000 Cornelsen Verlag, Berlin. Alle Rechte vorbehalten

## Arbeitsteil Österreich-Ungarn

### M 1, 377
### Nationalitäten in Österreich 1900

**Zu Aufgabe 1, 378:**
Die Tabelle zeigt die Nationalitätenverteilung im österreichischen Reichsteil (also nicht in Österreich-Ungarn) zum Zeitpunkt des Jahres 1900 in den einzelnen Ländern. Deutlich wird, dass die verschiedenen Nationalitäten sehr unterschiedliche Siedlungsschwerpunkte besaßen und dass es sowohl sehr homogene als auch sehr heterogene Gebiete gab: Zu den ersten zählen die mehrheitlich von Deutschen besiedelten Bezirke Nieder- und Oberösterreich, Salzburg und Vorarlberg, die slowenische Krain und das serbokroatische Dalmatien. Die gemischten Gebiete umfassten einerseits Länder mit einer eindeutigen Mehrheits- und Minderheitsgruppe – z. B. Böhmen und Mähren, wo jeweils die Tschechen klar in der Mehrheit gegenüber den Deutschen waren –, andererseits multiethnische Regionen, z. B. Istrien mit zwei gleich großen italienischen und serbokroatischen Volksgruppen und einer slowenischen Minderheit. Insgesamt lässt sich feststellen, dass die Deutschen in ganz Österreich nur ein gutes Drittel der Bevölkerung stellten. Nicht erkennbar wird, ob die Bevölkerungsgruppen in den duo- und multiethnischen Ländern räumlich getrennt oder gemischt lebten.

**Zu Aufgabe 1, 378, und Aufgabe 4, 463:**

| *Zusatzmaterial S. 178* ▼ |

Mithilfe des Zusatzmaterials, das die in der Tabelle genannten Länder geografisch darstellt, kann die Nationalitätenverteilung in Österreich kartografisch umgesetzt werden. Es empfiehlt sich analog zur Karte auf Seite 355 (Schülerbuch) mit unterschiedlichen Farben zu arbeiten. Die Schwierigkeit in den Abbildungen der multiethnischen Länder mit mehreren Farben arbeiten zu müssen, erleichtert das Verständnis für die Nationalitätenproblematik, die durch eine einfache Scheidung der Bevölkerung nach Nationalitäten kaum zu lösen ist.
Die Karte besitzt den Vorteil eine bessere Übersicht über das Gesamtproblem und eine schnellere Orientierung zu ermöglichen; die Statistik dagegen liefert die genaueren Daten, die bei der eher plakativen Kartendarstellung verloren gehen können. Die Farbe kann eben nicht zeigen, wie groß der Bevölkerungsanteil der jeweiligen dominanten Ethnie ist bzw. wie viele Nationalitäten in der jeweiligen Region überhaupt vorhanden sind: hier liegt bei den so genannten „Nationalitätenkarten" die Gefahr einer unbewussten oder gar – von Seiten interessierter Kreise – bewussten Verfälschung.

**Zu Aufgabe 2, 378:**
Der Vergleich von M 1, 377 mit der Karte auf S. 355 zeigt, dass als Nachbarländer zumindest Rumänien, Italien, Deutschland und (seit 1878 als eigener Staat) auch Serbien betroffen waren, denn in Teilgebieten der Habsburgermonarchie lebten starke nationale Minderheiten dieser Nachbarstaaten. Andere wie Polen, Tschechen und Ruthenen (heute: Ukrainer) entwickelten im 19. Jahrhundert starke eigene Nationalbewegungen, die jeweils auf die Errichtung eigener Nationalstaaten zielten; etwas abgeschwächt galt dies auch für Slowenen und die zum ungarischen Reichsteil gehörenden Kroaten.

### M 3, 378
### Karikatur „Die schlimmen Buben in der Schule"

| *Tafelbild S. 179* ▼ |

(Die Karikatur aus der Zeitschrift „Neue Glühlichter" wurde durch einen Druckfehler in der ersten Auflage leider falsch datiert; sie stammt nicht aus dem Jahr 1839, sondern von 1899.) Sie zeigt eine Karte Österreich-Ungarns, an der verschiedene Personen aus allen Himmelsrichtungen ziehen. Die Personen repräsentieren die verschiedenen Nationalitäten, von denen einige (Slowenen und Kroaten) lediglich in landestypischer Tracht ohne Namensnennung, die anderen jeweils mit einer konkreten Namensangabe abgebildet sind.
Die Karikatur bezieht sich auf die unterschiedlichen Bestrebungen der jeweiligen Nationalbewegungen nach zunehmender Souveränität oder sogar der Schaffung eigener Nationalstaaten. Angesichts ihrer erheblichen Anstrengungen droht die Karte zu zerreißen: Die Reichseinheit steht nach Ansicht des Karikaturisten kurz vor der Zerstörung. Der Untertitel lautet daher: „Die österreichisch-ungarische Monarchie wird bald schön ausschauen". Dazu ist allerdings festzustellen, dass vor dem Ersten Weltkrieg kaum jemand ernsthaft eine Loslösung vom Reich anstrebte: „Man kämpfte nicht gegen den Staat, sondern um die Macht im Staat. Die Anhänger radikaler Gruppen – und die österreichischen Deutschnationalen und Alldeutschen zählten dazu –, die eine Auflösung Österreich-Ungarns herbeizuführen wünschten, waren immer verhältnismäßig gering an Zahl" (Ernst Joseph Görlich, Grundzüge der Geschichte der Habsburgermonarchie und Österreichs, Darmstadt 1970, S. 232). Die Karikatur gab somit die subjektive Befürchtung des Karikaturisten angesichts der nationalen Spannungen, nicht aber unbedingt die tatsächliche politische Situation im Vielvölkerstaat wieder.

### M 4, 378
### Artikel 19 der österreichischen Dezemberverfassung (1867)

**Zu Aufgabe 3, 378:**
Prinzipiell regelte die Dezemberverfassung, die für den österreichischen Reichsteil bis 1918 Gültigkeit besaß, die Gleichberechtigung der Nationalitäten, hier „Volksstämme" genannt; jede Nationalität besaß darüber hinaus ein „unverletzliches Recht auf Wahrung und Pflege seiner Nationalität und Sprache", wobei der Sprache das besondere Augenmerk der Verfassung galt. In den multiethnischen Ländern des Reiches sollte deshalb jede Nationalität das Recht auf einen Schulunterricht seiner Kinder in der jeweiligen Nationalsprache haben. Die Zielsetzung der Verfassung war die Erhaltung des Reichsfriedens durch die Garantie der Gleichberechtigung. Es wurde also weder eine Dominanz des deutschen Bevölkerungsteils noch

ein Aufgehen der unterschiedlichen Nationalitäten in einer gemeinsamen Nationalidentität Österreichs angestrebt: Die Kinder waren in den Schulen nicht gezwungen, eine zweite Landessprache außer ihrer eigenen Herkunftssprache zu lernen. Hier lag das zentrale Problem dieses Artikels: Zum einen blieb unklar, wie diese Vorschrift in Schulen multiethnischer Regionen überhaupt praktisch umzusetzen war; dies sorgte sodann auch für erhebliche Schwierigkeiten über den schulischen Bereich hinaus. Auf das Erlernen einer gemeinsamen Sprache zu verzichten bedeutete aber zum anderen auch davon abzusehen, eine Integration des Gesamtstaates über die Sprache anzustreben. Schließlich herrschte Unklarheit, ob die Ausdrücke „landesübliche Sprache" und „Landessprache" das Gleiche meinten. In der Praxis war es beispielsweise umstritten, ob das Tschechische, eine der beiden Landessprachen Böhmens, auch in den geschlossenen deutschen Siedlungsgebieten Böhmens als „landesüblich" anzusehen war und damit den verfassungsrechtlichen Status einer „gleichberechtigten" Sprache genoss. Dennoch urteilt die neueste Gesamtdarstellung zur österreichischen Geschichte: „Damit war im Prinzip der Weg zu einer liberalen Nationalitätenpolitik eröffnet, der zwar den berüchtigten und zuletzt ruinösen ‚Nationalitätenhader' begünstigte, der aber den Verfassungsvätern von 1867 und dem österreichischen Staat als Ehre angerechnet werden muss" (Helmut Rumpler, Österreichische Geschichte 1804–1914. Eine Chance für Mitteleuropa. Bürgerliche Emanzipation und Staatsverfall in der Habsburgermonarchie, Wien 1997, S. 418f.).

### M 5, 378 f.
### Der Mährische Ausgleich von 1905

*Tafelbild S. 180* ▼

In Böhmen und Mähren standen sich jeweils eine deutliche tschechische Mehrheit und eine starke deutsche Minderheit gegenüber. Der tschechische Nationalismus erlebte seit etwa 1880 einen starken Aufschwung, was auch mit der ökonomischen Modernisierung des Landes und dem Aufstieg eines tschechischen Bürgertums zusammenhing – im Bildungswesen waren die Tschechen sogar die modernste Nationalität innerhalb der Monarchie. Politischer Ausdruck der nationalistischen Radikalisierung auf beiden Seiten war die Stärkung der „Jungtschechen" auf der einen, der Deutschradikalen auf der anderen Seite. Bestrebungen von deutscher Seite, den lang anhaltenden Sprachenstreit durch die Anerkennung der deutschen Sprache als offizielle Staatssprache in ganz Österreich zu lösen, scheiterten ebenso wie die Forderungen nach einer nationalen Teilung Böhmens. Die so genannten Badenisschen Sprachverordnungen von 1897 (siehe M 2, 377), die erstmals das Tschechische mit dem Deutschen auf die gleiche Ebene stellten (gleichberechtigt in allen Teilen Böhmens und Mährens) und von jedem Staatsbeamten verlangten, dass er innerhalb von vier Jahren Kenntnisse beider Sprachen nachweisen musste, stießen auf den erbitterten Widerstand der Deutschen, die im Wiener Parlament Obstruktionspolitik betrieben und zahlreiche Demonstrationen in den deutschen Gebieten Böhmens und Mährens organisierten; zeitweilig tobten im Parlament regelrechte Saalschlachten zwischen Deutschen und Tschechen. In Prag galt jahrelang der Ausnahmezustand. Der Konflikt endete mit dem Sturz Badenis und einer Abschaffung der Verordnungen. Weitere Ausgleichsversuche in Böhmen scheiterten in den folgenden Jahren ebenfalls angesichts des erheblich verschärften deutsch-tschechischen Gegensatzes. Während die Deutschen am Prinzip der nationalen Trennung festhielten, behaupteten die Tschechen die historisch begründete Unteilbarkeit der böhmischen Länder – ein Kompromiss schien kaum möglich.

Wenn es 1906 in Mähren sodann doch zu einem „Ausgleich" kam, lag dies u. a. an der Tatsache, dass in Mähren die tschechische Nationalbewegung nicht ganz so stark wie in Böhmen war. Mähren besaß nicht eine historisch so lange nationale Tradition wie Böhmen, es war stärker landwirtschaftlich strukturiert und der Anteil der Deutschen geringer. Der Mährische Ausgleich diente als Modell für eine Regelung der Sprachenfrage in der Bukowina 1910, ohne den Beginn des Krieges 1914 wäre er möglicherweise auch noch auf andere Länder übertragen worden.

**Zu Aufgabe 1, 379:**

Das Gesetzeswerk regelte im Wesentlichen drei Komplexe: die Behördensprache, die Organisation des Schulwesens und die Landtagswahlordnung.

1. Die Gemeinden hatten nunmehr das Recht ihre Amts- oder Geschäftssprache frei zu wählen, wurden allerdings verpflichtet schriftliche Eingaben auch dann anzunehmen, wenn sie in einer anderen Landessprache abgefasst wurden. Die Erledigung konnte in der gewählten Amtssprache geschehen, musste allerdings dann, wenn mindestens 20 Prozent der Gemeindemitglieder eine andere Landessprache benutzten, in der Sprache der Eingabe geschehen; ansonsten bestand das Recht zur kostenlosen Übersetzung. Gerald Stourzh urteilt über diese Regelung: „Das mährische Gesetz von 1905/06 kann in der Tat als eine ausgeglichene und zumutbare Realisierung des Gleichberechtigungsgebots des Art. 19, Abs. 2 [der Dezemberverfassung] angesehen werden. Für das Recht des Einzelnen Eingaben an die Behörde in seiner eigenen Landessprache einzureichen, galt das Prinzip der absoluten zweisprachigen Gleichberechtigung; dieses galt ebenso für das Recht der Verwendung der eigenen Landessprache in Sitzungen der Gemeindevertretung. Dem ‚Selbstbestimmungsrecht' der Gemeinden bei Wahl ihrer Amtssprache wurde Rechnung getragen, doch wurde dieses Selbstbestimmungsrecht durch Auflagen eingeschränkt, die der Berücksichtigung von einem Fünftel und mehr der Bevölkerung betragenden Minderheiten dienten" (Gerald Stourzh, Die Gleichberechtigung der Nationalitäten in der Verfassung und Verwaltung Österreichs 1848–1918, Wien 1985, S. 123).
2. Das Schulwesen wurde organisatorisch nach Nationalitäten getrennt: In die jeweiligen Schulen sollten nur Kinder aufgenommen werden, die der Unterrichtssprache mächtig waren. Ziel dieser Bestimmungen war es den nationalen „Schulkinderfang" zu beenden. „Der Begriff ‚Kinderfang' zählte Anfang dieses Jahrhunderts zum Vokabular der Nationalitätenkämpfe

im alten Österreich. Damit wurden die Bestrebungen von im Volkstumskampf aktiven Gruppen und Vereinen bezeichnet, Kinder, die mutmaßlich der anderen Nationalität angehörten, zum Eintritt in die Schulen der eigenen Nationalität zu veranlassen. Diese Bemühungen waren zumal auf der deutschen, sich in ihrem ‚nationalen Besitzstand' bedroht fühlenden Seite vorhanden; sie wurden begünstigt durch die Überlegung mancher tschechischer Eltern, ihren Kindern mit Hilfe des Besuchs deutschsprachiger Schulen sozialen Aufstieg und berufliches Fortkommen zu erleichtern. Tschechische Eltern, die solche Erwägungen anstellten oder in die Tat umsetzen wollten, waren wiederum eine besondere Zielgruppe tschechischer Schutzverbände, die ihr Augenmerk darauf richteten, dass ja keine tschechischen Kinder in deutschsprachige Schulen kämen" (Stourzh, Gleichberechtigung der Nationalitäten, S. 215). Da allerdings die Feststellung der Sprachkenntnisse der Kinder bei der Einschulung nicht genau festgelegt war, ging der „Kinderfang" der Deutschen auch nach dem Mährischen Ausgleich weiter: „Der Streit der nationalen Schulbehörden in Mähren, überwiegend um die Einschulung von Kindern, manchmal um die nationale Zugehörigkeit von Mitgliedern der Schulbehörden oder die Kosten der Errichtung von Schulen der nationalen Minderheit, hat zu rund sechzig Beschwerden vor dem Verwaltungsgerichtshof geführt, eine hohe Zahl für eine Zeitspanne von knappen zehn Jahren; Tausende von Schulkindern waren betroffen. Sogar Kindergärten wurden in die nationale Auseinandersetzung einbezogen" (Stourzh, Gleichberechtigung der Nationalitäten, S. 221f.).
3. Schließlich wurden in der Landtagswahlordnung nationale Kurien geschaffen, sodass die Angehörigen der verschiedenen Nationalitäten jeweils getrennt Kandidaten ihrer Nationalität wählen sollten (mit Ausnahme der Abgeordneten des großen Grundbesitzes). Sogar die Abgeordneten der Handelskammern, die nicht nach Nationalitäten gewählt wurden, mussten zu Beginn der Landtagsperiode ihren Beitritt zu einer der beiden nationalen Kurien erklären. Voraussetzung für diese Wahlen war die Erfassung der Wähler nach ihrer Nationalität in getrennten Wahllisten, wobei jeder Wähler selbst entscheiden konnte, welcher Nationalität er angehören wollte. Problematisch an diesem Verfahren und daher Quelle erneuter Nationalitätenstreitigkeiten war die Möglichkeit anderen Personen die Zugehörigkeit zu einer der Nationalitäten zu bestreiten, das so genannte „Hinausreklamieren".
Ziel des Ausgleichs war es also, die Nationalitäten so weit wie möglich zu trennen, ihnen durch diese Trennung gerecht zu werden und gleichzeitig Konflikte zu vermeiden. Außerdem gab es „erstmals in der Geschichte Österreichs … ein gesetzlich normiertes Verfahren zur Feststellung der nationalen Zugehörigkeit" (Stourzh, Gleichberechtigung der Nationalitäten, S. 226).

*Methodischer Hinweis:*
Während sich die Regelungen in den ersten beiden Gebieten aus den Gesetzestexten relativ schnell ermitteln lassen, sollten die Bestimmungen der Landtagswahlordnung mit Hilfe des Tafelbildes erläutert werden.

**Zu Aufgabe 2, 379:**
Die Möglichkeit sich freiwillig zu einer Nationalität zu bekennen, veränderte die Definition des Nationenbegriffs. In einer Region, in der die Nationen und Nationalbewegungen eigentlich einen objektiven Nationsbegriff vertraten, also auf die gemeinsamen Merkmale der Angehörigen der Nation (Abstammung, Geschichte, Kultur etc.) abhoben, gab die Regierung im Mährischen Ausgleich dem Einzelnen die Möglichkeit frei seine Zugehörigkeit zu einer Nation zu wählen, verordnete also praktisch den Übergang zum subjektiven Nationsbegriff westeuropäischer Prägung. Bei genauerem Hinsehen allerdings stellt sich heraus, dass der Ausgleich keinen vollständigen Nationenbegriffswechsel mit sich brachte. Die Gesetze spiegelten vielmehr beide Nationsauffassungen wider, die miteinander um die Geltungsmacht rangen. So hatte die Regierung – und dieser folgend der Verwaltungsgerichtshof – im Schulgesetz nämlich angeordnet bei den national getrennten Schulverwaltungsbehörden „fassbare Merkmale" für die nationale Zugehörigkeit der einzelnen Mitglieder festzustellen: Kein Tscheche sollte in einem deutschen Orts- oder Bezirksschulrat sitzen oder umgekehrt. Als „fassbare Merkmale" verstand man dabei „Handlungen aus dem privaten, sozialen und öffentlichen Leben", die Indizien für die nationale Zugehörigkeit des Betreffenden liefern sollten. Die Auseinandersetzung um „subjektive" oder „objektive" Nation bedeutete nicht nur ein theoretisches Gedankenspiel, ihr lagen vielmehr unterschiedliche Interessen zu Grunde, wie das österreichische Beispiel klar veranschaulicht: Das Bekenntnisprinzip, also das der subjektiven Nation, begünstigte nämlich „jene Nationalität …, welche die größte Anziehungskraft auf Assimilationswillige ausübte, insbesondere die deutsche", während die Tschechen und Slowenen „aus begreiflichen Gründen", so Gerald Stourzh, „einer auf objektive Merkmale gestützten Nationalitätenfeststellung das Wort redeten" (Stourzh, Gleichberechtigung der Nationalitäten, S. 243).

### M 6, 379 f.
### Rudolf von Herrnritt zum Mährischen Ausgleich (1914)

*Zur Person:* Rudolf Hermann von Herrnritt (1865–1945), Jurist, 1909–1930 Rat, später Senatspräsident am Verwaltungsgerichtshof und dadurch mit dem Nationalitätenstreit befasst; las u. a. an der Universität Wien über Nationalitätenrecht.
Herrnritt würdigt den Mährischen Ausgleich, weil hier erstmals durch die neue Landtagswahlordnung der nationale Streit ausgeschaltet sei und alle Stimmen jeweils für den nationalen Kandidaten gesichert seien. Er argumentiert aber aus der Sicht des Einheitsstaates, dass die weitgehende Trennung der Nationalitäten, die schon in der Verfassung angelegt war (siehe oben), zu einem gegenseitigen Misstrauen und daraus folgend zur Entfremdung untereinander und gegenüber dem Prinzip des Einheitsstaates führe. Herrnritt setzt dem die „gegenseitige Kenntnis und Achtung der kulturellen Werte" entgegen, die notwendig sei um den Gedanken des Einheitsstaates zu bewahren und fortzuentwickeln.

### M 7, 380
### Karl Renner über das Autonomieprinzip

*Zur Person:* Karl Renner (1870–1950), Politiker und Publizist, Dr. jur., Sozialist, veröffentlichte als Beamter zunächst unter Pseudonym, trat dann nach der Einführung des allgemeinen Wahlrechts offen ins politische Leben und wurde 1907 ins Abgeordnetenhaus gewählt. Er trat im Krieg – im Gegensatz zur Linken in seiner Partei – für die Erhaltung der Donaumonarchie als Staat ein und wurde 1919/20 sowie wieder 1945 Staatskanzler und 1945 bis 1950 Bundespräsident.
Im Gegensatz zu Herrnritt war Renner der Überzeugung, dass gerade die Autonomie der einzelnen Nationalitäten eine Bürgschaft für den Bestand des Gesamtstaates bedeutete. Dieser gerate ansonsten in Gefahr, weil die Nationalitäten als Unfreie „über die Grenze schielen", d. h. sich an den jeweiligen benachbarten Nationalstaaten orientieren würden.
Freiheit, Selbst- und Mitbestimmung erhöhten dagegen nach Renner die Attraktivität Österreichs nach innen und sogar nach außen (Anspielung auf die Situation im Krieg und die Rolle Österreichs auf dem Balkan und im Orient). Gleichzeitig argumentiert Renner aus der Perspektive eines demokratischen Sozialismus: Während das alte Nationalitätenprinzip ein bürgerliches Prinzip gewesen sei, mittlerweile aber seinen Höhepunkt nach den Nationalstaatsgründungen in Mittel- und Osteuropa überwunden habe, müssten nun der Internationalismus und die Demokratie Hand in Hand gehen. Renner trat für das Ziel eines multinationalen demokratischen Bundesstaates ein.
In der Tat war die österreichische Sozialdemokratie, die bis 1911 eine Einheitspartei für ganz Österreich-Ungarn bildete, einer der Pfeiler für den Zusammenhalt der Donaumonarchie. Tatsächlich stellte die Nationalbewegung im Wesentlichen eine bürgerliche Bewegung dar; aus dieser Perspektive ist Renners Argumentation zutreffend. Ob aber eine weitgehende Autonomisierung der einzelnen Nationalitäten – die eigentlich ethnisch homogene Gebiete voraussetzte – tatsächlich eine Garantie für den Erhalt des Gesamtstaates oder nicht vielmehr eine Begünstigung separatistischer Strömungen bedeutet hätte, bleibt eine offene Frage, deren Problematik auch unter aktuellen gegenwartspolitischen Bezügen von zentralem Interesse ist (Europäisierung versus Regionalisierung).

**Zu Aufgabe 1, 380**

Autonomie meint in diesem Zusammenhang, also des bestehenden Vielvölkerstaates Österreich-Ungarn, eine möglichst weit gehende Selbstständigkeit und Selbstbestimmung der einzelnen Nationen, vor allem in kulturellen Fragen, möglicherweise aber auch in Wirtschaft und Politik.

**Zu Aufgabe 2, 380:**

Während Herrnritt die nationale Autonomie als Sprengsatz für den Einheitsstaat ansieht, weil die Trennung der Nationen die gegenseitige Kenntnis und damit das Verständnis von- und füreinander verhindere und damit Gemeinsamkeiten abbaue, vertritt Renner die Auffassung, die Autonomie sei gerade die notwendige Vorbedingung für die weitere Existenz des Einheitsstaates, weil nur sie es den einzelnen Nationen ermögliche sich in diesem Staat wohl zu fühlen. Herrnritt urteilte aus der Sicht eines Verwaltungsjuristen, er war mit den zahlreichen Problemen und Konflikten, die der Mährische Ausgleich in der Verfassungspraxis zur Folge hatte, vertraut und von daher skeptisch über die Erfolgsaussichten der Autonomisierung; Renner argumentierte aus sozialistischer Perspektive, der die Nationalstaatsidee erst zweitrangig, Freiheit, Demokratie und soziale Gerechtigkeit dagegen erstrangige Ziele waren, die in allen Nationen verwirklicht werden sollten.

**Zu Aufgabe 3, 380:**

Die Sprache und ihre Bewahrung spielten und spielen eine zentrale Rolle bei der Selbstdefinition und Selbstfindung der Nationalitäten, weil sie zum einen gemeinsames Merkmal der Nationsangehörigen, zum anderen Medium der innernationalen Kommunikation und zum dritten Abgrenzungsmerkmal nach „außen" ist.
Vergleichbare Konflikte der Gegenwart sind:
1. Der Streit zwischen Flamen und Wallonen in Belgien, der sich auch und vor allem als ein Sprachenstreit (flämisch/französisch) darstellt und der in den letzten Jahren mittels einer weit gehenden Föderalisierung des belgischen Staates entschärft worden ist;
2. Die Auseinandersetzung zwischen der zumindest zum Teil nach Unabhängigkeit strebenden französischsprachigen Provinz Quebec und den übrigen englischsprachigen Landesteilen Kanadas.

Andere Konfliktursachen und -anlässe sind:
- soziale und wirtschaftliche Ungleichheiten (z. B. Nordirland),
- religiös-konfessionelle Spannungen (ebenfalls in Nordirland, außerdem zum Teil auch im ehemaligen Jugoslawien und der ehemaligen Sowjetunion),
- historische Belastungen (ebenfalls in Jugoslawien).

Häufig überlagern sich auch verschiedene Konfliktursachen.

**Zu Aufgabe 4, 380:**

*Jugoslawien:* Der Lösungsansatz bestand für die Nationalbewegungen in Slowenien und Kroatien in der staatlichen Absonderung. Als erfolgreich erwies sich diese aber nur in den ethnisch homogenen Gebieten, d.h. vor allem in Slowenien, zum Teil ferner in Kroatien, wenn auch erst nach kriegerischen Auseinandersetzungen und mit dem anhaltenden Konflikt um das serbisch geprägte Ostslawonien. Auch Serbien ist ein weitgehend homogener Nationalstaat – allerdings abgesehen von den Kosovo-Albanern. Deren Unabhängigkeitsbestreben und die ethnischen Morde der serbischen Regierung lösten 1999 den Kosovo-Krieg aus. Auch führte die staatliche Trennung im multiethnischen Bosnien-Herzegowina zu einem fürchterlichen Krieg.
*Sowjetunion:* Auch hier hieß der Lösungsansatz staatliche Separierung, der zum Teil erfolgreich war, aber auch Konflikte und Kriege hervorrief, wie z. B. den Krieg zwischen Armenien und Aserbaidschan um die armenische Enklave Nagorny-Karabach und innerhalb des nach wie vor multiethnischen Russlands den Tschetschenien-Krieg.

| Zu Aufgaben 1, 378 u. 4, 463 | Karte: Habsburger Monarchie |
| --- | --- |

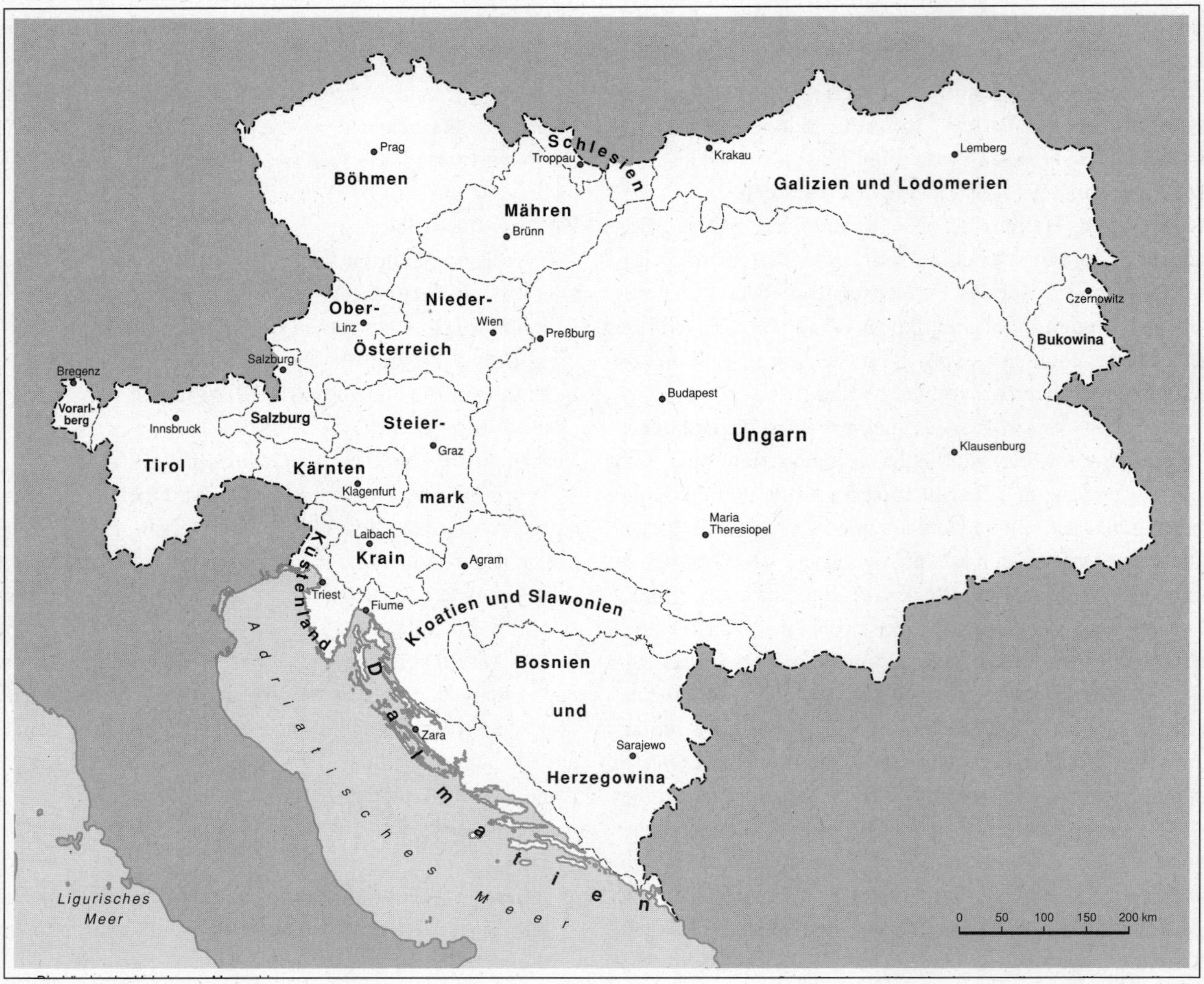


*Die Länder der Habsburgermonarchie*

© 2000 Cornelsen Verlag, Berlin. Alle Rechte vorbehalten

| Tafelbild zu M 3, 378 | Die schlimmen Buben in der Schule |
| --- | --- |

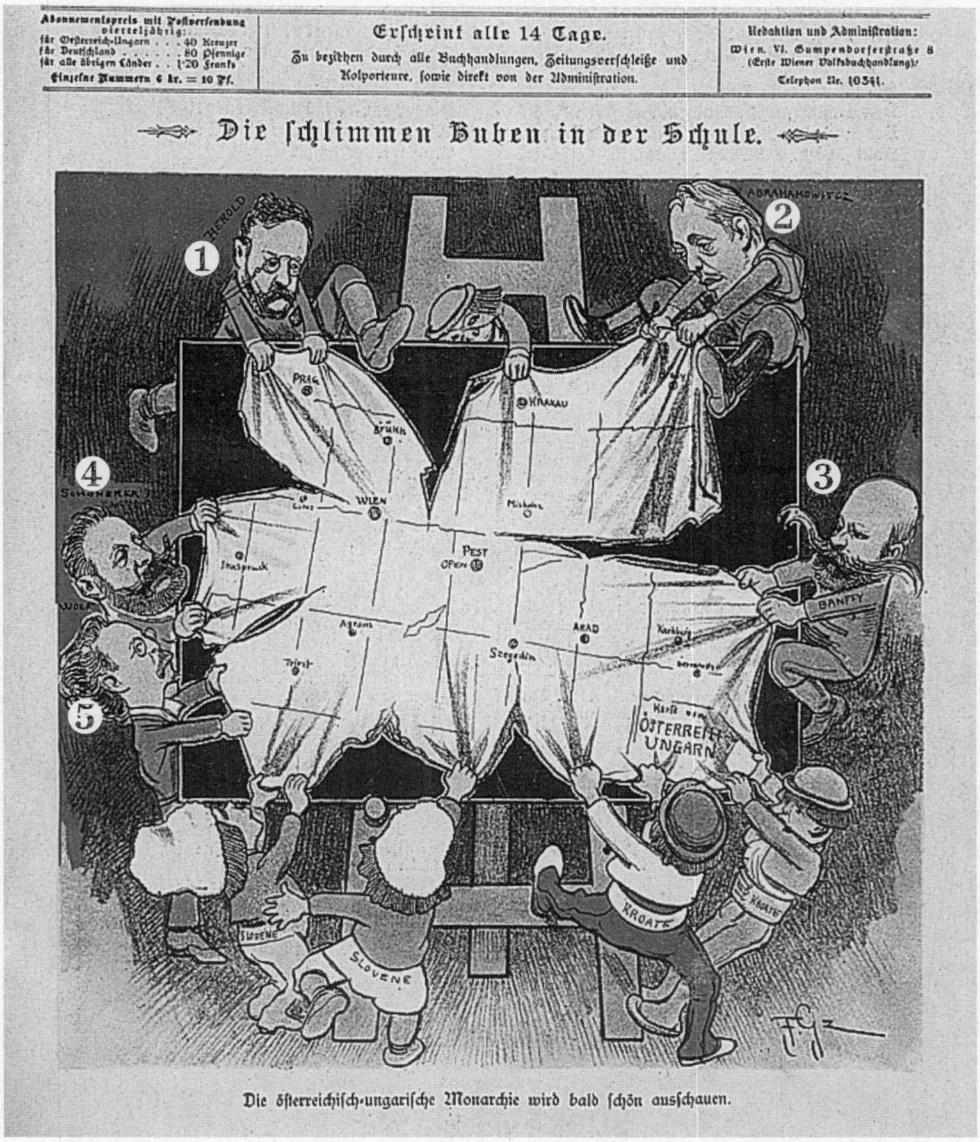


*„Die schlimmen Buben in der Schule", Karikatur aus der Zeitschrift „Die Glühlichter", 19. Januar 1899*

Im Folgenden werden die Personennamen in der Karikatur erläutert:

1. „Herold": gemeint ist vermutlich der prominente jungtschechische Politiker Dr. Josef Herold (1850–1908), Jurist, seit 1883 Mitglied des böhmischen Landtags, seit 1888 Reichsratsabgeordneter, Wortführer der jungtschechischen Partei
2. „Abrahamowitz": Dawid von Abrahamowitz (1839–1926), 1875 in den Reichstag gewählt, 1906 Obmann des Polenklubs, 1907–1909 Minister für Galizien
3. „Banffy": Baron Desider Bánffy (1843–1911), Präsident des ungarischen Abgeordnetenhauses und ungarischer Ministerpräsident
4. „Schönerer": Georg von Schönerer (1842–1921), führender Vertreter des deutschen Nationalismus, Abgeordneter im Reichsrat, Alldeutscher, Rassenantisemit, Vorbild und Anreger Hitlers
5. „Wolf": Karl Hermann Wolf (1862–1941), seit 1897 Mitglied des böhmischen Landtages und des österreichischen Reichsrates (Deutschradikaler)

© 2000 Cornelsen Verlag, Berlin. Alle Rechte vorbehalten

| Tafelbild zu M 5, 378 f. | Landtagswahlordnung nach dem Mährischen Ausgleich |
| --- | --- |

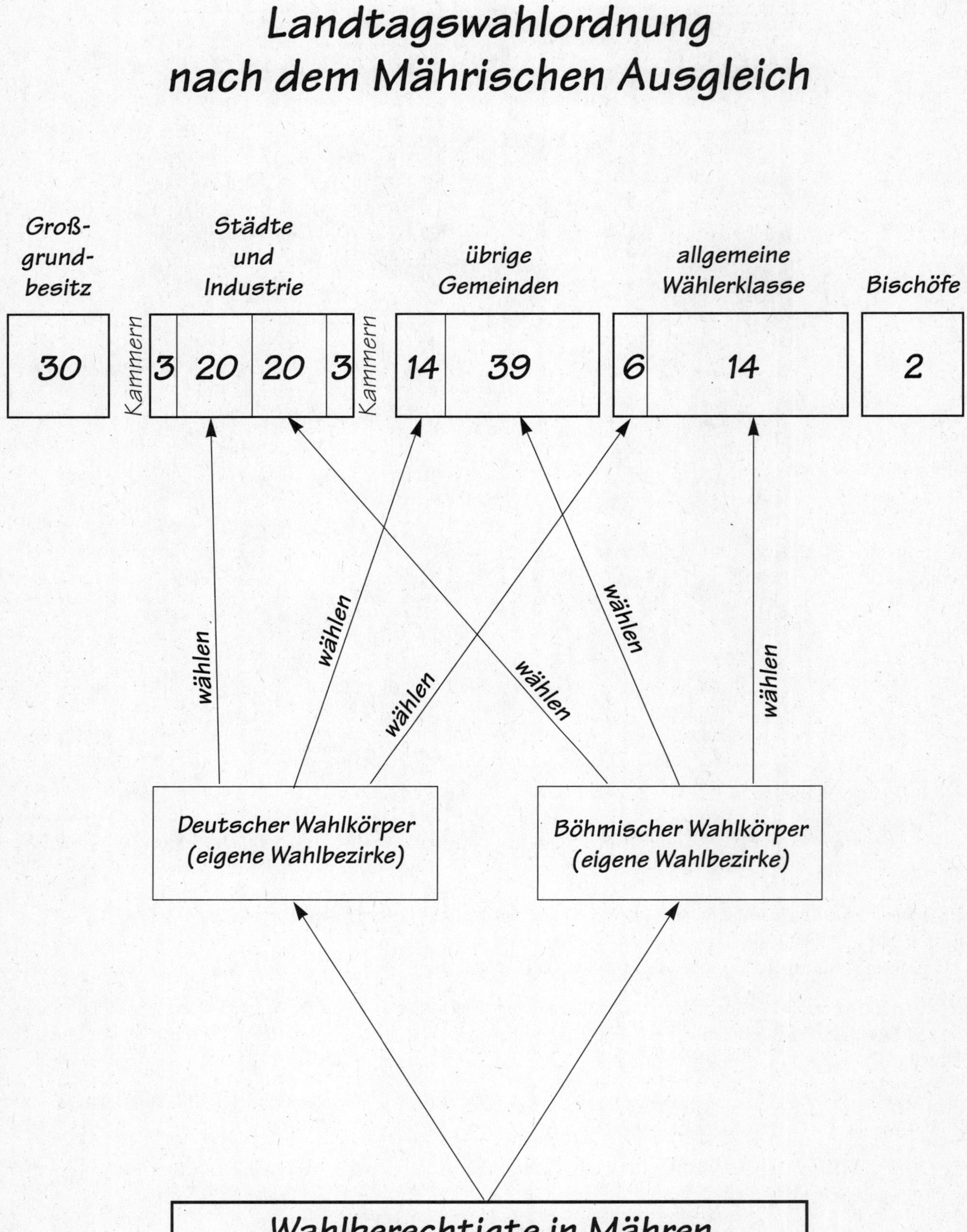


© 2000 Cornelsen Verlag, Berlin. Alle Rechte vorbehalten

## Arbeitsteil Polen

**Zu Aufgabe 1, 381:**
*Didaktisch-methodischer Hinweis:*
Es empfiehlt sich ein kurzes Schülerreferat mit dem Auftrag zu vergeben, sich aus einschlägigen Handbüchern und Lexika über die Entwicklung Polens vom Mittelalter bis zum 18. Jahrhundert zu informieren. Mögliche Informationsquellen sind:

*Der große Ploetz. Auszug aus der Geschichte. 29. Auflage Würzburg 1980 oder später, betreffend Polen: S. 377f., 478–480, 580–583, 710–714.*

*Geiss, Imanuel, Geschichte griffbereit. Bd. 5: Staaten. Die nationale Dimension der Weltgeschichte, Reinbek bei Hamburg 1980, S. 168–174.*

*Schieder, Theodor (Hg.), Handbuch der europäischen Geschichte. Bd. 2, Stuttgart 1987, S. 1042–1079; Bd. 3, Stuttgart 1971, S. 1003–1060; Bd. 4, Stuttgart 1968, S. 690–752.*

### M 1, 381
### Entwicklung Polens im 18. und 19. Jahrhundert

Die Karte zeigt den Gebietsstand Polens vor der Teilung 1772 sowie die schrittweise Verkleinerung des Staatsgebietes in den drei Teilungen von 1772, 1793 und 1795. Hintergrund der Teilungen waren sowohl die Begehrlichkeiten der starken Nachbarn Preußen, Russland und Österreich als auch die Unfähigkeit des polnischen Adels zur Reform von Staat und Gesellschaft. Als Polen dann mit der Verfassung von 1791 auf die Krise nach der ersten Teilung und auf die Französische Revolution reagierte und gleichsam an die Spitze des Fortschritts trat, lieferte es erneut einen Anlass für eine Intervention der konservativen Teilungsmächte – Russland hatte 1788 ein Reformverbot erlassen! –, die in der zweiten Teilung das Land noch stärker verkleinerten, um nach dem niedergeschlagenen polnischen Aufstandsversuch unter Tadeusz Kosciuszko 1794/95 das verbliebene Polen völlig unter sich aufzuteilen.

### M 2, 381
### Geheimartikel des Teilungsvertrages von 1797

**Zu Aufgabe 2, 381:**
Die drei Teilungsmächte Preußen, Russland und Österreich gingen davon aus, dass Polen mit der dritten Teilung als Staat endgültig aufgehört habe zu existieren. Allerdings rechneten sie damit, dass eine polnische Nationalbewegung weiter bestehen und die Integration der ehemaligen polnischen Gebiete in ihr jeweiliges Staatsterritorium gefährden könnte. Dabei könnte die Erinnerung an den ehemaligen polnischen Staat – so glaubten die Teilungsmächte – eine zentrale Rolle spielen, weshalb es das Ziel ihrer Politik sein musste diese Erinnerung und damit jegliche polnische nationale Identität vollständig auszulöschen. Weder in den Titeln der Monarchen noch in anderen Zusammenhängen sollte daher der Name „Königreich Polen“ fortan auftauchen. Die Tatsache, dass es sich hierbei um einen Geheimartikel handelte, zeigt, dass den drei Monarchen die Illegitimität ihres Handelns bewusst war und sie von einer offenen Auslöschung der polnischen Nation eine Verstärkung der inneren Widerstände und möglicherweise auch internationalen Druck, z. B. aus Frankreich, befürchten mussten.

### M 3, 381 f.
### Auszug aus dem Tagebuch von Józef Alfons Potrykowski, 1832

Nach dem Scheitern des Novemberaufstands 1830/31 emigrierten etwa 9000 Polen, vor allem Adlige, insbesondere nach Frankreich. Ihre Reise durch die deutschen Staaten gestaltete sich vielfach zum Triumphzug. In der Polenbegeisterung vieler deutscher Liberaler verband sich die Bewunderung für das nationale Aufbegehren der Polen mit den eigenen Wünschen und Zielen des liberalen Nationalismus. Der Kampf der Polen um ihren Nationalstaat kam so einem „Stellvertreterkampf“ (Wehler) gleich. In ganz Deutschland bildeten sich „Polenvereine“, deren Vorläufer die philhellenistischen Griechenvereine der 1820er-Jahre gewesen waren. Die Polenvereine sammelten vor allem Geld für die Unterstützung der Flüchtlinge, veranstalteten „Polenkonzerte“, „Polenbälle“ und „Polenlotterien“. Zum Teil bildeten sich auch Frauenvereine. Die Vereine hielten Kontakt untereinander, sodass kurzzeitig eine Art liberal-bürgerliches Netzwerk entstand. Eine ausgedehnte Polenlyrik und zahlreiche Polenlieder zeugen von der Begeisterung für die polnische Sache. Diese Haltung entsprang allerdings zugleich einer kurzzeitigen Begeisterung für das Exotische, wie überhaupt die Polenfreundschaft keine breite Volksbewegung darstellte, sondern sich vorrangig auf das Bürgertum und in geringerem Maße auf den handwerklichen Mittelstand konzentrierte.
In der Quelle kommt die Polenbegeisterung plastisch zum Ausdruck: Die Bürger empfangen die 280 Polen mit Hochrufen und ziehen eigenhändig ihre Fuhrwerke: Sie nehmen symbolisch deren Last kurzzeitig auf sich um ihre Solidarität mit den Leiden des polnischen Volkes zu bekunden. Die Bürger umarmen und küssen des Weiteren die Fremden, versorgen sie mit Unterkunft und Verpflegung und laden sie fünf Tage lang zu zahlreichen Festen ein.
Als Nebenaspekt zeigt sich auch die Gegnerschaft der sächsischen Bürger gegenüber den Preußen, die im Wiener Kongress sächsische Gebiete erhalten hatten und jetzt als konservative Teilungsmacht zusätzlich verhasst waren.

### M 4, 382
### Proklamation des Polnischen Nationalkomitees an die Deutschen 1832

In der Pariser Emigration formierten sich rasch zwei Hauptlager, ein konservatives und ein demokratisches. Als Organisation des demokratischen Lagers bildete sich im November 1831 das „Polnische Nationalkomitee“, das unter der Führung des Historikers Lelewel im Gegensatz zu den Konservativen nicht auf die Unterstützung der europäischen Regierungen bei der Durchsetzung der Forderungen der polnischen Nationalbewegung, sondern auf eine allgemeine europäische revolutionäre Bewegung setzte. Hierzu waren Verbindungen zu den

gleich gesinnten Bewegungen in anderen europäischen Staaten wichtig; das Polnische Nationalkomitee arbeitete daher z. B. eng mit den italienischen Carbonari zusammen.
Eine ähnliche Organisation stellte in Südwestdeutschland der „Deutsche Press- und Vaterlandsverein“ dar, der aus den Polenvereinen hervorging. Der Verein verband nationalstaatliche mit liberal-konstitutionellen Zielen, wandte sich gegen die Zensurbeschränkungen und restriktiven Pressegesetze, wurde getragen vor allem vom pfälzischen liberalen Bürgertum und besaß Ortsvereine bis nach Thüringen und Norddeutschland. Seine größte Öffentlichkeitswirkung erzielte er mit der Veranstaltung des Hambacher Festes 1832, der „ersten politischen Volksversammlung der neueren deutschen Geschichte“ (Theodor Heuss), auf dem die polnischen Redner begeistert gefeiert wurden und die polnische Fahne wehte. In der Quelle kommt die Hoffnung der polnischen Demokraten zum Ausdruck, dass eine revolutionäre Veränderung in Deutschland und anderen europäischen Staaten auch die Bedingung für einen Erfolg der eigenen Bestrebungen in Polen darstellte. Die Nationalbewegung trug einen internationalen Charakter; nationale Freiheit war nach dieser Auffassung nur dann dauerhaft möglich, wenn gleichzeitig in den anderen Staaten die gleichen Bedingungen hergestellt wurden. Die Sprache der Quelle ist emphatisch und spiegelt damit die Begeisterung für die Sache der polnischen Freiheit und Einheit wider.

## M 5, 382
## Spazier über Deutsche und Polen 1832

*Zur Person:* Richard Otto Spazier (1803–1854), Schriftsteller, hat mehrere Schriften für den polnischen Unabhängigkeitskampf verfasst, mehrere Reisen nach Polen unternommen und stand in engem Kontakt mit vielen prominenten Exilanten; Spazier erwartete im polnischen Interesse einen allgemeinen europäischen Krieg.
Die Quelle ist eines der vielen Beispiele der publizistisch dokumentierten Polenfreundschaft. Wie die Polen in M 4 ist Spazier der Überzeugung, dass die Durchsetzung von Freiheit und nationaler Selbstständigkeit in den verschiedenen europäischen Staaten sich gegenseitig bedingen. Im Gegensatz zum Polnischen Nationalkomitee hält Spazier den Erfolg der polnischen Nationalbewegung sogar für den ersten Schritt auf dem Weg zu einer liberalen Umgestaltung der europäischen Verhältnisse.

**Zu Aufgabe 1, 382:**
Freiheit im Innern (also Verfassungen, individuelle Rechte, Pressefreiheit etc.) und nationale Selbstbestimmung nach außen waren die gemeinsamen politischen Zielsetzungen von Deutschen und Polen. Gleichzeitig waren beide Nationalbewegungen davon überzeugt, dass sie in ihren jeweiligen Nationen nicht nur die gleichen Ziele verfolgten, sondern dass sie mit diesen auch die Bestrebungen des jeweils anderen unterstützten.

**Zu Aufgabe 2, 382:**
Die sozialen Träger der Polenfreundschaft waren vor allem Studenten und Schüler, also die akademische Jugend, aber auch Handwerker und andere Bürger sowie Frauen.

**Zu Aufgabe 3, 382:**
In der Revolution von 1848 stellte sich heraus, dass die Gemeinsamkeiten der liberalen Nationalbewegungen der 1830er-Jahre zwar prinzipiell nach wie vor bestanden, dass diese aber in den Hintergrund traten, sobald sie auf unterschiedliche nationale Interessen stießen; den „Zielkonflikt zwischen internationaler Solidarität und nationalem Eigeninteresse“ (Michael G. Müller/Bernd Schönemann, Die „Polen-Debatte“ in der Frankfurter Paulskirche. Darstellung, Lernziele, Materialien, Frankfurt/M. 1991, S. 23) entschied man meist zugunsten des Letzteren. Besonders deutlich wurde dies am deutsch-polnischen Verhältnis, bei dem sich zunächst die Lage der 1830er- Jahre zu wiederholen schien: Die Berliner Bevölkerung befreite im März 1848 die im „Polen-Prozess“ 1847 verurteilten Anführer der Posener Nationalbewegung, darunter Ludwik Mieroslawski, aus dem Gefängnis und führte sie im Triumphzug durch die Stadt. Wenige Tage später erließ König Friedrich Wilhelm IV. eine Kabinettsordre, in der er eine „nationale Reorganisation“ des Großherzogtums Posen (ca. 800 000 polnischsprachige, ca. 400 000 deutschsprachige und ca. 80 000 jüdische Einwohner) ankündigte. Von den Polen wurde dies als erster Schritt auf dem Weg zur Wiederherstellung eines polnischen Nationalstaats verstanden. Im Großherzogtum übernahmen polnische Komitees die Regierungsgewalt und rekrutierten bewaffnete Freiwilligenverbände, zumal sie einen bevorstehenden Krieg gegen Russland erwarteten. Doch diese Hoffnung trog und auch auf deutscher Seite begann die deutsche Bevölkerung des Großherzogtums Druck auf die Politik auszuüben. Bereits am 14. April verfügte die preußische Regierung, dass die überwiegend deutschsprachigen Kreise des Großherzogtums von der Reorganisation ausgenommen und an Deutschland angeschlossen werden sollten, was kurz darauf auch geschah: „Auch für die Gemäßigten im polnischen Nationalkomitee war damit der Spielraum für Kompromisse erschöpft, denn mit der einseitigen und angesichts der komplizierten Nationalitätenverhältnisse allemal willkürlichen Teilung des Großherzogtums hatte Preußen das politische Programm der ‚Reorganisation‘ de facto widerrufen“ (Müller/Schönemann, Polen-Debatte, S. 11). Nach einigen militärischen Zusammenstößen aber behielten die preußischen Einheiten die Oberhand. Die Polen-Debatte in der Nationalversammlung stand unter dem Eindruck der scharfen Auseinandersetzungen, wie sie vor allem durch die Volkstumspropaganda der Deutsch-Posener geschürt worden war. In der Nationalversammlung spalteten sich in dieser Debatte die Liberalen: Während eine kleine demokratische Minderheit an der alten Polenfreundschaft festhielt, plädierte die Mehrheit wie ebenso die Rechte für einen „gesunden Volksegoismus“. Mit 342 gegen 31 Stimmen erkannte die Versammlung die Aufnahme der Posener Gebiete in den Deutschen Bund an und stieß mit diesem Beschluss auch in der deutschen Öffentlichkeit kaum auf Widerstände. Auch wenn diese Entscheidung bereits drei Jahre später wieder rückgängig gemacht wurde

(siehe Karte Schülerband S. 354), änderte sich an dem Gegensatz der beiden Nationalbewegungen nichts mehr.

**M 6, 383**
**Instruktionen Fürst Czartoryskis 1834**

*Zur Person:* Fürst Adam Czartoryski (1770–1861) war einer der Führer im Novemberaufstand 1830/31 und in der Pariser Emigration der unbestrittene Führer der Konservativen, die ihn als faktischen polnischen König ansahen.
Czartoryski unterstrich in seinen Instruktionen für einen Agenten, dass nur ein allgemeiner Aufstand Polen wieder erstehen lassen könnte. Dieser Aufstand könne aber nur in einer günstigen Situation beginnen, dann nämlich, wenn in den entscheidenden Teilungsstaaten Russland, Österreich oder Preußen, den Staaten der „Heiligen Allianz", Kriege oder Revolutionen ausbrächen. Erst die innere Schwächung der Teilungsmächte machte – dies war eine Lehre aus dem gescheiterten Novemberaufstand von 1830/31 – einen erneuten polnischen Aufstand Erfolg versprechend. Eine zweite Bedingung lag in der internationalen Unterstützung für einen solchen Aufstand, die Czartoryski in erster Linie in Frankreich und England suchte, selbst wenn die Regierungen dieser Staaten bislang dazu noch nicht bereit seien. Dahinter verbirgt sich Czartoryskis intensive Reisediplomatie, innerhalb derer er Kontakte bis in die Staatsspitzen aufbaute um die polnische Frage im Bewusstsein der europäischen Regierungen zu bewahren. Von den europäischen Großmächten schienen tatsächlich Frankreich und England sowohl aus innen- als auch aus außenpolitischen Gründen (siehe Schülerband, S. 404) die einzigen möglichen Bündnispartner für die polnische Sache zu sein.

**M 7, 383**
**Ludwik Mieroslawskis Rede in Paris 1845**

*Zur Person:* Ludwik Mieroslawski (1814–1878) bildete als Emigrant, Militärexperte und Demokrat die treibende Kraft und den Initiator der Aufstände von 1846 und 1848, als Diktator war er 1863 vorgesehen.
Mieroslawski rief 1845 im Bewusstsein der Vorbereitungen des Aufstandes zur Revolution auf. Die Revolution besaß seiner Ansicht nach zunächst die Aufgabe die „erstarrten nationalen Kräfte", die sich nach dem Novemberaufstand von 1830/31 und in der darauf folgenden Repressionspolitik der Teilungsmächte, besonders Russlands, zurückziehen mussten, aufzurütteln und sodann das Ziel eines polnischen Nationalstaates durchzusetzen. Der Revolutionszustand sollte so lange erhalten bleiben (Theorie des „permanenten" Aufstands; Mieroslawski gründete 1861 in Piemont sogar eine Schule für Aufständische!), bis die Zielsetzungen vollständig erreicht seien:

- ein geografisch unteilbares Polen, das also in allen Teilen von der Fremdherrschaft befreit war,
- ein politisch „allmächtiges" Polen, das auf dem Hintergrund des ständigen Menetekels der drei Teilungen also nicht mehr in der Gefahr stand erneut besetzt bzw. geteilt zu werden,
- ein sozial gerechtes, „gleichberechtigtes" Polen.

Die letzte Forderung ist als Ausdruck des allmählichen Wandels des Selbstverständnisses der polnischen Nationalbewegung zu betrachten, die nicht mehr ausschließlich auf die Wiederherstellung der alten Adelsrepublik mit ihren Privilegien setzte, sondern für eine erfolgreiche Revolution auf die Unterstützung breiterer Bevölkerungskreise, besonders aus den ländlichen Regionen, setzte.

**M 8, 383**
**Zygmunt Milkowski 1858**

In die Ausführungen Zygmunt Milkowskis flossen die Erfahrungen der vergangenen Jahrzehnte mit dem Scheitern zweier Aufstandsversuche ein. Der Autor erwartete – im Gegensatz zu der Proklamation des Polnischen Nationalkomitees 1832 und der Instruktionen des Fürsten Czartoryski (M 4, 382 und M 6, 383) – von den anderen europäischen Mächten keine Unterstützung für die polnische Sache mehr. Als einzige Möglichkeit blieb aus seiner Perspektive, dass die polnische Nationalbewegung selbst, das heißt ohne Unterstützung von außen, sich bei günstiger Gelegenheit und „durch eigene Energie und Opfermut" und nur im Vertrauen auf die eigene Stärke die Initiative ergreifen und den polnischen Nationalstaat wieder herstellen würde.

**Zu Aufgabe 1, 383:**
Die Ziele lauteten:

- die Wiederherstellung eines unabhängigen und starken polnischen Nationalstaats,
- die Schaffung sozialer Gerechtigkeit (dieses Ziel vertraten allein die Demokraten, die nicht einfach nur an der alten polnischen Adelsrepublik anknüpfen, sondern den polnischen Nationalstaat im Einklang mit den liberalen europäischen Nationalbewegungen weiterentwickeln wollten).

Die Methoden waren:

- die Agentenarbeit zur Aufrechterhaltung des Kontakts zwischen den Exulanten und der in Polen verbliebenen Bevölkerung,
- der militärisch-gewaltsame Aufstand,
- die Überzeugungsarbeit bei europäischen Regierungen zur Unterstützung der Nationalbewegung gegenüber den Teilungsmächten,
- die Schaffung einer revolutionären Situation,
- die Beteiligung an nationalen Befreiungsbewegungen in anderen europäischen Staaten und an internationalen Organisationen (z. B. an dem 1834 von Mazzini in der Schweiz gegründeten Geheimbund „Junges Europa").

**M 6–M 8, 383**
**(mit D, 401–405 aus Kapitelkurs 9):**
**Die internationale politische Situation**

**Zu Aufgabe 2, 383:**
Aus dem Darstellungstext des Kapitelkurses 9, S. 401–405 und den Quellen M 6 bis M 8 dieses Arbeitsteils wird die politische Situation Europas deutlich, die als Handlungsrahmen das Verhalten der internationalen Mächte zur polnischen Frage bestimmte. Preußen, Österreich und Russland bildeten als Tei-

lungsmächte und damit als potenzielle Gegner der polnischen Nationalbewegung gleichzeitig drei der fünf europäischen Großmächte, der Pentarchie, die die internationale Ordnung der Zeit zwischen 1815 und 1848, ja noch weit über die Jahrhundertmitte hinaus prägte. Die Grundsätze dieser Pentarchie und ihrer Ordnung – antirevolutionäre, antihegemoniale und antianarchische Politik, Bewahrung des Status quo, System von Einflusssphären – schränkten die Möglichkeiten zur Wiederherstellung eines polnischen Nationalstaates stark ein, weil diese die territorialen und politischen Interessen von drei der Großmächte tangierte. Diese Mächte erblickten in den Polen als „Sturmvögel der Revolution" zunehmend eine Gefahr für die antirevolutionäre Politik, ein polnischer Staat hätte aus ihrer Sichtweise das labile Gleichgewicht in Ost- und Südosteuropa gefährdet. Auch Frankreich und England, in denen es zahlreiche Sympathisanten mit der polnischen Sache gab und die als potenzielle Unterstützer der polnischen Bewegung gelten konnten – die polnische Frage wurde häufig in den Parlamenten Großbritanniens und Frankreichs diskutiert –, scheuten deshalb vor einer offenen politisch-militärischen Parteinahme für die polnische Nationalbewegung zurück, was die Polen in ihren Aufständen schmerzlich erfahren mussten. Es war daher nur konsequent, dass sie nach diesen Erfahrungen ihre politische Konzeption änderten und eine internationale Unterstützung für ihre Sache nicht mehr als wesentliche Bedingung ansahen.

### M 9, 383 f.
### Artikel aus der Gazeta Polska 1848

**Zu Aufgabe 2, 384:**

Der Zeitungsartikel zeigt, dass in der polnischen Nationalbewegung durch die Ereignisse der vergangenen Jahrzehnte ein Umdenken eingesetzt hatte. Nicht mehr die unmittelbare Vorbereitung auf einen Aufstand oder eine Revolution war das Ziel des Autors, sondern eine langfristige Umgestaltung der polnischen Gesellschaft, die die Grundlagen für eine erfolgreiche Nationalbewegung schaffen sollte. Die Erfahrung, dass in den Aufstandsversuchen häufig eine Massenbasis fehlte, ließ eine Verbreiterung der Basis der Nationalbewegung (Bauern!) zur sinnvollen Vorbedingung für erneute Versuche werden. Polen sollte den Weg der Modernisierung gehen, wie ihn viele west- und mitteleuropäische Staaten und Nationen bereits beschritten hatten. Hierzu war nicht nur eine politische Vorbereitung eines Krieges, sondern auch eine Arbeit in allen Sektoren notwendig: von der Verwaltung, der Erziehung, der Wissenschaft, der Medizin bis hin zu den verschiedenen Bereichen der Wirtschaft. Tatsächlich geschah dies in den folgenden Jahrzehnten, z. B. durch eine intensive private Bildungsarbeit, durch Bauernvereine und eine verstärkte Industrialisierung. Hinter dieser Modernisierung sollte aber immer der Leitgedanke Polen stehen, um so eine Assimilierung der polnischen Bevölkerung in den Teilungsstaaten zu verhindern. Aus dem Artikel spricht ferner die Überzeugung, dass das (katholische) Christentum und das Polentum untrennbar verbunden seien – bis heute ein zentrales, konstitutives Moment der polnischen Gesellschaft. Tatsächlich verkörperte die katholische Kirche schon im 19. Jahrhundert einen Kern der Opposition in der Abgrenzung gegenüber den Orthodoxen Russlands und den Protestanten Preußens.

### M 10, 384
### Manifest des Nationalen Zentralkomitees 1863

Trotz einer gemäßigten Reformpolitik im russischen Kongresspolen unter Alexander Wielopolski seit 1861 verschärften sich erneut die nationalen Spannungen. Am 1. September 1862 gründeten die Linken das Nationale Zentralkomitee. „In ihrem politischen Programm vereinigte sie [d. h. die ‚rote' Bewegung] das nationale Ziel der Freiheit Polens in seinen historischen Grenzen mit einer gemäßigten sozialen Reform. Ihr Vorbild war die Einigung Italiens unter Cavour und Garibaldi" (Andrea Schmid-Rösler, Polen. Vom Mittelalter bis zur Gegenwart, Regensburg 1996, S. 88). Am 22. Januar 1863 rief das Komitee zum Aufstand auf, der sich zum polnisch-russischen Krieg entwickelte; das Komitee erklärte sich zur „Provisorischen Nationalregierung". Es erklärte alle Einwohner Polens zu freien und gleichen Bürgern des Landes; alle Standes- und Religionsunterschiede wurden aufgehoben. Dies richtete sich vor allem an die Bauern, die für frei erklärt wurden, und war, wie erwähnt, eine Konsequenz aus der mangelnden Beteiligung breiter Bevölkerungskreise an den früheren Aufständen. Erneut hofften manche auf eine europäische Intervention, zumal Frankreich, Großbritannien und sogar Österreich eine propolnische Haltung einnahmen, während Preußen sich in der Konvention von Alvensleben an die Seite Russlands stellte. Dennoch riskierte keine der Mächte einen Krieg, sodass der Aufstand nach 15 Monaten im Mai 1864 endgültig gescheitert war.

Auffällig an dem Aufruf ist außerdem der widersprüchliche Nationsbegriff, der Litauer und Ruthenen in die polnische Nation integrierte ohne sie nach ihrem Einverständnis zu fragen. Es gab zwar alte historische und kulturelle Gemeinsamkeiten, doch in Galizien z. B. bildeten die Polen die Oberschicht, während die Ruthenen mehrheitlich die Unterschicht ausmachten, was dort bei Letzteren zur Entwicklung eines antipolnischen Nationalismus führte. Die drei Nationen trennten sich im Laufe des 19. Jahrhunderts trotz der früheren Gemeinsamkeiten immer stärker voneinander, nicht zuletzt, da die Sprache als Unterscheidungskriterium der Nationen immer wichtiger wurde.

**Zu Aufgabe 1, 384:**

Wichtig für die Interpretation sind:

- die Unterscheidung der kurz- und langfristigen Perspektiven,
- die Frage der Mobilisierungsfähigkeit der Konzepte,
- die Berücksichtigung der Durchsetzungsfähigkeit eines Nationalstaates auch über kurzfristige Aufstandserfolge hinaus.

Das Konzept der organischen Arbeit besaß den Vorteil nicht nur durch militärische Siege einen Nationalstaat zu schaffen, dessen Grundlagen nicht gegeben waren, sondern vielmehr eine langfristige Modernisierung der polnischen Gesellschaft im Auge zu haben, die einen eigenen Nationalstaat überlebensfähig machen konnte. Die Problematik dieses Konzeptes steckte allerdings zum einen in dem langen Atem, den es bei allen Beteiligten erforderte, zum anderen in der Gefahr das langfristige Ziel aus den Augen zu verlieren und so eine Assimilation in den Teilungsstaaten zu befördern nach dem Motto: Es geht uns Polen doch immer besser, warum sollen wir denn einen revolutionären Wechsel unserer politischen Ordnung mit unvorhersehbaren Konsequenzen riskieren. Tatsächlich aber war das Konzept in der zweiten Hälfte des 19. Jahrhunderts außerordentlich erfolgreich, weil es die traditionelle Adelsnation in eine moderne Nationsgesellschaft umwandelte. Im deutschen Kaiserreich etwa behauptete sich der polnische Nationalismus erfolgreich gegen den Germanisierungsdruck, wurde gerade durch den gestiegenen Außendruck immer stärker und entwickelte ein ausgeprägtes nationales Selbstbewusstsein.

**Notizen**

## Arbeitsteil Judentum

Zur Vorbereitung auf die Arbeit mit den Materialien dieses Arbeitsteils sollte der Darstellungstext aus Kapitelkurs 4, S. 175, über das Judentum in der europäischen Zivilisation herangezogen werden.

### M 1, 385
### Tabelle Rechtliche Gleichstellung der Juden in Europa

**Zu Aufgabe 1, 385:**
Die Tabelle zeigt, dass sich die rechtliche Gleichstellung der Juden von 1791 an in Europa allmählich durchsetzte. Vorreiter waren die Staaten Westeuropas (Frankreich, Belgien, Niederlande, England), denen dann die mittel- und mittelosteuropäischen Staaten folgten, während z. B. in Russland, wo der größte Teil des europäischen Judentums lebte, überhaupt keine Emanzipation stattfand. Diese Entwicklung hatte zwei Ursachen:
1. Die Vorreiterrolle Frankreichs ging auf die Französische Revolution zurück: Die vollständige Befreiung der Juden aus allen Beschränkungen – also anders als in Preußen 1812 unter Einschluss von Staatsdienst und Militärlaufbahn – war Bestandteil der revolutionären Gesetzgebung und wurde zum Teil in den Folgejahren auf die eroberten Staaten übertragen.
2. Es waren vorrangig die wirtschaftlich fortschrittlichsten Staaten, das heißt diejenigen Staaten, in denen der Umbruch zur industriekapitalistischen Ökonomie am weitesten fortgeschritten war, die die Gleichstellung der Juden vorantrieben. Hier zeigt sich ein enger Zusammenhang zwischen der Modernität eines Staates und der Judenemanzipation, der die ganze weitere Entwicklung im 19. Jahrhundert prägte.

### M 2, 385
### Preußisches Emanzipationsedikt (1812)

In der preußischen Reformgesetzgebung der Jahre seit 1807 wurden mehrere Gesetze zur Modernisierung des preußischen Staates erlassen. Nachdem bereits die neue Städteordnung von 1808 den Juden die Möglichkeit eröffnet hatte, das Ortsbürgerrecht zu erhalten und kommunale Ämter auszuüben, erschien als letztes Reformgesetz das Emanzipationsedikt von 1812, das bereits seit 1786 vorbereitet worden war. Dem vorangegangen waren u. a. in Österreich mehrere „Toleranzpatente“, die der Habsburger Kaiser Joseph II. in den 1780er-Jahren erlassen hatte. Das preußische Emanzipationsedikt schaffte nunmehr die Autonomie der jüdischen Gemeinden ab, ermöglichte Freizügigkeit und freie Berufswahl – auch die 1810 eingeführte Gewerbefreiheit galt damit ebenfalls für die Juden – und erlegte ihnen die gleichen staatsbürgerlichen Pflichten wie allen anderen Bürgern auf. Ohne Zweifel war dieses Emanzipationsedikt eine wichtige Maßnahme. Allerdings besaß es auch mehrere nennenswerte Einschränkungen: Zum einen blieben die Juden zunächst noch von allen Staatsämtern ausgeschlossen, zum anderen erstreckte sich das Edikt nur auf den preußischen Kernbereich, nicht aber auf die neuen Gebiete, die Preußen im Wiener Kongress (1814/15) zugesprochen erhielt und in denen zum Teil (Westpreußen und Großherzogtum Posen) zahlreiche Juden lebten. Letzteres hatte zur Folge, dass bis 1848 noch nicht einmal ein Viertel der preußischen Juden staatsbürgerliche Rechte besaß, während der große Rest den alten Status des Schutzjuden behielt.

**Zu Aufgabe 2, 385**
Angesichts der diskriminierenden Judenbestimmungen, die bislang in Preußen galten, stellte das Emanzipationsedikt einen Fortschritt dar. Dies machte sich vor allem in zweifacher Hinsicht ganz praktisch und für den Einzelnen in seiner Lebensplanung und -gestaltung bemerkbar: Zum einen konnten sich Juden nun niederlassen, wo sie wollten, zum anderen stand ihnen auch jeder Beruf offen. Angesichts des säkularen Umbruchs in Wirtschaft und Gesellschaft in den folgenden Jahrzehnten bedeutete dies eine gravierende Verbesserung der Chancen der jüdischen Bevölkerung, die diese auch wie keine andere Bevölkerungsgruppe nutzte (siehe unten Erläuterung zu M 3, 385). Die Befreiungskriege, an denen viele Juden freiwillig teilnahmen, bedeuteten damit auch eine Befreiung der Juden. Allerdings stellte die Ausnahmeregelung, was die Zulassung zum Staatsdienst und faktisch auch zur Offizierslaufbahn anging, eine nachhaltige Belastung der rechtlichen Emanzipation dar.

### M 3, 385
### Die Sozialstruktur der deutschen Juden im Kaiserreich

**Zu Aufgabe 3, 385:**
Die Juden stellten in wirtschaftlicher und sozialer Hinsicht eine herausgehobene Bevölkerungsgruppe dar. Merkmale ihrer besonderen Stellung waren:
- ein hoher Anteil an Selbstständigen,
- ein starkes jüdisches Großbürgertum aus Großkapitalisten, Multimillionären, Kaufleuten, Ärzten und Rechtsanwälten,
- eine mehrheitliche Zugehörigkeit zum gehobenen städtischen Bürgertum,
- eine vergleichsweise geringe Vertretung (höchstens ein Viertel) in der Unterschicht,
- ein häufiges berufliches Engagement in Handel, Gewerbe und den freien Berufen, dagegen eine kaum nennenswerte Repräsentation in der Beamten- und Bauernschaft sowie bei den Angestellten.

Diese Besonderheiten sind historisch zu erklären: Im Kaiserreich wandelten sich die jahrhundertelangen wirtschaftlichen Beschränkungen zum Vorteil, die langen Erfahrungen und Verbindungen, die die Juden im Bereich „Handel und Verkehr“ mitbrachten, wussten sie nun positiv zu nutzen: „Gewöhnt an Geld- und Kreditwirtschaft, geschäftliche Flexibilität, Kundenwerbung und wirtschaftlichen Wettbewerb, besaßen sie einen Vorsprung, der ihnen einen günstigen Start in die Industriewirtschaft ermöglichte“ (Monika Richarz, Jüdisches Leben in Deutschland. Bd. 2: Selbstzeugnisse zur Sozialgeschichte im Kaiserreich, Stuttgart 1979, S. 23). Allerdings teilten die Zeitgenossen im Allgemeinen nicht diese geschichtliche Sichtweise. Ihr Blick richtete sich in der Hauptsache vielmehr auf die ausgeprägten wirtschaftlich-sozialen Erfolge der Juden: Hierin lag die Ursache für den Neid vor allem bei denjenigen Bevölkerungsgruppen, die die „Opfer" des wirtschaftlichen Umbruchs waren (Kleinbürgertum, alter Mittelstand, ländliche Schichten). So erklärte man die Juden schnell zu Sündenböcken des eigenen wirtschaftlichen Abstiegs, da man in ihnen die Repräsentanten der sich abzeichnenden „neuen Gesellschaft" zu erkennen glaubte.

### M 4, 385
### Ernst Moritz Arndt über die Juden (1814)

*Zur Person:* Ernst Moritz Arndt (1769–1860), politischer Schriftsteller, seit 1805 außerordentlicher Professor an der Universität Greifswald. Arndt vertrat die romantische Idee einer germanisch-nordischen Volkseinheit, nährte den Glauben an eine nordische Überlegenheit und war überzeugt von der Vorkämpferrolle Preußens. Er war einer der populärsten politischen Publizisten und wurde besonders als Dichter der Befreiungskriege bekannt; seine zwischen 1806 und 1815 erschienenen Werke erreichten bis 1819 eine Auflagenhöhe von schätzungsweise 300 000 Exemplaren.
*Zur Quelle:* Für Arndt waren die Juden fremdartig, und zwar wegen ihrer Isolation und der daraus folgenden Sitten und Bräuche sowie wegen ihres „wunderbaren" Gesetzes. Er bedauerte sie wegen dieser Fremdartigkeit und verlangte zur Reinhaltung des „germanischen Stammes", dass die Juden nicht „auf eine ungebührliche Weise in Teutschland vermehrt werden" durften. In der Konsequenz bedeutete dies eine Absage an die gerade begonnene Emanzipationsgesetzgebung.
Dabei spielte eine zentrale Rolle, dass sich die herausbildende „nationale Ideologie" (siehe Schülerband, S. 362) auf einer Überhöhung des „Volkes" gründete. Da man dieses zunehmend auch rassisch definierte, blieben die Juden von vornherein aus der neuen nationalen Gemeinschaft ausgegrenzt: „Von den Jahnschen Turnvereinen sind Juden streng ausgeschlossen. Sie werden als Nicht-Deutsche und ‚Unchristen' diffamiert. Polen, Franzosen, Pfarrer, Junker und Juden, behauptet Turnvater Jahn, seien Deutschlands Unglück. Ebenso antijüdisch sind die Burschenschaften …" (Eleonore Sterling, Judenhass. Die Anfänge des politischen Antisemitismus in Deutschland [1815–1850], Frankfurt/M. 1969, S. 148). Selbst im Rahmen des Wartburgfestes 1817, das im Prinzip einen Ausdruck des freiheitlichen Nationalismus darstellte, wurden neben reaktionären auch jüdische Schriften verbrannt.

### M 5, 386
### Votum des preußischen Staatsministeriums (1816)

Worterklärung zu Zeile 21: „Hospitalität" = Gastfreundschaft

Nur vier Jahre nach dem Emanzipationsedikt war die preußische Regierung der Auffassung die Juden seien im Staat als Juden nur zu dulden, ihre Vermehrung durch Einwanderung sei zu vermeiden und die verbleibenden Juden seien „unschädlich" zu machen. Anders als man diesen Begriff heute nach den Erfahrungen des Holocaust interpretieren würde, zielte die Regierung damit allerdings nur auf einen freiwilligen Übertritt der Juden zum Christentum ab. Ihre Taufe bzw. Konversion sollte sodann den Erwerb aller staatsbürgerlichen Rechte nach sich ziehen. Von einer rassischen Definition des Judentums, wie sie bei Arndt schon leise anklingt, war die Regierung noch weit entfernt: Für sie bedeutete die Religion der entscheidende Faktor, deren Aufgabe eine völlige Gleichberechtigung mit sich bringen sollte. Unter Androhung des Verlustes ihrer staatsbürgerlichen Rechte erwartete man darüber hinaus von den nicht zur Konversion bereiten Juden die völlige „bürgerliche" Eingliederung in die Gesellschaft, doch auch dann sollte ihnen der Staatsdienst allerdings weiter verwehrt bleiben.
Hinter diesem Positionswandel der preußischen Regierung innerhalb kürzester Zeit stand einerseits die politische Entwicklung. Aufgrund der engen Verbindung von Judenemanzipation und freiheitlich-nationaler Politik geriet sie in der beginnenden Restaurationsepoche in starke Kritik. Andererseits hatte aber auch die Propaganda der nationalen Ideologen (siehe oben Erläuterung zu M 4) offenbar Wirkung gezeigt.

### M 6, 386
### Treitschke über die Juden (1879)

*Zur Person:* Heinrich von Treitschke (1834–1896), Historiker und Publizist, seit 1874 Professor in Berlin, war sehr populär und genoss vor allem im Bildungsbürgertum ein hohes Ansehen; Mitglied des Reichstags von 1871 bis 1884, erst als Nationalliberaler, dann fraktionslos; er war von jeher scharfer Gegner des Judentums und profilierte sich besonders im Berliner Antisemitismusstreit 1879, den er mit einer Reihe judenfeindlicher Aufsätze in den Preußischen Jahrbüchern auslöste. Treitschke wollte nicht die Emanzipation der Juden antasten, verlangte aber das vollständige Aufgehen der Juden in den jeweiligen „Kulturnationen". Er war zwar eher ein Nationalist als ein radikaler Antisemit, doch verlieh er mit seinem Ansehen dem Antisemitismus eine Aura von Wissenschaftlichkeit, den er damit, zusammen mit dem Hofprediger Adolf Stoecker, vor allem im Bildungsbürgertum salonfähig machte. Der Berliner Antisemitismusstreit, in dessen Verlauf in den Jahren 1879/80 mehr als 300 antisemitische Schriften erschienen, führte u. a. zu der „Antisemitenpetition" an den Reichskanzler (1880), die die Beschränkung der Einwanderung von Juden, ihren Ausschluss von allen wichtigen Staatsämtern sowie die Wiederaufnahme der jüdischen Bevölkerungsstatistik forderte. Diese Petition fand 225 000 Unterzeichner, wurde aber von der Regierung abgelehnt.
*Zur Quelle:* Treitschke bezeichnet im Text die – von Stoecker 1878 entfachte – antisemitische Bewegung als berechtigt: Der „Instinkt der Massen" habe die „schwere Gefahr" richtig erkannt, das Gleiche gelte auch für das Bildungsbürgertum. Anders als in England und Frankreich, wo die Zahl der Juden gering sei und diese daher auf die „nationale Gesittung" kaum oder sogar einen guten Einfluss ausübten, nehme die jüdische Bevölkerung in Deutschland immer mehr zu. Hinzu komme, dass Deutschland als junger Nationalstaat noch nicht gefestigt genug sei um sich des „fremden Wesens" der Juden zu erweh-

ren. Hinter Treitschkes Worten stand die Vorstellung eines ethnisch und religiös homogenen Nationalstaates. Seine zentrale Forderung lautete, dass die Juden „Deutsche" werden sollten. Wenngleich Treitschke hier zwar mit einer Reihe von Vorurteilen und Unwahrheiten arbeitete – so sank der Anteil der Juden an der Reichsbevölkerung zwischen 1871 und 1910 von 1,25 % auf 0,95 %, was aber wegen der zunehmenden Konzentration der Juden in den Städten von den Zeitgenossen meist nicht wahrgenommen wurde –, vertrat er jedoch keinen aggressiven Rassenantisemitismus, sondern forderte vielmehr eine vollständige Assimilation der Juden.

**Zu Aufgabe 1, 386:**
Die Argumente, die gegen die Juden vorgebracht wurden, lauteten:
- Sie seien undeutsch, ein fremdes Element, das abgeschlossen lebe;
- Ihre Anzahl sei zu hoch und diese wachse noch;
- Sie würden bald die Börsen und die Zeitungen beherrschen, also die Entscheidungszentren des wirtschaftlichen Lebens und die wichtigsten Instrumente zur Beeinflussung der öffentlichen Meinung;
- Sie würden eine Gefahr darstellen, die „unschädlich" zu machen sei;
- Die unterschiedlichen Sichtweisen gehen darauf zurück, dass Arndt bereits auf der Basis einer Rassenlehre argumentierte, innerhalb derer eine Assimilierung der Juden durch einen Religionswechsel und eine Anpassung der Lebens- und Denkweise keine Lösung des Problems bot. Seine Vorstellungen ließen vielmehr nur eine Trennung der Ethnien zur „Reinhaltung des germanischen Stammes" als sinnvoll erscheinen;
- Das preußische Staatsministerium und Treitschke traten dagegen für eine vollständige Assimilierung der Juden ein, bei der diese alle ihre Eigenheiten verlieren sollten.

**Zu Aufgabe 2, 386:**
Folgende Stereotype und Vorurteile wurden erwähnt:
- die Juden als Eindringlinge aus dem Osten,
- Polen als „unerschöpfliche Wiege" jüdischer Einwanderer,
- die eingewanderten Juden als „strebsame, Hosen verkaufende Jünglinge",
- die Juden als ein „abgeschlossenes" Volk,
- das jüdische Volk ausgestattet mit „seinem wunderbaren Gesetze",
- die Juden als zukünftige potenzielle Beherrscher von Börsen und Zeitungen,
- die Juden als undeutsche Elemente.

Die genannten Vorurteile und Stereotype beruhten zum einen darauf, dass die sie vertretenden Personen und Gruppen die tatsächlichen zeitgenössischen Umstände sowie die tieferen historischen Ursachen der sozialen und ökonomischen Unterschiede und der jahrhundertelangen Ghettoisierung verkannten. Zum anderen gründeten sie sich auf der Vorstellung eines homogenen Nationalstaates, der kulturelle Minderheiten in seinen Grenzen nicht ertragen könne. Juden und andere Minderheiten bildeten zudem geeignete Sündenböcke für auftretende wirtschaftliche oder politische Krisen. Langfristig gingen von diesen Stereotypen und Vorurteilen fatale Folgen aus, wie die Geschichte des 20. Jahrhunderts zeigen sollte. In diesem Zusammenhang hat die Goldhagen-Debatte erneut auf die längerfristigen Wurzeln des deutschen Antisemitismus verwiesen, der in den 1930er-Jahren eskalierte. Daran anschließend könnte diskutiert werden, ob identische oder vergleichbare Vorurteile noch heute gegenüber Juden oder anderen Minderheiten existieren, und wie damit in gesellschaftlicher Hinsicht umgegangen werden kann.

### M 7, 386 f.
### Moses Hess zur jüdischen Nationalität (1862)

*Zur Person:* Moses Hess (1812–1875), Schriftsteller, Journalist, war einer der bedeutendsten deutschen Sozialisten des 19. Jahrhunderts; er war Mitarbeiter von Karl Marx und gilt als Vater des modernen Sozialismus. Allerdings entfremdete er sich später von Marx und Engels, lehnte den Klassenkampf ab und engagierte sich beim Allgemeinen Deutschen Arbeiterverein (ADAV).
*Zum Werk:* 1862 erschien sein Buch „Rom und Jerusalem", in dem er die Judenfrage als letzte Nationalitätenfrage – nach der Einigung Italiens und der erhofften bzw. bevorstehenden Einigung Deutschlands – bezeichnete. Hinter dieser plötzlichen Beschäftigung mit dem Judentum, die viele Zeitgenossen überraschte, stand die Einsamkeit des Juden unter nach Einigkeit strebenden Deutschen und die Fremdheit unter kosmopolitischen Sozialisten. Hess hoffte, sein Buch werde der Auftakt einer geistlichen Revolution im Judentum sein. Sein geplanter Judenstaat sollte auf mosaischen und sozialistischen Grundsätzen geschaffen werden.
Hess wandte sich scharf gegen die Assimilationspolitik der deutschen Juden, die, wie er meinte, die bürgerlichen Rechte und Annehmlichkeiten des Lebens mit der Aufgabe der nationalen Eigenart des Judentums erkaufe. Er hielt das Ideal der Assimilation für undurchführbar und setzte bei der Durchsetzung seines eigenen Projekts stärker auf die Ostjuden als auf die assimilierten deutschen Juden. Ziel des Judentums musste für Hess die „Wiedergeburt der jüdischen Nationalität" sein. Im Rahmen seiner Bemühungen die jüdische Frage in die Nationalstaatsbildungsdebatte des 19. Jahrhunderts einzubinden und die Unterstützung der anderen Nationalstaaten zu erlangen, ging er von dem Gedanken aus, dass diese auf der einen Seite nicht eine eigene Nation fordern und auf der anderen Seite den Juden Gleiches verwehren konnten. Den Ort für die politische Wiedergeburt des Judentums erblickte er im Nahen Osten, wo mit der Gründung jüdischer Kolonien der Anfang zu machen sei. Hess trat daher auch dem 1860 gegründeten kleinen „israelitischen Verein zur Kolonisierung von Palästina" bei. Seine Hoffnung auf eine besondere Unterstützung Frankreichs gründete sich dabei auf dessen politisches Interesse im Nahen Osten – ein jüdischer Nationalstaat musste aus seiner Perspektive einen „natürlichen" Verbündeten Frankreichs an dieser geostrategisch wichtigen Stelle auf dem

Weg nach Indien und China darstellen – und auf die gemeinsame Gegnerschaft gegen eine „christlich-germanische Reaktion". Frankreich galt zudem als Schutzmacht der römisch-katholischen Christen und der heiligen Stätten in Palästina, während das Osmanische Reich als Gegner der Juden politisch zunehmend schwächer wurde.
Mit dieser politisch-gesellschaftlichen Analyse gilt Hess als der Erste, der die Vorstellungen und das Aktionsprogramm des Zionismus ansatzweise formulierte. Seine Forderungen blieben aber – anders als im Falle Herzls fünfunddreißig Jahre später – praktisch ohne Wirkungen. Auch der oben erwähnte Verein scheiterte mit seinem Vorhaben.

### M 8, 387
### Rede Leo Motzkins (1892)

*Zur Person:* Leo Motzkin (1867–1933), zionistischer Politiker, langjähriges Mitglied des Zentralkomitees der Zionistischen Vereinigung für Deutschland, Redakteur der „Jüdischen Rundschau".
*Zur Quelle:* In Berlin gründete sich 1888 aus russisch-jüdischen Studenten der „Russisch-jüdische wissenschaftliche Verein", die erste national-jüdische Gruppe in Deutschland, die sich als Vereinigung national gesinnter Juden in bewusstem Gegensatz zu Verbindungen der Viadrina-Richtung (siehe oben Erläuterung zu M 9, 387) bildete. Der Begriff „wissenschaftlich" kam eher einer Tarnbezeichnung gleich, weil die Polizei die politischen Aktivitäten von Ausländern begrenzte. Der Verein arbeitete vor allem an der Stärkung des jüdischen Bewusstseins. Nach der Jahrhundertwende entstanden zahlreiche weitere zionistische Studentenverbindungen und Organisationen, die sich 1914 im „Kartell Jüdischer Verbindungen" zusammenschlossen.
In Motzkins Rede kommt das Selbstverständnis der „Nationaljuden" prägnant zum Ausdruck: Sie grenzten sich von den Integrationsbemühungen des Reformjudentums ab, weil sie in der mit ihnen verbundenen Assimilation eine Aufgabe jüdischer Eigenarten in Geschichte, Sprache und Kultur ausmachten, die sie als Voraussetzung für den Antisemitismus der nichtjüdischen Umwelt ansahen. Dagegen stellten sie die Entwicklung jüdischen Selbstbewusstseins und jüdischer Identität und propagierten, nicht auf die Unterstützung anderer – wie im Falle der Emanzipationspolitik –, sondern nur auf die eigene Kraft zu vertrauen.

### M 9, 387
### Gründungsaufruf der Studentenvereinigung Viadrina (1886)

Unter der Studentenschaft war der Antisemitismus besonders stark ausgeprägt. In Berlin etwa unterschrieb fast die Hälfte der Studenten die oben erwähnte Antisemitenpetition von 1880. Die meisten Burschenschaften und Korps nahmen jüdische Studenten nicht auf. Um die zunehmende Isolation aufzubrechen gründete eine kleine Gruppe von jüdischen Studenten 1886 mit der „Viadrina" die erste jüdische Verbindung. „Ihre besondere Bedeutung liegt darin, dass sie zugleich die erste jüdische Organisation war, die sich aktiv gegen den Antisemitismus zur Wehr setzte und sich dabei nicht nur bewusst zum Deutschtum, sondern auch zum Judentum bekannte" (Richarz, Kaiserreich, S. 40). Aus dem Gründungsaufruf geht dies deutlich hervor. Im Jahre 1896 schlossen sich die Viadrina und mehrere inzwischen gegründete Verbindungen zum „Kartell-Convent Jüdischer Verbindungen" (KC) zusammen. „Der KC legte das Hauptgewicht auf die Entwicklung des Selbstbewusstseins und die physische Ertüchtigung seiner Mitglieder um diese zu befähigen, dem Antisemitismus mit Duellforderungen zu begegnen ... [I]hre Mitglieder hofften die Anerkennung ihrer Ehre als Deutsche und Juden durch militante Schneidigkeit zu erreichen" (ebd.). Zahlreiche führende Persönlichkeiten des Central-Vereins (siehe unten Erläuterung zu M 10) gingen aus dem KC hervor.

### M 10, 387
### Leitsätze des Central-Vereins deutscher Staatsbürger jüdischen Glaubens (1893)

Der Antisemitismus führte zur Entstehung jüdischer politischer Parteien, die ihren größten Wahlerfolg bei der Reichstagswahl 1893 mit 263 000 Stimmen und 16 Sitzen erreichten. Noch während des Wahlkampfes hatte sich als Abwehrorganisation der „Central-Verein Deutscher Staatsbürger Jüdischen Glaubens" gebildet, dessen Name bereits Programm war, indem er das Judentum auf die Religion beschränkte und die nationale Zuverlässigkeit der Juden betonte. Der Central-Verein wuchs in den nächsten Jahren zur größten jüdischen Dachorganisation in Deutschland heran: 1918 vertrat er mehr als 100 jüdische Organisationen und Gemeinden durch korporative Mitgliedschaft und besaß ca. 38 000 individuelle Mitglieder. Seinen Kampf gegen den Antisemitismus betrieb er mit Hilfe von Aufklärungsbroschüren und einem aktiven öffentlichen Auftreten in den Wahlkämpfen. Als weiteres Mittel diente ihm eine eigene Rechtsschutzabteilung, mehr als ein Drittel seiner 250 leitenden Funktionäre waren daher Rechtsanwälte. Die Quelle betont das Bekenntnis der Juden zur deutschen Nation. Die Leitsätze behaupten außerdem die Überparteilichkeit der Organisation um möglichen Gegenargumenten zuvorzukommen. Tatsächlich aber bekämpfte der Central-Verein einerseits antisemitische Parteien. Zugleich identifizierten sich die deutschen Juden andererseits aber besonders mit den liberalen, vor allem den linksliberalen Parteien, weil diese am ehesten innerhalb des allgemeinen politischen Systems eine konsequente Emanzipationspolitik vertraten und für die zumeist bürgerlichen Juden die nahe liegendste Wahloption darstellten. Allerdings wuchs unter den Juden gegen Ende des Kaiserreichs auch der Anteil sozialdemokratischer Anhänger.
Der dritte und vierte Punkt der Leitsätze bildeten eine Reaktion auf die zahlreich verbreiteten Stereotype und Vorurteile gegen Juden, die in erster Linie die Antisemiten mit gezielten Presseberichten, Karikaturen und Ähnlichem schürten und die auf die angebliche Unsittlichkeit der Juden – und damit ihre Andersartigkeit gegenüber den Sitten des „Gastgebervolks" – abhoben. Dabei verallgemeinerte man einzelne Fälle zu Grundmustern jüdischen Verhaltens, ein Verfahren, das die Nationalsozialisten später aufgriffen. Der Central-Verein wider-

sprach den antisemitischen Klischees und betonte demgegenüber, dass sich die Juden in moralischer sowie sittlicher Hinsicht nicht von ihrer nichtjüdischen Umwelt unterschieden.

**M 11, 387 f.**
**Thesen der National-jüdischen Vereinigung Köln (1896)**

1895/96 gründeten zionistisch gesinnte Juden in Köln die „National-jüdische Vereinigung", aus der 1897 die „Zionistische Vereinigung für Deutschland" hervorging. Die Thesen, die vom kurz zuvor erschienenen Buch Theodor Herzls „Der Judenstaat" beeinflusst waren, lagen dem „Baseler Programm" zugrunde, das auf dem ersten zionistischen Kongress 1897 angenommen wurde.
Die Vereinigung erklärte, dass eine eigene jüdische Nation über die nationalen Grenzen Europas hinaus bestehe, die sich durch gemeinsame Abstammung und Geschichte definiere. Die Emanzipation in den einzelnen Staaten habe nicht ausgereicht um die „soziale und kulturelle Zukunft des jüdischen Stammes zu sichern", weshalb als einzige Lösung die Gründung eines jüdischen Staates auf dem „historisch geweihten Boden Palästinas" angestrebt werde. Diese Forderung teilten durchaus noch nicht alle Zionisten, viele vertraten die Auffassung, auch in der Diaspora sei nationaljüdisches Leben möglich. Die Bildung eines jüdischen Staates sollte auf legalem Wege geschehen. Einerseits sollte diesem die Förderung des jüdischen Selbstbewusstseins dienen. Die soziale und kulturelle Lage der Juden sollte verbessert und die jüdische Identität in Literatur, Geschichte und hebräischer Sprache gepflegt werden: Die jüdische Nation musste also praktisch erst noch geschaffen werden.
Andererseits sollten jüdische Kolonien im künftigen Staatsgebiet gefördert werden. Eine solche Politik, so betonte man ausdrücklich, sollte nicht der Erfüllung der staatsbürgerlichen Pflichten der Juden in Deutschland zuwiderlaufen. Damit wollte die Vereinigung von vornherein der antisemitischen Argumentationsweise entgegentreten und möglichen staatlichen Maßnahmen zuvorkommen. Die Zionisten stellten sich also auf den Grundsatz, dass zwischen Nation und Staat keine Deckungsgleichheit bestehen müsse, ein Staat vielmehr viele Nationen oder Nationalitäten vereinigen könne. Auf Deutschland bezogen vollzogen sie eine scharfe Trennung der Begriffe „Nationalität" und „Vaterlandsliebe": Letztere sei gegenüber Deutschland aufgrund der Entwicklung einer jüdischen Nationalität nicht gefährdet.

**M 12, 388**
**Central-Verein zum Zionismus (1895)**

Die sich mittlerweile ausbreitende zionistische Bewegung (siehe unten Erläuterung zu M 11, 387f.) erforderte eine diesbezügliche Standortbestimmung des Central-Vereins. In dem Artikel grenzt er sich ausdrücklich vom Zionismus ab, da dieser die Juden „entnationalisiere", d.h. die eigenen Assimilationsbestrebungen, die Bemühungen die Juden als „gute" Deutsche darzustellen, unterlaufe. Aus seiner Sicht stellte dies eine große Gefahr dar, weil damit die Propaganda der Antisemiten neue Nahrung bekommen und die Errungenschaften der Emanzipation in Frage gestellt würden. Central-Verein und Zionisten gerieten daher in den folgenden Jahren immer wieder in Zeitungsbeiträgen, Flugschriften und öffentlichen Versammlungen argumentativ aneinander. Hinter diesem Konflikt standen nicht nur unterschiedliche Nationskonzepte – beim Central-Verein die Zugehörigkeit der Juden zur deutschen, bei den Zionisten die Behauptung einer eigenen jüdischen Nation –, sondern auch verschiedene Trägerschichten: Während der Central-Verein hauptsächlich aus gesellschaftlich, bürgerlich erfolgreichen Mitgliedern bestand, waren die Zionisten nicht nur deutlich jünger, sondern vor allem zu einem großen Teil ostjüdischer Herkunft.

**M 13, 388**
**Flugblatt der National-jüdischen Vereinigung (ca. 1897)**

Mit dem Flugblatt „Der Nationaljude als Staatsbürger" reagierte die Vereinigung auf die Kritik des Central-Vereins an der (deutschen) „Entnationalisierung" des Judentums durch die Zionisten (siehe M 12, 388). Sie behauptete dagegen die Existenz eines eigenen jüdischen „Stamms" bzw. „Typus" und wandte sich also gegen eine Definition des Judentums ausschließlich über die Religion: „Das ist doch eine sonderbare Konfession, welche man jemandem an der Nase oder am Gesicht ansieht" (komplett abgedruckt ist das Flugblatt in: Der Durchbruch des politischen Zionismus in Köln 1890–1900. Eine Dokumentation. Briefe, Protokolle, Flugblätter, Reden, bearb. v. Henriette Hannah Bodenheimer, Köln 1978, S. 184 –189; hier auch zahlreiche Informationen und Materialien zum Kölner Verein).
Den Vorwurf der Entnationalisierung gab die Vereinigung an diejenigen zurück, die einen „internationalen Menschheitsbrei" erträumten.

**M 7–13, 386 ff.**
**Assimilation und Zionismus**

**Zu Aufgabe 1, 388:**
*Didaktisch-methodischer Hinweis:* Zur Vertiefung bietet sich die Arbeit mit autobiografischen Quellen an, in denen das Selbstverständnis beider Seiten ebenso wie die Erfahrungen mit dem Antisemitismus häufig eindrucksvoll zur Sprache kommen. Entsprechende Texte finden sich in: Richarz, Sozialgeschichte im Kaiserreich, vor allem S. 357–432.

**Zu Aufgabe 2, 388:**
Die Argumente der Assimilationisten und Zionisten lassen sich den beiden oben skizzierten Begriffen von subjektiver versus objektiver Nation bzw. Staats- versus Kulturnation zuordnen. Die Zionisten waren der Auffassung, dass die kulturellen, religiösen, historischen und natürlichen Gemeinsamkeiten eine jüdische Nation konstituierten, die sich durch ihre Eigenschaften von der deutschen Nation unterschied, sie gingen also von dem Begriff der „Kulturnation" aus. Die Assimilationisten plädierten dagegen für die freie Entscheidung der Juden für eine Zugehörigkeit zur deutschen Nation trotz bestehender reli-

giöser und historischer Unterschiede, sie bevorzugten also den Begriff der Staatsnation, näherten sich aber zugleich durch ihre Versuche, die kulturellen Besonderheiten der Juden durch möglichst weit gehende Assimilation zu eliminieren, dem Begriff der Kulturnation an.

## M 14, 388
## Darstellungstext Ute Frevert (1993)

**Zu Aufgabe 3, 388:**
Die Historikerin gibt aus heutiger Perspektive – nach nationalsozialistischem Holocaust und jüdischer Staatsgründung – dem Zionismus mit seinem Ziel eines eigenen jüdischen Staates und seiner Skepsis gegenüber den Erfolgsaussichten der staatsbürgerlichen Emanzipation Recht.
Dagegen bezeichnet sich Ignatz Bubis (1927–1999, geb. in Breslau, Vorsitzender des Direktoriums des Zentralrats der Juden in Deutschland) selbst als „deutscher Staatsbürger jüdischen Glaubens", behauptet allerdings gleichzeitig, die jüdischen Deutschen betrachteten sich nicht nur als Religionsgemeinschaft, sondern auch als ein gemeinsames Volk (Ignatz Bubis, Ich bin ein deutscher Staatsbürger jüdischen Glaubens, Köln 1993, S. 110 und 120). Mit seiner Selbstbezeichnung knüpft Bubis – wie bereits früher sein Vorgänger Heinz Galinski – offenbar bewusst an die Assimilationspolitik des Central-Vereins (siehe oben Erläuterung zu M 10, 387) an.

In einer Diskussion kann diese Aussage Bubis' mit dem Urteil Freverts konfrontiert werden. Wichtige Diskussionsfragen wären:
- Ist der Holocaust als eine notwendige Folge des Antisemitismus des 19. Jahrhunderts zu betrachten (siehe Goldhagen-Debatte)?
- War die Assimilationspolitik der deutschen Juden zwangsläufig zum Scheitern verurteilt?
- Wie stellt sich das Verhältnis von Judentum und deutscher Nation heute dar? Vgl. zum neueren Antisemitismus: Werner Bergmann u. Rainer Erb (Hg.), Antisemitismus in der politischen Kultur nach 1945, Opladen 1990; H.A. Strauss u. a. (Hg.), Der Antisemitismus der Gegenwart, Frankfurt/M. u. a. 1990.

## Notizen

# Arbeitsteil Denkmäler

## M 1, 389
## Denkschrift Schinkels von 1815

*Zur Person:* Karl Friedrich Schinkel (1781–1841), Baumeister und Maler, war seit 1810 in der preußischen Bauverwaltung tätig und wurde ein Jahr später Mitglied der Königlichen Akademie der Künste in Berlin. 1815 zum Geheimen Oberbaurat ernannt, war er für zahlreiche größere staatliche Bauvorhaben zuständig; 1830 wurde er Geheimer Oberbaudirektor, dem alle staatlichen Bauprojekte in Preußen unterstanden. 1820 wurde er zudem Professor der Akademie für Baukunst. Einige seiner wichtigsten, noch erhaltenen Bauten sind die Neue Wache (Berlin), Schloss Charlottenhof, Schloss Babelsberg und die Nikolaikirche in Potsdam.
*Zur Quelle:* Die vorliegende Quelle ist ein Auszug aus der zweiten Denkschrift, die Schinkel für einen „Dom als Denkmal für den Freiheitskrieg“ entwarf. Auftraggeber war der preußische König, der auch den gotischen Stil vorgegeben hatte, allerdings mit dem Denkmalprojekt eine Idee aufgriff, die bereits in der Berliner Bürgerschaft diskutiert wurde. Die Befreiungskriege erscheinen im Entwurf Schinkels als „großer Akt in der Weltgeschichte“, als „große und herrliche Handlung“, die die Zeitgenossen dazu verpflichtet das Andenken hieran für Jahrtausende „im religiösen Sinne“ wach zu halten. Das geeignete Medium hierfür sei die Kunst, deren Anblick späteren Generationen das „ideale Bild ganzer Nationen“ vor Augen führe. Preußen gehe jetzt, so Schinkel, in der Denkmalfrage den anderen Deutschen voran, wie es das schon militärisch und politisch in den Befreiungskriegen getan habe.

## M 2, 389
## Aufruf Friedrich Wilhelms III. 1818

Nachdem bereits auf mehreren Schlachtfeldern der Befreiungskriege Gefallenendenkmäler errichtet worden waren – der preußische König hatte 1817/18 sieben gleiche Denkmäler gestiftet –, gab Friedrich Wilhelm III. 1818 in einem Aufruf an die Teilnehmer der Kriege bekannt, dass er nun den Grundstein für ein Denkmal in der Hauptstadt gelegt habe. Die Bedeutung dieses Monuments als zentrales Denkmal für die Erinnerung an die Befreiungskriege wurde durch die Anwesenheit des Zaren, des Verbündeten im Krieg gegen Napoleon, bei dessen Grundsteinlegung besonders hervorgehoben. Als Funktionen des Denkmals hebt Meinhold Lurz hervor:

1. Zunächst handelte es sich um eine Synthese der sieben Denkmäler auf den Schlachtfeldern. Anders als dort lagen auf dem Kreuzberg jedoch keine Toten, sodass das Monument lediglich einen Kenotaph [d. h. ein leeres Grabmal zur Erinnerung an einen Toten, der an anderer Stelle begraben ist] bildete.
2. Die Hauptstadt brauchte ein Monument für zentrale Feierstunden des Reichs, an denen die königliche Familie, die Regierung und hohe Staatsbeamte teilnehmen und sich dem Volk zeigen konnten.
3. In der Hauptstadt bildete das Nationaldenkmal den Ort patriotischer Wallfahrt und eine Attraktion für die Bevölkerung und Besucher der Stadt.
4. Ausländische Gäste konnten zum Denkmal geleitet werden; z. B. nahm der Kaiser von Russland an der Grundsteinlegung teil.
5. Im Nationaldenkmal bot sich dem Monarchen die Gelegenheit kollektiv dem Volk zu danken und dabei seine Rolle als Souverän zu demonstrieren. Der vaterländische Impetus der Insurrektionszeit wurde in konservativem Sinn umgedeutet.
6. Schließlich erfüllte das Kreuzbergdenkmal die gleichen Zwecke wie die Gedenktafeln in den Kirchen, nämlich das Totengedächtnis als Erinnerung, Mahnung und Vorbild zu pflegen. Darüber hinaus gedachte es ‚dem Volke‘, also auch der Überlebenden und aller, die nicht im Feld gekämpft hatten“ (Meinhold Lurz, Kriegerdenkmäler, Heidelberg 1985, Band 1, S. 351).

**Zu Aufgabe 1, 390:**
Das Denkmal soll an die Befreiungskriege und die Befreiung von französischer Fremdherrschaft erinnern. Die „Nation“ bzw. das „Vaterland“, von dem Schinkel und der König sprechen, ist Preußen; von einer deutschen Nation ist hier noch nicht die Rede. Lediglich in Schinkels Denkschrift werden auch die anderen Deutschen erwähnt, doch zunächst nur in dem Sinne, dass Preußen eine Vorreiterrolle in den Kriegen und jetzt auch bei der Denkmalsfrage habe – von einer weiter gehenden deutschen Nation ist nicht die Rede. Es handelt sich also um einen Landespatriotismus (siehe Schülerbuch, S. 360), der allerdings von oben verordnet wurde, denn die ursprünglichen Überlegungen für das Denkmal waren von einem bürgerlichen deutschen Nationaldenkmal ausgegangen, das nun preußisch-monarchisch umgedeutet wurde. In dieser Situation am Vorabend der Restauration bedeutete dies eine Stärkung des monarchischen Prinzips.

**Zu Aufgabe 2, 390:**
Zu den Zielen vergleiche die Erläuterungen zu M 1–M 3. Die Inschriften auf dem Denkmal dienen zur Vergegenwärtigung der Befreiungskriege, die Form des Denkmals verleiht ihm quasi-religiöse Züge, die dem religiösen Charakter der Kriege entsprechen. Der gotische Stil sowie das Eiserne Kreuz sollen bewusst patriotische Empfindungen beim Betrachter mobilisieren.

## M 3, 389
## Das Kreuzberg-Denkmal

1821 wurde das von Karl Friedrich Schinkel entworfene Denkmal als gusseisernes Spitzsäulendenkmal im neugotischen Stil auf dem damals außerhalb Berlins befindlichen Tempelhofer Berg (von nun an: Kreuzberg) errichtet, wo es noch heute – allerdings jetzt inmitten der Stadt – steht. Der neugotische Stil galt damals als spezifisch deutscher Stil, der an das vergangene Reich erinnern sollte; erst seit den 1840er-Jahren stellte sich heraus, dass er französischer Herkunft war. Einschließlich seiner Stufen misst das Denkmal in der Höhe etwa 19 m. Es erinnert bewusst an den Turm einer gotischen Kathedrale. In den Nischen personifizieren antikisierende Genien, also allegorische Gestalten, die Orte der wichtigsten Schlachten der Befreiungskriege, die jeweils mit ihrem entsprechenden Datum darunter genannt werden. Den Gesichtern der Genien lagen zum Teil die Porträts bekannter Persönlichkeiten zugrunde: der Mitglieder des preußischen Königshauses, der russischen Zarin und der Feldherren Yorck, Bülow und Blücher. Die Hauptinschrift lautet: „Der König dem Volke, das auf seinen Ruf hochherzig Gut und Blut dem Vaterlande darbrachte, den Gefallenen zum Gedächtniss, den Lebenden zur Anerkennung, den künftigen Geschlechtern zur Nacheiferung“. Die Spitze des Denkmals bildet das Eiserne Kreuz, welches 1813 als militärische Auszeichnung im Kampf gegen die napoleonische Herrschaft von Friedrich Wilhelm III. gestiftet worden war. Die Schöpfung des Eisernen Kreuzes, das gleichermaßen an Offiziere und einfache Soldaten verliehen wurde, stand im Zusammenhang mit dem Wechsel vom Söldner- zum Volksheer. Seine Form stammte ebenfalls von Schinkel; das Motiv ging vermutlich auf das Kreuz des deutschen Ordens zurück. Als unmittelbares Vorbild diente das französische Kreuz der Ehrenlegion, das seit 1802 existierte, das allerdings im Gegensatz zum für die „treue Anhänglichkeit an König und Vaterland“ verliehenen Eisernen Kreuz eine republikanische Stiftung war. Obwohl ursprünglich das Eiserne Kreuz ausdrücklich nur für die Befreiungskriege gestiftet wurde, behielt man es danach bei, und selbst in den Kriegen des 20. Jahrhunderts spielte es eine zentrale Rolle. Auf diesem Wege sollte das Pathos der Befreiungskriege für neue politische Ziele mobilisiert werden. Bezeichnend für die dem Denkmal zugewiesene Bedeutung ist die Kritik, die man schon bald nach seiner Einweihung an seiner zu geringen Höhe und seiner Lage übte: Als „Nationaldenkmal“ ging es in den umliegenden Bäumen und den Häusern der schnell wachsenden Großstadt fast unter. Immer wieder entwickelte man daher Pläne zur Umgestaltung des Denkmals, die schließlich 1878 auf Anweisung von Kaiser Wilhelm I. umgesetzt wurden, indem das 3800 Zentner schwere Denkmal mit zwölf hydraulischen Pressen gehoben und gedreht wurde und einen Unterbau mit einem Durchmesser von 42 Metern erhielt. Insgesamt stand das Denkmal nun 8 m höher als zuvor. So steht es noch heute in Berlin.

### M 4, 390
### Das Goethe-Schiller-Denkmal in Weimar (1852–57)

**Zu Aufgabe 2, 391:**

Seit den 1830er-Jahren wurden in vielen Teilen Deutschlands vermehrt Anstrengungen unternommen den großen Söhnen der Nation oder der jeweiligen Stadt auf großen öffentlichen Plätzen Denkmäler zu setzen. Eine herausragende Bedeutung kam hierbei den Geistesgrößen zu: Dichterdenkmäler sollten als Vergegenwärtigung der Kulturnation Deutschland dienen, was besonders nach dem Scheitern der bürgerlichen Revolution 1848/49 einer Verlagerung bürgerlicher Interessen von der Politik auf die Kultur entsprach.

Beschreibung des Denkmals:

„Ein bemerkenswertes Paar, in Bronze gegossen, in bildnerischer Pose erstarrt und doch seltsam lebendig. Der jüngere Herr mit markantem, nahezu antikem Profil und zurückgeworfenem, schulterlangem Lockenhaar trägt sich bequem, fast achtlos: Der halsferne, nach ihm benannte Schillerkragen fällt weich auf die wenig korrekte Weste; ein wadenlanger Mantel ist nachlässig über die Schulter gezogen. Die linke Hand hält, fast schon vergessen, ein zusammengerolltes Manuskript: Der Verfasser dieses Skriptes blickt gesammelt, der Wirklichkeit entrückt, ins Weite, ins Ferne. Ganz anders sein Gefährte, ein würdiger, älterer Herr mit Hang zur Apoplexie, vulgo: zum Bäuchlein. Er trägt den Gehrock des höheren Beamten mit nachlässiger Selbstverständlichkeit; er ist ihm Arbeitskleidung, das sieht man. Der mächtige, fast quadratische Schädel stützt sich auf eine steife Halsbinde, über die der Ansatz eines Doppelkinnes quillt; fast meint man die geplatzten Äderchen des passionierten Weintrinkers unter den Wangenknochen zu sehen. Auch er schaut gesammelt, aber abgeklärt, ganz dem Diesseits verhaftet, gerade vor sich hin: Sein Zentrum liegt, anders als bei seinem Gefährten, ganz in ihm selbst. Die rechte Hand hält den Lorbeerkranz des gefeierten Dichters, des poeta laureatus; die linke ruht nachlässig, ein wenig gönnerhaft auf der Schulter seines jüngeren Freundes, der diese fast besitzergreifende Geste – leicht abgewandt – nicht wahrzunehmen scheint. Psychogramm zweier Menschen und ihrer Beziehung, überlebensgroß auf den Sockel gehoben. Darunter die Widmung, in erhabenen Lettern: ‚Dem Dichterpaar Goethe und Schiller. Das Vaterland‘ “ (Bernd Eichmann, Denkmale deutscher Vergangenheit, Bad Honnef 1994, S. 181).

Was die Darstellungsweise angeht, so ist für die Interpretation wichtig, dass sich Ernst Rietschel bewusst gegen die bis dahin übliche allegorische und symbolische Darstellung wandte und eine realistische vorzog, bei der sich die Eigenart des Dargestellten nur durch die Körperhaltung und durch einzelne, aber realistisch wiedergegebene Einzelheiten ausdrückte. Bei der Enthüllung des Denkmals war dies zum Teil noch eine Provokation – Goethe und Schiller in Alltagskleidung?, der Weimarer Volksmund sprach zunächst von den „Gebrüdern Schmidt“! (Eichmann, Denkmale, S. 182f.) –, doch setzte sich die neue Darstellungsweise durch. Das Denkmal besaß bereits eine dreißigjährige Vorgeschichte, doch erhielt das Projekt seinen eigentlichen Schub erst nach 1849, wobei die oben erwähnte politische Situation mit den Bestrebungen des Großherzogs zusammentraf, sein Land durch das Konzept einer kulturellen Vorreiterrolle in Deutschland aufzuwerten.

Gleichzeitig war vor allem Schiller eine Symbolfigur für das liberale Bürgertum. Dies zeigte sich sowohl in der Welle der Schillerdenkmäler, die in Deutschland errichtet wurden, als auch in den mehr als 400 Schillerfeiern von 1859, „die volkstümlich sind bis in die Massen hinein, gewiss ein Ventil versagter Politik und darum stark liberal und national getönt, aber doch eben ein Fest nationaler Identifikation aus Anlass des Jubiläums eines großen und populären Dichters“ (Nipperdey, Deutsche Geschichte 1800–1866, S. 539; vgl. ausführlicher: Rainer Noltenius, Schiller als Führer und Heiland. Das Schillerfest 1859 als nationaler Traum von der Geburt des zweiten deutschen Kaiserreichs, in: Dieter Düding u. a. (Hg.), Öffentliche Festkultur. Politische Feste in Deutschland von der Aufklärung bis zum Ersten Weltkrieg, Reinbek bei Hamburg 1988, S. 237–258). Vergegenwärtigt man sich, dass die Preußischen Regulative von 1854 den angehenden Volksschullehrern in den Seminaren sogar die Privatlektüre der Klassiker verboten, so bedeutete eine solche öffentliche Bekundung ein deutliches Bekenntnis zu liberalen Ideen. Die Verdoppelung im „Goethe-Schiller"-Denkmal sollte eine Steigerung der monumentalen Wirkung bewirken – obwohl Goethe nicht ganz so leicht für eine emanzipatorische Tradition zu vereinnahmen war, aber natürlich zum Kernbestand einer einheitlichen deutschen Kulturnation gehörte. Beide Dichter symbolisierten zudem die ersehnte bürgerliche Einheit, von der man in der politischen Realität der 1850er-Jahre schon nicht mehr überzeugt sein konnte.

## M 5, 390
## Hans-Ernst Mittig über bürgerliche Denkmäler (1987)

**Zu Aufgabe 1, 391:**

*Tafelbild S. 197* ▼

Als zentrale Merkmale des bürgerlichen Denkmals nennt der Text:
- Seine Auftraggeber waren nicht die Höfe oder Fürsten, sondern Vereine, also die klassische Organisationsform der bürgerlichen Gesellschaft des 19. Jahrhunderts;
- Dargestellt wurden nicht Fürsten oder Feldherren, sondern Dichter, Komponisten, Theologen, also Männer, die nicht in erster Linie durch ihre staatspolitischen und militärischen, sondern durch ihre geistigen Leistungen für die Nation gewirkt hatten;
- Die Orte der Denkmäler waren nicht die Residenzen der Fürsten, sondern die Geburts- oder Wirkungsorte der Dargestellten;
- Die Inschriften bestanden nicht aus Lobesformeln, die den Dargestellten überhöhten, sondern aus der Aufzählung seiner Verdienste oder nur seines Namens und der Lebensdaten. Letzteres setzt voraus, dass seine Leistungen allen bekannt waren, was für die Unterstützer und Zielgruppe der Denkmäler, das deutsche Bürgertum, vorausgesetzt werden konnte;
- Die Darstellungsart war nicht allegorisch oder symbolisch, sondern setzte auf die historisch richtige Präsentation: dies betraf sowohl das Porträt des Dargestellten als auch seine Tracht.

In den Denkmälern feierte das Bürgertum sich selbst und gleichzeitig die deutsche Kulturnation: Deren Bildung und Förderung galt nun, nach den politischen Niederlagen, als Voraussetzung auch für den politischen Nationsbildungsprozess. Die genannten Merkmale lassen sich ebenso alle beim Goethe-Schiller-Denkmal nachweisen.

## M 6, 390 f.
## Aufruf zur Errichtung eines Rückert-Denkmals (1878)

Rückerts Geburtsstadt Schweinfurt hatte sich zu seinen Lebzeiten relativ wenig für ihren Sohn interessiert. Zwar verlieh man ihm 1865 – als er schon längst berühmt war – das Ehrenbürgerrecht, doch scheiterte der Plan an seinem Geburtshaus eine Gedenktafel anzubringen, fast an der Interesselosigkeit der Stadt und ihrer Bürger. Dies änderte sich aber nach 1871: Für das Selbstverständnis der Stadt spielte Rückert nun eine zentrale Rolle und der Plan zur Errichtung eines Denkmals erlangte hierbei entscheidende Bedeutung. Indem man Rückert nun als deutschen Dichter vereinnahmte, verlieh man Schweinfurt eine nationale Würde. Dies kommt auch im Aufruf des Lokalkomitees zum Ausdruck, der Rückerts nationales Bewusstsein und seine nationale Bedeutung in den Mittelpunkt seiner Argumentation stellt: Rückert, der noch die „schmachvolle Auflösung" des alten Reiches miterlebte, habe später mit seiner Lyrik den nationalen Einheitsgedanken propagiert. Deshalb sei er nun, nach der Reichsgründung, wieder zu Ruhm und Ehre gekommen und es sei eine „Ehrenpflicht der deutschen Nation", gleichsam eine Abtragung einer Dankesschuld, ihm nunmehr nach dem Vorbild anderer Dichterdenkmäler ein Denkmal zu setzen.

**Zu Aufgabe 3, 391:**

Für die Recherche bieten sich folgende Handbücher bzw. Literaturlexika an:

*Grimm, Gunter E./Franz Rainer Max (Hg.), Deutsche Dichter. Leben und Werk deutschsprachiger Autoren vom Mittelalter bis zur Gegenwart, Stuttgart 1992, Art. Rückert S. 385–388.*

*Killy, Walther (Hg.), Literaturlexikon. Autoren und Werke in deutscher Sprache. Bd. 10, Gütersloh u. a. 1991, Art. Rückert S. 59–61.*

*Lutz, Bernd (Hg.), Metzler Autorenlexikon. Deutschsprachige Dichter und Schriftsteller vom Mittelalter bis zur Gegenwart. Zweite, überarb. u. erw. Aufl., Stuttgart u. a. 1994, Art. Rückert S. 694f.*

*Rupp, Heinz/Carl Ludwig Lang (Hg.), Deutsches Literatur-Lexikon. Biografisch-bibliografisches Handbuch. 3. völlig neu bearb. Aufl., Bd. 13, Bern 1991, Art. Rückert Sp. 475–480 (vor allem bibliografische Angaben).*

*Wilpert, Gero von, Deutsches Dichterlexikon. Biografisch-bibliografisches Handwörterbuch zur deutschen Literaturgeschichte, zweite, erw. Aufl., Stuttgart 1976, Art. Rückert S. 594f. (nur knappe Informationen).*

Im Buchhandel sind heute noch u. a. Brief- und Gedichtsammlungen, Werkausgaben und seine Koranausgabe erhältlich.

Gedichtsammlungen:

*Frankfurter Anthologie. Gedichte und Interpretationen, hg. von Marcel Reich-Ranicki, 11 Bände, Frankfurt/M. 1976–1988 (darin in Bd. 2: „Amaryllis" und „Nach Deschelaleddin Rumi" sowie in Bd. 10: „Ich bin der Welt abhandengekommen" und „Kehr ein bei mir!").*

*Gedichte und Interpretationen, 6 Bände, Stuttgart, Reclam (in Band 4, 1983: „Chidher".*

*Didaktisch-methodische Anmerkung:*
Bei der Bearbeitung dieser Aufgabe bietet sich eine fächerübergreifende Zusammenarbeit mit dem Deutschunterricht an. Wichtig für die Interpretation ist, dass die „nationale" Bedeutung, die in M 6 im Mittelpunkt der Beurteilung Rückerts stand – vor allem seine „geharnischten Sonette" als Kern der „Deutschen Gedichte" – heute in der Rückert-Rezeption offenbar kaum noch eine Rolle spielt.

**Zu Aufgabe 4, 391:**
Das Lokalkomitee nennt zwar auch Rückerts Verdienste als Lyriker, betont aber stärker seine Bedeutung als Vorkämpfer der 1871er-Nationalstaatsgründung. Dabei stellt es das alte und das neue Reich in eine direkte Kontinuität und unterstreicht den besonderen Stellenwert der Kultur für den nationalen Aufstieg Deutschlands seit den Befreiungskriegen (Kulturnation).

**Zu Aufgabe 5, 391:**
Als Mitglieder des Lokalkomitees werden, so weit die Berufsangaben hier Aufschlüsse erlauben, Vertreter der nahezu vollständigen lokalen Elite genannt, allen voran zahlreiche Mitglieder des Bildungsbürgertums (z. B. Beamte, Gymnasiallehrer, Bürgermeister, Juristen, Theologen, Redakteure). Dies hat zwei Ursachen: Zum einen bildete das Bildungsbürgertum einen Hauptträger der Nationalbewegung, zum anderen war in diesen Kreisen das Bewusstsein für die Bedeutung eines Dichters und der Kunst allgemein sowie die Kenntnis von Rückert und seinem Werk besonders groß.

## M 7, 391: Helmut Scharf über das Niederwald-Denkmal (1983)

**Zu Aufgaben 3 und 4, 392:**
Der Wandel vom Niederwald-Denkmal zur Hohensyburg symbolisiert den Wandel vom linken zum rechten Nationalismus und die Durchsetzung des integralen Nationalismus seit den 1880er-Jahren.

## M 8, 391 f. Rede Broichers auf der Hohensyburg 1890

**Zu Aufgabe 2, 392:**
Ziel des Denkmals auf der Hohensyburg war die Verherrlichung Wilhelms I., Bismarcks und Moltkes und ihrer Leistungen für die Reichsgründung sowie als Staatsmänner und Militärs. Diese Verehrung für die Heroen der Vergangenheit sollte aber gleichzeitig auf deren Erben und auf die Monarchie insgesamt übertragen werden, d.h. auf Kaiser Wilhelm II. Beide Kaiser werden in der Rede als Väter der Nation stilisiert, denen fast übermenschliche Eigenschaften zugeschrieben wurden. Zielgruppe des Denkmals war die ganze Nation, weshalb auch ausdrücklich die Sozialgesetzgebung erwähnt wird, mit der die Arbeiterschaft von der „vaterlandslosen" Sozialdemokratie entfernt und in die Nation integriert werden sollte. Gleichzeitig wurden die Monarchie als einzige sinnvolle und angemessene Staatsform für Deutschland dargestellt und demokratisierende Bestrebungen als „hinfällige Träume von vielköpfiger Volksbeglückung" diskreditiert.
Das Denkmal wurde auf einer vermeintlich historisch bedeutsamen Stätte errichtet: Hier befanden sich nämlich Reste einer sächsischen Wallburg, bei der nach einer volkstümlichen Legende Karl der Große Widukind besiegt habe. Das vor allem von Großindustriellen finanzierte Denkmal wurde 1901 vollendet und 1903 eingeweiht. Es reihte sich ein in die Phalanx der mehr als 400 Kaiser-Wilhelm-Denkmäler, die nach dem Tod Wilhelms I. 1888 im ganzen Reich gebaut wurden. Die Inschrift lautete: „Kaiser Wilhelm dem Großen und seinen Helden die dankbare Grafschaft Mark".

## M 9, 392: Das Niederwald-Denkmal (1877–1883)

Beschreibung: „Es ist ein seltsamer Bau, der sich da aus dem Niederwald hoch über Rüdesheim erhebt: eine Art Gesamtkunstwerk aus Terrassenstufen, Sockelstufen und einer Unzahl von symbolischen und allegorischen Figuren. Zum Rhein hin grenzt eine steingequaderte Mauer die unterste Aussichtsplattform ab. Über mehrere Terrassen erreicht der Besucher schließlich den Denkmalssockel, quadratisch angelegt aus Sandstein und Quarzit. Auf dem untersten Sockelsims, weiträumig flankiert von zwei antiken Amphoren, lagern sich in einem Nachen zwei bronzene Gestalten: Vater Rhein, eine bärtige Neptungestalt mit Wasserpflanzen im nassverwirrten Haar, übergibt seiner barbusigen Tochter Mosel das Wachhorn, mit dem er bislang das Reich vor dem welschen Feind zu warnen pflegte; seit Elsass-Lothringen annektiert ist, fällt dieses Amt der jungen Mosel zu.
Wenig höher feiert das größte Bronzerelief seiner Zeit auf fast elf Metern Länge die Waffenbrüderschaft des deutsch-französischen Krieges: Hier paradiert der greise Kaiser Wilhelm I. hoch zu Ross, umgeben von seinen nord- und süddeutschen Paladinen, den eisernen Kanzler Bismarck als Steigbügelhalter an seiner Seite. [...] Dem Relief zur Rechten bläst ein fast sieben Meter hoher, zerzaust-geflügelter Jüngling im römischen Überwurf und mittelalterlichen Schnabelschuhen die Posaune; er posiert als Allegorie des Krieges. Und zur Linken bietet eine glatt-geflügelte, bekränzte Jungfrau in antikem Faltenwurf dem Betrachter einen Lorbeerzweig und ein fruchtgefülltes Füllhorn dar; sie verkörpert den Frieden, ihrem Geschlecht gemäß.
Zu Häupten des Kaisers nebst Gefolge, auf dem nächsthöheren Sims, macht sich der Reichsadler breit, zungenbleckend, ordensgeschmückt, mit herrisch gespreizten Flügeln; ihm zu Füßen zieht sich ein Wappenkranz der reichsdeutschen Länder halbrund um den Sockel. Ein Stockwerk höher prunkt die Hauptinschrift in erhabenen Versalien:

‚ZUM ANDENKEN AN DIE EINMUETHIGE SIEGREICHE ERHEBUNG DES DEUTSCHEN VOLKES UND AN DIE WIEDERAUFRICHTUNG
DES DEUTSCHEN REICHES 1870–1871.'

Auf seitlichen Reliefs wird des ‚Aufbruches …‘ und der ‚Rückkehr der Krieger‘ an den heimischen Herd gedacht; kaum sichtbar zählen seitliche Inschriften hoch oben die Namen einschlägiger Schlachtfelder auf, von Metz über Sedan bis Paris. Als Krönung des viel sagenden Bildwerkes schließlich erhebt sich über alledem Germania: Ihren kraftvoll-athletischen Körper umspannt ein brustenger Panzer; darüber fällt ein schweres, faltenreiches Gewand, geziert von allerlei sagenhaftem Getier: Drachen, Raben, Schwäne, Adler. Die herrische Dame lehnt sich an einen Kaiserthron mit Adlerwangen; der linke Arm stützt sich auf ein lorbeerumschlungenes Schwert, der rechte hebt die Kaiserkrone – der Krone Karls des Großen nachempfunden – weithin sichtbar in die Höhe. Ihr wild gelocktes Haupt mit griechischem Profil schmückt, anders als das Schwert, kein römischer Lorbeer, sondern deutsches Eichenlaub. So wird die Stilmischung des Denkmals perfekt: Johannes Schilling, der Spätklassizist, lässt sich bei der Gestaltung seines Lebenswerkes kaum eine (Kunst-)Epoche entgehen.“ (Eichmann, Denkmale, S. 341f.)

**Zu Aufgabe 1, 392:**
Die Bestrebungen zur Errichtung des Denkmals begannen schon 1871, also gleich nach dem militärischen Sieg über Frankreich und der Gründung des Kaiserreichs. Es repräsentiert damit in seiner Entstehungsphase den zur Erfüllung gelangten Traum der Nationalbewegung: den Nationalstaat, weitgehend ohne aggressive Tendenzen. Errichtet wurde es allerdings erst nach dem Gründerkrach und in einer Zeit der Ausgrenzung einzelner Bevölkerungsgruppen durch politische Maßnahmen (Kulturkampf gegen katholische Kirche, Sozialistengesetz gegen aufkommende Sozialdemokratie). Die Funktion des Denkmals ist jedoch nicht der politische Kampf, sondern die Integration aller in der Idee der Nation. Das Niederwald-Denkmal enthält daher auch eine Reihe von nationalen Integrationsfaktoren und -symbolen: die Germania, die Erinnerung an die militärischen Siege gegen Frankreich, Bismarck, den Rhein, die Fürsten (also nicht nur Preußen) als Identifikationsangebote. Es war offenbar mit diesen Angeboten durchaus erfolgreich, wie M 7 betont (Zeile 18 ff.). Allerdings zeigt die Reichstagsabstimmung aus dem Jahr 1879 über die Bewilligung der noch fehlenden „Restsumme“ von 400 000 Mark (bei Gesamtkosten von knapp 1,2 Millionen Mark) die politische Spaltung des Nationalstaates: Für die Bewilligung der Gelder stimmten die liberalen und konservativen Parteien, dagegen votierten das Zentrum, die Sozialdemokraten, die Elsässer, Polen und Dänen sowie zwei linksliberale Abgeordnete – also alle diejenigen, die Probleme mit der Integration in den preußisch-kleindeutschen, protestantischen, undemokratisch verfassten Staat hatten oder bekamen.
Angesichts des wieder erstarkenden Frankreichs, das zum Teil auf eine Revanche für den verlorenen Krieg sann, verstärkten sich zudem die aggressiven Komponenten in der Deutung des Denkmals (siehe oben). Das sinnfälligste Beispiel hierfür ist die Tatsache, dass die Germania in der Rezeption des Denkmals als nach Westen, also in Richtung Frankreich schauend, wahrgenommen wurde, obgleich sie entsprechend der tatsächlichen Ausrichtung des Denkmals nach Südosten schaut: man nahm das Denkmal also nicht so, wie es war, sondern so, wie es in die aktuelle politische Situation bzw. für das eigene politische Interesse passte. Als Identifikationsobjekt eines integralen Nationalismus taugte es nur durch Umdeutung. Nipperdey ordnet es in seiner Typologie des Nationaldenkmals deshalb dem Typus des nationaldemokratischen Denkmals zu.

**Zu Aufgabe 5, S. 392:**
*Didaktisch-methodischer Hinweis:* Der Schülerwettbewerb Deutsche Geschichte um den Preis des Bundespräsidenten fand 1992/93 zu dem Thema „Denkmal: Erinnerung – Mahnung – Ärgernis" statt. 1996 ist der Katalog erschienen, der alle 585 preisgekrönten Arbeiten aus ganz Deutschland beschreibt und eine Fülle von Anregungen zum handlungs- und projektorientierten Umgang mit Denkmälern enthält.

- *Schülerwettbewerb Deutsche Geschichte um den Preis des Bundespräsidenten, Denkmal: Erinnerung – Mahnung – Ärgernis. Katalog der preisgekrönten Arbeiten. Band 10 – Wettbewerb 1992/93, Hamburg 1996.*
- *Vgl. auch die Zeitschrift zum Wettbewerb: Spuren suchen 6/1992 und 7/1993.*

Selbst wenn es in der unmittelbaren Umgebung der Schule kein großes Nationaldenkmal geben sollte, sind doch fast überall Kriegerdenkmäler – vornehmlich aus der Zeit nach 1870/71, 1918 und 1945 – zu finden, deren Entstehung und Gestaltung sowie heutige Nutzung ebenfalls kritisch unter die Lupe genommen werden könnte. Zu den Kriegerdenkmälern vergleiche als regionales Beispiel:
*Gerhard Schneider, „ … nicht umsonst gefallen“? Kriegerdenkmale und Kriegstotenkult in Hannover, Hannover 1991.*

**Notizen**

| Tafelbild zu Aufgabe 1, 391 | Merkmale des bürgerlichen Denkmals |
|---|---|

## Merkmale des bürgerlichen Denkmals

| | Bürgerliches Denkmal des 19. Jahrhunderts | Adlig-fürstliches Denkmal |
|---|---|---|
| **Auftraggeber** | bürgerliche Vereine | Höfe/Fürsten |
| **Objekte** | Dichter, Komponisten, Theologen | Fürsten, Feldherren (Politik, Militär) |
| **Ort** | Geburts- oder Wirkungsort | Residenzen |
| **Inschriften** | Verdienste oder Namen und Lebensdaten | ererbte Würden, traditionelle Lobesformen |
| **Darstellungsart** | historisch richtig, realistisch | allegorisch, symbolisch |

© 2000 Cornelsen Verlag, Berlin. Alle Rechte vorbehalten

# Kapitel 9: Internationale Politik im 19. Jahrhundert

## Auftaktseiten, Grundinformation, Darstellungen

### Auftaktseitenbild, 396 Honoré Daumier (1808–1879), Europäisches Gleichgewicht, Lithografie aus „Le Charivari", 3. April 1867

Honoré Daumier, Maler und Grafiker, arbeitete als Karikaturist etwa 35 Jahre für die Pariser Zeitung „Le Charivari" („Katzenmusik"), einem 1832 gegründeten, recht verbreiteten politisch-satirischen Blatt. Angesichts der Pressezensur – sowohl unter Louis Philippe als auch im „Zweiten Kaiserreich" unter Napoleon III. – musste sich Daumier vorwiegend auf Gesellschafts- und Sittenkarikaturen beschränken. Nachdem es jedoch seit Mitte der Sechzigerjahre zu einer Liberalisierung der Innenpolitik in Frankreich („Empire libéral") gekommen war, widmete der Künstler sich verstärkt der kritischen Auseinandersetzung mit der gegenwärtigen Politik. Zwischen 1866 und 1872 (letzte Bilder) veröffentlichte er im „Charivari" unter dem Titel „Actualités" ausschließlich politische Karikaturen, insgesamt etwa 500 Lithografien, zu denen auch die abgebildete gehört. Da die Blätter weiterhin zensiert wurden, war eine direkte Kritik an Napoleon III. weiterhin nicht möglich, doch machte es sich Daumier zur Aufgabe, auf drohende Kriegsgefahr hinzuweisen und zu internationaler Solidarität aufzurufen: Die steigenden Spannungen zwischen den europäischen Völkern, der wachsende Nationalismus in Europa wurden immer wieder thematisiert.
Um in einfachen Kompositionen abstrakte Verhältnisse ausdrücken oder „allgemein gültige" Mahnungen formulieren zu können, griff Daumier in den Arbeiten dieser Zeit häufig auf die Darstellung allegorischer Figuren zurück. So auch hier: Europa – mit panischem Gesichtsausdruck (aufgerissenen Augen und zum Aufschrei geöffnetem Mund) – versucht, auf einer bereits gezündeten Bombe das Gleichgewicht zu halten. Die Welt als vernichtendes Kriegsgerät. Die Beschränkung auf das Wesentliche – einzelne Figur, kaum Details, kaum Raumillusion, dazu eine harte Strichführung – führt zu außerordentlicher Eindringlichkeit der Darstellung.

### M, 398 und 400 Karten „Europäische Kolonialreiche bis 1830" und „Die Welt im Zeitalter des Imperialismus"

Beim Vergleich der beiden Weltkarten können die Schülerinnen und Schüler die Entwicklung der europäischen Kolonialreiche bis in das Zeitalter des klassischen Imperialismus (1880–1918) erkennen: vom Ausgangspunkt weniger kolonialer Stützpunkte oder verstreuter Herrschaftsbereiche insbesondere der „Vorreiter" Großbritannien, Niederlande und Portugal um 1830 (Karte S. 398) bis hin zu einer in Zeiten nationalistischer Antagonismen ab etwa 1880 angestrebten und vollzogenen flächendeckenden territorialen Beherrschung, die, mit der Gewinnung von Rohstoffquellen, Absatzmärkten und Ansiedlungsräumen begründet, schließlich zur Aufteilung der Welt, vor allem Afrikas, unter die europäischen Nationen führte (Karte S. 400).

### M, 399 Statistiken zur Rüstungspolitik zwischen 1879 und 1914

Die insbesondere seit dem letzten Drittel des 19. Jahrhunderts zunehmende nationalistische Konkurrenz europäischer Staaten, das permanente, sich teilweise in Kriegen entladende Konfliktpotential führten zu einer Hochrüstungspolitik, welche wiederum die Spannungen und Gegensätze in der europäischen Staatenwelt verschärfte – und 1914 schließlich im „Ausbruch" des Ersten Weltkriegs kulminierte.
Die Statistik der Militärausgaben der fünf europäischen Großmächte deutet dieses Konfliktpotentzial und auch die allgemeine Militarisierung der Gesellschaften zwischen 1880 und 1914 an: In diesem Zeitraum war eine Wachstumsrate der Militärausgaben von über 300 Prozent zu verzeichnen!
Im Detail ergibt sich ein Anstieg der Stärke der Landstreitkräfte (gelber Kasten), sowohl Friedens- als auch Kriegsstärke, bei den europäischen Mächten: Bei der „Seemacht" Großbritannien stieg die Zahl zwischen 1879 „nur" um 117 Prozent an und die prozentuale Erhöhung war im Vergleich zur „Landmacht" Deutschland noch relativ gering. Im gleichen Zeitraum stieg die Anzahl der Landstreitkräfte (Friedensstärke) im Deutschen Reich um 525 Prozent, wobei Deutschland 1913 in absoluten Zahlen die 13 fache Truppenzahl Großbritanniens besaß! Insbesondere die Statistik der Seestreitkräfte lässt Deutschlands durch Hochrüstungspolitik vorgetragenen Weltmachtanspruch erkennen, der zum Ziel hatte, die traditionelle Seemacht Großbritannien auch in ihrer Domäne zu überflügeln. Zwar besaß Großbritannien 1914 noch 24 Schlachtschiffe mehr, aber die Wachstumsraten des „Nachzüglers" Deutschland waren zwischen 1900 und 1914 wesentlich höher: 285 Prozent (Großbritannien immerhin noch 130 Prozent!).
Die Bearbeitung der Grafik sollte im Zusammenhang mit der im Text beschriebenen Flottenrüstungspolitik Deutschlands (Schülerband, S. 414) erfolgen, welche die allgemeine Krisensituation noch stark zuspitzte.

### M, 402 Stutzuhr mit „Apotheose auf den Wiener Kongress", um 1815

Der Begriff „Apotheose" bezeichnet ursprünglich die im Rahmen des römischen Herrscherkults unter Zeremonien erfolgende offizielle Vergöttlichung eines Kaisers. Als berühmteste bildliche Darstellung einer Apotheose gilt die des Antonius Pius und seiner Gattin Faustina (siehe Schülerband, S. 35), auf welcher der geflügelte Äon das Paar zu den Göttern geleitet. Der antike Bildtypus wurde in der Neuzeit zunächst von

Barockkünstlern aufgegriffen, die dessen wichtigste Elemente beibehielten. Spätere als Apotheosen bezeichnete Darstellungen, wie auch die hier abgebildete, zielen auf die Verherrlichung der dargestellten Fürsten ohne das für die antiken Bildprogramme wesentliche Motiv der Entrückung zu den Göttern aufzugreifen.

Die auf der Wiener Stutzuhr (gemeint sind kleinere, im Verhältnis zu Bodenuhren „gestutzt" wirkende Standuhren, die man z. B. auf Tische, Konsolen oder Nachtschränke stellte) festgehaltenen Herrscher werden in Beziehung gesetzt zu Herakles (Herkules) und Athene (Minerva), ohne jedoch eine Handlung zu konstruieren: Zar Alexander I., Kaiser Franz I. und König Friedrich Wilhelm III. sind nebeneinander stehend in der Mitte der als Portal ausgestalteten Frontseite des Gehäuses dargestellt, als würden sie sich – soeben aus einem Gebäude getreten – auf einer Treppe der Öffentlichkeit zeigen. Das von einem Sonnenmotiv eingefasste Zifferblatt der Uhr ist, fast wie ein überdimensionales architektonisches Versatzstück, auf dem Gehäuse platziert. Auf der linken Seite wird es von einer frei stehenden Heraklesfigur, die sich auf ihre Keule stützt und den Köcher neben sich abgelegt hat, flankiert. Auf der rechten Seite steht Athene mit Speer, Schild und Helm (mit Helmbusch). Die Spitze der Sonne ziert ein ineinander verschlungenes Adlerpaar, eine Anlehnung an die antike Apotheose-Zeremonie, in deren Verlauf man ein Feuer entfachte und – als Zeichen der Entrückung – einen Adler auffliegen ließ.

Herakles, der Halbgott, erlangte wegen seiner zahlreichen Heldentaten Götterstatus. Der Vorgang seiner Vergöttlichung kann als ein ursprünglicher Apotheosevorgang verstanden werden: Schwer verletzt entschloss sich Herakles zur Selbstverbrennung auf dem Berg Öta. Er entstieg jedoch den Flammen und wurde zu den Göttern entrückt, wo er Unsterblichkeit und ewige Jugend erlangte. Herakles wurde als Siegesheld zur Abwehr von Übel und als Retter in der Not angerufen.

Athene gilt als Schutzgöttin des Krieges, der Weisheit und der Künste. Im Gegensatz zum Kriegsgott Ares, der, wie es heißt, die blutige Schlacht liebt, steht Athene für den gerechten, maßvollen Kampf und wird mit Nike, der Göttin des Sieges, in Verbindung gebracht. Das Bild der tugendhaften Göttin dient der Verherrlichung der Ziele und Eigenschaften der dargestellten Fürsten, die auf dem Wiener Kongress an der Restauration der vorrevolutionären, ständischen Ordnung in Europa arbeiteten (siehe Darstellung S. 401ff.): Dem Gebrauchsgegenstand Uhr kommt hier die Funktion der Vermittlung ideologischer Botschaften zu.

### M, 405
### Karte „Europa nach dem Wiener Kongress 1815"

Die Karte veranschaulicht das im Text (Schülerband, S. 401 ff.) erörterte „Kongresssystem", das als Friedensordnung auf ein Gleichgewicht der fünf europäischen Großmächte Russland, Österreich-Ungarn, Deutschland, Großbritannien und Frankreich (Pentarchie) abzielte.

Während der 1. Pariser Frieden (30. Mai 1814) die Grenzen Frankreichs auf den Stand von 1792 (revidiert durch den 2. Pariser Frieden vom 20. November 1815 auf den Stand von 1789) festgelegt und die der süddeutschen Rheinbundstaaten durch Sonderverträge (Bayern, Vertrag von Ried, 8. Oktober 1813) mit Österreich garantiert worden waren, entstanden im Osten schwere Differenzen wegen Russlands Anspruch auf den größten Teil Polens (der Hauptteil des Herzogtums Warschau, „Kongresspolen", wurde auf Kosten Preußens mit Russland vereinigt). Als Entschädigung beanspruchte dieses ganz Sachsen, da Friedrich August I. bis zur Völkerschlacht bei Leipzig auf Seiten Napoleons gestanden hatte. Dagegen sprachen sich Österreich, England und Frankreich aus, die am 3. Januar 1815 ein Bündnis gegen Preußen schlossen. Sachsen wurde schließlich geteilt; Preußen erhielt den größeren nördlichen Teil und als weitere Entschädigung das Rheinland, Westfalen und Pommern. Österreich verzichtete auf seine alten Besitzungen am Oberrhein und auf die Österreichischen Niederlande (die – auf Betreiben Großbritanniens – mit den Generalstaaten zum Königreich der Vereinigten Niederlande zusammengeschlossen wurden), sicherte sich jedoch mit dem Lombardo-Venezianischen Königreich die Vorrangstellung in Italien und mit Galizien und der Bukowina eine beherrschende Rolle im Donauraum. Norwegen, das sich von Dänemark losgesagt hatte, musste die Vereinigung mit Schweden hinnehmen.

### M, 409
### Prophezeiungen des Papagallo über Europa für das Jahr 1877, Ende 1876

Der Karikaturist des „Papagallo" entwirft zum Ende des Jahres 1876 vor dem Hintergrund der andauernden Konflikte der europäischen Großmächte („Krieg-in-Sicht-Krise", 1875, und Balkankrise, 1875/76) eine düstere Vorschau auf das kommende Jahr, in welchem der Russisch-Türkische Krieg begann. Indem er eine Landkarte, auf der die europäischen Länder nummeriert und beschriftet sind, zeichenhaft bevölkert, weist er auf die Interessen der einzelnen Regierungen an Europa hin.

Der Blick des Betrachters fällt zunächst auf den in der oberen Bildmitte stehenden schwarzen Magier mit erhobenem Zauberstab, um den sich eine Schlange windet. Er steht in einem Bannkreis aus Todessymbolen wie Kanonenkugeln und Totenschädel, von dem aus er die anderen Akteure auf der „Bühne" Europa zu lenken scheint. Sein mit dem Adler geschmücktes Gewand sowie die Beschriftung „Prussia" verdeutlichen, dass Bismarck in der Rolle des Unheil bringenden Regisseurs der europäischen Großmächte gemeint ist. Neben ihm ist eine auf einer Weltkugel hockende Eule platziert, die als Hinweis auf den vermeintlichen Anspruch des Deutschen, mit seiner Weisheit das krisengeschüttelte Europa ins Gleichgewicht bringen zu können, zu verstehen ist. Das Gesicht des Zauberers ist auf den von rechts auf ihn zutappenden weißen Bären gerichtet, der – als größte Figur auf der europäischen Landkarte – Russland darstellt. Mit Gehrock und Zylinder festlich bekleidet scheint er dem preußischen Magier eine Flasche, in der Blumen stecken, überreichen zu wollen. Zwischen beiden kniet ein schreiender polnischer Soldat, auch er dem Magier zugewendet. Lädierte Vogelscheuchen, z. T. in abgerissenen Uniformen, weisen auf die unsichere Lage Polens zwischen den Großmächten Deutsches Reich, Russland und Österreich-

Ungarn hin. Die Doppelmonarchie wird durch zwei Szenen repräsentiert, in denen die Hauptakteure, ein fiedelnder Musiker und ein Liebeswerber, von ihren jeweiligen Adressaten verschmäht werden, Hinweis auf die unsicheren Positionen der liberalen Regierungen in Österreich und Ungarn in der zweiten Hälfte der Siebzigerjahre.
Das Pendant zum Schwarzen Magier findet sich in der Teufelsfigur, die auf dem Balkan auf den Ruinen einer Stadt ein Feuer entfacht hat und menschliche Gestalten in seinem brodelnden Kessel schwenkt. Die Bewohner der angrenzenden Regionen senden Hilferufe nach Italien, das jedoch für die Probleme der Balkanregion nicht offen zu sein scheint. Während der Teufel sein Feuer in Gang hält, wendet sich der Türke vom Balkan ab und zieht sich über den Bosporus in seine Heimat zurück, doch behält er die Ereignisse auf dem Balkan im Auge. Während Südosteuropa von Krisen geschüttelt ist, sind die Kanonen Großbritanniens über die Meere gerichtet, weg vom europäischen Kontinent. Britannia, die statt eines Kopfes ein Schiff auf ihren Schultern trägt, verweist auf die kolonialen Bestrebungen der Briten und ihre Position als Seemacht. Auch Frankreich hat sich vom Geschehen in Mittel- und Osteuropa abgewandt. Während in der Mitte des Landes ein Betrunkener damit beschäftigt ist, seinen Rausch auszuschlafen, ist in der südlichen Region eine modisch gekleidete junge Frau mit Nähen befasst. Ein Soldat auf Stelzen hält ein Fernrohr auf Nordafrika gerichtet, um verfolgen zu können, wie der Präsident der Dritten Republik, Marschall Mac Mahon, in Algerien hofiert wird.

### M, 411
### Anton von Werner, Der Kongress zu Berlin (Schlusssitzung des Berliner Kongresses, 13. Juli 1878), ehemals Wandbild im Festsaal des Berliner Rathauses, 1881

Das 1881 fertig gestellte Monumentalgemälde Anton von Werners, der seit 1875 die Position des Direktors der Berliner Akademie der Künste innehatte und als bevorzugter Maler des Kaiserreichs gilt, war 1878 vom Magistrat der Stadt in Auftrag gegeben worden. Dem Gemälde war eine Erklärungstafel beigefügt, auf der die abgebildeten Kongressteilnehmer namentlich genannt wurden.
Von Werner hebt die von Bismarck angestrebte Rolle als „ehrlicher Makler“ hervor (zum Hintergrund siehe Autorentext, S. 411f.), als derjenige, der die Mächte auf dem europäischen Kontinent als neutraler Vermittler wieder ins Gleichgewicht bringt. Er unterstreicht damit das außenpolitische Ansehen des Deutschen Reichs. Dass der Bestimmungsort des Gemäldes der Festsaal des Berliner Rathauses war, betont darüber hinaus auch die lokalgeschichtliche Bedeutung, die dem Kongress beigemessen wurde.
Dem Blick des Betrachters eröffnet sich eine bühnenartige Inszenierung des Schlussakts: Der Ort des Geschehens – es ist der Mittelsaal des Reichskanzlerpalais – ist in vollkommen symmetrisch angelegter Zentralperspektive wiedergegeben; die Delegierten Russlands, Englands, Österreich-Ungarns, Frankreichs, Italiens und der Türkei scheinen wie Schauspieler vor Publikum zu agieren.
Der Maler hatte dem Kongress als Beobachter beigewohnt und eine Reihe von Figurenskizzen angefertigt. Einige der Teilnehmer hatten noch bis ins Jahr 1881 für Porträtsitzungen zur Verfügung gestanden. Auf ausdrücklichen Wunsch Anton von Werners, der den repräsentativen Charakter des Vorgangs betonen wollte, waren zum feierlichen Schlussakt des Kongresses alle Abgesandten uniformiert erschienen, wohingegen die Verhandlungen in Zivil geführt worden waren. Festgehalten wurde der Moment nach Unterzeichnung der Verträge: Die Delegierten haben sich von ihren Plätzen erhoben; Bismarck hält noch die Schreibfeder in der linken Hand.
Unter Berücksichtigung ihrer politischen Bedeutung wurden die Teilnehmer in drei Gruppen komponiert: Hinter dem Konferenztisch befinden sich die weniger einflussreichen Abgesandten, wobei die türkische Delegation am rechten Bildrand eine exponiertere Position erhielt. Vor dem Tisch sind die zwei Hauptgruppen platziert: Am linken Bildrand sind – sitzend – der russische Kanzler und Außenminister Gortschakow zu erkennen, ihm zugewandt – stehend, auf einen Stock gestützt – der britische Premierminister Disraeli sowie der österreichisch-ungarische Botschafter in Berlin, Károly. In der Bildmitte schließlich die Gruppe Andrássy – Bismarck – Schuwalow. Der russische Delegierte Graf Schuwalow, der eigentliche Verlierer des Kongresses, schüttelt dem deutschen Reichskanzler im Beisein des Außenministers Österreich-Ungarns die Hand, eine Geste der Anerkennung seiner Vermittlungsleistung. Im Nachhinein beurteilten Historiker das Modell Bismarcks jedoch als Ursprung deusch-russischer Entfremdung, die schließlich zu einer Wende der deutschen Außenpolitik führen musste (siehe Essay, Schülerband, S. 441f.).

### M, 415
### Karten „Bündnissysteme“

Die Karten dienen zur Veranschaulichung des im Text dargestellten Bismarck'schen Bündnissystems (Schülerband, S. 412), seines Zusammenbrechens und des Entstehens zweier gegeneinander gerichteter Mächtegruppen: Dreibund und Entente, welche dann die Hauptkonfliktparteien im Ersten Weltkrieg bildeten.
Der „Rückversicherungsvertrag“ zwischen Deutschland und Russland (linke Karte) ist über lange Jahre in der Geschichtsschreibung als Kern des Bismarckschen Bündnissystems angesehen und vielleicht überschätzt worden. Er war ein 1887 auf drei Jahre geschlossener Geheimvertrag, der beide Mächte gegenseitig zu wohlwollender Neutralität im Kriegsfall verpflichtete. Ausgenommen waren ein Angriffskrieg Deutschlands gegen Frankreich und einer Russlands gegen Österreich. In einem geheimen Zusatzprotokoll wurden u. a. die russischen Interessen an Konstantinopel und den Meerengen anerkannt. Er sollte in einer für Deutschland im Osten und Westen gleich kritischen Situation als Notlösung dazu beitragen, durch „Rückversicherung“ das Kriegsrisiko zu vermindern. Von Bismarcks Nachfolger Caprivi wurde er nicht erneuert. Sein Wortlaut wurde erst 1919 bekannt.
Beim Dreibund von 1882 handelte es sich um ein geheimes Verteidigungsbündnis zwischen dem Deutschen Reich, Öster-

reich-Ungarn und Italien – in Erweiterung des deutsch-österreichischen Zweibunds von 1879. Italiens Stellung im Dreibund änderte sich mit den wachsenden deutsch-englischen Spannungen, dem – nach Auslaufen des „Rückversicherungsvertrags“ möglichen – Entstehen des französisch-russischen Bündnisses 1894 (rechte Karte), der englisch-französischen Entente 1904, der englisch-russischen Annäherung und dem 1907 vollzogenen Beitritt Russlands zur Entente, mit dem die so genannte „Tripel-Entente“ entstand. 1915 verließ Italien dann den Dreibund und erklärte Österreich-Ungarn und dem Deutschen Reich den Krieg.

**Notizen**

## Basismaterialien

### M 1, 418
### Aus einer Zirkulardepesche des britischen Außenministers Castlereagh (1769–1822) von 1816

*Zur Person:* Robert Stewart, Viscount Castlereagh, seit 1821 2. Marquess of Londonderry, war 1805/06 und 1807–09 Kriegsminister, leitete seit 1812 als Außenminister die britische Politik gegen Napoleon I. Er setzte sich 1815 auf dem Wiener Kongress für ein europäisches Mächtegleichgewicht ein.

*Zur Quelle:* Das Hauptziel der von ihm geleiteten britischen Außenpolitik war die Schaffung und Verteidigung einer europäischen Friedensordnung im Sinne eines Kriege verhindernden Gleichgewichtssystems, in dem die vier Siegermächte der Koalitionskriege – unter maßgeblicher Beteiligung Großbritanniens – einen vertraglich fundierten Interessenausgleich finden sollten. Einig war dieses Europa der Anciens Régimes und der Höfe in seiner Abwehr revolutionärer Umtriebe, die als Gefahr für den Bestand der politischen Ordnung angesehen wurden und die man meinte, mit Napoleon endlich besiegt zu haben. In diesem Sinne des Bewahrens der alten Ordnung ist Castlereaghs Standpunkt „konservativ".

Die besondere Rolle der Großmächte im neuen Gleichgewichtssystem wird damit begründet, dass sie maßgeblichen Beitrag bei der Bezwingung des revolutionären Frankreich geleistet hätten. Dabei wird deutlich, dass im Falle der Bedrohung des politischen Systems der Einsatz militärischer Mittel als legitim angesehen wurde, im Sinne des Clausewitzschen Satzes der „Fortsetzung der Politik mit anderen Mitteln".

### M 2, 418 f.
### Fürst Metternich (1773–1859), 1826

*Zur Person:* Klemens Wenzel Fürst von Metternich stammte aus einer aus rheinischem Uradel hervorgegangenen Adelsfamilie, erhielt 1803 die Reichsfürstenwürde und wurde 1813 in den (erblichen) österreichischen Fürstenstand erhoben. Er wurde 1801 Gesandter in Dresden, 1803 in Berlin, 1806 Botschafter in Paris und nach der Niederlage Österreichs 1809 Außenminister. Durch geschickte Politik gegenüber Napoleon I., dessen Heirat mit der Königstochter Marie Louise er unterstützte, verschaffte er zunächst Österreich eine Atempause. Im Sommer 1813 übernahm er durch Anschluss an die preußisch-russische Allianz die diplomatische Führung in der letzten Phase des Kampfes gegen Napoleon (Befreiungskriege), wirkte auf dem Wiener Kongress von 1815 führend an der Neuordnung Europas mit, betrieb erfolgreich die Restauration der vorrevolutionären Ordnung und sicherte Österreich die Vormachtstellung im Deutschen Bund und in Italien.

*Zur Quelle:* Sein politisches Ziel, die Erhaltung der staatlichen Ordnung von 1815, Unterdrückung revolutionärer Bewegungen und Sicherung des Gleichgewichts der Mächte (Metternichsches System), verfolgte er, wie die Quelle deutlich macht, konsequent. Dabei stützte er sich auf die Heilige Allianz (deutsches und österreichisches Kaiserreich und russisches Zarentum) auf den europäischen Kongressen in Aachen 1818, Troppau 1820, Laibach 1821, Verona 1822.

Wie Castlereagh ging es dem Staatsmann also um die Bewahrung der Adelsgesellschaft, die Bekämpfung des „revolutionären Geistes", wobei sein Ton 1826 aggressiver, kämpferischer und schärfer war als beim britischen Außenminister 1816. Die bissigere Rhetorik hatte vor allem mit der Verschärfung der innenpolitischen Situation in den Staaten des Deutschen Bundes und insbesondere im Vielvölkerreich Österreich-Ungarn ab 1817 zu tun, aber auch damit, dass in England in der Staatsform der konstitutionellen Monarchie seit 1689 eine Art „Klassenausgleich" zwischen Krone, Adel und Bürgertum (City of London) erreicht worden war – und die Auseinandersetzungen dort nicht diese Schärfe hatten wie z. B. in Österreich-Ungarn.

In dem Jahrzehnt, bevor Metternich diese Rede hielt, hatte er bereits – zum Schutz von Thronen und Altären – mit strenger Polizeiherrschaft alle nationalen und liberalen Strömungen bekämpft und unterdrückt (Karlsbader Beschlüsse 1819).

Sein starrer Konservatismus trug zur krisenhaften Entwicklung bei, die 1848 zur Revolution führte. Am 13. März 1848 wurde er als Exponent der Reaktion gestürzt und floh ins Ausland (Rückkehr 1851).

### M 3, 419
### Außenminister George Canning, 1826

*Zur Person:* George Canning (1770–1827), 1807–1809 und ab 1822 Außenminister, 1827 Premierminister, unterstützte als Gegner Metternichs die nationalen und liberalen Bewegungen in Europa und erkannte 1826 die Unabhängigkeit der spanischen Kolonien in Südamerika an.

Im Namen der Nicht-Einmischung richtete sich Canning „gegen die Anstrengungen irgendwelcher Macht", Einfluss auf die inneren Angelegenheit der Portugiesen zu nehmen, und drohte sogar mit Intervention.

Der Politiker stand für liberalistische Außenpolitik und nationales Selbstbestimmungsrecht – revolutionäre Forderungen – und musste damit in eine gewisse Gegnerschaft zu den traditionellen Bewahrern der „alten Ordnung" geraten, vor allem zu den staatlichen Repräsentanten Österreich-Ungarns und Russlands, die „explosiven" Vielvölkerstaaten vorstanden.

*Zum historischen Hintergrund:* 1820 führte die portugiesische Armee eine Revolution an, die zu einer verfassungsmäßigen Regierung führen sollte. Nachdem sich König Johann VI. damit einverstanden erklärt hatte, als konstitutioneller Monarch aus Brasilien nach Portugal zurückzukehren, machte er seinen Sohn Dom Pedro zum Regenten über Brasilien. 1822 verkündete Brasilien unter Peter I. (Dom Pedro) seine Unabhängigkeit. Inzwischen rief Peters Bruder, Dom Miguel (Michael), die Befürworter der absoluten Monarchie dazu auf, die Anhänger der konstitutionellen Monarchie zu stürzen. Am 30. April 1824 war ein Aufstand unter der Führung des Prinzen fast erfolgreich. König Johann VI. gelang es jedoch, an der Macht zu bleiben; Dom Miguel ging ins Exil nach Wien. 1826 übernahm Peter I. von Brasilien als Peter IV. den Thron von Portugal. Er setzte eine Verfassung in Kraft, die eine parlamentarische Herrschaft vorsah, die dem König mehr Rechte einräumte, und dankte anschließend zugunsten seiner Tochter Maria II. da Gloria ab. Miguel kehrte 1828 aus Wien zurück. Während seiner Regentschaft für Maria II. übernahm er den Thron. Es folgte eine Periode ständiger innerer Unruhen. Mit Hilfe von England, Frankreich und Spanien bestieg Maria II. 1834 wieder den Thron. Politische Konflikte kennzeichneten ihre Regentschaft: Es kam zu Auseinandersetzungen zwischen den Setembristen, die die Verfassung von 1822 befürworteten, und den Cartisten, die für die Charta von 1826 plädierten. Unter Marias Nachfolgern (Peter V., 1853–1861; Ludwig I., 1861 –1889) ließen die politischen Streitigkeiten nach.

### M 4, 419 f.
### Otto von Bismarck (1815–1898), 1877

*Zur Person:* Nach Tätigkeit als preußischer Gesandter am Frankfurter Bundestag, in St. Petersburg und einem kurzen Zwischenspiel als Botschafter in Paris wurde Bismarck am 8. Oktober 1862 von König Wilhelm I. zum preußischen Ministerpräsidenten ernannt. Nach dem französisch-preußischen Krieg wurde er 1871 bis zu seiner Entlassung 1890 deutscher Reichskanzler.

Gegenüber den von Bismarck nicht unverschuldeten innenpolitischen Dauerkrisen (z. B. Auseinandersetzung mit dem politischen Katholizismus im „Kulturkampf" in den 70er-Jahren, Bekämpfung der Sozialdemokratie im Sozialistengesetz 1878–1890) war seine Außenpolitik 1871–1890 eher defensiv und friedliebend; sie zielte auf die Isolierung Frankreichs, auf die Annäherung an Österreich-Ungarn und auf gute Beziehungen zu Russland. Ausdruck dafür war ein immer kunstvoller gewobenes Bündnissystem, das ausging von dem nach dem Berliner Kongress geschlossenen Zweibund mit Österreich-Ungarn (1879) und über die Hauptstationen des Dreibundes (1882) und des Mittelmeerabkommens (1887) zum Rückversicherungsvertrag (1887) mit Russland führte. Bismarck wurde am 20.3.1890 wegen persönlicher und sachlicher Gegensätze von Kaiser Wilhelm II. entlassen.

Auch Bismarck ging in seinen außenpolitischen Überlegungen noch vom Ideal einer europäischen Gleichgewichtsordnung aus, wobei Deutschland in einem austarierten System von Verträgen und Bündnissen wie eine Spinne im Netz die anderen europäischen Großmächte von sich abhängig zu machen schien (vgl. Schülerband, S. 412). Auf solche Weise sollte eine antideutsche Koalition („cauchemar des coalitions") verhindert und vor allem auch die Isolierung Frankreichs als Hauptkonkurrent, ja Hauptfeind, erreicht werden. Dieses Ziel einer deutschen Gleichgewichtspolitik versuchte Bismarck insbesondere unter Ausnutzung der Rivalität der Mächte und teilweiser Berücksichtigung ihrer Interessen zu erreichen (vgl. Zeilen 31–41), wobei er die Spannungen europäischer Staaten im Zentrum auch durch ihre Ableitung in die Peripherie vermindern wollte (vgl. Zeile 29f.).

### M 5, 420
### Benjamin Disraeli am 24. Juni 1872

*Zur Person:* Benjamin Disraeli (1804–1881), Earl of Beaconsfield (seit 1876), britischer Politiker und Schriftsteller jüdischer Herkunft, trat 1817 der anglikanischen Kirche bei, wurde 1837 Abgeordneter und 1848 Führer der Konservativen im Unterhaus. Als Schatzkanzler (1852, 1858–59 und 1866–68) setzte er die Wahlrechtsreform von 1867 durch, womit er die Stimmen der nun wahlberechtigten Arbeiter zu gewinnen hoffte. Als Premierminister (1868 und 1874–80) verband er seine konservativen Ideen mit dem imperialistischen Gedanken, den er außenpolitisch verwirklichte. 1875 erwarb er die Mehrheit der Sueskanalaktien für Großbritannien, 1876 veranlasste er die Erhebung der Königin Viktoria zur Kaiserin von Indien, 1878 trat er auf dem Berliner Kongress Russlands Balkanplänen erfolgreich entgegen und erreichte von der Türkei die Abtretung Zyperns. Innenpolitisch bedeutsam waren 1875 Gesetze zur Verbesserung des Gesundheitswesens und zur Sicherstellung des rechtlichen Status der Gewerkschaften.
*Zur Quelle:* Disraeli ist als Konservativer ein scharfer Kritiker des Liberalismus, dem er eine Desintegrationspolitik des Empire vorwirft. Dabei hätte er sich beim Übergang zu einer liberaleren Kolonialpolitik Maßnahmen gewünscht, die „die Kolonien in feste und dauernde Beziehungen zur Regierung des Mutterlandes" gebracht hätten. In traditioneller imperialistischer Manier und vor dem Hintergrund der zunehmenden politischen und ökonomischen Konkurrenz europäischer Mächte werden die abhängigen Gebiete, vor allem Indien, als selbstverständliches Betätigungsfeld Großbritanniens definiert.

### M 6, 421
### „Frankreich wird Marokko Kultur, Wohlstand und Frieden bringen können." Titelseite aus der französischen Zeitschrift „Le Petit Journal", 19.11.1911

Marianne, Personifikation der Liebe zur französischen Republik und Symbolgestalt der Freiheit, betritt majestätisch den Boden Marokkos. Über ihrer Jakobinermütze trägt sie einen Lorbeerkranz, eine blau-weiß-rote Bordüre ziert ihr Gewand. Aus einem Füllhorn in ihrer linken Hand fallen Goldmünzen herab, den rechten Arm streckt sie mit gebieterischer Geste aus. Ihr Kopf ist von einem Strahlenkranz umgeben, der sich schemenhaft vom golden schimmernden Himmel abhebt. Sie durchschreitet eine Gruppe von Einheimischen, die ehrfurchtsvoll zu ihr aufblicken und Gesten der Anbetung vollziehen. Während im rechten unteren Bildbereich zwei Lesende von ihrem Buch aufblicken, wendet sich ein von links kommender, pflügender Mann ihr zu. Um die übermenschliche Erscheinung der Marianne zu betonen sind die Einheimischen sehr viel kleiner dargestellt als sie. Im Hintergrund rechts weist ein französischer Soldat auf die Szene.

Die Botschaft der Darstellung ist unmissverständlich: Frankreich bringt Marokko nicht nur materiellen Reichtum, nach dem die Einheimischen nur die Hand ausstrecken müssen, sondern vermittelt auch Bildung und wirtschaftliche Technologien, was begrüßt und geschätzt wird. Der Export französischer Produkte – wie landwirtschaftliche Geräte und Bücher – erscheint hier als Akt der „Entwicklungshilfe“. Frankreich – als „überlegene Rasse“ – kommt seiner Pflicht nach, ein „barbarisches“ Volk der „unterlegenen Rasse“ zu zivilisieren (vgl. M 7).

### M 7, 421
### Rede von Jules Ferry am 28. Juli 1885

*Zur Person:* Ferry (1832–1893), Linksrepublikaner, Abgeordneter seit 1869, bekämpfte als Unterrichtsminister (1879–1883, mit Unterbrechungen) den Einfluss der geistlichen Orden im Schulwesen. Als Ministerpräsident (1880–1881 und 1883–1885) betrieb er die Ausdehnung des französischen Kolonialreichs (Tunis, Madagaskar, Tongking).
Das zentrale hier angeführte „Argument“ für eine „maßvolle Kolonialpolitik“ ist die Sicherung von Absatzmärkten für französische Produkte – zumal vor dem Hintergrund einer Schutzzollpolitik konkurrierender Mächte. Dabei wird der Zusammenhang zwischen industrieller Massen- und Überproduktion und einer aus ökonomischen Zielsetzungen verfochtenen imperialistischen Suche nach Absatzmärkten deutlich.
Anders als in Disraelis Argumentation wird bei Ferry der Imperialismus als eine ‚zivilisatorische‘ Aufgabe der „überlegenen Rassen“ gegenüber den „unterlegenen Rassen“ bemäntelt. Der Rassismus als verhängnisvolle politische Rechtfertigungsideologie fand gerade in dieser Zeit weite Verbreitung.

### M 8, 421 f.
### Albert J. Beveridge 1898 zu den Zielen amerikanischer Politik

Der republikanische Politiker Beveridge (1862–1927) argumentiert ähnlich wie Ferry (M 7) ökonomisch: Für die Überproduktion amerikanischer Güter müssen Absatzmärkte gefunden werden. „Welthandel“, „Handelsstützpunkte“, „Handelsmarine“ „Kolonien“ und, zur Absicherung, „Kriegsmarine“ sind die Stichworte. Die geplante ökonomisch-territoriale Expansion der USA wird wie bei Ferry als zivilisatorische (und humanitäre) Leistung verklärt.

### M 9, 422
### Baronin Spitzemberg in ihrem Tagebuch

Das Hauptmotiv des deutschen „Griffs nach der Weltmacht“ war die Vormachtstellung Großbritanniens – vor allem in dessen traditioneller Domäne der Flottenpolitik – zu brechen, durch die Schaffung einer stabilen ökonomischen Grundlage („Bevorzugung der Industrie“). Genau wie in der Quelle 7 wird der Zusammenhang zwischen Innen- und Außenpolitik deutlich: bei Ferry als Suche nach Absatzmärkten für heimatliche Produkte, hier die Herstellung einer gesunden ökonomischen Basis in Deutschland, um seine außenpolitischen Manöver zu finanzieren.
Die zunehmende Konkurrenz und Konfrontation europäischer Mächte verschärfte das Klima der internationalen Beziehungen – bis hin zum letztendlichen Kriegsausbruch im Sommer 1914.
Die Baronin argumentiert „konservativ“ und erkennt hellsichtig die Gefahren für den Bestand der alten Ordnung, die im „Größenwahn“ der von Kaiser Wilhelm II. betriebenen ehrgeizigen Politik liegen.

### M 10, 422 f.
### Bertha von Suttner 1912

*Zur Person:* Bertha Freifrau von Suttner (1843–1914), geborene Gräfin Kinsky, österreichische Pazifistin und Schriftstellerin, gewann mit dem sozialethisch-pazifistischen Roman „Die Waffen nieder!“ (2 Bde., 1889) weite Kreise für die pazifistische Bewegung. Sie gründete 1891 die „Österreichische Gesellschaft der Friedensfreunde“ (seit 1964 Suttnergesellschaft) und war Vizepräsidentin des „Internationalen Friedensbureaus“ in Bern. Sie erhielt den Friedensnobelpreis 1905.
*Zur Quelle:* Suttner geht es in der Quelle um das Zurückdrängen der Gewalt aus den internationalen Beziehungen, um die „Einsetzung von Rechtsverhältnissen zwischen den Staaten“, wobei die ökonomische Interdependenz der Nationen Kriege zu einem Anachronismus werden ließe. Diese Argumente klingen sehr „modern“ und sie sind nach 1945 durch die Schaffung internationaler Organisationen (UNO) ansatzweise verwirklicht worden. Im Sinne Suttners sind insbesondere zwischen den so genannten G 7-Staaten der entwickelten westlichen Welt heutzutage militärische Auseinandersetzungen sehr unwahrscheinlich geworden, und dies nicht nur wegen ihrer ökonomischen Interdependenz.

### M 11, 423
### Karte: „Internationale Kapitalströme“

Deutlich zeigt sich in der Karte die unangefochtene Vormachtstellung Großbritanniens in ökonomischer Hinsicht, die hier an den weltweiten Kapitalströmen deutlich wird. Es folgen Frankreich und Deutschland, deren Kapitalströme sowohl nach Umfang als auch nach Reichweite bescheidener ausfallen.
Die Schwerpunkte liegen bei Großbritannien überseeisch und sind global orientiert (USA, Südamerika, Südafrika, Indien, Australien), bei Frankreich und Deutschland – trotz Kolonien und einzelner überseeischer Engagements – im europäischen Raum. Insbesondere Frankreichs zentrale Rolle beim Aufbau eines Eisenbahnnetzes in Rußland deutet sich in der Karte an.

**Notizen**

# Arbeitsteil
# Das napoleonische Europa

### M 1, 424
### Karte „Europa unter napoleonischer Herrschaft“

*Methodisch-didaktischer Hinweis:*
Anhand der Karte und unter Verwendung der Zeittafel (Schülerband, S. 398) sollen die Schülerinnen und Schüler zentrale Ereignisse und Entwicklungslinien des kontinentalen Herrschaftssystems unter Napoleon beschreiben und dabei als Einstieg einen ersten Überblick erhalten: Frankreich als Kaiserreich, Rheinbund, Kontinentalsperre, Russlandfeldzug etc.

### M 2, 424
### Rheinbundakte von 1806

Der Auszug aus der Rheinbundakte (M 2) macht deutlich, dass die unter Napoleon vollzogene „Trennung“ deutscher Staaten vom Deutschen Reich (und sein Zusammenbruch) auf die Schaffung eines vom französischen Kaiser dominierten Bündnis- und Herrschaftssystems zielte, bei dem vor allem der Zugriff auf die militärischen Ressourcen wichtig war. Die klaren Bestimmungen zu den Truppenkontingenten der Bündnisstaaten zeigen dies.

### M 3, 424 f.
### Schreiben Napoleons von 1806

Bei der Schaffung eines Systems ihm ergebener Staaten und Führer und zur Aufrechterhaltung von „Stabilität“ setzte Napoleon nach Gutdünken auch seine Familienmitglieder ein (M 3), wie im Fall Hollands Louis.
Hintergrund von M 3 ist die gegen Großbritannien gerichtete Kontinentalsperre von 1806, mit der Napoleon seinen Hauptgegner wirtschaftlich in die Knie zwingen wollte und auf die der russische Zar verpflichtet wurde. Der in der Quelle zum Ausdruck kommende Unmut Napoleons resultierte daraus, dass Russland die Maßnahmen sukzessive (etwa ab 1810) unterlief. Napoleon drohte offen mit der Armee, um die in St. Petersburg (angeblich) herrschende englische Partei zu vernichten. Der Streit zwischen Napoleon und dem russischen Zaren wurde auch dadurch angeheizt, dass das Großherzogtum Oldenburg (seit 1808 Mitglied des Rheinbundes) 1811 zur besseren Durchsetzung der Kontinentalsperre von französischen Truppen besetzt wurde und der Großherzog Peter Friedrich Ludwig zu seinem Neffen (!), dem russischen Zaren Alexander I., nach Petersburg fliehen musste.

### M 4, 425
### Schreiben Napoleons von 1811

Insbesondere in M 4 zeigt sich die im wahrsten Sinne des Wortes selbstherrliche, also eigentlich autokratische, Herrschaft Napoleons (vgl. Zeile 6f.), die sich ohne kontrollierende Instanzen vollzieht. Das Gleiche gilt für die allein durch den Willen Napoleons bestimmte Ein- und Absetzung von Führungspersonal – teilweise aus der Familie des Kaisers (M 3).
Napoleon geht – im Bewusstsein der Werte der Französischen Revolution – ganz selbstverständlich von der herausragenden Rolle Frankreichs im Staatensystem und seiner kulturell dominierenden Stellung aus: Dies wird in des Kaisers Gegenüberstellung der 1500-jährigen Tradition der „grande nation“ mit der „Grausamkeit“ und „Barbarei“ Russlands deutlich (M 4). Dies sollte schließlich die alten Führungsmächte Europas, Großbritannien, Russland, Österreich, Preußen, auf den Plan rufen.

### M 5, 425
### Brief Napoleons an Polizeiminister Fouché von 1805

Die von Napoleon direkt bei seinem Polizeiminister, dem aus der Zeit jakobinischer Schreckensherrschaft 1793/94 berüchtigten Fouché, angeordnete Pressezensur spricht für eine partielle Abkehr von einem zentralen Grundsatz der durch die Französische Revolution proklamierten Freiheit, nämlich der öffentlichen Meinung und der Presse.
Neben den Tendenzen uneingeschränkter Machtausübung im Empire und der partiellen Abkehr von demokratischen Grundsätzen bedeutete vor allem die Erstellung und Einführung des so genannten „Code Napoleon“ einen Fortschritt: Z. B. auch in Teilen der Rheinbundstaaten konnten feudale Rechte aufgehoben werden, Leibeigenschaft und Gesindezwang entfielen, die rechtliche Stellung der Bauern verbesserte sich.

### M 6, 425 f.
### Königliches Dekret von 1808

Auch die Juden (M 6) waren durch die im Code dekretierte Besserstellung positiv betroffen; die juristische Grundlage für ihre Emanzipation wurde geschaffen. Der Code blieb auch nach Beendigung der napoleonischen Herrschaft oftmals bestehen, weil die mit ihm gesetzten Formen moderner Rechtlichkeit und Staatlichkeit sich den alten Zuständen als überlegen und als in die Zukunft weisend gezeigt hatten.
*Zum Hintergrund des Code Civil:* Der Code Civil, auch Code Napoléon genannt, war ein französisches Gesetzbuch des bürgerlichen Rechtes (entstanden 1804–1807). Eine erste Fassung entstand 1793 nach dem Beginn der Französischen Revolution und hatte das Ziel, das französische Recht zu vereinheitlichen, denn zwischen den Gesetzen, die in den verschiedenen Teilen Frankreichs existierten, bestanden große Unterschiede. Dieser erste Entwurf wurde vom Nationalkonvent abgelehnt. Die Aufgabe, einen neuen Entwurf vorzubereiten, wurde schließlich im Juli 1800 einer Kommission anvertraut, die sich aus den renommiertesten Juristen Frankreichs zusammensetzte. Die Bezeichnung Code Napoléon rührt daher, dass das Gesetz unter Kaiser Napoleon I. in Kraft trat. Zwar bedeutete die in einigen Rheinbundstaaten vollzogene Einführung des Code Napoleon eine Verbesserung der rechtlichen und sozialen Lage von Teilen der Bevölkerung, aber sie war verbunden mit dem Signum der französischen Fremdherrschaft, die in zunehmendem Maße von den Menschen als Joch empfunden wurde.

**M 7, 426**
**Brief König Jérôme Bonapartes von 1811**

Napoleons Bruder weist mit Recht auf die gespannte Situation in Deutschland hin (M 7) und sieht die Gefahr, dass diese Bewegung sich in einer das napoleonische System sprengenden „Revolution“ entladen könnte. In diesem Sinne – „alle Grundsätze umzustoßen“ – wäre der nationale Befreiungskampf Deutschlands zur Herstellung der Selbstbestimmung – mit Einschränkung – als „revolutionär“ zu bezeichnen.

**M 8, 426**
**Voltz, Wahre Abbildung des Eroberers, 1814**

Die Abbildung von Johann Michael Voltz zählt zu den bekanntesten deutschen antinapoleonischen Karikaturen und diente als Vorlage zu einer Serie von Radierungen, die 1814 in neun europäischen Ländern verbreitet wurde. In Deutschland hatte die Bildsatire auf Napoleon erst nach dem Einmarsch der Alliierten in Paris eingesetzt und endete bereits mit der Verbannung des Korsen auf St. Helena. Ihren Höhepunkt erreichte sie in den Jahren 1813/14, insbesondere nach der Völkerschlacht bei Leipzig (Oktober 1813). Im Vordergrund stand für die Zeichner immer die Kritik an Fremdherrschaft und Kriegen: Napoleon als machtbesessener Tyrann und Welteroberer. Johann Michael Voltz stellt Napoleon als eine Art „Mischwesen“ dar, wobei er sich hinsichtlich der Physiognomie an einem bekannten zeitgenössischen Porträt repräsentativen Charakters, dem Gemälde H. A. Dähnings aus dem Jahr 1806, orientierte. Napoleon trägt seinen bekannten Hut, der hier als Adler gestaltet ist. Das Symbol der napoleonischen (Militär-)Herrschaft „krönt“ die Darstellung. Der Kopf ist von nackten, leidenden Menschen gefüllt. Die in M 7 angesprochene Qual „aller Klassen“ und das Leid der Kriege, man denke hier insbesondere an den Feldzug gegen Russland, kommen zum Ausdruck. Die Brust Napoleons wird von einem abhängigen Deutschland gebildet (Rhein und Oder/Weichsel). Die als Epaulette (Schulterstück) dargestellte Hand hält ein Spinnennetz, dessen Fäden sich über das besetzte Gebiet ziehen und an der Oder enden. Schlachtorte bedecken das abhängige Land, für das die einzige Konsequenz nur Befreiung sein kann.

**M 9, 427**
**Erklärung der gegen Napoleon verbündeten Mächte von 1815**

Die verbündeten Mächte werfen Napoleon einen Bruch der Abmachungen vor, in denen er sich 1814 verpflichtet hatte, auf Elba ins „Exil“ zu gehen. Auch sehen sie ihn – vor dem Hintergrund der europäischen Kriege von 1789 bis 1815 – als einen Ruhestörer und Kriegstreiber, der als Repräsentant und gleichsam Personifikation der Revolution den Völkern „Unordnung“ und „Unheil“ gebracht hätte (vgl. zum europäischen Gleichgewichtssystem Erläuterungen zu M 1, 418 und M 2, 418f.).

**M 10, 427**
**Französisch-deutsches Autorenteam (1969)**

Der vom Autorenteam gesehene Vorzug der napoleonischen Herrschaft besteht in ihrem revolutionären Charakter, der allerdings durch den zwischen 1801/02 und 1814/15 fehlenden ideologischen Eroberungsgeist („kein Kreuzzug für die Freiheit, kein nationaler Verteidigungskrieg“) eingeschränkt wurde, auch durch die über rein militärische Mittel erreichte und nur den Zielen des Eroberers dienende Ausrichtung. Das Entstehen einer kritiklosen Bewunderung eines großen Mannes, um den sich ein sozialer Erlösungsmythos entwickelte, wird kritisch beschrieben (Bonapartismus). Die anfängliche Bewunderung Napoleons und seine Verklärung als Freiheitsheld, z. B. von Beethoven, wich in Deutschland der Unzufriedenheit mit der französischen „Fremdherrschaft“ und der Ernüchterung über die vorwiegend machtpolitischen Ziele Napoleons und seines kontinentaleuropäischen Herrschaftssystems.

**Notizen**

## Arbeitsteil
## Die Monroe-Doktrin und die USA in der internationalen Politik des 19.Jahrhunderts

### M 1–M 3, 428 f.
### Farewell Adresse Washingtons (1796); Monroe-Doktrin (1823); Gentz zur Monroe-Doktrin (1824)

*Zur Person (M 1):* George Washington (1732–1799), der erste Präsident der USA (1789–1797), kämpfte als Offizier der Kolonialmiliz von Virginia seit 1754 gegen Franzosen und Indianer im Ohiotal; 1758–1774 Mitglied der Bürgerversammlung von Virginia, schloss sich der Unabhängigkeitsbewegung an und nahm am 1. und 2. Kontinentalkongress teil. Als Oberbefehlshaber der Armee der Kolonien (1775–1783) entschied er mit französischer Unterstützung durch den Sieg über die britischen Truppen bei Yorktown (19.10.1781) den Nordamerikanischen Unabhängigkeitskrieg. 1787 war er Vorsitzender des Verfassungskonvents. 1789 wurde er zum ersten Präsidenten der USA gewählt (1792 wieder gewählt). Washington vertrat den Gedanken einer starken Zentralregierung, befürwortete den Ausgleich mit Großbritannien und wahrte Neutralität in den europäischen Kriegen der Revolutionsära. Aus dem Dokument wird deutlich, dass Washington einer „Isolation" der Vereinigten Staaten vom europäischen Mächtesystem das Wort redet. Er begründet dies vor allem mit der abgesonderten und abgetrennten geostrategischen Lage der USA (Zeile 9) und mit der Interessenlage Europas, die der der Vereinigten Staaten „wesentlich fremd" sei. Um nicht in die aus europäischen Interessen entstehenden „Zusammenstöße" verwickelt zu werden, schlägt Washington deshalb eine bündnisfreie Politik vor.
*Zur Person (M 2):* James Monroe (1758–1831), 5. Präsident der USA (1817–1825), Anhänger Thomas Jeffersons und als entschiedener Antiföderalist Gegner der Unionsverfassung von 1787 und oppositioneller Senator (1790–1794). 1794–1807 stand er im diplomatischen Dienst (Gesandter in Paris, London, Madrid), 1811–1817 war er Außenminister, 1814/15 auch Kriegsminister unter James Madison. Seine Präsidentschaft war eine Zeit der nationalen Konsolidierung und einer erfolgreichen Außenpolitik (Erwerbung Floridas, 1819). 1823 verkündete Monroe die Monroe-Doktrin: Monroe forderte

1. keine weitere Kolonisation der europäischen Mächte auf dem amerikanischen Kontinent;
2. Nichteinmischung der USA in die inneren Angelegenheiten Europas.

Die ursprünglich defensiv gemeinte Monroe-Doktrin wurde im Zuge der zunehmend imperialistischen Außenpolitik der USA schließlich von Theodore Roosevelt (M 5, 429f.) im Sinne einer internationalen Polizeifunktion der USA auf ihrem Kontinent und in der westlichen Hemisphäre sowie als Legitimation für imperialistisches Eingreifen in die Angelegenheiten fremder Nationen interpretiert. Die hegemoniale Haltung wurde nach 1930 allmählich revidiert und gleichzeitig die isola tionistische Politik gegenüber Europa aufgegeben. M 2 zielt einerseits auf die Bewahrung des Status quo auf dem amerikanischen Kontinent (kein weiteres Ausgreifen europäischer Mächte), ist in diesem Sinne defensiv, aber zeugt auch vom hegemonialen Anspruch der USA: Der südliche Teil des amerikanischen Kontinents wird selbstverständlich als Interessensphäre, als eine Art „Hinterhof" mit offener Tür für US-amerikanische Zuständigkeiten gesehen. In der von Monroe vorgelegten Form handelt es sich bei der Doktrin um eine Art Abgrenzung und Trennung der Interessensphären zwischen Europa und den USA, wobei „die Staaten" sich auf ihren Kontinent im Sinne eines „Isolationismus" zurückziehen. So gesehen ist die Monroe-Doktrin national bzw. kontinental, aber nicht internationalistisch ausgerichtet und am Ideal des politischen Gleichgewichts orientiert.
*Zur Person (M 3):* Friedrich von Gentz (1764–1832), Publizist und Politiker, stand 1785–1802 im preußischen Staatsdienst. Er war zunächst Anhänger der Französischen Revolution, änderte dann seine Haltung unter dem Eindruck von Edmund Burkes Schrift „Reflections on the Revolution in France" (1790), die Gentz 1793/94 übersetzte und kommentierte. Als Gegner revolutionärer Ideen und in Verbindung mit seinem Widerstand gegen die napoleonische Machtpolitik wurde er zum führenden konservativen Staatsdenker des 19. Jahrhunderts. Seit 1803 politischer Publizist in Wien, wurde er seit 1810 zu einem engen Mitarbeiter Metternichs und mit diesem zum Exponenten der Reaktion der Vormärzzeit. Gentz erkennt in der vorliegenden Quelle hellsichtig die in die Zukunft weisende Stärke der Vereinigten Staaten, von deren unwiderruflicher Trennung von Europa er ausgeht. Zudem sieht der Staatsdenker, dass der (koloniale) Einfluss europäischer Mächte auf dem amerikanischen Kontinent eigentlich beendet, ja – durch den Widerstand der „nordamerikanischen Masse" – unmöglich geworden ist. Auch deuten Gentz' Formulierungen an, dass ihm bewusst ist, dass der „transatlantische Koloss" sich zu einem zukünftigen weltpolitischen Konkurrenten Europas entwickeln würde.

### M 4–M 5, 429 f.
### Reverend Strong (1885); Roosevelts Zusatz zur Monroe-Doktrin (1904)

Reverend Strong (1847–1916) spricht in M 4 von der missionarischen Aufgabe der Angelsachsen für den Westen, letztendlich die Menschheit. In der Verbindung aus christlichem Fundamentalismus und ethnischem Überlegenheitsgefühl wird der göttliche und zivilisatorische Auftrag der Vereinigten Staaten – in Berufung auf „Freiheit" und „Fortschritt" – definiert. Hierin liegt freilich die Gefahr, dass diese Quasi-Destination zur globalen Zuständigkeit und Einmischung als Rechtfertigung imperialistischer Politik dient – und in der Tat auch diente.
Auch Roosevelts Argumentation (M 5) ist geprägt von missionarischem Eifer und amerikanischem Zuständigkeitsanspruch für das „Wohl" anderer Nationen – bis hin zum Interventionsrecht der USA im Falle „chronischen Fehlverhaltens". Der amerikanische Präsident sieht sich als ein Polizist, der zur Not auch mit dem „big stick" über Ruhe und Ordnung in sei-

nem so definierten „Hinterhof" wacht. Allerdings bezieht sich diese Art internationaler Polizeifunktion der USA auf die „südlichen Nachbarn", ist also von seiner Zielrichtung auf den amerikanischen Kontinent bescheidener als die Haltung des christlichen Fundamentalisten Strong, der gleichsam universalistisch und heilsgeschichtlich argumentiert.

*Zur Person Theodore Roosevelts (M 5):* Roosevelt (1858–1919), 26. Präsident der USA (1901–1909), Republikaner, war 1897/98 Unterstaatssekretär der Marine, führte im Krieg gegen Spanien ein Freiwilligenregiment („Rough Riders"). 1899 wurde Roosevelt Gouverneur des Staates New York, 1900 Vizepräsident unter Mc Kinley und nach dessen Ermordung 1901 Präsident. Roosevelt wurde 1904 wieder gewählt; 1908 lehnte er eine erneute Kandidatur ab. Er setzte den Plan des Panamakanals durch und erweiterte die Monroe-Doktrin, womit er in Südamerika starken Widerspruch weckte. 1905 vermittelte er den Frieden von Portsmouth im Russisch-Japanischen Krieg und erhielt dafür 1906 den Friedensnobelpreis.

Es zeigt sich zwischen M 1, M 2 (Washington, Monroe) und M 4, M 5 (Strong, Roosevelt) eine Diskontinuität amerikanischer Politik: Während Washington eher die selbstgenügsame Beschränkung der USA auf seine eigenen Angelegenheiten betont und auch Monroes Zielrichtung eher auf eine defensive Bewahrung des Status quo auch im Süden des amerikanischen Kontinents abzielt, betonen Roosevelt und, mit weiter reichendem Anspruch, Strong offensiv das Interventionsrecht der Vereinigten Staaten. Freilich gibt es auch eine Kontinuitätslinie zwischen dem Standpunkt Monroes, der den amerikanischen Zuständigkeitsanspruch für den ganzen Kontinent betont, und der Modifikation unter Roosevelt, die gerade in Berufung auf diese Zuständigkeit und auf Stabilität und Ordnung im „Hinterhof" eine mögliche Einmischung in Lateinamerika vorsieht.

### M 6, 430
### Karte „Das ‚Amerikanische Empire'" (1917)

*Methodisch-didaktischer Hinweis:*

Die Karte sollte in enger Anbindung an die Quellen behandelt werden – zur Verdeutlichung des in ihnen entwickelten US-amerikanischen Anspruchs auf „Polizeigewalt" in seinem „Hinterhof": Nicaragua und Panama als Protektorate, Intervention in Mexiko zur Zeit innenpolitischer Wirren 1914 und 1916. Auch sollte die Frage erörtert werden, ob und inwieweit sich aus dem ideologisch vorgetragenen missionarischen Anspruch (M 2, vor allem M 4, M 5) die praktische Politik von Kolonialismus und Imperialismus (zwingend?) ergab, von dem die Karte zeugt: Annexion Hawaiis, der Philippinen 1898 etc., Handelsstützpunkte zur wirtschaftlichen Einflussnahme in Japan und China.

**Notizen**

# Arbeitsteil
# Indien – Von der Kolonie zur Unabhängigkeit

### M 1–M 2, 431
### Chronologische Übersicht; Karte „British-Indien um 1900"

*Methodisch-didaktischer Hinweis:*
Anhand des kurzen Überblicks über wesentliche Fakten der indischen Kolonialgeschichte (M 1) sollten die Schülerinnen und Schüler (auch in Rückgriff auf die Karte, M 2) zentrale Elemente der britischen Fremdherrschaft beschreiben.

### M 3–M 5, 431 f.
### Reisebericht von Emily Eden (1838); Hoffmeisters Schilderung von Kalkutta (1847); Malerei, Beaufsichtigung indischer Arbeiter (um 1850)

Insbesondere die extreme Diskrepanz zwischen ungeheurem Reichtum und bitterster Armut sticht den europäischen Beobachtern in die Augen. Während Emily Eden (M 3) von „geheimnisvoller Exotik" und maßloser Prachtentfaltung eines Prinzenhofes so ergriffen ist, dass sie sich unweigerlich und unkritisch in ein Märchen (Tausendundeine Nacht) versetzt fühlt, beschreibt der Deutsche (M 4) den Reichtum nüchternsachlich mit dem Unterton des Empfindens sozialer Ungerechtigkeit („der größte Stolz und die größte Niederträchtigkeit").
Die von Lady Eden praktizierte private Wohltätigkeit als Almosenspende mutet – angesichts des beschriebenen ungeheuren Elends – wie „ein Tropfen auf einen heißen Stein" an, der kaum in der Lage ist, Not zu lindern und der nichts an den das Elend reproduzierenden gesellschaftlichen Strukturen ändert.
Beim Vergleich vorliegender Materialien mit M 3 –M 10 (Schülerband, S. 150–153) zeigt sich, dass schon vor der eigentlichen britischen Expansion in Indien ungeheurer Reichtum sich in den Händen weniger Menschen konzentrierte (insbesondere M 3, S. 150), mithin eine große soziale Ungleichheit zum Wesen der indischen Gesellschaft, zumal mit ihrem Kastensystem, gehörte. Durch die von Großbritannien in Gang gesetzte Politik der ökonomischen Instrumentalisierung Indiens (über Handel, Steuern und als Absatzmarkt, wie in M 6, 433 beschrieben), verschärften sich dort die sozialen Missstände, Armut und Elend, von der Eden und Hoffmeister reden.
*Zur Abbildung (M 5):* Sie verdeutlicht nicht nur das Abhängigkeitsverhältnis der indischen Bevölkerung von den englischen Kolonialherren, sondern belegt auch, dass Einheimische für die Interessen der Kolonialisten instrumentalisiert wurden. Der Zeichner gliedert seine Darstellung einer Teeplantage zunächst durch einen von niedrigen Bäumen gesäumten Weg, der aus der rechten unteren Bildzone zur linken oberen hinführt und das Format in zwei Bereiche teilt. Im rechten oberen Bildbereich fällt der Blick des Betrachters auf indische Plantagenarbeiter, die, zum Teil angeschnitten dargestellt, auf ihren Köpfen große, mit Teeblättern gefüllte Körbe balancieren. Der die Reihe der Arbeiter anführende Mann entleert seinen Korb am Wegrand, indem er sich nach vorn neigt und das Erntegut herabfallen lässt. Im linken unteren Bildbereich ist ein europäisch gekleideter, auf einem Hocker mit übereinander geschlagenen Beinen offensichtlich bequem sitzender Mann zu erkennen. Seine deutlich abgegrenzte Positionierung sowie ein langer, in der linken Hand gehaltener Stock attribuieren ihn als Aufseher der Arbeiter. Mit dem Zeigefinger seiner rechten Hand weist er auf einen neben der Gruppe der Arbeiter am rechten Bildrand stehenden, ebenfalls mit einem Stock ausgestatteten Inder. Von den einheimischen Erntearbeitern hebt dieser sich nicht nur durch seine bildräumliche Position ab, sondern auch durch seine Kleidung. Offenbar handelt es sich um einen hierarchisch über den Erntearbeitern Stehenden, der die Anweisungen des englischen Aufsehers auszuführen hat. Zum Zeitpunkt der Entstehung des Bildes hatte die Ausbeutung Indiens durch die „East India Company" (EIC) ihren Höhepunkt erreicht. Wirtschaftlich hatte die EIC bereits in der zweiten Hälfte des 18. Jahrhunderts das ehemals prosperierende Bengalen ruiniert, nachdem die indischen Steuerbehörden der EIC unterstellt worden waren und indische Händler oder Grundbesitzer an auf den Weltmärkten erzielten Handelsgewinnen nicht mehr beteiligt wurden.

### M 6–M 7, 433
### Der Indische Aufstand

M 6 kündet von der ökonomischen Ausnutzung Indiens durch Großbritannien, die über „exorbitante Grundrenten" die reichen Inder „ruiniert", über die Monopolisierung des Luxushandels durch die britische Regierung die einheimischen Händler vom Markt verdrängt und durch den Import englischer Produkte indische Handwerker um ihr Brot gebracht hätte. Dies und der direkte Landraub (M 7) haben die britische „Politik" in Indien schließlich bei allen einheimischen Bevölkerungsschichten als Unterdrückung und Fremdherrschaft erscheinen lassen – gegen sie begehrte man in einer „Rebellion" bzw. „nationalen Erhebung" auf.
Bei einem Vergleich mit den europäischen Revolutionen sollte auf der einen Seite deutlich werden, dass die indische Bevölkerung genauso wie etwa die Italiener oder die Ungarn 1848 gegen eine Fremdherrschaft aufbegehrten; auf der anderen Seite ist es jedoch 1857 zumindest zweifelhaft, ob im Falle des lange Jahre in zahlreiche Herrschaftsbereiche zersplitterten Indiens (das zusätzlich durch das Kastensystem zergliedert wurde) bei der Bevölkerung das Bewusstsein einer einheitlichen Nation ausgeprägt sein konnte.

### M 8–M 9, 433 f.
### Indien als Vizekönigreich

Die Äußerungen des Vizekönigs (M 8) sind von der – nicht untypischen – starken Überheblichkeit eines europäischen Kolonialherren gegenüber der „schutzbefohlenen" Landesbevölkerung geprägt, der in heuchlerischer Weise von der „Förderung der Interessen des Volkes von Indien" redet, um die es der britischen Kolonialherrschaft (vgl. vor allem M 6) gerade nicht geht. Es ist davon auszugehen, dass das in der Quelle zu Tage tretende Überlegensheitsgefühl des „weißen Mannes" auch durch die Einflüsse rassistischer Ideologien (zum Beispiel durch die Rezeption von Joseph Arthur de Gobineaus Werk „Versuch über die Ungleichheit der Menschenrassen", 4 Bde., 1853–1855) befördert wurde. Ein ähnlicher Standpunkt äußerte sich dann paradigmatisch im berühmten rassistisch-chauvinistischen Gedicht von Rudyard Kipling (1865–1936) „The White Man's Burden".

Die Vorurteile von Lord Dufferin gegenüber der englisch erzogenen indischen Elite haben wahrscheinlich mit der Arroganz des englischen Snobs zu tun, der seine (und seines Standes) Privilegien als Kolonialverwalter durch die einheimische Intelligenz bedroht sieht.

Die Einbeziehung Indiens in das englisch dominierte Weltwirtschaftssystem habe (M 9) zum Abzug von ungeheurem Reichtum geführt, auch sei das indische Textilgewerbe ruiniert und das Land zum reinen Rohstofflieferanten herabgestuft worden; eine moderne Stahlproduktion habe sich – trotz Ansätzen – wegen des Imports solcher Produkte aus dem Mutterland erst spät entwickeln können.

Die teilweise Delegation herrschaftlicher Aufgaben der britischen Kolonialherren an Fürsten führte zu einer Zersplitterung und damit der Schwächung der politisch-territorialen Kräfte Indiens, die erst einmal unter einer einheitlichen antikolonialen Befreiungsideologie, vor allem einem integralen Nationalismus, und einem Führer (Gandhi) für den „Befreiungskampf" vereinigt werden mussten.

## M 10–M 11, 434 f.
## Der Kampf für die indische Unabhängigkeit

Beide Quellen sind durch einen starken Bezug auf den Begriff „Volk" geprägt, dessen Selbstregierung implizit als Gegenbild zur britischen Fremdherrschaft erscheint.

Während der Präsident des INC (M 10) die Autonomie in Berufung auf demokratische Selbstbestimmung von den Briten quasi erbittet, entwickelt Gandhi (M 11) eine konkrete und praktisch wirkungsvolle Strategie für den Befreiungskampf: den massenhaften (gewaltlosen) Protest des zivilen Ungehorsams. Nicht zuletzt durch die zahlreichen Massenkampagnen von Gandhi und radikaleren Kräften (Muslimliga) wurden die Kosten der britischen Kolonialherrschaft in die Höhe getrieben. Insbesondere in der von Kriegszerstörungen geprägten Situation Großbritanniens nach dem Zweiten Weltkrieg sah sich daher der letzte Vizekönig, Mountbatten, 1947 gezwungen, die Fremdherrschaft zu beenden und durch eine rasche Teilung des Landes in Indien und Pakistan den seit August 1946 andauernden bürgerkriegsähnlichen Unruhen ein Ende zu setzen.

*Zur Person Mahatma Gandhis (M 11):* Der von einem fanatischen Hindu erschossene Führer der indischen Unabhängigkeitsbewegung (1869–1948) entstammte einer wohlhabenden Hindufamilie und war Rechtsanwalt. Unter dem Einfluss der altindischen Lehre des Ahimsa (des „Nichtverletzens"), der christlichen Bergpredigt und der Ideen Tolstois entwickelte er Formen des gewaltlosen Kampfes. Gestützt auf den Indian National Congress (INC) löste er 1920 nach Verkündung des zivilen Ungehorsams den gewaltlosen Widerstand gegen die britische Herrschaft in Indien aus. Er setzte damit eine Massenbewegung in Gang, die, wie in M 11 beschrieben, durch „Asahayoga" („Nichtbeteiligung") an Einrichtungen der britischen Herrschaft (in Verwaltung, Gerichts-, Schul- und Bildungswesen) die britische Regierung zu Zugeständnissen in der Unabhängigkeitsfrage zu zwingen suchte. Eingeschlossen in diese Kampagne war u.a. der Boykott britischer Firmen und ihrer Produkte. Im Rahmen dieser Aktionen wurde der von Gandhi geführte INC zur einflussreichsten Organisation der Unabhängigkeitsbewegung. 1922–1924 in Haft, widmete sich Gandhi nach seiner Entlassung besonders der Aufgabe, der im hinduistischen Denken verankerten gesellschaftlichen Ächtung der „Parias" („Unberührbare") entgegenzuwirken. 1930 initiierte Gandhi den „Salzmarsch" als Protest gegen das Salzmonopol der Kolonialherren. Danach erneut verhaftet nahm Gandhi 1931 nach seiner Haftentlassung an einer Konferenz über eine Verfassung für Indien teil, drang jedoch mit seinen Forderungen nicht durch. Nach 1932 war er wiederholt im Gefängnis. Im Zweiten Weltkrieg verlangte Gandhi von Großbritannien die sofortige Lösung der indischen Frage. Die blutigen Auseinandersetzungen zwischen Hindus und Muslimen nach 1947 suchte er vergeblich zu verhindern. Durch seine politische Einsicht, asketische Lebensweise und seine tiefe, im Hinduismus begründete Religiosität hatte er wesentlichen Anteil an der Unabhängigkeit Indiens; die Teilung des Subkontinents konnte er nicht verhindern.

**Notizen**

## Arbeitsteil
## Der Imperialismus: Theorien – Erklärungen – Kritik

### M 1, 436
### John Atkinson Hobson (1858–1940), 1902

Hobson erklärt den Imperialismus ökonomisch mit „Überersparnissen", also mit einem Kapitalüberhang, der nach Anlagesphären sucht. Diese sich nach außen wendenden Einkommen werden bei ihm moralisch abqualifiziert, „weil sie nicht durch Kopf- und Handarbeit" verdient wurden (Zinsen, Monopolgewinne). Unwillkürlich muss man dabei an das Stereotyp des Kupon schneidenden „Kapitalisten" denken, der „ohne ehrliche Arbeit" sein Geld verdient.
In sozialdemokratischer Denktradition schlägt der Theoretiker „Sozialreformen" vor, die zu einer gerechteren Verteilung führen, die Besitzenden um den Überschuss erleichtern „und ihn den Lohneinkommen der arbeitenden Klassen oder dem öffentlichen Einkommen" zuleiten. Durch diese Art der Nachfrage fördernden Wirtschaftspolitik mittels ausgewogener Verteilung der Konsumkraft soll ein imperialistisches Ausgreifen der Ökonomie verhindert werden. Freilich kommt dieser Ansatz nicht ohne ein staatliches Eingreifen in das ‚freie Spiel der Kräfte' aus. Das staatsinterventionistische Konzept zur Umverteilung von Einkommen widerspricht also dem Ideal eines „Laissez-faire-Kapitalismus" von Adam Smith, der Folgendes vertreten hatte: Im freien Wettbewerb stelle sich durch das wohlverstandene Selbstinteresse der Menschen als Ordnungsprinzip der wirtschaftlichen Entwicklung das Gleichgewicht zwischen Erzeugung, Verbrauch, Lohn und Preis und damit ein Zustand der natürlichen Harmonie des wirtschaftlichen und sozialen Lebens ein.

### M 2, 436f.
### Heinrich Friedjung (1851–1920), 1919

Der Imperialismus wird bei Friedjung abgeleitet aus in der Friedenszeit nach 1870 aufgespeichertem Reichtum der Nationen und „Lebenskräften", die ein Betätigungsfeld suchen und finden: in der „Eroberung ferner Kontinente und Inseln". Zwar erkennt der Autor den damaligen Drang der Völker zur Weltherrschaft, aber in seiner Erklärung des Imperialismus als Wiederkehr des ewig gleichen Menschlichen beschreibt er höchstens Oberflächenphänomene: „Streben nach Reichtum, Macht und Lebensglück". Anders als Hobson übersieht er die ökonomische Dynamik und die sozialen Tiefenstrukturen, die dem Drang nach außen zugrunde liegen (und die Wehler, M 3, beschreibt).

### M 3, 437
### Hans-Ulrich Wehler (geb. 1931), 1969

Mehr noch als aus Kapitalverwertungsinteressen wird bei Wehler die territoriale Ausdehnung europäischer Nationen nach 1870 mit dem Bedürfnis zur Herstellung einer „gesellschaftlichen Ruhelage" erklärt, die durch die Ableitung der das politische und soziale System bedrohenden „Emanzipationskräfte" in die äußere Expansion erreicht werden sollte. Wehler hat hier – ohne sie an dieser Stelle zu nennen – vor allem die Arbeiterklasse vor Augen, die mittels nationalistischer „Ersatzbefriedigung" durch die „Erfolge" der Expansion und durch Prestigegewinn des Staates von inneren Mängeln abgelenkt, also von ihrem Sozialprotest abgehalten werden sollten. Der Sozialimperialismus erscheint hier als eine macchiavellistische Herrschaftsideologie im Sinne eines gesellschaftspolitischen Integrationsmittels, das die bestehenden Gegensätze verschleiert.
Hans-Ulrich Wehlers Zugriff ist vor allem vor dem Hintergrund des ‚Paradigmenwechsels' von einer traditionellen „historistischen" Geschichtswissenschaft zu einer historischen Sozialwissenschaft in den 1960er-Jahren zu sehen, die statt chronologischer Summierung von „Fakten" theoriegeleitet sein wollte und Ansätze u. a. aus Soziologie und Ökonomie aufnahm (insbesondere die Karl-Marx- und Max-Weber-Rezeption ist zu nennen).

### M 4, 438
### David R. Fieldhouse (geb. 1925), 1973

In einer verschwommenen, unklaren Sprache und mit unverkennbarer ideologischer Tendenz redet der Autor von „Problemen, die an der Peripherie durch die wirtschaftlichen und anderen europäischen Unternehmungen geschaffen worden waren", es schließlich zu einer Instabilität der Beziehungen zwischen entwickelten Ökonomien und den weniger entwickelten der Peripherien gekommen sei. Dies hätte zu einem Prozess der Annexion geführt. In den Euphemismen „Unternehmungen" und „Probleme", die im Übrigen nicht näher erläutert werden, verschwinden die realen Härten expansiver europäischer Politik und die Verantwortung europäischer Staaten für Unterdrückung und Knechtschaft fremder Völker.

### M 5, 438f.
### Winfried Baumgart (geb. 1938), 1975

Baumgart erklärt den Imperialismus mit der „durch die Internationalisierung verursachten Rivalität unter den Mächten" ab etwa Ende der 70er-Jahre des vorigen Jahrhunderts. Wenn man näher hinschaut, bleibt bei diesem Erklärungsansatz nur eine Banalität übrig: Durch die Beteiligung anderer Nationen (Deutschland, Italien) sei die „koloniale Frage" internationalisiert und damit zum Imperialismus verschärft worden. Wenn man es zuspitzt, handelt es sich um eine Tautologie: Durch die Beteiligung anderer Nationen am Wettlauf um direkte territoriale Beherrschung fremder Länder sei der Imperialismus (also der Wettlauf um direkte territoriale Beherrschung) entstanden. Die wirtschaftliche, soziale und politische Dynamik, die diesem Run zugrunde lag, wird in Baumgarts betont „empirisch-konkretem" Ansatz übersehen. In seiner theoretischen Unbedarftheit ist dieser Zugriff am ehesten mit dem von Friedjung (M 2) zu vergleichen.

### M 6, 439
### Eric J. Hobsbawm (geb. 1917), 1987

Hobsbawm sieht in der aus der Industrialisierung resultierenden Wachstumsdynamik und dem Interesse nach neuen Märkten die entscheidenden Motive für den Imperialismus, der als ein besonderes Stadium der kapitalistischen Entwicklung betrachtet wird: geprägt durch starke Rivalität von Volkswirtschaften, Entstehung von Großunternehmen sowie Abkehr vom Laissez-faire-Prinzip und hin zum staatlichen Eingreifen: „Schutzzoll und Expansion". Diese Erklärung, die wie diejenige Hobsons (M 1) vorwiegend politikökonomisch ausgerichtet ist, kann ihre Herkunft vom orthodoxen marxistisch-leninistischen Erklärungsansatz – trotz relativierender und weniger apodiktischer Formulierungen – nicht verbergen (vgl. dazu vor allem Lenins Schrift „Der Imperialismus als höchstes Stadium des Kapitalismus" von 1916).

Für Hobsbawm gilt: Wer über den Imperialismus redet, muss über den Kapitalismus reden (letzter Satz).

**Notizen**

## Essay

### M, 441
### Einzug Kaiser Wilhelms I. an der Spitze seiner Truppen am Brandenburger Tor in Berlin am Nachmittag des 16. Juni 1871

Das Brandenburger Tor aufwendig geschmückt, Menschen, die den Einzug des Kaisers in der Reichshauptstadt erleben wollen, drängen sich nicht nur auf der Straße, sondern versuchen auch von den Dächern aus, einen Blick auf den erwarteten Wilhelm I. zu werfen.

Die Abbildung kann als Beleg für den Enthusiasmus verstanden werden, mit dem die Mehrheit der Deutschen die Reichsgründung begrüßte, wenngleich sie von vornherein von vielen Zeitgenossen als unzulängliche Kompromisslösung nationaler und liberaler Forderungen und konservativer preußischer Politik kritisiert und das Deutsche Reich als äußerst labiles Gebilde mit zahlreichen Konfliktherden eingeschätzt wurde. Im Ausland wurde der breit gestreute Jubel der Deutschen um die Reichsgründung misstrauisch verfolgt, fürchtete man doch vor allem, die deutsche Regierung gebe sich mit der erzielten „kleindeutschen Lösung" nicht zufrieden und werde nun eine „Politik der nationalen Eroberungen" betreiben.

### M, 442
### Die Teilung des Kuchens. Karikatur aus der Wiener Zeitung „Der Floh", 12. September 1886

Die Karikatur entstand einige Jahre nachdem Anton von Werner sein repräsentatives Bild Bismarcks als „ehrlicher Makler" auf dem Berliner Kongress fertig stellte. Der österreichische Zeichner charakterisiert die Position Bismarcks jedoch nicht als die des neutralen Vermittlers, sondern rückt handfeste Interessen der deutschen Balkanpolitik in den Vordergrund.

Bismarck – in der Rolle des Gastgebers – zerschneidet den „Kuchen" mit der Aufschrift „Balkan" vor den gierigen Augen seiner zu beiden Seiten des Tisches befindlichen Gäste. Auf der einen Seite ist ein uniformierter Vertreter Österreichs zu erkennen, auf der anderen, böse karikiert als fast raubtierhaftes Wesen, der Feind Österreichs, Russland. Auf der „russischen Hälfte" des Kuchens ist – als eine Art Einsteckfigur – ein balkanesischer Machthaber zu erkennen. Möglicherweise ist es der bulgarische Fürst Alexander von Battenberg, der bis 1885 mit russischen Beratern regierte, dann jedoch mit der Einverleibung Ostrumeliens gegen russische Interessen handelte und schließlich von Russland zur Abdankung gezwungen wurde.

Der deutsche Kanzler hat die linke Hand gestikulierend erhoben. Was er seinen „Gästen" sagt, erfahren wir durch die Bildunterschrift: „Na, Jungens, den Kuchen will ick jerne zwischen Euch theilen, dann lasst mir aber ooch meen französisches Omelett in Ruhe pfluabern!": Indem er versucht, Einigungen über Einflusssphären herbeizuführen, sorgt Bismarck dafür, dass die scharf konkurrierenden Großmächte Österreich-Ungarn und Russland zufrieden gestellt werden, verlangt dafür jedoch die Sicherheit, dass beide Staaten Elsass und Lothringen als deutsche Hoheitsgebiete anerkennen und sich im Falle eines erneuten Krieges Frankreichs mit dem Deutschen Reich neutral verhalten. So sieht es das von 1881 bis 1887 gültige Dreikaiserbündnis zwischen Deutschem Reich, Österreich-Ungarn und Russland vor, das zum einen eine geheim getroffene Neutralitätszusage enthielt, für den Fall, dass einer der Partner von einer vierten Macht angegriffen wird, zum anderen eine Konsultationspflicht in Balkanfragen vorsah. Darüber hinaus: Sollte es zum Krieg eines der Vertragspartner mit der Türkei kommen, so bestand die Neutralitätspflicht nur nach vorheriger Einigung der Partner über die Balkanaufteilung. Der Balkan – als, aus deutscher Sicht, europäisches „Randgebiet" – erscheint als Spielball der Großmächte, nationale Probleme der Region finden keine Beachtung und bleiben ungelöst.

### Notizen

# Literaturhinweise

## Kapitel 1: Die antike Welt


***Darstellungen und Sammelbände zur Antike allgemein:***

Dahlheim, Werner, Die Antike. Griechenland und Rom von den Anfängen bis zur Expansion des Islam, 4. Aufl., Paderborn 1995.

Fustel de Coulanges, Numa Denis, Der antike Staat. Kult, Recht und Institutionen Griechenlands und Roms, Stuttgart 1981.

Gehrke, Hans-Joachim, Kleine Geschichte der Antike, München 1999.

Meister, Klaus, Einführung in die Interpretation historischer Quellen, Schwerpunkt Antike, Bd. 1: Griechenland, Bd. 2: Rom, Paderborn 1997 und 1998.

Meyer, Ernst, Einführung in die antike Staatskunde, 6. Aufl., Darmstadt 1992.

Muth, Robert, Einführung in die griechische und römische Religion, Darmstadt 1987.

Reese-Schäfer, Walter, Antike politische Philosophie zur Einführung, Hamburg 1998.

Weber-Schäfer, Peter, Einführung in die antike politische Theorie, 2. Bde., Darmstadt 1976.

***Zur Geschlechtergeschichte in der Antike:***

Pomeroy, S. B., Frauenleben im klassischen Altertum, Stuttgart 1985.

Schuller, Wolfgang, Frauen in der griechischen und römischen Geschichte, Konstanz 1995.

***Griechenland:***

Bleicken, Jochen, Die athenische Demokratie, 2. Aufl., Paderborn 1994.

Geschichte lernen: Alltag im antiken Athen, Heft 16, Juli 1990.

Kerényi, Karl, Die Mythologie der Griechen, 2. Bde., 14. Aufl., München 1992.

Meier, Christian, Athen. Ein Neubeginn der Weltgeschichte, Berlin 1997.

Meier, Christian, Die Entstehung des Politischen bei den Griechen, 2. Aufl., Frankfurt/M. 1989.

Rillinger, Rolf (Hg.), Leben im antiken Griechenland. Ein Lesebuch, 2. Aufl., München 1998.

Vernant, Jean (Hg.), Der Mensch in der griechischen Antike, Frankfurt/M. 1996.

Wied, Michael/Bergmann, Klaus, „Die Barbaren sind Sklaven – Wir Griechen aber sind frei". Die Griechen und die anderen, in: Geschichte lernen, Heft 3, Mai 1988, S. 18–22.

***Rom:***

Bleicken, Jochen, Die Verfassung der Römischen Republik. Grundlagen und Entwicklung, 7. Aufl., Paderborn 1978.

Bleicken, Jochen, Verfassungs- und Sozialgeschichte des Römischen Kaiserreiches, 4. Aufl., 2 Bde., Paderborn 1995.

Cameron, Averil, Das späte Rom, 284–430 n. Chr., München 1994.

Christ, Karl, Geschichte der römischen Kaiserzeit. Von Augustus bis zu Konstantin, 3. Aufl., München 1995.

Christ, Karl., Die Römer. Eine Einführung in ihre Geschichte und Zivilisation, 3. Aufl., München 1984.

Dahlheim, Werner, Geschichte der Römischen Kaiserzeit, 2. Aufl., München 1989.

Geschichte lernen: Germanen, Kelten, Römer, Slawen, Heft 29, 1992.

Giardina, Andrea (Hg.), Der Mensch in der römischen Antike, Frankfurt/M. 1997.

Krefeld, Heinrich (Hg.), Res Romanae. Begleitbuch für die lateinische Lektüre, Neue Ausgabe, Berlin 1997.

Marquardt, Joachim, Das Privatleben der Römer, Leipzig 1886 (ND: Darmstadt 1990).

Martin, Jochen, Spätantike und Völkerwanderung, 3. Aufl., München 1995.

Rainer, J. Michael, Einführung in das römische Staatsrecht. Die Anfänge und die Republik, Darmstadt 1997.

Senatorischer Besitz und seine Verwendung, in: Geschichte lernen, Heft 21, Mai 1991, S. 56–60.

Veyne, Paul (Hg.). Vom Römischen Imperium zum Byzantinischen Reich, Frankfurt/M. 1989.

Zanker, Paul, Augustus und die Macht der Bilder, München 1987.


## Kapitel 2: Die mittelalterliche Welt


***Allgemeine Darstellungen und Sammelbände:***

Althoff, Gerd (Hg.), Die Deutschen und ihr Mittelalter, Darmstadt 1992.

Althoff, Gerd, u.a. (Hg.), Menschen im Schatten der Kathedrale, Darmstadt 1998.

Beck, Rainer (Hg.), Das Mittelalter. Ein Lesebuch zur deutschen Geschichte 800–1500, 2. Aufl., München 1997.

Borst, Arno, Lebensformen im Mittelalter, Frankfurt/M. u. a. 1979.

Duby, Georges, Europa im Mittelalter, Stuttgart 1984.

Duby, Georges (Hg.), Geschichte des privaten Lebens, Bd. 2, Frankfurt/M. 1990.

Hilsch, Peter, Mittelalter. Grundkurs Geschichte 2, Frankfurt/M. 1989.

Kühnel, Harry, Alltag im Spätmittelalter, Graz u.a. 1984.

Meuthen, Erich, Das 15. Jahrhundert, 2. Aufl., München u.a. 1985.

Das Mittelalter. Ein neuer Blick auf 1000 rätselhafte Jahre. Geo Epoche, Heft 2, 1999.

Ohler, Norbert, Krieg und Frieden im Mittelalter, München 1997.

Pitz, Ernst, Lust an der Geschichte. Leben im Mittelalter, München u.a. 1990.

Seibt, Ferdinand, Glanz und Elend des Mittelalters. Eine endliche Geschichte, Berlin 1987.

Volkert, Wilhelm, Kleines Lexikon des Mittelalters. Vom Adel bis zur Zunft, 2. Aufl., München 1999.

***Zur Geschlechtergeschichte im Mittelalter:***

Kesch, Peter, Frauen im Mittelalter, 2 Bde., Düseldorf 1983 und 1984.

Uitz, Erika, Die Frau in der mittelalterlichen Stadt, Stuttgart 1988.

***Arme, Bauern, Kunst, Islam:***

Duby, Georges, Die Zeit der Kathedralen. Kunst und Gesellschaft 980–1420, 5. Aufl, Frankfurt/M. 1987.

Mollat, Michel, Die Armen im Mittelalter, München 1987.

Nagel, Tilmann, Die islamische Welt bis 1500, München 1998.

Rösener, Werner, Die Bauern in der europäischen Geschichte, München 1993.

Tibi, Bassam, Der wahre Imam. Der Islam von Mohammed bis zur Gegenwart, München 1998.

## Kapitel 3: Staaten und Staatensystem in der frühen Neuzeit

***Allgemeine Darstellungen und Sammelbände zur frühen Neuzeit:***

Boldt, H., Deutsche Verfassungsgeschichte, Bd. 1: Von den Anfängen bis zum Ende des älteren deutschen Reichs 1806, München 1984.

Braudel, Fernand: Sozialgeschichte des 15.–18. Jahrhunderts, 3 Bde, München 1985–1986.

Dülmen, Richard van, Kultur und Alltag in der frühen Neuzeit, 3 Bde, München 1990–1994.

Dülmen, Richard van, Entstehung des frühneuzeitlichen Europa 1550–1648, 6. Aufl., Frankfurt/M. 1991 (= Fischer Weltgeschichte Bd. 24).

Engel, J., Die Entstehung des neuzeitlichen Europa, Stuttgart 1971 (= Handbuch der europäischen Geschichte, hg. von Theodor Schieder, Bd. 3).

Hinrichs, Ernst, Einführung in die Geschichte der frühen Neuzeit, München 1980.

Koenigsberger, H. (Hg.), Republiken und Republikanismus im Europa der frühen Neuzeit, München 1988.

Le Goff, Jacques, Das alte Europa und die Welt der Moderne, München 1994.

Mieck, I., Europäische Geschichte der frühen Neuzeit. Eine Einführung, 4. Aufl., Stuttgart 1989.

Münch, P., Lebensformen in der frühen Neuzeit, 1500–1800, Frankfurt/M. 1996.

Neuhaus, H., Das Reich in der frühen Neuzeit, München 1997 (= Enzyklopädie deutscher Geschichte Bd. 42).

Schulze, W. (Hg.), Aufstände, Revolten, Prozesse. Beiträge zur bäuerlichen Widerstandsbewegung im frühneuzeitlichen Europa, Stuttgart 1983.

Wehler, Hans-Ulrich, Deutsche Gesellschaftsgeschichte, Bd. 1, 2. Aufl., München 1989.

Willoweit, D., Deutsche Verfassungsgeschichte, 3. Aufl., 1997.

***Staat, Gesellschaft und Kirche bis 1648:***

Baumgart, P. (Hg.), Ständetum und Staatsbildung in Brandenburg-Preußen, Berlin 1983.

Febvre, L., Martin Luther, Frankfurt 1996.

Frankreich im 16. Jahrhundert. Geschichte betrifft uns, Heft 2, 1991.

Frühmoderne Staatlichkeit. Das Beispiel Bayern. Geschichte betrifft uns, Heft 6, 1985.

Genthe, H. J., Martin Luther. Sein Leben und Denken, Göttingen 1996.

Klueting, H., Das konfessionelle Zeitalter 1525–1648, Stuttgart 1989.

Lutz, H., Das Ringen um deutsche Einheit und kirchliche Erneuerung. Von Maximilian I. bis zum Westfälischen Frieden 1490–1648, Berlin 1983 (= Propyläen Geschichte Deutschlands Bd. 4).

Lutz, H., Reformation und Gegenreformation, 2. Aufl., München 1986 (= Oldenbourg Grundriss der Geschichte Bd. 10).

Martin Luther und die Reformation. Geschichte betrifft uns, Heft 2, 1997.

Mittermaier, K., Die Politik der Renaissance in Italien, Darmstadt 1995.

Schilling, H., Aufbruch und Krise. Deutschland 1517–1648, Berlin 1994.

Schmidt, G. (Hg.), Stände und Gesellschaft im Alten Reich, Stuttgart 1989.

Schorn-Schütte, L., Die Reformation. Vorgeschichte – Verlauf – Wirkung, München 1996.

***Europa im Zeitalter des Absolutismus:***

Absolutismus. Geschichte lernen, Heft 27, 1992.

Asch, R. G./Duchhardt, H. (Hg.), Der Absolutismus – ein Mythos. Strukturwandel monarchischer Herrschaft, Köln 1996 (= Münsterische Historische Forschungen Bd. 9).

Aretin, K. O. Freiherr von, Das Alte Reich 1648–1806, Bd 1: Föderalistische oder hierarchische Ordnung (1648–1684), Stuttgart 1993.

Blaich, Fritz, Die Epoche des Merkantilismus, Wiesbaden 1974.

Dipper, Christoph, Deutsche Geschichte 1648–1789, Frankfurt/M. 1991.

Duchhardt, H., Das Zeitalter des Absolutismus, 2. Aufl., München 1992 (= Oldenbourg Grundriss der Geschichte Bd. 11).

Hinrichs, Ernst (Hg.), Absolutismus, Frankfurt/M. 1996.

Kunisch, J., Absolutismus. Europäische Geschichte vom Westfälischen Frieden bis zur Krise des Ancien Régime, Göttingen 1986.
Lademacher, H., Geschichte der Niederlande. Politik – Verfassung – Wirtschaft, Darmstadt 1983.
Ludwig XIV. Geschichte betrifft uns, Heft 3, 1986.
Mager, W., Frankreich vom Ancien Régime zur Moderne. Wirtschafts-, Gesellschafts- und politische Institutionengeschichte 1630–1830, Stuttgart 1980.
Malettke, K., Ludwig XIV. von Frankreich. Leben, Politik und Leistung. Göttingen 1994.
Mandrou, R., Staatsräson und Vernunft 1649–1745, Frankfurt/M. 1976 (= Propyläen Geschichte Europas Bd. 3).
Der Merkantilismus. Geschichte betrifft uns, Heft 10, 1985.
Meyer, J., Frankreich im Zeitalter des Absolutismus, Stuttgart 1989 (= Geschichte Frankreichs Bd. 3).
Möller, H., Fürstenstaat oder Bürgernation. Deutschland 1763–1815, Berlin 1989 (= Siedler Deutsche Geschichte).
Schilling, H., Höfe und Allianzen. Deutschland 1648–1763 Berlin 1989 (= Siedler Deutsche Geschichte).
Vogler, G., Absolutistische Herrschaft und ständische Gesellschaft. Reich und Territorien von 1648 bis 1790, Stuttgart 1996.

***Aufgeklärter Absolutismus:***
Aretin, K. O. Freiherr von (Hg.), Der Aufgeklärte Absolutismus, 4. Auflage, Köln 1979.
Dollinger, H., Friedrich II. von Preußen. Sein Bild im Wandel von zwei Jahrhunderten, München 1986.
Förster, W. (Hg.), Aufklärung in Berlin, Berlin 1989.
Friedrich II. von Preußen. Geschichte betrifft uns, Heft 12, 1986.
Hauser, O. (Hg.), Friedrich der Große in seiner Zeit, Köln/Wien 1987.
Matis, H. (Hg.), Von der Glückseligkeit des Staates. Wirtschaft und Gesellschaft in Österreich im Zeitalter des aufgeklärten Absolutismus, Berlin 1981.
Preußen. Geschichte betrifft uns, Heft 5, 1996.
Ziechmann, J. (Hg.), Panorama der fridericianischen Zeit. Friedrich der Große und seine Epoche. Ein Handbuch, Bremen1985.

***Schweiz:***
700 Jahre Eidgenossenschaft. Geschichte betrifft uns 4, 1991.
Staehelin, A., Die Schweiz von 1648 bis 1789, in: Handbuch der europäischen Geschichte Bd. 4, hg. von F. Wagner, Stuttgart 1968.

***Niederlande:***
Schama, S., Überfluss und schöner Schein: Zur Kultur der Niederlande im Goldenen Zeitalter, München 1988.
Wilson, Ch., Die Früchte der Freiheit. Holland und die europäische Kultur des 17. Jahrhunderts, München 1968.

***Europäische Expansion und Kolonialherrschaft:***
Borries, Bodo von, Kolonialgeschichte und Weltwirtschaftssystem: Europa und Übersee zwischen Entdeckungs- und Industriezeitalter, 1492–1830, 2. Aufl., Münster u.a. 1992.
Columbus und die Folgen. Geschichte lernen, Heft 25, 1992.
Osterhammel, Jürgen, Kolonialismus. Geschichte, Formen, Folgen, 2. Aufl., München 1997.
Reinhard, W., Kleine Geschichte des Kolonialismus, Stuttgart 1996.
Schmitt, E., Dokumente zur Geschichte der europäischen Expansion, Bd. 4: Wirtschaft und Handel der Kolonialreiche, hg. von P. Emmer, München 1988.

***Indien:***
Förster, S., Die mächtigen Diener der East India Company: Ursachen und Hintergründe der britischen Expansionspolitik in Südasien 1793–1819, Stuttgart 1992.
Indien. Geschichte lernen, Heft 56, 1997.
Kulke, H., Geschichte Indiens, Stuttgart 1982.
Schulz, H./Mögenburg, H., The British Rule of India. Imperialistische Herrschaft vor Ort, in: Geschichte lernen, Heft 31, 1993

***Das europäische Staatensystem zwischen Hegemonie und Gleichgewicht:***
Aretin, K. O. Freiherr von, Das Reich. Friedensgarantie und europäisches Gleichgewicht 1648–1806, Stuttgart 1986.
Duchhardt, H., Balance of Power und Pentarchie. Internationale Beziehungen 1700–1785, Paderborn 1997 (= Handbuch der Geschichte der internationalen Beziehungen Bd. 2).
Duchhardt, H., Altes Reich und europäische Staatenwelt 1648–1806, München 1990 (= Enzyklopädie deutscher Geschichte Bd. 4).
Kunisch, J., Staatsverfassung und Mächtepolitik. Zur Genese von Staatenkonflikten im Zeitalter des Absolutismus, Berlin 1979.
Repgen, K., Kriegslegitimationen in Alteuropa. Entwurf einer historischen Typologie, in: Von der Reformation zur Gegenwart, hg. von K. Gotto und H. G. Hockerts, Paderborn 1988.

## Kapitel 4: Die europäische Zivilisation in der frühen Neuzeit

***Bevölkerung, Familie, Kindheit, Alltag, Stände in der frühen Neuzeit:***
Ariès, Philippe, Geschichte der Kindheit, München 1975.
Armut und soziale Fürsorge vor der Industrialisierung. Geschichte betrifft uns, Heft 10, 1983.
Abel, W., Massenarmut und Hungerkrisen im vorindustriellen Deutschland, 3. Aufl., Göttingen 1986.
Engelsing, R., Analphabetentum und Lektüre. Zur Sozialgeschichte des Lesens in Deutschland, Stuttgart 1973.
Fischer, W., Armut in der Geschichte. Erscheinungsformen und Lösungsversuche der „Sozialen Frage“ in Europa seit dem Mittelalter, Göttingen 1982.

Imhof, Arthur E., Die verlorenen Welten. Alltagsbewältigung durch unsere Vorfahren, München 1984.
Imhof, Arthur E., Lebenserwartungen in Deutschland vom 17. bis 19. Jahrhundert, Weinheim 1990.
Laslett, P., Verlorene Lebenswelten. Geschichte der vorindustriellen Gesellschaft, Frankfurt/M. 1991.
Mitterauer, Michael, Grundtypen alteuropäischer Sozialformen. Haus und Gemeinde in vorindustriellen Gesellschaften, Stuttgart 1979.
Mitterauer, Michael, Sozialgeschichte der Jugend, Frankfurt/M. 1986.
Montanari, M., Der Hunger und der Überfluss. Kulturgeschichte der Ernährung in Europa, München 1993.
Pfister, Chr., Bevölkerungsgeschichte und historische Demografie 1500–1800, München 1994 (= Enzyklopädie deutscher Geschichte Bd. 28).
Reif, H. (Hg.), Die Familie in der Geschichte, Göttingen 1982.
Roeck, B., Lebenswelt und Kultur des Bürgertums in der frühen Neuzeit, München 1991 (= Enzyklopädie deutscher Geschichte Bd. 9).

***Zur Geschlechtergeschichte in der frühen Neuzeit:***
Borscheid, P./Teuteberg H.J. (Hg.), Ehe, Liebe, Tod. Zum Wandel der Familie, der Geschlechts- und Generationenbeziehungen in der Neuzeit, Münster 1983.
Jones, A., Außereuropäische Frauengeschichte: Probleme der Forschung, Pfaffenweiler 1990.
Vogel, B./Weckel, U. (Hg.), Frauen in der Ständegesellschaft. Leben und Arbeiten in der Stadt vom späten Mittelalter bis zur Neuzeit, Hamburg 1991.
Wunder, Heide, „Er ist die Sonn, sie ist der Mond." Frauen in der frühen Neuzeit, München 1992.

***Wirtschaft, Gesellschaft, Kultur in der europäischen Aufklärung:***
Castan, J., Johann Bernhard Basedow und das Dessauer Philanthropin. Die Pädagogik und eine Musterreformschule der Aufklärung, in: Geschichte lernen 5, 1992, Heft 27.
Dülmen, Richard van, Die Gesellschaft der Aufklärer. Zur bürgerlichen Emanzipation und aufklärerischen Kultur in Deutschland, Frankfurt/M. 1986.

Hirsch, E., Dessau – Wörlitz. Aufklärung und Frühklassik, 2. Aufl., Leipzig 1987.
Im Hof, U., Das gesellige Jahrhundert. Gesellschaft und Gesellschaften im Zeitalter der Aufklärung. München 1982.
Im Hof, U., Das Europa der Aufklärung, München 1993.
Kopitzsch, F. (Hg.), Aufklärung, Absolutismus und Bürgertum in Deutschland, München 1976
Maier-Solk, F./Greuter, A., Landschaftsgärten in Deutschland, Stuttgart 1997.
Müller, R. A., Geschichte der Universität. Von der mittelalterlichen Universitas zur deutschen Hochschule, München 1990.
Neugebauer, W. (Hg.), Schule und Absolutismus in Preußen, Berlin 1992.
Pandel, H. J., Arbeitsteilung in der Manufaktur. Protoindustrialisierung am Beispiel der Nadelherstellung, in: Geschichte lernen 3, Heft 13, 1990.
Sachße, Chr./Tennstedt, F., Geschichte der Armenfürsorge in Deutschland, Bd. 1: Vom Spätmittelalter bis zum 1. Weltkrieg, Stuttgart 1980.
Schindling, A., Bildung und Wissenschaft in der frühen Neuzeit 1650–1800, München 1994 (= Enzyklopädie deutscher Geschichte 30).
Schneiders, W., Lexikon der Aufklärung, München 1995.
Starobinski, J., Die Erfindung der Freiheit: 1700–1789, Frankfurt/M. 1988.
Tenorth, H.-E., Geschichte der Erziehung. Einführung in die Grundzüge ihrer neuzeitlichen Entwicklung, 2. Aufl., Weinheim 1992.
Vierhaus, Rudolf (Hg.), Wissenschaften im Zeitalter der Aufklärung, Göttingen 1985.
Wendorff, R., Zeit und Kultur. Zur Geschichte des Zeitbewusstseins in Europa, 3. Aufl., Opladen 1985.

***Judenemanzipation:***
Allerhand, J., Das Judentum in der Aufklärung, Stuttgart 1980.
Breuer, M./Graetz, M., Deutsch-jüdische Geschichte in der Neuzeit, Bd. 1: Tradition und Aufklärung 1600–1780, München 1996.
Greive, H., Die Juden. Grundzüge ihrer Geschichte im mittelalterlichen und neuzeitlichen Europa, Darmstadt 1980.
Judenfeindschaft in Deutschland – von den Kreuzzügen bis zur Aufklärung. Geschichte betrifft uns, Heft 1, 1984.
Moses Mendelssohn 1729–1786. Das Lebenswerk eines jüdichen Denkers der deutschen Aufklärung. Ausstellungskatalog der Herzog-August-Bibliothek Wolfenbüttel, hg. von M. Albrecht, Weinheim 1986.

## Kapitel 5: Die Revolutionen der frühen Neuzeit: England, Amerika, Frankreich

***Zur Geschlechtergeschichte:***
Gouges, Olympe de, Schriften, hg. von Monika Dillier u.a., Basel u.a. 1980.
Harten, Elke/Harten, Hans-Christian, Frauen – Kultur – Revolution, Pfaffenhofen 1989.
Noack, Paul, Olympe de Gouges. 1748–1793, Kurtisane und Kämpferin für die Rechte der Frau, München 1992.
Petersen, Susanne, Marktweiber und Amazonen. Frauen in der Französischen Revolution. Dokumente, Kommentare, Bilder, Köln 1987.
Schmidt-Linsenhoff, Viktoria, (Hg.), Sklavin oder Bürgerin? Französische Revolution und Neue Weiblichkeit 1760–1830, Historisches Museum Frankfurt, Marburg 1989.

***Englische Revolutionen:***

Greyerz, Kaspar von, England im Jahrhundert der Revolutionen, 1603–1714, Stuttgart 1994.

Heideking, Jürgen, Geschichte der USA, Tübingen, Basel 1993.

Schröder, Hans-Christoph, Die Revolutionen Englands im 17. Jahrhundert, Frankfurt/M. 1986.

***Amerikanische Revolution:***

Dippel, Horst, Die Amerikanische Revolution 1763–1787, Frankfurt/M. 1985.

***Französische Revolution:***

Christadler, Marieluise, 200 Jahre danach: Die Revolutionsfeiern zwischen postmodernem Festival und republikanischer Wachsamkeit, in: Aus Politik und Zeitgeschichte, B 22/89, 26. Mai 1989, S. 24–31.

Deutschland und die Französische Revolution, 1789/1989. Eine Ausstellung des Goethe-Instituts zum Jubiläum des welthistorischen Ereignisses, Stuttgart 1989.

Engels, Hans-Werner, Gedichte und Lieder deutscher Jakobiner, Stuttgart 1971.

Europa 1789. Aufklärung, Vernunft, Verfall, hg. von Werner Hofmann. Ausstellung der Hamburger Kunsthalle, Köln 1989.

Freiheit, Gleichheit, Brüderlichkeit? Die Französische Revolution im deutschen Urteil von 1789 bis 1945, hg. von Wolfgang von Hippel, München 1989.

Freiheit, Gleichheit, Brüderlichkeit. 200 Jahre Französische Revolution in Deutschland, Germanisches Nationalmuseum Nürnberg, Nürnberg 1989.

Die Französische Revolution in Augenzeugenberichten, hg. von Georges Pernoud/Sabine Flaissier, München 1976.

Die Französische Revolution in Deutschland. Zeitgenössische Texte deutscher Autoren, hg. von Friedrich Eberle/Theo Stammen, Stuttgart 1989.

Harten, Hans Christian, Transformation und Utopie des Raums in der Französischen Revolution. Von der Zerstörung der Königsstatuen zur republikanischen Idealstadt, Braunschweig u.a. 1994.

Kuhn, Axel, Freiheit, Gleichheit, Brüderlichkeit. Debatten um die Französische Revolution in Deutschland, Hannover 1989 (Niedersächsische Landeszentrale für politische Bildung).

Markov, Walter/Soboul, Albert, 1789. Die große Revolution der Franzosen, Köln 1989.

Meyer, Hans Joachim, Vive la Révolution. Freiheit, Gleichheit, Brüderlichkeit, Berlin 1989.

Reinalter, Jürgen, Freiheit – Gleichheit – Brüderlichkeit. Reform, Umbruch und Modernisierung in Aufklärung und Französischer Revolution, Düsseldorf 1989.

Richter, Lutz Henner, Eine Stadt macht Geschichte. Paris und die große Französische Revolution von 1789, Leipzig 1989.

Thadden, Rudolf von, u.a., Vom Europa der Nationen zum Europa der Bürger. Die Französische Revolution – zweihundert Jahre danach, Hannover 1989 (Niedersächsische Landeszentrale für politische Bildung).

## Kapitel 6: Die Herausbildung des Industriekapitalismus im 19. Jahrhundert

***Allgemeine Darstellungen und Sammelbände zur Industrialisierung:***

Buchheim, Christoph, Industrielle Revolution, München 1993.

Fischer, Wolfram (Hg.), Handbuch der europäischen Wirtschafts- und Sozialgeschichte, Bd. 5: Europäische Wirtschafts- und Sozialgeschichte von der Mitte des 19. Jahrhunderts bis zum Ersten Weltkrieg, Stuttgart 1985.

Hohorst, Gerd, u. a., Sozialgeschichtliches Arbeitsbuch, Bd. 2, 2. Aufl., München 1978 (Statistiksammlung).

Pierenkemper, Toni, Umstrittene Revolutionen. Die Industrialisierung im 19. Jahrhundert, Frankfurt/M. 1996.

Landes, David S., Der entfesselte Prometheus. Technologischer Wandel und industrielle Entwicklung in Westeuropa von 1750 bis zur Gegenwart, Köln 1973.

Kiesewetter, Hubert, Das einzigartige Europa. Zufällige und notwendige Faktoren der Industrialisierung, Göttingen 1996.

***Zur Geschlechtergeschichte:***

Frevert, Ute, Frauen-Geschichte. Zwischen bürgerlicher Verbesserung und neuer Weiblichkeit, Frankfurt/M. 1986.

Hausen, Karin (Hg.), Geschlechterhierarchie und Arbeitsteilung. Zur Geschichte ungleicher Erwerbschancen von Männern und Frauen, Göttingen 1993.

Heck, Brigitte, u. a. (Bearb.), Zwischen Schule und Fabrik. Textile Frauenarbeit in Baden im 19. und 20. Jahrhundert. Ausstellung des Badischen Landesmuseums Karlsruhe und des Museums für Volkskunde/Staatliche Museen Preußischer Kulturbesitz Berlin, Sigmaringen 1993.

Kuhn, Annette (Hg.), Die Chronik der Frauen, Dortmund 1992.

Kühne, Thomas (Hg.), Männergeschichte – Geschlechtergeschichte. Männlichkeit im Wandel der Mamozai, Martha, Herrenmenschen. Frauen im deutschen Kolonialismus, Reinbek 1982.

Moderne, Frankfurt/M. u. a. 1996.

Weber-Kellermann, Ingeborg, Frauenleben im 19. Jahrhundert. Empire und Romantik, Biedermeier, Gründerzeit, 3. Aufl., München 1991.

***Zur Industrialisierung in Deutschland:***

Aubin, Hermann/Zorn, Wolfgang (Hg.), Handbuch der deutschen Wirtschafts- und Sozialgeschichte, Bd. 2: Das 19. und 20. Jahrhundert, Stuttgart 1976.

Henning, Friedrich-Wilhelm, Die Industrialisierung in Deutschland 1800–1914, 8. Aufl., Paderborn 1993.

Jäger, Wolfgang, Vom Handwerk zur Industrie. Entstehung und Entwicklung des Ledergewerbes in Offenbach am Main. Ausstellungskatalog, Offenbach am Main 1992.

Kessemeier, Siegfried (Hg.), Industrie im Bild. Gemälde 1850–1950. Ausstellungskatalog, Lengerich 1990.

Kiesewetter, Hubert, Industrielle Revolution in Deutschland 1815–1914, Frankfurt/M. 1989.

Lasotta, Arnold/Parent, Thomas (Hg.), Westfälisches Industriemuseum. Textilmuseum Bocholt: Das Arbeiterhaus. Studien zum Textilarbeiterleben im Westmünsterland, Dortmund 1991.

Leben und Arbeiten in der Fabrik. Ravensberger Spinnerei 1850–1972. Eine Ausstellung der Volkshochschule Bielefeld, Bielefeld 1986.

Mildner-Flesch, Ursula u. a. (Red.), Die Macht der Maschine. 200 Jahre Cromford-Ratingen. Eine Ausstellung zur Frühzeit des Fabrikwesens. Eine Ausstellung des Stadtmuseums/Stadtarchivs Ratingen und des Landschaftsverbandes Rheinland, Rheinisches Museumsamt Brauweiler, Ratingen 1984.

Ruppert, Wolfgang, Die Fabrik. Geschichte von Arbeit und Industrialisierung in Deutschland, 2. Aufl., München 1993.

Tenfelde, Klaus (Hg.), Bilder von Krupp. Fotografie und Geschichte im Industriezeitalter, München 1994.

Tilly, Richard H., Vom Zollverein zum Industriestaat. Die wirtschaftlich-soziale Entwicklung Deutschlands 1834 bis 1914, München 1990.

***Zur Industrialisierung in England:***

Hobsbawm, Eric J., Industrie und Empire. Britische Wirtschaftsgeschichte seit 1750, 2 Bde., Frankfurt/M. 1969.

Schwanitz, Dietrich, Englische Kulturgeschichte, Bd. 2: Die Moderne 1760–1914, Tübingen u. a. 1995.

***Sozialgeschichte, Kultur, Technik (insbesondere in Deutschland):***

Beier, Rosemarie/Biedermann, Bettina (Hg.), Lebensstationen in Deutschland 1900–1993. Katalog- und Aufsatzband zur Ausstellung des Deutschen Historischen Museums Berlin, Gießen 1993.

Boberg, Jochen, u. a. (Hg.), Exerzierfeld der Moderne. Industriekultur in Berlin im 19. Jahrhundert, 2 Bde., München 1984.

Borsdorf, Ulrich (Hg.), Feuer und Flamme – 200 Jahre Ruhrgebiet. Eine Ausstellung im Gasometer Oberhausen, Essen 1994.

Bott, Gerhard (Hg.), Leben und Arbeiten im Industriezeitalter. Eine Ausstellung zur Wirtschafts- und Sozialgeschichte Bayerns seit 1850 im Germanischen Nationalmuseum Nürnberg, Stuttgart 1985.

Framke, Giesela (Hg.), Acht Stunden sind kein Tag. Freizeit und Vergnügen in Dortmund 1870 bis 1939. Ausstellungskatalog des Museums für Kunst und Kulturgeschichte Dortmund, Heidelberg 1993.

Giersch, Ulrich/Kubisch, Ulrich, Gummi. Die elastische Faszination. Ausstellung des Deutschen Hygiene-Museums Dresden und des Museums für Verkehr und Technik Berlin, Berlin 1995.

Glaser, Hermann, Industriekultur und Alltagsleben. Vom Biedermeier zur Postmoderne, Frankfurt/M. 1994.

Glaser, Hermann, Maschinenwelt und Alltagsleben. Industriekultur in Deutschland vom Biedermeier bis zur Weimarer Republik, Frankfurt/M. 1981.

Glaser, Hermann, u. a. (Hg.), Industriekultur in Nürnberg. Eine deutsche Stadt im Maschinenzeitalter, 2. Aufl., München 1983.

Grimm, Claus (Hg.), Aufbruch ins Industriezeitalter. Ausstellung zur Wirtschafts- und Sozialgeschichte Bayerns von 1750 bis 1850 in Augsburg, 4 Bände, München 1985.

Hellmann, Ullrich, Künstliche Kälte: Die Geschichte der Kühlung im Haushalt, Gießen 1990.

Hentschel, Volker, Geschichte der deutschen Sozialpolitik 1880–1980, 4. Aufl., Frankfurt/M. 1991.

Hoerner, Ludwig, Hannover in frühen Fotografien 1848–1910, München 1979.

Hofschen, Hein Gerd (Red.), Bremen wird hell: Hundert Jahre Leben und Arbeiten mit Elektrizität. Ausstellungskatalog, Bremen 1993.

Jacobeit, Sigrid/Jacobeit, Wolfgang, Illustrierte Alltagsgeschichte des deutschen Volkes, Bd. 1: 1550–1810, Bd. 2: 1810–1900, Köln 1986 und 1987.

Jacobeit, Sigrid/Jacobeit, Wolfgang, Illustrierte Alltags- und Sozialgeschichte Deutschlands 1900–1945, Münster 1995.

Kaufhold, Enno, Heinrich Zille. Fotograf der Moderne, München 1995.

König, Wolfgang (Hg.), Propyläen Technikgeschichte, Bd. 5: Netzwerke, Stahl und Strom. 1840–1914, Berlin 1990.

Niemann, Hans-Werner, Vom Faustkeil zum Computer. Technikgeschichte – Kulturgeschichte – Wirtschaftsgeschichte, Stuttgart 1985.

Nitschke, August, u. a., Jahrhundertwende. Der Aufbruch in die Moderne 1880–1930, 2 Bde., Reinbek 1990.

Rademacher, Hellmut/Grohnert, René, Kunst! Kommerz! Visionen! Deutsche Plakate 1888–1933. Eine Ausstellung des Deutschen Historischen Museums Berlin, Berlin 1992.

Roth, Martin, u. a. (Hg.), In aller Munde. Einhundert Jahre Odol. Ausstellungskatalog des Deutschen Hygiene-Museums Dresden, Ostfildern-Ruit 1993.

Radkau, Joachim, Technik in Deutschland, Frankfurt/M. 1989.

Reulecke, Jürgen, Geschichte der Urbanisierung in Deutschland, Frankfurt/M. 1985.

Ritter, Gerhard A., Der Sozialstaat. Entstehung und Entwicklung im internationalen Vergleich, München 1989.

Schivelbusch, Wolfgang, Geschichte der Eisenbahnreise, Frankfurt/M. 1979.

Vavra, Elisabeth (Hg.), Familie. Ideal und Realität. Ausstellungskatalog des Niederösterreichischen Landesmuseums, Barockschloss Riegersburg, Horn 1993.

Zug der Zeit – Zeit der Züge. Deutsche Eisenbahn 1835–1985, Ausstellungskatalog, 2 Bände, Berlin 1985.

***Zur Geschichte der Arbeiter und der Arbeiterbewegung in Deutschland und Europa:***

Achten, Udo, Illustrierte Geschichte des 1. Mai, Oberhausen 1979.

Böhm, Tobias/Gösswald, Udo (Hg.), Anfänge der Arbeiterfreizeit, Ausstellungsbegleitbuch, Berlin 1989.

Heilig, Monica/Heilig, Walter (Hg.), Eugen Heilig – Arbeiterfotograf 1911–1936, Berlin 1996.

Kocka, Jürgen (Hg.), Europäische Arbeiterbewegungen im 19. Jahrhundert. Deutschland, Österreich, England und Frankreich im Vergleich, Göttingen 1983.

Lüdtke, Alf, Eigen-Sinn. Fabrikalltag, Arbeitererfahrungen und Politik vom Kaiserreich bis in den Faschismus. Ergebnisse, Hamburg 1993.

Ritter, Gerhard A./Tenfelde, Klaus, Arbeiter im Deutschen Kaiserreich 1871 bis 1914, Bonn 1992.

Specht, Agnete von (Hg.), Streik. Mythos und Realität. Eine Ausstellung des Deutschen Historischen Museums Berlin, Berlin 1992.

***Zu Umweltaspekten:***

Abelshauser, Werner (Hg.), Umweltgeschichte. Umweltverträgliches Wirtschaften in historischer Perspektive, Göttingen 1994.

Brüggemeier, Franz-Josef/Toyka-Seid, Michael (Hg.), Industrie – Natur. Lesebuch zur Geschichte der Umwelt im 19. Jahrhundert, Frankfurt/M. u. a. 1995.

Calließ, Jörg, u.a. (Hg.), Mensch und Umwelt in der Geschichte, Pfaffenweiler 1989.

## Kapitel 7: Parlamentarisierung und Demokratisierung im 19. Jahrhundert

*Allgemeine Darstellungen und Sammelbände:*

Als die Deutschen demonstrieren lernten. Das Kulturmuster „friedliche Straßendemonstration" im preußischen Wahlrechtskampf 1908–1910, Tübingen 1986.

Beyme, Klaus von, Gewerkschaften in kapitalistischen Industriestaaten, in: Siegfried Mielke (Hg.), Internationales Gewerkschaftshandbuch, Opladen 1983.

Biedermeyer und Revolution: Hannover 1848. Begleitheft zur Ausstellung, Historisches Museum, Hannover 1998 (= Schriften des Historischen Museums Hannover 13).

Frei, Alfred Georg/Hochstuhl, Kurt, Wegbereiter der Demokratie. Die badische Revolution 1848/49, Karlsruhe 1997.

Freitag, Sabine (Hg.), Die Achtundvierziger. Lebensbilder aus der deutschen Revolution 1848/49, München 1997.

Gall, Lothar, Europa auf dem Weg in die Moderne 1850–1890, 2. Aufl., München 1989.

Grab, Walter (Hg.), Die Revolution von 1848/49. Eine Dokumentation, Stuttgart 1998.

Hachtmann, Rüdiger, Berlin 1848. Eine Politik- und Gesellschaftsgeschichte der Revolution, Bonn 1997.

Kendal, Walter, Gewerkschaften in Europa, Hamburg 1977.

Kluxen, Kurt, Geschichte und Problematik des Parlamentarismus, Frankfurt/M. 1983.

Langewiesche, Dieter, Europa zwischen Restauration und Revolution 1815–1849, 2. Aufl., München 1989.

Mommsen, Wilhelm (Hg.), Deutsche Parteiprogramme, München 1952.

Rausch, W. (Hg.), Die geschichtlichen Grundlagen der modernen Volksvertretung, Bd. 1, Darmstadt 1980.

Rieder, Heinz, Die Völker leuten Sturm. Die europäische Revolution 1848/49, Gernsbach 1997.

Vollmer, Franz X., Offenburg 1848/49. Ereignisse und Lebensbilder aus einem Zentrum der badischen Revolution, Karlsruhe 1997.

*Zur Geschlechtergeschichte:*

Hoffhaus, Tina, Wahlsysteme und Frauenrepräsentation, in: Aus Politik und Zeitgeschichte 1993, B 45.

Wickert, Christel (Hg.), „Heraus mit dem Frauenwahlrecht", Pfaffenweiler 1990.

*Zu England:*

Niedhart, Gottfried, Strukturwandel, Reformfähigkeit und Friedenswahrung: Probleme der englischen Geschichte im 19. und 20. Jahrhundert, in: ders. (Hg.), Einführung in die englische Geschichte, München 1982, S. 138–185.

Niedhart, Gottfried, Geschichte Englands im 19. und 20. Jahrhundert, Frankfurt/M. 1992.

## Kapitel 8: Nationalismus und Nationalstaatsbildung im 19. Jahrhundert

*Allgemeine Darstellungen und Sammelbände:*

Alter, Peter, Nationalismus, Frankfurt/M. 1985.

Anderson, Benedict, Die Erfindung der Nation. Zur Karriere eines folgenreichen Konzepts, Frankfurt/M. u. a. 1988.

Berding, Helmut (Hg.), Nationales Bewusstsein und kollektive Identität, Frankfurt/M. 1994.

Dann, Otto (Hg.), Nationalismus und sozialer Wandel, Hamburg 1978.

Gall, Lothar, Europa auf dem Weg in die Moderne 1850–1890, München 1984.
Gellner, Ernest, Nationalismus und Moderne, Berlin 1991.
Hobsbawm, Eric J., Nationen und Nationalismus. Mythos und Realität seit 1780, Frankfurt/M. u. a., 2. Aufl., 1992.
Jeismann, Michael/Ritter, Henning (Hg.), Grenzfälle. Über neuen und alten Nationalismus, Leipzig 1993.
Langewiesche, Dieter, Nation, Nationalismus, Nationalstaat: Forschungsstand und Forschungsperspektiven, in: Neue Politische Literatur 40, 1995, S. 190–236.
Lemberg, Ernst, Nationalismus. 2 Bde., Reinbek 1964.
Mommsen, Hans, Nation und Nationalismus in sozialgeschichtlicher Perspektive, in: Wolfgang Nation. Geschichte lernen, Heft 12, 1989.
Nation und Nationalismus. Geschichte betrifft uns, Heft 1, 1994.
Schieder, Theodor, Nationalismus und Nationalstaat, hg. von Otto Dann/Hans-Ulrich Wehler, Göttingen 1991.
Schieder, Theodor, Typologie und Erscheinungsformen des Nationalstaats in Europa, in: Historische Zeitschrift 202, 1966, S. 58–81.
Schulze, Hagen, Staat und Nation in der europäischen Geschichte, München 1994.
Winkler, Heinrich August (Hg.), Nationalismus, Königstein/Ts. 1978.
Winkler, Heinrich August/Kaelble, Hartmut (Hg.), Nationalismus – Nationalitäten – Supranationalität, Stuttgart 1993.

***Nationalstaatsbildung in Deutschland:***

Dann, Otto (Hg.), Die deutsche Nation. Geschichte – Probleme – Perspektiven, Vierow bei Greifswald 1994.
Dann, Otto, Nation und Nationalismus in Deutschland 1770–1990, München 1993.
Doering-Manteuffel, Anselm, Die deutsche Frage und das europäische Staatensystem 1815–1871, München 1993 (= Enzyklopädie deutscher Geschichte Bd. 15).
Fehrenbach, Elisabeth, Verfassungsstaat und Nationsbildung 1815–1871, München 1992 (= Enzyklopädie deutscher Geschichte Bd. 22).
Jeismann, Michael, Das Vaterland der Feinde. Studien zum nationalen Feindbegriff und Selbstverständnis in Deutschland und Frankreich 1792–1918, Stuttgart 1992.
Mosse, George L., Die Nationalisierung der Massen. Politische Symbolik und Massenbewegungen von den Befreiungskriegen bis zum Dritten Reich, Frankfurt/M. u. a. 1976, Neuausg. Frankfurt/M. 1993.
Nipperdey, Thomas, Deutsche Geschichte 1800–1866. München 1983.
Nipperdey, Thomas, Deutsche Geschichte 1866–1918. Bd. 2: Machtstaat vor der Demokratie, München 1992.
Schieder, Theodor, Das Deutsche Kaiserreich von 1871 als Nationalstaat, hg. und eingeleitet von Hans-Ulrich Wehler, 2. Aufl., Göttingen, 1992.
Schulze, Hagen, Der Weg zum Nationalstaat. Die deutsche Nationalbewegung vom 18. Jahrhundert bis zur Reichsgründung, München 1985.

***Österreich-Ungarn:***

Bruckmüller, Ernst, Nation Österreich. Kulturelles Bewusstsein und gesellschaftlich-politische Prozesse. 2., ergänzte und erweiterte Aufl., Wien u. a. 1996.
Görlich, Ernst Joseph, Grundzüge der Geschichte der Habsburgermonarchie und Österreichs, Darmstadt 1970.
Kann, Robert A., Das Nationalitätenproblem der Habsburgermonarchie. Geschichte und Ideengehalt der nationalen Bestrebungen vom Vormärz bis zur Auflösung des Reiches im Jahre 1918. 2 Bände, Graz u. a., 2. Aufl., 1964.
Rumpler, Helmut, Österreichische Geschichte 1804–1914. Eine Chance für Mitteleuropa. Bürgerliche Emanzipation und Staatsverfall in der Habsburgermonarchie, Wien 1997.
Stourzh, Gerald, Die Gleichberechtigung der Nationalitäten in der Verfassung und Verwaltung Österreichs 1848–1918, Wien 1985.
Wandruszka, Adam/Urbanitsch, Peter (Hg.), Die Habsburgermonarchie 1848–1918, Bd. 3: Die Völker des Reiches, 2 Teilbände, Wien 1980.

***Nationalitätenkonflikte in Südost- und Osteuropa:***

Bartl, Peter, Grundzüge der jugoslawischen Geschichte, Darmstadt 1985.
Furkes, Josip/Schlarp, Karl-Heinz (Hg.), Jugoslawien: Ein Staat zerfällt. Der Balkan – Europas Pulverfass, Reinbek 1991.
Geiss, Imanuel, Der Jugoslawienkrieg, Frankfurt/M. 1993.
Geiss, Imanuel, u. a., Der Zerfall der Sowjetunion, Frankfurt/M. 1995.
Halbach, Uwe, Das sowjetische Vielvölkerimperium. Nationalitätenpolitik und nationale Frage, Mannheim u. a. 1992.
Mommsen, Margareta (Hg.), Nationalismus in Osteuropa. Gefahrvolle Wege in die Demokratie, München 1992.
Simon, Gerhard u. Nadja, Verfall und Untergang des sowjetischen Imperiums, München 1993.
Sundhaussen, Holm, Geschichte Jugoslawiens 1918–1980, Stuttgart 1982.
Sundhaussen, Holm, Experiment Jugoslawien. Von der Staatsgründung zum Staatszerfall, Mannheim 1993.

Weithmann, Michael W., Balkan-Chronik. 2000 Jahre zwischen Orient und Okzident, Regensburg 1995.
Wochenschau Nr. 2, 1992, Ausgabe Sekundarstufe I: Nationen – nationale Minderheiten, S. 66–78.
Wochenschau Nr. 2/3, 1994. Ausgabe Sekundarstufe II: Nachfolgestaaten der Sowjetunion.

***Polen:***

Die deutsch-polnischen Beziehungen 1831–1848: Vormärz und Völkerfrühling. XI. deutsch-polnische Schulbuchkonferenz der Historiker vom 16. bis 21. Mai 1978 in Deidesheim (Rheinland-Pfalz), Braunschweig 1979.
Broszat, Martin, Zweihundert Jahre deutsche Polenpolitik, revid. und erweiterte Ausgabe Frankfurt/M. 1972.

Ehlen, Peter (Hg.), Der polnische Freiheitskampf 1830/31 und die liberale deutsche Polenfreundschaft, München 1982.

Hoensch, Jörg K., Geschichte Polens. 2., neu bearbeitete und erweiterte Aufl., Stuttgart 1990.

Kobylinska, Ewa, u. a. (Hg.), Deutsche und Polen. 100 Schlüsselbegriffe, München 1992.

Kolb, Eberhard, Polenbild und Polenfreundschaft der deutschen Frühliberalen. Zu Motivation und Funktion außenpolitischer Parteinahme im Vormärz, in: Saeculum 26, 1975, S. 111–127.

Krzeminski, Adam, Polen im 20. Jahrhundert, München, 2. Aufl., 1998.

Länderschwerpunkt: Polen, in: Wolfgang Melzer u.a. (Hg.), Osteuropäische Jugend im Wandel. Ergebnisse vergleichender Jugendforschung in der Sowjetunion, Polen, Ungarn und der ehemaligen DDR, Weinheim u.a. 1991, S. 60–116.

Meyer, Enno, Grundzüge der Geschichte Polens, Darmstadt 1969.

Müller, Michael G./Schönemann, Bern, Die „Polen-Debatte" in der Frankfurter Paulskirche. Darstellung, Lernziele, Materialien, Frankfurt 1991.

Müller, Michael G., Die Teilungen Polens 1772, 1793, 1795, München 1984.

Orlowski, Hubert, „Polnische Wirtschaft". Zum deutschen Polendiskurs der Neuzeit, Wiesbaden 1996.

Polen und Deutschland. Nachbarn in Europa, hg. von der Niedersächsischen Landeszentrale für politische Bildung, Hannover 1995.

Praxis Geschichte, Heft 3/1993 (u. a. mit einem Unterrichtsbeitrag zum Konflikt um Posen 1848).

Rhode, Gotthold, Geschichte Polens. Ein Überblick, Darmstadt 1980.

Schmidt-Rösler, Andrea, Polen. Vom Mittelalter bis zur Gegenwart, Regensburg 1996.

Strobel, Georg W., Die polnische „Preußenkrankheit" und ihre politische Instrumentalisierung, in: Aus Politik und Zeitgeschichte, B 53, 1997, S. 21–33.

***Frankreich:***

Caron, François, Frankreich im Zeitalter des Imperialismus 1851–1918, Stuttgart 1991 (= Geschichte Frankreichs Bd. 5).

Nolte, Ernst, Der Faschismus in seiner Epoche. Die Action française. Der italienische Faschismus. Der Nationalsozialismus, München 1963, Sonderausgabe 1979.

Stark, Udo, Die nationalrevolutionäre Herausforderung der Dritten Republik 1880–1900. Auflösung und Erneuerung des Rechts-Links-Schemas in Frankreich, Berlin 1991.

***Großbritannien:***

Bauerkämper, Arnd, Die „radikale Rechte" in Großbritannien. Nationalistische, antisemitische und faschistische Bewegungen bis 1945, Göttingen 1991.

***Judentum und Antisemitismus:***

Antisemitismus. Geschichte betrifft uns, Heft 2, 1996.

Berding, Helmut, Moderner Antisemitismus in Deutschland, Frankfurt/M. 1988.

Dittmar, Peter, Die Darstellung der Juden in der populären Kunst zur Zeit der Emanzipation, München u. a. 1992.

Erb, Raine/Bergmann, Werner, Die Nachtseite der Judenemanzipation. Der Widerstand gegen die Integration der Juden in Deutschland 1780–1860, Berlin 1989.

Fuchs, Eduard, Die Juden in der Karikatur. Ein Beitrag zur Kulturgeschichte, München 1921, Nachdruck Berlin 1985.

Juden in Preußen. Ein Kapitel deutscher Geschichte, hg. vom Bildarchiv Preußischer Kulturbesitz, Dortmund 1981.

Mosse, George L./Paucker, A. (Hg.), Juden im wilhelminischen Deutschland, Tübingen 1976.

Richarz, Monika, Jüdisches Leben in Deutschland. Bd. 1: Selbstzeugnisse zur Sozialgeschichte 1780–1871, Stuttgart 1976; Bd. 2: Selbstzeugnisse zur Sozialgeschichte im Kaiserreich, Stuttgart 1979.

Rohrbacher, Stefan, Gewalt im Biedermeier. Antijüdische Ausschreitungen in Vormärz und Revolution (1815–1848/49), Frankfurt/M. u. a. 1993.

Rürup, Reinhard, Emanzipation und Antisemitismus, Frankfurt/M. 1987.

Schoeps, Julius H. (Hg.), Neues Lexikon des Judentums, Gütersloh u. a. 1992.

Sterling, Eleonore, Judenhass. Die Anfänge des politischen Antisemitismus in Deutschland (1815–1850), Frankfurt/M. 1969.

Volkov, Shulamit, Die Juden in Deutschland 1780–1918, München 1994 (= Enzyklopädie deutscher Geschichte Bd. 16).

Nachama, Andreas/Sievernich, Gereon (Hg.), Jüdische Lebenswelten. Katalog, Berlin 1991.

***Denkmäler:***

Eichmann, Bernd, Denkmale deutscher Vergangenheit, Bad Honnef 1994.

Hardtwig, Wolfgang, Bürgertum, Staatssymbolik und Staatsbewusstsein im Deutschen Kaiserreich 1871–1914, in: Geschichte und Gesellschaft 16, 1990, S. 269–295.

Nipperdey, Thomas, Nationalidee und Nationaldenkmal in Deutschland im 19. Jahrhundert, in: Historische Zeitschrift 206, 1968, S. 529–585.

***Nationalfeiertage:***

Düding, Dieter, u. a. (Hg.), Öffentliche Festkultur, Politische Feste in Deutschland von der Aufklärung bis zum Ersten Weltkrieg, Reinbek bei Hamburg 1988.

Kruip, Gudrun, Sedanfeiern als nationalistische Feiern im Kaiserreich, in: Geschichte lernen, Heft 49, 1996, S. 44–49.

Link, Jürgen/Wülfing, Wulf (Hg.), Nationale Mythen und Symbole in der zweiten Hälfte des 19. Jahrhunderts. Strukturen und Funktionen von Konzepten nationaler Identität, Stuttgart 1991.

Mitchell, Allan, Nationalfeiertage im Vergleich: Deutschland, Frankreich und die USA, in: Etienne Francois, u. a. (Hg.), Nation und Emotion. Deutschland und Frankreich im Vergleich. 19. und 20. Jahrhundert, Göttingen 1995, S. 396–402.

Mosse, George L., Die Nationalisierung der Massen. Politische Symbolik und Massenbewegungen von den Befreiungskriegen bis zum Dritten Reich, Frankfurt/M. u. a. 1976, Neuausg. Frankfurt/M. 1993.

Schellack, Fritz, Nationalfeiertage in Deutschland von 1871 bis 1945, Frankfurt/M. 1990.

***Nationalhymnen und Nationalflaggen:***

Hattenhauer, Hans, Deutsche Nationalsymbole. Zeichen und Bedeutung, München 1984.

Hansen, Hans Jürgen, Heil Dir im Siegerkranz. Die Hymnen der Deutschen, Oldenburg u. a. 1978.

Knopp, Guido/Kuhn, Ekkehard, Das Lied der Deutschen. Schicksal einer Hymne, Berlin u. a. 1988.

Ragozat, Ulrich, Die Nationalhymnen der Welt. Ein kulturgeschichtliches Lexikon, Freiburg/B. 1982.

## Kapitel 9: Internationale Politik im 19. Jahrhundert

***Allgemeine Darstellungen und Sammelbände:***

Burg, Peter, Der Wiener Kongress. Der Deutsche Bund im europäischen Staatensystem, München 1984.

Engelhard, Jutta Beate/Mesenhöller, Peter (Hg.), Bilder aus dem Paradies. Koloniale Fotografie aus Samoa 1875–1925. Katalog einer Ausstellung des Tautenstrauch-Joest-Museums für Völkerkunde der Stadt Köln, Köln 1995.

Fröhlich, Michael, Imperialismus. Deutsche Kolonial- und Weltpolitik 1880–1914, München 1994.

Hinz, Manfred O., u. a. (Hg.), Weiß auf Schwarz. Kolonialismus, Apartheid und afrikanischer Widerstand. Buch zur Ausstellung der Elefanten Press Galerie, Berlin, 2. Aufl, Berlin 1982.

Imperialismus. Geschichte lernen, Heft 31, 1993.

Hobsbawm, Eric J., Das imperiale Zeitalter 1875–1914, Frankfurt/M. u. a. 1989.

Patemann, Helgard (Hg.), Lernbuch Namibia. Deutsche Kolonie 1884–1915, Wuppertal 1984.

Schieder, Theodor, Staatensystem als Vormacht der Welt 1848–1918, Frankfurt/M. 1977 (= Propyläen Geschichte Europas Bd. 5).

Schöllgen, Gregor, Das Zeitalter des Imperialismus, 2. Aufl., München 1991.

Weiss, Ruth/Mayer, Hans, Afrika den Europäern. Von der Berliner Kongo-Konferenz 1884 ins Afrika der neuen Kolonisation, Wuppertal 1984.

Woyke, Wichard, Handwörterbuch Internationale Politik, 6. Aufl., Bonn 1995.

### Notizen

## Notizen